I N V E S T I G A Ç Ã O

IMPRENSA DA UNIVERSIDADE DE COIMBRA
COIMBRA UNIVERSITY PRESS

EDIÇÃO
Imprensa da Universidade de Coimbra
Email: imprensa@uc.pt
URL: http//www.uc.pt/imprensa_uc
Vendas online: http://livrariadaimprensa.uc.pt

COORDENAÇÃO EDITORIAL
Imprensa da Universidade de Coimbra

CONCEÇÃO GRÁFICA
António Barros

INFOGRAFIA
Mickael Silva

CRÉDITO DA CAPA
Composição da capa baseada na adaptação do auto-retrato atribuído a Leon Battista Alberti. Medalhão oval em baixo relevo executado em bronze, circa 1435. Paris, Bibliothèque Nationale de France, cota A. V. 86.

PRINT BY
CreateSpace

ISBN
978-989-26-0647-7

ISBN DIGITAL
978-989-26-0648-7

DOI
http://dx.doi.org/10.14195/978-989-26-0648-7

DEPÓSITO LEGAL
375278/14

© MAIO 2014, IMPRENSA DA UNIVERSIDADE DE COIMBRA

IMPRENSA DA
UNIVERSIDADE
DE COIMBRA
COIMBRA
UNIVERSITY
PRESS

COMENTÁRIOS À
ARTE EDIFICATÓRIA DE
LEON
BATTISTA
ALBERTI

MÁRIO JÚLIO TEIXEIRA KRÜGER

SUMÁRIO

Nota Prévia 7

Introdução 15

A Composição de um Livro de *Architectura* 61

Inteligibilidade e Eloquência 97

As Dimensões Literárias *Da Arte Edificatória* 125

A Terminologia da Sistematização da Coluna 175

As Ilustrações *Da Arte Edificatória* 215

Beleza e Sistemas Proporcionais 263

Considerações Finais 313

Anexos 329

Abreviaturas 331

Bibliografia de Autores Antigos 335

Referências Bibliográficas 339

    Obras de Alberti 339

    Referências Críticas e Literárias 341

As Edições Impressas *Da Arte Edificatória* 363

Índice Onomástico 365

NOTA PRÉVIA

Na sequência da primeira edição em vernáculo do *De re aedificatoria* de Leon Battista Alberti[1], apresentam-se estes *Comentários* que têm por objectivo discutir, para um público universitário, aquele tratado que abre as portas da modernidade em arquitectura, com o propósito de aclarar o leque de questões que podem ser investigadas no âmbito dos estudos albertianos, bem como situar os potenciais leitores nas fronteiras da exegese sobre a obra escrita e edificada deste autor do Renascimento.

Procura-se estabelecer o sentido das inerentes relações entre tratado/obra construída/obra escrita/recepção, nomeadamente da interacção entre a competência edificatória e a literária, bem como das leituras que se fizeram em relação à obra construída, face à recepção ao tratado e, ainda, no confronto entre esta recepção e a obra escrita por Alberti.

Da Arte Edificatória

Recepção ao Tratado Obra Construída

Obra Escrita

---

[1] Vide *Da Arte Edificatória* de Leon Battista Alberti, 2011, trad. de A. M. do E. Santo, intr., notas e revisão disciplinar de M. J. T. Krüger, Lisboa, Fundação Calouste Gulbenkian.

Esta leitura tem por finalidade compreender as articulações entre aquelas dimensões e entender a transposição, por vezes precária e efémera, de um campo de saber para outro, o que só é possível graças à exegese albertiana acumulada durante vários séculos, concebida sobretudo na tradição das fontes romanas e renascentistas por que se pautou este autor. Se é certo que aquela crítica fornece orientações para a compreensão desta obra exemplar da cultura arquitectónica do *Quattrocento*, por vezes, também se constitui num obstáculo a novas interpretações.

No entanto, conforme afirmámos na *Introdução* à recente edição em vernáculo deste tratado, "[...] a experiência tem mostrado que a discussão sobre a obra deste autor modifica o quadro no qual é possível estabelecer uma crítica interpretativa possibilitando, noutro nível, a formação de novos consensos e dissensões que se apresentam, entre nós, com significativa relevância, na medida em não foi divulgada até hoje e em língua portuguesa, qualquer edição daquela obra" (Krüger, 2011, pp. 18-19).

Assim, ao percorrermos a obra de Alberti e ao sistematizarmos a série de saberes, aparentemente heterogéneos, que a acompanha, apresentamos uma sequência de temáticas que, é certo, não esgotam as correspondências entre aqueles campos de conhecimento, mas exploram, tendo em vista o seu entendimento actual, o potencial das suas articulações.

Consequentemente, foram abordados diversos tópicos que possibilitam, no presente estádio de conhecimentos, uma compreensão mais global da obra deste autor, com o objectivo de sugerir pistas que conduzam à construção do saber edificatório:

a) *Introdução*

Referência à dimensão mental que a edificatória passa a assumir desde a publicação do tratado, face à confrontação entre as artes mecânicas e as liberais, oriundas tanto da Antiguidade Clássica, como do período Medieval. Discussão sobre a suposta ausência de contacto directo com a obra, por parte de Alberti, e de conhecimentos sobre métodos construtivos *in situ*, que somente poderiam ter sido adquiridos em estaleiro de obra. Exploração da *renovatio* da cultura arquitectónica clássica, bem como das questões construtivas decorrentes.

b) *A Composição de um Livro de Architectura*

Discussão sobre a encomenda de D. João III a André de Resende para a elaboração de um livro de *architectura* e da possibilidade de este se referir, no séc. XVI, à tradução do tratado de Alberti para vernáculo, bem como da eventual migração desta obra para o país vizinho, no tempo de D. Filipe II de Espanha e I de Portugal, pelas mãos de Juan de Herrera, ao tempo servidor de sua majestade. Introdução do conceito de *horizonte de perda,* em termos da evolução da compreensão da arquitectura em Portugal nos últimos cinco séculos, principalmente pela ausência de uma recepção explícita ao tratado de Alberti, face à presumível tradução de Resende. Questionamento sobre se ainda se poderá acolher uma experiência estética, que seja passível de transformar-se numa análise histórica.

c) *Inteligibilidade e Eloquência*

Referência às dimensões poéticas do tratado, face à progressiva ascendência do vulgar, bem como ao facto de aquele ter sido escrito em latim ciceroniano. A inteligibilidade do tratado, face ao risco de se elaborar um discurso sobre uma disciplina considerada em vias de extinção. Confrontação entre as dimensões vitruvianas da *firmitas*, da *utilitas* e da *venustas*, designadas por Alberti, respectivamente, de *necessitas*, de *commoditas* e de *voluptas* (da necessidade, da comodidade e do prazer) e da alteração do "horizonte de espera" que o tratado introduziu no *Quattrocento* e que se tem mantido, no que se refere à concepção da obra de arquitectura, estabilizado até à contemporaneidade.

d) *As Dimensões Literárias Da Arte Edificatória*

A caracterização dialógica do discurso disciplinar, das figuras de estilo, dos actos de enunciação, da intertextualidade com a obra literária e da mudança de horizonte que o tratado promoveu em relação a obras antecedentes. Descrição antropológica do discurso disciplinar e debate sobre a transposição de termos para vernáculo, face às questões levantadas pelos seus contemporâneos sobre a tradução correcta. Oralidade e texto escrito no âmbito da cultura literária do *Quattrocento* e discussão sobre as figuras de metáfora e da metonímia, face à necessidade da construção de uma tessitura de argumentos que, no âmbito disciplinar, não se encontra completamente formalizada. Distinção entre discurso, texto e condições de produção da *res aedificatoria* e sugestão de alguma afinidade, mas não de um modelo de correspondência, entre a língua latina e a arte edificatória. Relações entre representações discursivas e não discursivas e confrontação entre as artes visuais e as literárias.

e) *A Terminologia da Sistematização da Coluna*

Apresentação do conceito de *columnatio, i.e.* de sistematização da coluna, ordenada pelas suas partes constitutivas, bem como da sua caracterização como principal ornamento em arquitectura. Transposição do correspondente léxico para o português actual e sistematização da coluna de forma consequente, pela combinação de molduras, descritas por pictogramas organizados a partir da composição de letras. Sugestão da geração, a partir do desenho das molduras, das bases, dos capiteis e dos entablamentos, dos diversos géneros de colunas. Discussão sobre a importância da preservação da terminologia albertiana, bem como do respectivo léxico disciplinar, face ao de Vitrúvio.

f) *As Ilustrações Da Arte Edificatória*

Apesar da *editio princeps* do *De re aedificatoria* não apresentar gravuras e o seu autor ter declarado, explicitamente, que este propósito lhe era estranho, as opiniões emitidas por seus contemporâneos e passíveis de fornecerem pistas sobre a problemática de ilustrar o tratado não são unânimes. Referência a esta questão e descrição comentada das ilustrações da edição de 1550 de Cosimo Bartoli como uma das possíveis interpretações gráficas do tratado, face ao uso de desenhos e de maquetes como um instrumental operativo para se conceber a obra edificada, bem como em relação à reabilitação da epigrafia romana do período imperial. Confrontação com as ilustrações de obras escritas coevas e com os comentários sobre as ilustrações da edição de Bartoli. Sugestão ao leitor para aferir se as gravuras contribuem para um melhor entendimento do tratado ou se, pelo contrário, introduzem um ruído desnecessário e intolerável.

g) *Beleza e Sistemas Proporcionais*

Discussão sobre o pensamento estético da Antiguidade Greco-Romana na obra de Alberti, e dos conceitos de *numerus,* de *collocatio* e de *finitio* na definição da concinidade. O conceito de beleza e as suas afiliações neoplatónicas face ao tempo criador. A ascendência pitagórica na elaboração do conceito de *numerus* e discussão dos sentidos de qualidade e de quantidade na concepção da obra de arquitectura. Noção de número perfeito e de harmonia musical e das suas relações com os sistemas proporcionais em arquitectura. Introdução ao conceito de mediedade na cultura clássica e apresentação das mediedades aritméticas, geométricas e harmónicas no âmbito da arte edificatória. Relação entre as proporções de números inteiros e a teoria Greco-Medieval dos intervalos musicais, bem como dos sistemas proporcionais baseados em números perfeitos e nas *correspondentia inatae*[2]. Exemplificação destes sistemas e da sua reconciliação em relação a obras construídas de Alberti. Referência à *Villa* Stein em Garches projectada por Le Corbusier e construída em 1927, onde se mostra que a geometria subjacente à sua organização

---

[2] Isto é, nas correspondências inatas. Ver nota n.º 440.

espacial em planta apresenta afinidades com os sistemas proporcionais sugeridos por Alberti.

h) *Considerações Finais*

A emergência da hermenêutica tratadística no âmbito da cultura arquitectónica do Renascimento e a distinção entre a teoria e a história da arquitectura e das suas relações com a ética do construir. Correspondências desta ética com uma fundamentação jurídica alicerçada na *metrética* grega, isto é, na hierarquização dos bens e dos males segundo a razão para a formulação da justa medida no direito, presente no tratado pela subordinação intransitiva entre a *necessitas*, a *commoditas* e a *summa voluptas*. Referência à sujeição do *De re aedificatoria*, na Península Ibérica, à censura explícita das autoridades eclesiásticas no âmbito da Contra-Reforma e da feitura do tratado como um registo de um propósito de vida, associado ao justo e ao bom, bem como à proporção e à beleza.

Se bem que Alberti (Livro VI, cap. 4) se refira uma única vez à antiga deusa da aurora, vem ao nosso intento dizer que o tratado abre pistas para tornar inteligíveis muitas auroras, em todas as cores, para enaltecer, com emoção e harmonia, a arte edificatória. É por isso que merece ser lido, comentado e *andar na boca dos homens cultos*[3].

Na certeza de que não esgotámos os comentários a esta obra impar da cultura arquitectónica do Renascimento, queremos expressar os nossos agradecimentos aos Profs. Arnaldo Monteiro do Espírito Santo e Hans Karl-Lücke pela revisão atenta de parte deste trabalho, no âmbito da edição em vernáculo do *De re aedificatoria*.

Também quero expressar o meu agradecimento à Doutora Graça Simões, bibliotecária do Departamento de Arquitetura da Faculdade de Ciências e Tecnologia da Universidade de Coimbra, pelo seu auxílio na obtenção das autorizações para a reprodução de ilustrações.

---

[3] Poliziano, 2011, p. 136.

Apesar destas contribuições essenciais para a edição que agora se apresenta, quaisquer erros ou omissões são, evidentemente, da nossa exclusiva e inteira responsabilidade.

Por último, informa-se que este trabalho é resultante do projeto de investigação "Digital Alberti", desenvolvido no Centro de Estudos Sociais da Universidade de Coimbra e financiado pela Fundação para a Ciência e Tecnologia (FCT), no âmbito do COMPETE/FEDER, Portugal (PTDC/AUR-AQI/108274/2008).

De his hactenus[4].

Coimbra, 18 de Junho de 2012

Mário Júlio Teixeira Krüger

---

[4] *E baste o que fica dito*. Frase frequentemente citada por Alberti no *De re aedificatoria* quando tem por finalidade concluir um assunto.

INTRODUÇÃO

Considerado por Jacob Burckhardt (1991, p. 85) como homem de conhecimento universal e, por Hans Baron (1988, pp. 258-278)[5], como herdeiro e crítico do humanismo cívico florentino, Leon Battista Alberti elevou-se ao primeiro plano da arquitectura europeia, não só pelas obras que concebeu, como pelo tratado que escreveu sobre a arte edificatória.

Com efeito, "Leon Battista Alberti, florentino da ilustríssima família dos Alberti, homem de engenho requintado, finíssima inteligência e refinadíssimo saber, entre muitas obras notáveis que deixou à posteridade, elaborou dez livros sobre arquitectura".

É com esta saudação que Ângelo Poliziano (1485, p. 135)[6] se dirige ao seu patrono, Lourenço de Medicis[7] ao abrir a *editio princeps*[8] do *De re aedificatoria*, o primeiro tratado de arquitectura dos tempos modernos.

---

[5] Em contraste com Jacob Burckhardt (1818-1897), cujo entendimento sobre a modernidade (e também sobre o Renascimento) era baseado no desenvolvimento do indivíduo, Hans Baron (1900-1988) chamou a atenção para a participação política interventiva que surgiu em Florença, durante a guerra de 1390 - 1402 contra o ducado de Milão, informada pelas ideias clássicas de republicanismo e do humanismo de Petrarca.

[6] Ângelo Poliziano (1454-1494), de verdadeiro nome Ângelo Ambrogini, nasceu em Montepulciano, cujo nome em latim era *Mons Politanus*, e faleceu em Florença, onde passou a maior parte da vida, mostrando uma notável capacidade, como filólogo e autor, para dominar as línguas grega e latina. Conhecido como príncipe dos humanistas, com obras de poesia escritas em latim e vulgar, foi o tutor dos filhos de Lourenço de Medicis e nomeado por este, em 1480, para a cátedra de eloquência greco-latina.

[7] Lourenço de Medicis (1449-1492), príncipe de Florença, chamado o "Magnífico", conhecido como protector das artes e das letras, bem como pela manipulação de influências sociais, simbolizada pela sua política cultural do Estado Florentino que dirigiu de 1469 a 1492.

[8] Primeira edição impressa de um texto com difusão anterior manuscrita.

Contudo, não existe unanimidade de opiniões sobre a quem o tratado deveria ser dedicado por parte de Alberti. O biógrafo de Federico da Montefeltro[9], Bernadino Baldi (1824, III, pp. 55-56), refere que existiam "[...] testemunhos de escritores dignos de crédito de que Alberti lhe dedicou aqueles dez livros que, com tanta riqueza e magnificência, escreveu sobre Arquitectura, se bem que, tendo entretanto falecido, o seu irmão[10] Bernardo, persuadido por Ângelo Poliziano, dedicou-o a Lourenço de Medicis".

Girolamo Mancini (1882, p. 524), o autor da *Vita di Leon Battista Alberti,* também esclarece que "Frederico era amigo de Battista e celebrado pela fama militar, pelo governo justo, pelo amor às letras e pela paixão de edificar, enquanto Lourenço era um jovem promissor, mas contudo longe de ter conseguido o renome do duque de Urbino".

Estas notícias, tanto de Baldi como de Mancini, sobre a quem o *De re aedificatoria* deveria ser dedicado, apresentam evidente credibilidade, na medida em que é o próprio Frederico a reconhecer uma relação de amizade[11] com Alberti que, por seu lado, prestou serviços profissionais ao duque de Urbino[12].

Catorze anos após o falecimento de Alberti, Ângelo Poliziano faz aquela saudação a Lourenço de Medicis que, na altura da publicação da *editio princeps,* era príncipe de Florença.

Publicado inicialmente nesta cidade, em 1485 (*Anno salutis millesimo octuagesimo quinto*), por Nicolai Lorentii Alamani, aquele tratado foi apresentado, sob a forma de manuscrito, ao Papa Nicolau V em

---

[9] Duque de Urbino de 1444 a 1482

[10] No texto é apresentado o termo *frater* que, em latim, além de significar irmão, também é o nome com que se chamavam, entre si, os cristãos. Com efeito, a *Vulgata* apresenta mais de uma centena e meia de registos para o termo *frater.*

[11] Estes laços de amizade são reconhecidos por Federico da Montefeltro (1949, p. 102) que, em carta dirigida a Cristoforo Landino, na segunda metade de 1473, afirmava: *Nihil fuit familiarius neque amantius amicitia qua Battista et ego eramus coniuncti* (Ninguém, da forma como Battista e eu éramos chegados, foi tão íntimo e afectuoso na amizade).

[12] Conjectura-se que Alberti é o autor de um edifício para banhos no Palácio Ducal em Urbino (cf. Tavernor, 1998, pp. 194-200).

meados do séc. XV[13], num ambiente predominantemente pós-medieval, onde a arquitectura era, ainda, considerada, uma *ars mechanica*, uma habilidade mecânica, equivalente ao grego *tekhnê* e, portanto, fora do panteão das chamadas artes liberais.

Assim, tem toda a pertinência olharmos em que contexto surgiu esta obra ímpar da cultura arquitectónica do *Quattrocento*, intimamente relacionada com a Antiguidade Clássica e, simultaneamente, portadora de uma dimensão mental que passou a conformar a *ars aedificatoria*, explicitada de forma clara e inequívoca logo no início do seu tratado (Livro I, cap. 1): a) "O delineamento não depende intrinsecamente da matéria [...]"; b) "E será legítimo projectar mentalmente todas as formas, independentemente de qualquer matéria [...]"; c) "o delineamento será um traçado exacto e uniforme, mentalmente concebido, constituído por linhas e ângulos, levado a cabo por uma imaginação e intelecto cultos".

Aquela dimensão mental que a edificatória passa a assumir, desde então, irá confrontar-se, por um lado, com o legado da cultura clássica e, por outro, com as práticas medievais correntes em obra.

De acordo com Varrão (*Disciplinarum libri*, IX)[14], no esquema das sete artes liberais - gramática, dialéctica, retórica, geometria, aritmética, astronomia e música - somente a música, entendida como teoria musical, é acolhida, ficando as artes visuais fora desta classificação que perdurou até ao *Cinquencento*.

---

[13] Mattia Palmieri (1475, p. 241) relata na crónica *De temporibus suis* que, em 1452, Alberti apresentou ao Papa Nicolau V o tratado sobre a arte edificatória.

[14] Estes *Livros das Disciplinas* são considerados obras perdidas (cf. Xavier, 2007, p. 36).

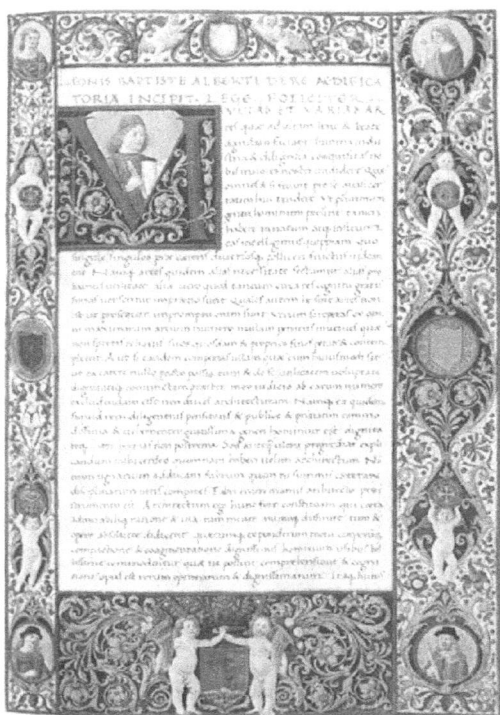

Fig. 1 - Frontispício de um dos dez códices do De re aedificatoria, manuscrito em latim, do séc. xv. Biblioteca da Catedral de Olomouc, Moravia (Cod. CO 330)[15].

Nas sete artes mecânicas - *lanificium, armatura, navigatio, agricultura, venatio, medicina e theatrica* - as artes visuais e a arquitectura eram uma subdivisão da *armatura*, ocupando um lugar subalterno, mesmo no seio destas artes. Esta qualificação de *artes liberales,* que resulta de *liber*, por serem cultivadas por homens livres, por oposição às *artes mechanicae* ou *serviles* que competiam aos escravos, mostra o estatuto subalterno no qual estava incluída a arte edificatória.

Na Idade Média, com Cassiodoro (*De artibus ac disciplinis liberalium litterarum, II, in Institutiones theologiae*), as artes liberais passam a ser entendidas, a partir do séc. VI, como o conjunto de saberes transmitidos pelos livros. Somente com a fundação em Florença, em 1563, da *Accademia*

---

[15] Fonte da ilustração elaborada por Attavante e executada em Florença após 1483: Orlandi - Portoghesi, 1966, p. IV.

del Disegno, por Vasari[16], é que a pintura, a escultura e a arquitectura passam a ter uma aceitação institucionalizada e deixam de ser socialmente conotadas com as artes mecânicas.

Com efeito, Vasari (1550, I, cap. 15, p. 111), ao definir *Che cosa sia disegno, e come si fanno e si conoscono le buone pitture*, esclarece: "Porque o desenho, pai das nossas três artes, a arquitectura, a escultura e a pintura, procedendo do intelecto extrai de muitas coisas um juízo universal [...] conhece as proporções do todo com as partes, das partes entre si e destas com todo conjunto [...] pode-se concluir que aquele desenho é apenas uma expressão e representação do conceito que existe na alma, e do que nos outros é imaginado na mente e fabricado na ideia.".

Este ideal, preexistente a qualquer realização, também pode ser encontrado em Cícero (*Or.*, Prólogo, 10), que chama, ao introduzir o perfeito orador, a atenção para as afiliações platónicas desta figura de pensamento: "A estas formas das coisas chama 'ideias', aquele profundo autor e mestre, Platão, não só do pensamento mas também da oratória, que afirma que aquelas não se criam; declara que existem desde sempre e que estão contidas na nossa razão e na nossa inteligência; as outras coisas nascem, morrem, fluem, passam e não permanecem por muito tempo num só estado. Assim, qualquer coisa que se trate com um método racional deve ter como referência a última forma e imagem de seu género"[17].

Note-se que Vasari, nos títulos das duas primeiras edições das suas *Vite*, utiliza, intencionalmente, os termos *architetti* e *architettori*. Com efeito, *Le vite de più eccellenti architetti, pittori, et scultori* é o título da primeira edição, a de 1550, enquanto na segunda, a de 1568, comparece *Le vite de più eccellenti pittori, scultori, e architettori*. Verifica-se,

---

[16] Giorgio Vasari (1511-1574), arquitecto e pintor nascido em Arezzo, autor da obra *Le Vite de' più eccellenti architetti, pittori, et scultori italiani, da Cimabue, insino a' tempi nostri*, publicada inicialmente em 1550 e, em 2ª edição expandida, em 1558, considerada a primeira fonte de informação documental sobre os artistas e os arquitectos do Renascimento italiano, levantada a partir de viagens de estudo, trocas epistolares, leituras e entrevistas aos artistas e aos seus colaboradores ainda vivos.

[17] Cf. trad. esp. de E. S. Salor, 2001, p. 309.

assim, uma mudança de ordem do termo *architetti* para *architettori*[18], que passa de primeiro para último lugar quando comparado com os de *pittori* e *scultori*.

Em ambas edições, o número de vezes que comparece o termo *architetto* é sempre superior ao de *architettore*, respectivamente de 92 para 16 vezes na primeira edição, e de 313 para 82 na segunda, o que sugere uma relação preferencial para o primeiro termo. Se bem que, na segunda edição, o termo *architettori* apareça com uma terminação fonética semelhante a *pittori* e a *scultori*, a sua posição no final do título deve-se a outros factores que não se esgotam na sua sonoridade, o que sugere uma reapreciação da arquitectura face à ordenação das artes do desenho.

O facto de o termo *archittetori* comparecer, em ambas edições das *Vite*, com menor frequência do que *architteti*, confere uma qualidade de estranhamento para nobilitar aquele termo em vulgar. Além disso, o termo *archittetori* é de mais fácil memorização do que *architteti*, na medida em que é o último, na cadeia da frase, a ficar no ouvido[19], como nos lembra Cícero (*Or.*, I, 10): "assim, qualquer coisa que se trate com um método racional deve ter como ponto de referência a última forma e imagem de seu género"[20].

Assim, a utilização do termo *architettori* por Vasari, no título da segunda edição das *Vite*, pode ser conotada com a sua forma verbal em latim sugerindo, igualmente, o sentido de arquitectar, o que consolida a concepção mental que a arquitectura passa a apresentar desde então e para a qual o tratado de Alberti sobre a *ars aedificatoria* foi instrumental.

---

[18] De acordo com Ettlinger (1977, p. 120), o termo *architettore* é introduzido pela primeira vez na cultura arquitectónica do *Quattrocentto*, cerca de 1485, com o significado de quem "retém a remuneração daqueles que não cumprem as suas obrigações, bem como de fazer tudo o mais que são tarefas do arquitecto e do *capomaestro* encarregues da obra".

[19] A tese de Lugon-Moulin (2005, p. 5, n. 13), sobre as *Vite* de Vasari, interpreta as diferenças nos títulos das duas primeiras edições como uma incoerência lexical, que tem por finalidade estabelecer uma nova hierarquização das artes e não a de reafirmar a posição da arquitectura: "Notons le changement de l'ordre des mots entre la première et la deuxième édition. Il semblerait que celui de la seconde (peintre, sculpteur et architecte) soit devenu l'ordre 'classique' d'énumérer les artistes lorsqu'il s'agit de les comparer ou de tenter une hiérarchisation".

[20] Cf. trad. esp. de E. S. Salor, *op. cit.*.

Orlandi (1974, p. 288), no entanto, sustenta que "O termo *res aedificatoria* ou *ars aedificatoria* não é clássico, mas medieval e, tanto quanto sei, se exceptuarmos uma ocorrência isolada em Boécio, o primeiro autor que o usa é Alberto Magno; porque o adjectivo *aedificatorius* tem um primeiro uso em latim cristão, com o significado prevalecente, no campo moral, de 'edificante', mas não no sentido de 'construtivo' ou 'arquitectónico' ".

Posteriormente, nos comentários a Aristóteles feitos por Santo Tomás de Aquino (*Posteriorum analyticorum - expositio*, I, 1, 1), escritos entre 1265 e 1273, ao defender a primazia da lógica sobre os restantes saberes, é utilizada a expressão *ars aedificatoria,* onde o último vocábulo comparece como uma forma declinada do adjectivo *aedificatorius.*

Aquela expressão, *ars aedificatoria,* comparece em diversos passos do tratado de Alberti, nomeadamente no Livro V, cap. 12 e no Livro VI, cap. 13, quando se refere, no primeiro caso, à contribuição daquela arte para promover o guarnecimento de navios ou a fortificação dos portos e, no segundo, à forma como esta arte foi recebida em Itália desde os tempos antigos.

Podemos igualmente indagar se Alberti absorveu esta expressão de Santo Tomás de Aquino, principalmente se atendermos a que este estudou em Paris com Alberto Magno que veio, por sua vez, a exercer uma considerável influência na obra subsequente daquele filósofo e teólogo medieval. Além disso, na formação religiosa de Alberti é muito provável que este tenha tido contacto com a obra de Aquino, se bem que a mesma não tenha sido explicitamente citada na sua obra literária[21].

Ao reconciliar os escritos de Aristóteles com os princípios da teologia cristã, Aquino não está muito afastado das relações que podem, igualmente, ser detectadas entre o conceito de beleza na *Poética* de Aristóteles e o de concinidade em Alberti. Este, no entanto, evita no tratado, como na restante obra literária, fazer referências aos autores e ao vocabulário medieval, considerado "bárbaro" para os humanistas do *Quattrocento* e do

---

[21] O levantamento de citações, na produção escrita de Alberti, elaborado por Cardini *et alii* (2005, pp. 389-510), assinala a obra de Santo Agostinho *De civitate Dei,* referida no Livro X, cap. 7, mas é omisso quanto à de Santo Tomás de Aquino.

Cinquecento, bem como recorre, muitas vezes, a neologismos para formar palavras e se fazer entender em latim.

No meio destas incertezas, uma realidade: Alberti nunca citou, na sua obra escrita, Santo Tomás de Aquino, dada a sua incondicional afiliação ao classicismo romano, o que significa que estas influências medievais, por mais sedutoras que sejam, não foram clara e explicitamente assumidas pelo autor *Da Arte Edificatória*.

Com efeito, naquele passo do *Posteriorum analyticorum - expositio* de Aquino (*ibidem*), podemos notar uma posição dual sobre a *ars aedificatoria*: "Então, como a razão pode exercer-se pensando os actos que a mão realiza, na qual se encontra a arte edificatória ou da fabricação, [...] pelo mesmo motivo é necessário que algum saber oriente o próprio acto da razão [...]. Este saber é a lógica, isto é, a ciência do racional"[22].

Assim, Aquino associa o raciocínio na *ars aedificatoria* ao trabalho manual, enquanto remete o saber que orienta o próprio acto da razão para outra forma de saber, a lógica, o que implicitamente rememora a *fabrica* e a *ratiocinatio* vitruviana, o que mostra, de certo modo, uma afiliação às noções de *structura* e de *lineamenta* de Alberti[23].

No entanto, verifica-se uma diferença substancial entre ambos, dado que, para o autor *Da Arte Edificatória*, o saber que orienta o delineamento não é estranho à própria disciplina, o que significa que Aquino, apesar de utilizar a expressão *ars aedificatoria*, ainda apresenta uma concepção medieval daquela arte.

Por outras palavras, o facto de Alberti promover a autonomia disciplinar da arte edificatória significa que esta se liberta dos preceitos da lógica formal, o que dá espaço para que se verifique uma maior complexidade, tanto na concepção como na execução da obra de arquitectura, que está para além dessa lógica, o que sugere que o título dado ao tratado por Alberti não corresponde à expressão proposta por Aquino.

---

[22] Cf. trad. esp. de A. Mallea - M. D. Rebok, 2002, p. 29.

[23] *Tota res aedificatoria lineamentis et structura constituta est* (A arte edificatória, no seu todo, compõe-se de delineamento e construção), corresponde a um *dictum* albertiano sobre a composição da *res aedificatoria*, Livro I, cap. 1.

É neste contexto que as implicações éticas e estéticas sugeridas pelo termo edificatória - do edificado que edifica, foram, posteriormente à saída da *editio princeps*, assimiladas à designação de arquitectura.

A *ratiocinatio* e a *fabrica* de Vitrúvio (I, 1, 1) correspondem, respectivamente, à reflexão que a concepção e a execução da obra suscitam, bem como ao resultado da acção contínua e exercitada da experiência, a sua fábrica: *Architecti est scientia pluribus disciplinis et variis eruditionibus ornata, cuius indicio probantur omnia quae ab ceteris artibus perficiuntur opera. ea nascitur ex fabrica et ratiocinatione* (A ciência do arquitecto é ornada de muitas disciplinas e de vários saberes, estando a sua dinâmica presente em todas as obras oriundas das restantes artes. Nasce da fábrica e da reflexão)[24].

É neste sentido que Francisco de Holanda (1984, p. 11) se refere à "fábrica que falece à cidade de Lisboa". Isto é, do edificado em estado de degradação ou ruína, dado que vai "tratar da fortificação e reparo do reino e cidade material de Lisboa".

Este termo também se reporta ao sentido de confeccionar, de fabricar, de estruturar[25] e, no âmbito da arquitectura, ao trabalho em estaleiro de obra, isto é, ao dispositivo construtivo que, em conjunto, possibilita a edificação e não somente o trabalho, de forma isolada, sobre os materiais.

No entanto, após a tradução para francês de Claude Perrault (1673) do *De architectura,* aqueles termos também apresentam, respectivamente, a conotação de teoria e de prática: "L' architecture est une science qui doit être accompagnée d'une grande diversité d'études et de connaissances, par le moyen desquelles elle juge de touts les ouvrages des autres arts qui lui appartiennent. Cette science s'acquiert par la pratique et par la théorie" (Vitrúvio, 1673, I, 1, 1).

Repare-se que Perrault (*op. cit.*) traduz *Architecti est scientia* por *L'architecture est une science* e não por *La science de l'architecte est*, definindo, assim, a arquitectura como uma ciência, não se reportando à

---

[24] A transposição, para vernáculo, das citações de Vitrúvio apresentadas nesta edição foram baseadas em J. M. Maciel, 2006.

[25] No sentido de *pictura et fabrica* (pintura e arquitectura), ou de *fabrica membrorum* (estruturação dos seus membros), *Cic., Nat.*, II, 35; II, 121.

ciência ou saber do arquitecto que não é, necessariamente, equivalente àquela definição. Com efeito, *architectura, ae* é um substantivo feminino e *architectus, i,* um substantivo masculino, correspondendo a palavra *architecti,* utilizada por Vitrúvio, ao genitivo singular de *architectus* e não a qualquer dos casos de *architectura*[26].

Alberti raramente investiga, no tratado, as origens etimológicas dos termos utilizados, na medida em que podem, ou não, ser fontes credíveis de informação. Em contrapartida afirma que "a cidade é, na opinião dos filósofos, uma casa em ponto grande e, inversamente, a casa é uma cidade em ponto pequeno" (Livro I, cap. 9), mas depois faz um pergunta retórica: "porque não se há-de dizer que as partes mais pequenas das casas são habitações em ponto pequeno? Como, por exemplo, o átrio, o pátio, a sala de jantar, o pórtico, etc.".

A analogia casa-cidade tanto está presente em Platão (*Leg.*, 779), como no *Novo Testamento*, onde podemos encontrar a seguinte referência: "todo o reino, dividido contra si mesmo, fica devastado; e toda a cidade ou casa, dividida contra si mesma, não poderá subsistir" (Mt., 12, 25).

De igual forma, em autores posteriores, como sucede em Palladio (1570, Livro I, 12, p. 45), esta analogia tende a generalizar-se: "Nell'eleggere il sito per la fabrica di Villa tutte quelle considerationi si deono hauere, che si hanno nell' eleggere il sito per le Città: conciosiache la Città non sia altro che una certa casa grande, e per lo contrario la casa una città picciola".

Na obra *De etymologiarum libri XX*, Santo Isidoro de Sevilha (XV, 3, *De Habitaculis*) considera que a casa é a habitação de uma família, assim como a cidade o é de uma população urbana e o orbe do género humano[27]. Esta analogia baseia-se no raciocínio de que a essência das coisas se dá a ver na etimologia dos nomes que as designam, tendo o mesmo princípio perdurado longamente como método universal de explicação.

---

[26] Cf. Oliveira, 2004, p. 308.

[27] *Est autem domus unius familiae habitatio, sicut urbs unius populi, sicut orbis domicilium totius generis humani* (Isidoro de Sevilha, *ibidem*).

A analogia de Alberti entre casa e cidade não se baseia num raciocínio de raiz etimológica, diríamos medieval, na medida em que a origem da arquitectura e, portanto, da casa e da cidade, se deve às diversas necessidades humanas sendo, por seu lado, conformadoras da organização em sociedade.

Assim, o autor *Da Arte Edificatória* estabelece, em termos disciplinares, uma linha de pensamento que, actualmente, se revê nas dimensões recursivas das relações espaciais que são desenvolvidas em estudos de computação da forma em arquitectura, que transforma formas antecedentes em consequentes (cf. Stiny, 2006, p. 251), e não em considerações etimológicas, sejam estas ou não de raiz medieval.

Como vimos, naquele período de transição do medievo para a modernidade, a arquitectura era entendida como uma maestria essencialmente prática, uma *ars mechanica,* onde o binómio *fabrica-ratiocinatio* já não mais era operativo para, em meados do séc. XVI, passar a ser uma das *arti del disegno* e o tratado de Alberti ser designado, em vulgar, por *Architettura*.

No séc. XIX este discurso ainda era referido por *Dell' arte d'edificare* (Mancini, 1882, p. 367), o que significa que a antiga conotação com a arte edificatória ainda estava presente. Mancini (*ibidem*) ao chamar a atenção para o facto de esta obra ser de um mestre insuperável isso significava que se "riconoscevano nell' Alberti meriti quase iguali a quelli di Vitruvio, anzi Baldi asseri como Battista nela sua architettura pare che non solo emulasse, ma superasse Vitruvio"[28].

Com efeito, já podemos encontrar em Vasari (1550), na abertura do cap. 1, que é dedicado à descrição dos materiais pétreos, que são utilizados pelos arquitectos nos ornamentos e pelos escultores na estatuária, que estes assuntos foram "largamente già descritti da Vitruvio e dal nostro Leon Batista Alberti", e que no seu epitáfio estava gravada a frase: "LEONI BAPTISTAE ALBERTO VITRVVIO FLORENTINO" (Vasari, *op. cit.*, p. 317).

Assim, ao longo da segunda metade do *Quattrocento* e da primeira metade do *Cinquecento*, não só se dá a mudança da compreensão medieval da arquitectura para uma moderna, como o próprio Alberti é comparado a Vitrúvio, o autor do *De architectura*.

---

[28] Cf. Bernadino Baldi (1533-1617), *Cronica de'matematici*, Urbino, 1707, p. 98.

Pode-se, assim, compreender que a designação de *aedificatoria* compareça somente nas edições em latim do tratado de 1485, 1512 e 1541, e que as edições de 1546 de Pietro Lauro, bem como de Cosimo Bartoli de 1550 passem, em vulgar, a referir-se à *Architettura*. Esta transformação é, no entanto, mais precoce, dado que ocorre ainda durante o *Quattrocento*.

Na verdade, é o próprio Ângelo Poliziano (1485, p. 135) que, na saudação a Lourenço de Medicis, refere que Alberti *tum libros elucubravit de architectura decem* (elaborou dez livros sobre arquitectura). Isto é, à data da primeira impressão do tratado a arte edificatória já estava assimilada, em Florença, à de arquitectura.

Alberti, no entanto, é extremamente selectivo a referir-se à arte edificatória como arquitectura. As três ocorrências do termo *architectura* na *editio princeps* do *De re aedificatoria*, apresentadas em contexto, são as seguintes:

a) Prólogo: "Ou se encontrarmos algum saber que, por um lado, seja tal que de modo nenhum possamos passar sem ele, e que, por outro, proporcione por si mesmo uma utilidade associada ao prazer e à dignidade, não devemos, na minha opinião, excluir desse número a arquitectura".

b) Prólogo: "Será ainda necessário dizer quanto, na pátria ou fora dela, a arquitectura contribui não só para o bem-estar e o prazer dos cidadãos, mas ainda para os nobilitar?".

c) Livro IX, cap. 10: "A arquitectura é uma coisa grandiosa e não está ao alcance de todos acercarem-se de uma coisa tão grande".

Se bem que o termo *architectus* (o agente) compareça com frequência no tratado, estas citações sugerem que Alberti reservou o vocábulo *architectura* (o saber), para situações muito particulares relacionadas, respectivamente, com: a sua posição face aos restantes saberes; a sua contribuição para nobilitar os cidadãos perante a posteridade; a necessidade de o arquitecto conservar a sua dignidade.

Por outras palavras, Alberti utilizou a expressão *architectura* somente em contextos onde sobressai um saber edificante com acentuado significado ético, ao contrário da sua conotação com uma *ars mechanica*, relacionada com o sentido de uma artesania manual oriunda do período medieval.

Esta transformação da arquitectura, como uma *ars mechanica,* para um saber edificante é acompanhada pela crescente difusão da arte da eloquência na península Itálica.

Já nos finais do séc. XIV, Manuel Chrysoloras (1350-1415), na qualidade de emissário do imperador bizantino Manuel II e a convite de Coluccio Salutati, à época chanceler de Florença, foi professor de Leonardo Bruni e de Guarino de Verona, de 1397 a 1400, na Universidade desta cidade. Este último, em particular, reconhece que foi sob a orientação de Chrysoloras que "pela primeira vez os nossos homens, completamente ignorantes da arte da eloquência, logo que conheceram as letras gregas, dedicaram-se com paixão ao seu estudo" (cf. Field, 1988, pp. 9-10). Por outras palavras, quando Alberti regressa do exílio[29] a Florença, o clima intelectual estava propício para tratar com eloquência, sob forma literária, temas de literatura, arte e arquitectura.

Sabendo-se que Alberti apresentou, cerca de 1452, uma versão manuscrita do tratado ao Papa Nicolau V, isso significa, muito provavelmente, que é entre essas datas que se dá a mudança do paradigma medieval para o moderno e para a qual irá contribuir não só a difusão daquele tratado junto a um auditório que, de forma gradual aumenta de dimensão e adere progressivamente aos seus conteúdos, como também a excelência da obra arquitectónica, que o seu autor concebeu no período de intensa experimentação, que se seguiu à feitura daquele tratado.

Esta experimentação não se difundiu, face à cultura medieval, quando em confronto com a clássica, nem de forma imediata, nem uniforme. Em vernáculo e anteriormente à publicação da *editio princeps*, o Infante

---

[29] Na obra *I libri della famiglia*, Livro III, é feita uma referência ao exílio dos Alberti, onde é alegado que, apesar de o serviço público ser uma honra, estes não estão no governo pois, por um lado, nunca pensaram bem da governação do estado e, por outro, foram excluídos dessas *águas turvas*: "Niuna cosa manco, Lionardo mio; niuna cosa manco, figliuoli miei. Niuna cosa a me pare in uno uomo meno degna di riputarsela ad onore che ritrovarsi in questi stati. E questo, figliuoli miei, sapete voi perché ? Sì perché noi Alberti ce ne siamo fuori di questi fummi, sì anche perché io sono di quelli che mai gli pregiai".

D. Pedro traduziu, entre 1433 e 1438, o *Livro dos Ofícios de Marco Túlio Ciceram*, dedicado ao rei D. Duarte, onde apresenta como equivalente ao termo *architectura* o de *carpentaria*.[30]

No entanto, o que Cícero (*Off*., I, 151) revela nesta obra é a plena aceitação do termo *architectura*: "Porém, no que diz respeito às profissões, em que se verifica uma maior prudência, e são substancialmente úteis, como a medicina a arquitectura, o ensino de conhecimentos nobres, são elas dignas de honra, especialmente para aqueles que pertencem à classe que estas artes beneficiam"[31].

Além disso, Cícero (*Brut.*, 257) também se pronunciou favoravelmente sobre a arte de Fídias, quando a compara com a de um carpinteiro: "Mas também importava mais aos Atenienses ter os telhados firmes nas casas do que a belíssima estátua de Minerva; contudo, eu antes queria ser Fídias do que o melhor dos carpinteiros [...] "[32]. Assim, para Cícero, a arquitectura é, não só, digna de honra, como comparece hierarquizada em relação à carpintaria.

Piel (1948, p. XXXVII), ao comentar a tradução de D. Pedro, considera-a como "um documento interessante da crise em que a Língua se encontrava no momento da transição entre a Idade Média e o Renascimento, quando se vê constrangida a satisfazer as exigências não só de novos géneros literários, como ainda de um novo ideal de civilização".

A transposição de *architectura* por *carpentaria*, na tradução elaborada pelo Duque de Coimbra, pode ser vista, assim, como a recusa da aglutinação das palavras latinas *archus* e *tectum* e a sua substituição por um termo em vernáculo, já sugerida por D. Duarte no *Leal Conselheiro* ao referir-se à maneira para bem tornar alguma leitura em nossa linguagem: "nom ponha pallavras latinadas ou de outra lynguagem; mas todo em nossa lynguagem scripto, mais achegadamente geeral ao bom costume de nosso fallar que se pode fazer" (cf. Vasconcelos, 1946, p. 24).

---

[30] Cf. Cícero, 1948, org. de J. M. Piel, pp. 88 e 89.

[31] *Quibus autem artibus aut prudentia maior inest aut non mediocris utilitas quaeritur ut medicina, ut architectura, ut doctrina rerum honestarum, eae sunt iis, quorum ordini conveniunt, honestae*. Trad. de C. H. Gomes, 2000, pp. 70-71.

[32] Trad. de M. H. da R. Pereira, 2000, p. 51.

Esta diligência para se utilizar um léxico exclusivamente vernáculo, onde se associa a arquitectura ao termo medieval de *carpentaria*, será ultrapassada, no século seguinte, pela abertura à Antiguidade Clássica, feita pela geração de humanistas à qual pertenceu André de Resende.

No entanto, aquela associação ainda se manteve no país até aos finais do séc. XVII, o que sugere influências medievais tardias na arte edificatória, como atestam as definições de *architectura*, dada por Jerónimo Cardoso (1569-70) no *Dictionarium latinolusitanicum & vice versa,* como sendo a "arte de carpinteiro" ou, ainda, de *tectonicus,* dada na *Prosodia* de Bento Pereira (1697)[33], como equivalente a "cousa de carpinteiro, ou de carpintaria".

Em síntese, como refere Grayson (1998, p. 192), é neste contexto que se pode dizer que o *De re aedificatoria* "was not a late work but the product of a vital and central period in Alberti's career, from which he proceeded in practice to an even greater demostration of his skill and genius", chegando mesmo, de acordo com Baldi (*op. cit.*), a superar Vitrúvio.

A unidade entre ética e estética do mundo de Alberti (Livro VI, cap. 2), sintetizada no *dictum - pulchritudinem quasi suum atque innatum* (a beleza é como que algo de próprio e inato), começa a esvanecer-se na polémica que se estabeleceu subsequentemente entre Milizia e Memmo - Lodoli ao referirem-se, respectivamente, ao edificado que contribui "alla publica felicitá", face à motivação para "non prodigallizare la materia".

Com efeito, Milizia (1847, p. 574) afirmava que "os indivíduos ricos ofuscariam o seu próprio esplendor se, em vez da mortal sofisticação por quinquilharias e por uma insípida ostentação, ao invés de removerem tanta gente da agricultura e dos ofícios mais sólidos, investissem o seu próprio dinheiro para promover adequadas habitações na cidade e no campo, para construir pontes, para drenar pântanos, para pavimentar estradas, para fazer aquedutos, para alargar esgotos, e atribuíssem outros meios para a felicidade

---

[33] Não está em causa que Bento Pereira (1697) conhecesse a fundo a obra de André de Resende e, como tal, estivesse a par do termo *edificatoria*. Com efeito, na sua *Prosodia* o verbete *Callipolis* refere-se a "Callipole, Cidade de Thracia, Item, Villa Viçosa Corte dos Duques de Bragança", o que está em consonância com os comentários de Resende (1783, pp. 201-202) sobre Vila Viçosa, a que deu o nome de *Callipolin* na obra *Antiguidades da Lusitânia*, impressa por Martim de Burgos, no ano de 1593.

pública". Em contraponto, Memmo - Lodoli (1834, I, p. 174) sugeriam que "[...] uma das grandes questões para aqueles que querem construir, mesmo que fosse para o maior rei do mundo, é a questão de não respeitar o material".

Assim, a prossecução destes objectivos, de forma autónoma, não só contribuiu para a perda de unidade entre as relações hierarquizadas e intransitivas das dimensões da arquitectura, sugeridas por Alberti, como para a acentuada crise que se verificou no século seguinte, já anunciada por Jacques-François Blondel (1754, p. 44) ao afirmar que o ornamento do edificado não tem nada a ver com a comodidade, nem com a solidez o que, de forma premonitória, anuncia o desequilíbrio entre a *necessitas*, a *commoditas* e a *voluptas* albertianas, face às consequências da revolução industrial na arquitectura do séc. XIX e, consequentemente, do papel que passa a desempenhar o arquitecto, cujas atribuições são delegadas, em parte, na figura do engenheiro.

Até essa cisão, a figura do arquitecto como herói é a explicitada por Alberti no Prólogo *Da Arte Edificatória*, ao comparar as qualidades do arquitecto com as de um general, na resolução do cerco das cidades: "Por fim, se recordarmos as expedições passadas, verificaremos certamente que foram alcançadas mais vitórias pelas artes e valor do arquitecto, do que pelo comando e auspícios de qualquer general; e que o inimigo sucumbiu mais vezes ao engenho daquele sem as armas deste, do que à espada deste sem os planos daquele. E o mais importante é que o arquitecto obtém a vitória com um pequeno exército e sem perder vidas".

Não se trata de uma mera questão de retórica para argumentar a superioridade bélica da arquitectura militar concebida pelo arquitecto, um assunto da maior importância no tempo de Alberti, mas uma defesa da beleza engendrada pelos seus poderes de concepção.

Platão, na obra *O Político* (259 e - 260 a), apresenta um diálogo[34] entre duas personagens - o Estrangeiro, o interlocutor principal, e Sócrates-o-moço, ouvinte quase silencioso - que é um relato fidedigno sobre o entendimento, na Grécia clássica, das atribuições do arquitecto:

---

[34] Dado que não se verifica uma sucessão de argumentos e contra-argumentos entre ambos os interlocutores, Shorey (1968, p. 260) designa este diálogo como "exposição dialética".

Estrangeiro	- De igual modo, nenhum arquitecto exerce a função de trabalhador, mas sim a de chefe dos obreiros.
Sócrates-o-moço	- Exactamente
Estrangeiro	- Revela, deste modo, possuir conhecimento, mas não destreza manual.
Sócrates-o-moço	- Assim é.
Estrangeiro	- Pode pois, com justiça, afirmar-se que ele participa do saber teórico.
Sócrates-o-moço	- Com certeza.
Estrangeiro	- A meu ver, ao arquitecto - depois de fornecidas as devidas explicações - não lhe é conveniente nem dar por terminado o seu trabalho nem abandonar o local (à imagem do que faz o mestre de cálculo), mas interessa-lhe, sim, destinar a cada um dos trabalhadores a tarefa a cumprir até que as ordens estabelecidas sejam completamente executadas.
Sócrates-o-moço	- Tens razão[35.]

Esta interpretação do que é o arquitecto revê-se, em parte, na descrição de Alberti quando afirma que a "mão do artífice, na verdade, não passa de um instrumento para o arquitecto" (Prólogo), como na definição do delineamento que é "levado a cabo por uma imaginação e intelecto cultos" (Livro I, cap.1) e, ainda, no conselho que dá para que aquele não se apresse "[...] levado pelo desejo de edificar, [... dado que] grande é contributo que o tempo traz à execução de todas as obras [...]" (Livro II, cap. 1).

Apesar desta conformidade, o conflito em que a obra de arte é valorizada e o seu criador é marginalizado, está igualmente presente desde a Antiguidade Clássica.

Assim, para Plutarco (*Per.*, II, 1-2): "O exercício duma profissão abjecta revela, da parte de quem se lhe dedica, a sua negligência por mais nobres ocupações; as diligências que fez para se aplicar a coisas fúteis depõem contra ele. Não há nenhum rapaz bem-nascido que, depois de ter visto em

---

[35] Trad. de C. I. L. Soares, *in* Platão, 2008, pp. 47 - 48.

Pisa a estátua de Júpiter[36] ou a de Hera em Argos, quisesse ser Fídias ou Policleto; nem mesmo quereria ser Anacreonte, Filémon ou Arquíloco, pelo simples facto de se ter deleitado ao ler as suas poesias. Uma obra que nos agrada pelo seu encanto, não arrasta necessariamente a nossa estima pelo seu autor"[37].

Esta noção, estranha à concepção da arte a partir da primeira metade do *Quattrocento*, foi absorvida pela Idade Média, na medida em que se continuava a diferenciar a dimensão criativa da manual, onde o valor artístico da obra era aferido por esta não possuir um valor de uso para a vida prática.

Na verdade, isso é inteiramente confirmado nos sécs. XII e XIII por Hugo de São Victor (c. 1096-1141), no seu guia do conhecimento para as sete artes liberais e para a teologia, a *Eruditio Didascalicon*. Neste guia, Hugo de São Victor (II, 20, 22) introduz as *artes mechanicae*, onde inclui a *architectura* como parte da *armadura*, somente apropriada para a *plebei vero et ignobilium filii*, e afirma a importância da experiência na origem do saber.

Na construção da Cúpula da Catedral de Florença, Lorenzo Ghiberti, ao reclamar a sua co-autoria, reafirma a manualidade da sua perícia, que tem por base a experiência anterior: "poucas coisas de importância foram realizadas na nossa cidade que não fossem concebidas ou executadas pela minha mão. Especialmente na construção da cúpula, Filippo e eu, competimos por dezoito anos com o mesmo salário. Assim, construímos a cúpula" (Schlosser, 1912, p. 51).

Manetti (1970, p. 70), o biógrafo de Brunelleschi, também chega a alterar a participação destes mestres na construção da cúpula mas, como relata Kostof (1977, p. 107), a documentação existente mostra que a sua concepção deve-se somente a Brunelleschi que foi designado *inventor et gubernator major cupolae*.

Mesmo assim, este não só foi preso no final dos trabalhos, pela congregação da *Arte dei maestri de pietre* - sob o argumento de não ter pago a respectiva quota anual, como também a exequibilidade do modelo

---

[36] No original Zeus.
[37] Cf. trad. ingl. de B. Perrin, 1916, p. 153.

tridimensional da cúpula, de sua autoria, ainda teve de ser avaliada, em 20 de Dezembro de 1418, por três *maestri*, conforme consta da respectiva folha de pagamentos: *providendo et considerando modellum Filippi ser Brunelleschi et sociorum et si esset possibile facere maiorem cupolam secundum formam dicti modelli et pro omni*[38].

Somente com o *De re aedificatoria* é que se assume e retoma, explicitamente, a subordinação da execução à concepção quando Alberti (Prólogo) afirma, que a "mão do artífice, na verdade, não passa de um instrumento para o arquitecto", o que veio a ser assumido na cultura arquitectónica do Renascimento logo a partir do primeiro tratado de arquitectura escrito em vulgar, as *Medidas del Romano* de Diego de Sagredo, ter sido publicado em Toledo em 1526.

Sagredo explica a etimologia da palavra *architecto* como o "principal fabricador" e define os *architectos* como "los ordenadores de edificios", diferenciando claramente o trabalho manual do intelectual, ao considerar que as "ferramientas" do arquitecto são "las manos de los oficiales mecanicos".

Esta subordinação da construção à concepção tem dado, muitas vezes, origem a comentários sobre o suposto afastamento de Alberti do estaleiro de obra, o que a rigor, não pode ser integralmente aceite.

Na verdade, as concepções do arquitecto, ora como *muratore* que levanta e constrói a obra *in situ*, ora como intelectual que desenha e concebe o projecto, representadas tanto no painel esculpido durante a construção da Catedral de Florença por um discípulo de Andrea Pisano (1290-1349)[39], como na estátua tardia de Alberti, elaborada por Giovanni Lusini (1809-1889), têm contribuído para a mitografia sobre o afastamento do estaleiro de obra por parte do autor *Da Arte Edificatória*.

---

[38] Cf. o arquivo digital das fontes escritas da obra de *Santa Maria del Fiore*, correspondente ao período de 1417-1436, relativo à concepção e construção da cúpula de Brunelleschi, em http://www.operaduomo.firenze.it/cupola/ita/HTML/S008/C098/T003/TBLOCK00.HTM. Consultado em 09-12-2009.

[39] Também conhecido como Andrea de Pontedera, executou a Porta Sul do Baptistério de Florença sob a recomendação de Giotto di Bondone. Após o falecimento deste, em 1337, Pisano sucedeu-o como arquitecto do campanário da catedral de Florença, ao qual acrescentou dois andares com painéis em baixo-relevo, entretanto substituídos por cópias, tendo sido os originais depositados no *Museo dell´Opera di Santa Maria del Fiore*, em Florença.

a)   b)

Fig. 2 a) O arquitecto como *muratore*: Estaleiro de Obra, baixo-relevo executado por um discípulo de Andrea Pisano, entre 1337 e 1341, para o campanário da *Opera di Santa Maria del Fiore*, Florença[40].
b) O arquitecto como intelectual: *Estátua* de Leon Battista Alberti, por Giovanni Lusini, inaugurada em 1850. Galeria dos Uffizi, Florença.

Com efeito, naquele painel o mestre de obras é apresentado a dirigir operativamente em estaleiro de obra a construção, enquanto nesta peça escultórica, Alberti mostra os meios de gerar a concepção do edificado, dado que segura numa mão o compasso e, na outra, o traçado da fachada de *Santa Maria Novella*, em Florença (ver Figs. 2 a e b).

É neste contexto que se atribuí aos construtores medievais, nos alvores da modernidade, uma prática construtiva que se processou no estaleiro de obra em tempo longo[41] e da qual resultaram as grandes obras desse período, como é o caso da construção da catedral de Florença que se prolongou por 142 anos, de 1294 a 1436, até ser finalizada.

---

[40] Fonte das ilustrações: a) *Museo dell'Opera di Santa Maria del Fiore*, em Florença: disponível na www no endereço http://www.albertiefirenze.it/english/mostra/opere/prologue/prol_1.htm (consultado em Fevereiro de 2011); b) Pátio da Galeria dos Uffizi, Florença.

[41] Utiliza-se a noção de tempo longo, à semelhança do proposto na *Revue des Annales*, para significar uma relação projecto/obra que se constrói e transforma de maneira muito lenta, onde prevalecem antigos modos de pensar e de agir sob a forma de estruturas de longa duração (*longue durée*) e não de uma contingente geração de eventos.

Este processo, em termos sociológicos, é sintetizado por von Martin (1963, p. 16) ao referir que "In the Middle Ages it was possible to spend tens and even hundreds of years on the completion of one building — a cathedral, a town hall or a castle [...] for life was the life of the community in which one generation quietly succeeds another. Men lived as part of an all embracing unity and thus life lasted long beyond its natural span."

Nem o tempo nem a mudança são críticos no período medieval mas, com o advento da teoria arquitectónica de Alberti, aquela extensa duração é progressivamente excluída da prática construtiva, dado que a concepção e a obra, que até aí tinham formado uma intrincada e fluída rede de interferências mútuas, passam a ser programaticamente separadas, o que significa que a variável tempo transforma-se não só num bem escasso, mas também numa *cosa preziosissima*[42], acabando por ser suprimida, em grande parte, da convivência entre o pensar e o executar.

Passa-se, assim, de um fenómeno de longa para curta ou curtíssima duração, onde o tempo longo permitia um contínuo diálogo entre os diferentes intervenientes do processo de projecto/obra, bem como mudanças e alterações face à indeterminação da concepção inicial da obra e, ainda, às intervenções de diversos patronos e construtores ao longo da sua prolongada execução[43].

Semelhante conclusão é sugerida por Carpo (2011, p. 25), na medida em que a teoria arquitectónica de Alberti "[...] is predicated on the notational sameness between design and building, implying that drawings can, and must, be identically translated into three-dimensional objects". Assim, o projecto passa a ser considerado, nesta aparente cisão entre pensar e executar, como o original a ser integralmente replicado e o edifício construído como a sua imutável e fiel cópia[44].

---

[42] Alberti, *I libri della famiglia,* Livro III, p. 179.

[43] Para uma discussão sobre a passagem do tempo longo na construção medieval e da continua mudança na vida do edificado (*Building-in-Time*), para o da sua exclusão na relação projecto/obra em Alberti (*Building-outside-Time*), veja-se Trachtenberg (2010, p. 118), que sintetiza o programa albertiano da seguinte forma: "slowly perfect the design; accumulate necessary wealth; build fast ... and eliminate time".

[44] Note-se que o templo Malatestiano, em Rimini, como mostra a carta dirigida pelo autor do *De re aedificatoria* a Matteo de'Pasti (ver Fig. 4), esteve sujeito a alterações em

Na verdade, Alberti (Livro IX, cap. 9) advoga que quando "[...], começada a obra, não sejamos forçados a hesitar, a variar, a interromper, mas que, tendo uma visão de conjunto de todo o plano, com uma espécie de explicação breve e circunspecta, seja suficiente tudo aquilo que é adequado e útil, uma vez procurado, reunido e preparado".

Esta orientação é inteiramente promovida quando Alberti (Livro IX, cap. 5) transpõe as consonâncias musicais Greco-Medievais para o sistema proporcional da arte edificatória, o que sugere, em termos programáticos, a imutabilidade formal da obra quando esta atinge a perfeição[45].

No entanto, Alberti (Livro IX, cap. 11) também está consciente daquela relação mais fluída de interferências mútuas entre projecto e obra, onde o tempo, mesmo que breve, continua a desempenhar um papel construtivo na obra de arquitectura, desde que sejam respeitadas as orientações dos autores precedentes: "Por causa da brevidade da vida e da grandeza da obra, quase nunca sucederá que uma obra de grandes dimensões possa ser terminada por aquele que a empreendeu. Mas nós, atrevidos, que lhes sucedemos, esforçamo-nos por inovar alguma coisa e gloriamo-nos disso; daí resulta que as obras, que outros começaram bem, sejam deformadas e mal concluídas. Na verdade sou de opinião que nos devemos ater às determinações que maduramente idealizaram. Pode, com efeito, ter movido, esses primeiros construtores da obra, algum motivo que, se o perscrutares demorada e diligentemente e reflectires acertadamente, também não te escapará".

Apesar de Alberti separar, de forma inequívoca, o delineamento da construção, a relação entre o autor do projecto e a materialização da obra

---

obra, bem como as igrejas de Santo André e de São Sebastião, em Mântua e, ainda, a igreja de *Santa Maria Novella* e a tribuna da basílica da *Santissima Annunziata*, em Florença, sofreram modificações na sua concepção durante a execução, apesar de Alberti (Livro VI, cap. 2) advogar o contrário, ao definir a imutabilidade do projecto perante a beleza da obra: "[...] de tal modo que nada possa ser adicionado ou subtraído, ou transformado sem que mereça reprovação". Cf. Tavernor, 1998, pp. 49-77, 99-106, 127-142, 147-187; Trachtenberg, *op. cit.*, pp. 376-383.

[45] Para uma descrição sistematizada destes sistemas proporcionais veja-se, nesta edição, o capítulo sobre "Beleza e Sistemas Proporcionais", pp. 229-271.

apresenta-se como fases de um mesmo processo, desde a sua concepção, até ao restauro da obra e, mesmo, à sua demolição.

Não tem sido, contudo, essa a leitura que recentemente se faz desta relação. Em particular, de acordo com Anstey (2007, p. 20), "Alberti claims that there is a structural distinction between the building, as physical object, over which the builder rules, and the building as an idea, which is the architect's province and it becomes clear that architects do not 'make' buildings; they make representations of buildings".

De facto, ao discernir sobre a justeza dos meios de expressão e de representação do projecto, face às características que a obra deve apresentar, Alberti (Livro II, cap. 1) alerta para o que é essencial, a dimensão inovadora da concepção em arquitectura e não a habilidade manual posta na execução daqueles meios: "Por isso, gostaria que se proporcionassem maquetes despojadas e simples, não concluídas com esmero excessivo, polidas e luzidias, nas quais se possa admirar o engenho de um inventor e não a habilidade manual de um artesão".

Alberti (Livro IX, cap. 10) também se refere, indistintamente, às funções do arquitecto, quando comparadas com as do operário manual, desde que especificamente relacionadas com a *commoditas*: "Além disso, fazer construções que parecem cómodas para o uso e que, sem dúvida, se podem executar de acordo com um projecto e um orçamento, não é mais apanágio de um arquitecto do que de um operário manual".

Embora Alberti (Prólogo) estabeleça, como vimos, logo no início do tratado uma distinção entre o operário e o arquitecto, o termo *artifex* é usado tanto para designar o autor do projecto (Livro IX, cap. 5), como para referir os operários (Livro IV, cap. 1) como, por vezes, para nomear o encarregado da execução da obra (Livro X, cap. 7), o que não nos autoriza a supor um alheamento, por parte do autor *Da Arte Edificatória*, da materialidade construtiva da obra.

Anstey (2003, p. 22), no entanto, chega mesmo a sugerir a total perca de controlo, por parte de Alberti, em relação ao andamento da obra: "His letters preserved in relation to the Tempio Malatestiano in Rimini and S. Andrea in Mantua show clearly an architect who is physically separated from the theatre of construction (both letters are written from Rome) and who is equally clearly not in absolute control of the projects in question – he makes appeals to builder and client, not decrees".

Neste contexto, para esclarecermos a relação entre concepção e obra em Alberti, o templo Malatestiano em Rimini é um exemplo notável, dado que reconcilia duas realidades distintas: um templo ao modo antigo, construído para celebrar um triunfo militar em 1450 de Sigismondo Malatesta[46], que faz de envolvente construtiva a uma igreja, a de São Francisco, ainda reminiscente do período medieval e que vai muito para além de uma simples reparação do construído.

Repare-se, a este respeito, na iluminura feita por Giovanni da Fano sobre o estaleiro de obras deste templo (ver Fig. 3). Apesar de Giovanni ter elaborado esta sumária miniatura, que serve de ilustração ao poema épico de Basinio Basini consagrado a Sigismondo Malatesta, o *Hesperis*, sem qualquer indicação da igreja pré-existente de São Francisco em Rimini, é possível notar uma série de instrumentos para elevação de pesos, como sejam cabos, roldanas e cábreas, cujo funcionamento é claramente explicitado no tratado (Livro VI, cap. 7): "Ficou, pois, demonstrado que, se duas rodas contíguas, fixadas num único eixo, são movidas por um só e mesmo movimento, de tal forma que movendo-se uma delas a outra não fique parada e que, ficando uma delas parada, a outra não se mova, do comprimento dos raios em cada uma deduziremos qual é a respectiva força [...] Nas roldanas há um pouco mais a considerar. De facto, não só o cabo passado pela roldana mas ainda as próprias rodas desempenham na roldana a função de um caminho no qual existe um movimento intermédio que, como dissemos, se situa entre o mais difícil e o mais fácil, porque não sobe nem desce, mas procura persistentemente o equilíbrio do seu centro".

---

[46] Sigismondo Malatesta (1417-1468), déspota governante de Rimini, protector das artes e patrono de Alberti.

Fig. 3 Iluminura do estaleiro de obras do templo Malatestiano em Rimini, de autoria do miniaturista Giovanni da Fano, *in* Basinio da Parma, *Hesperis*, c. 1462-1464[47].

O Livro VI, que trata *Do Ornamento*, não se restringe, assim, à ornamentação dos edifícios, *i.e.* ao que serve para embelezar, mas também à maquinaria utilizada em estaleiro de obra, bem como a outras questões técnicas relacionadas com a estabilidade dos edifícios[48]. Com efeito, neste livro e no cap. 1 é apresentada a problemática do levantamento dos edifícios da Antiguidade Romana e, nos caps. 6-8, é desenvolvida, como vimos, a maquinaria utilizada em estaleiro, o que indica um conhecimento operativo do processamento de materiais e métodos construtivos em obra.

---

[47] Fonte da ilustração: *Bibliothèque de l'Arsenal*, Paris, Ms. 630, c. 126r.

[48] Note-se que, em latim clássico, o termo *ornamentum* é polissémico, podendo significar não só ornamento como equipamento, recursos e meios e, ainda, o que dá honra e dignidade a alguém.

Além disso, no Livro X, dedicado ao *Restauro de Obras*, são apresentadas respostas para a manutenção e correcção de defeitos do edificado, onde são apontadas soluções para desastres imprevisíveis, para remediar terrenos pouco consistentes, para resolver questões de escassez e abastecimento de água, bem como de solidez das vias de comunicação fluviais, de conforto ambiental, tanto relacionado com climas frios, como quentes, para regular a temperatura e humidade dos ambientes e, ainda, de reforço estrutural em situações de degradação das condições de estabilidade do edificado[49].

Se bem que esta sistematização de conhecimento sobre as questões relacionadas com o restauro sejam inovadoras, é em contacto directo com a obra que a fisionomia de Alberti, como edificador, se revela de forma mais programática e operativa.

Alberti foi consequente com o que afirmou no seu tratado, pois trabalhou, para que a relação projecto-obra se processasse de forma coordenada, sempre com arquitectos residentes e com o aval dos seus patronos: Matteo de'Pasti na igreja de *S. Francesco* em Rimini, Bernardo Rosselino na fachada do palácio *Rucellai* e, ainda, na fachada da igreja de *Santa Maria Novella*, em Florença, bem como, possivelmente, na *Loggia della Benedizione* em Roma e Luca Fancelli nas igrejas de *San Sebastiano* e de *Sant'Andrea* em Mântua[50].

A este respeito, a carta que endereçou a Matteo de'Pasti, o arquitecto residente em estaleiro, sobre o andamento dos trabalhos no templo Malatestiano, em Rimini, sugere que Alberti acompanhou a sua construção por meio de indicações precisas de como se deveria processar a edificação daquele templo (ver Fig. 4).

---

[49] No Livro X, cap. 17, Alberti também refere que: "A cábrea é um instrumento náutico formado por três traves, cujas cabeças se fixam e amarram unindo-se em conjunto, e cujos pés se dispõem em triângulo". Usamos esta máquina comodissimamente para elevar cargas, servindo-nos de roldanas e de um sarilho".

[50] Cf. Krüger, 2011, p. 70. Para um levantamento das complexas relações entre autoria, encomenda e datação das obras de Alberti veja-se Calzona (2008), bem como Calzona *et alii* (2009).

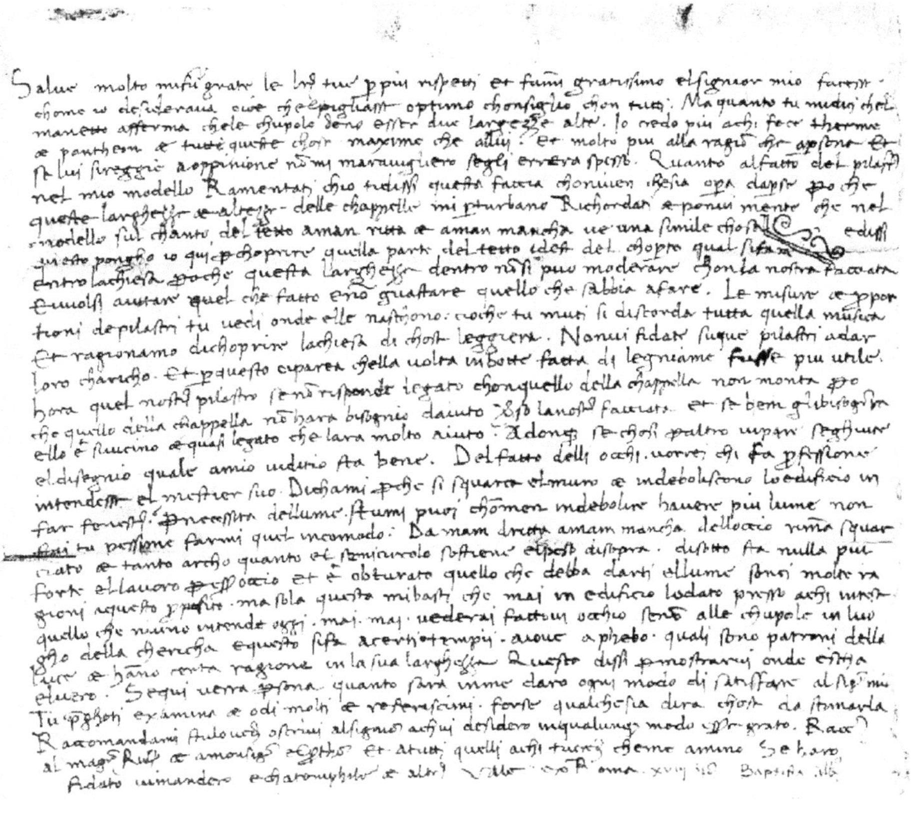

Fig. 4 Carta de Alberti dirigida a Matteo de'Pasti sobre a reestruturação da igreja de São Francisco em Rimini. Roma, datada de 18 de Novembro [1454][51].

Consequentemente, é pertinente analisarmos, ainda que brevemente, os conteúdos desta missiva manuscrita, que reproduzimos seguidamente em vernáculo, para nos inteirarmos sobre o envolvimento de Alberti neste processo construtivo:

"Saudações. Tive, por diversos motivos, uma grande satisfação em ler as tuas cartas e um prazer ainda maior ao saber que o meu Senhor[52] agiu como eu desejava, ou seja, em aconselhar-se, com todos, da melhor

---

[51] Fonte da ilustração: *The Pierpont Morgan Library*, Nova Iorque, *Collection of Autographs Letters and Manuscripts,* MA 1734.

[52] Isto é, Sigismondo Malatesta.

maneira. Mas quanto ao que me dizes de Manetto[53], que afirma que a altura das cúpulas deve ser duas vezes a sua largura, creio mais nos que fizeram as Termas e o Panteão e todas essas coisas admiráveis, do que nele e ainda mais na razão do que em qualquer um. E se ele se baseia na opinião, não ficarei surpreendido que se engane muitas vezes.

No que diz respeito à questão da pilastra do meu modelo, lembra-te do que te disse: esta fachada deve ser uma obra independente do resto do edifício, dado que estou incomodado com a altura e a largura das capelas. Lembra-te e repara bem que no modelo, nas águas da cobertura, tanto à esquerda como à direita, há qualquer coisa deste género , e tenho dito que coloco isto aqui para rematar esta parte da cobertura, isto é, da cobertura que se construirá no interior da igreja, dado que a sua largura interior não pode ser alterada pela nossa fachada e que é preciso melhorar o que foi feito e não estragar o que deve ser feito. Tu vês de onde vêm as medidas e as proporções das pilastras: se alterares o que queres que seja, toda esta música desafinará. E dissemos que é preciso cobrir a igreja com qualquer coisa leve. Não confies nestas pilastras para suportar qualquer carga. É por isso que julgamos que uma abóbada de berço, construída em madeira, será mais útil. No que toca à nossa pilastra, se não estiver unida e alinhada com a da capela, isso não tem importância, dado que a pilastra da capela não necessita de ser suportada pelo lado da nossa fachada; e se for necessário, está tão próxima e quase unida que terá uma boa sustentação. Se estiveres de acordo, para o restante segue o desenho, que considero correcto.

A propósito dos óculos, quero que aqueles que exercem a profissão se entendam. Diz-me porque motivo é a parede rasgada pela inserção de janelas que enfraquecem o edifício? Porque é necessária a luz. Se puderes debilitar menos o edifício e introduzir mais luz - não estarás

---

[53] Provável referência a Antonio Manetti Ciaccheri, que sucedeu a Brunelleschi na construção da catedral de Florença e trabalhou, nesta cidade, na tribuna da basílica da *Santissima Annunziata* ou, então, a Gianozzo Manetti (1396-1459), que foi biógrafo e secretário do Papa Nicolau V e escreveu um relato sobre a consagração da catedral de Florença em 1436, onde descreve, na base de uma experiência vivida, o impacto de *Santa Maria del Fiore* nos seus contemporâneos. Cf. Van Eck, 1998.

fazendo um grande erro, dando-me tamanha preocupação? De um lado ao outro do óculo a parede é rasgada e é o arco formado pelo semicírculo superior que suporta a carga; além do mais, na parte inferior a obra não será mais sólida pelo facto de ter um óculo, e tu tapas-te aquele que devia dar iluminação; existem muitas razões que podem ser invocadas, mas esta será suficiente para mim: nunca num edifício apreciado por aqueles que entendem, o que ninguém hoje consegue compreender: nunca, mesmo nunca verás um óculo se não for inserido em cúpulas e somente no arranque da calota; e isto somente se faz em certos templos consagrados a Júpiter ou a Febo[54], que são os deuses da luz, onde a sua largura corresponde a uma dimensão certa. Digo-vos isto para mostrar de onde surge a verdade.

Se alguém vier aqui [a Roma], farei tudo que estiver ao meu alcance para poder satisfazer o meu Senhor. A ti, peço-te, analisa, ouve bastante e dá-me conhecimento. Talvez alguém te dirá alguma coisa digna de interesse. Recomenda-me ao meu Senhor, se o vires ou lhes escreveres, a quem gostaria de mostrar a minha gratidão. Recomenda-me ao magnífico Roberto [Valturio] e ao Monsenhor protonotário[55], e a todos aqueles que crês que têm afeição por mim. Se encontrar alguém de confiança, enviar-vos-ei a Ecatonfilia[56] e outras coisas. Adeus.

Roma, 18 de Novembro [1454][57]

Battista Alberti".

Se bem que a carta mostre as divergências entre ambos os arquitectos, sobre a dimensão e a forma da cúpula, na linha de Brunelleschi para *Santa Maria del Fiore*, em Florença, das proporções das pilastras em relação à capela, bem como das aberturas, para não desafinarem

---

[54] Epíteto de Apolo, o deus da luz, do Sol, das artes e da música, que simbolizava, entre os Gregos, a harmonia e o equilíbrio.

[55] Alberti refere-se a Valério, filho ilegítimo de Sigismondo Malatesta, que obtém em 1453 o encargo de protonotário, conferido pelo papa Nicolau V.

[56] Escrito de Alberti sobre as coisas do amor que deverá, para ser duradouro, assentar na transparência e na confiança.

[57] Para a datação do ano da carta veja-se Grayson, 1998 c, p. 160.

"tutta quella musica", transparece uma clara determinação sobre a materialização da concepção arquitectónica, segundo os ditames da "ragione", bem como dos exemplos notáveis dos antigos, não deixando o autor de fazer referências ao "modelo" tridimensional, possivelmente feito em madeira, conforme vem explicitamente recomendado no tratado (Livro II, caps. 1-2), bem como ao novo desenho, que anexa, do capitel da pilastra.

Alberti é crítico em relação aos que somente emitem a sua opinião sobre questões construtivas, como é o caso de Manetto, e sublinha a importância de a nova envolvente construtiva ser independente das paredes de tijolo da igreja de São Francisco, bem como da nova cobertura ser em madeira, para aligeirar as cargas sobre as paredes da nave, o que foi integralmente aceite pelos mestres de obra de Rimini, a ponto de Matteo de' Pasti se dispor a viajar até Roma para se aconselhar com Alberti[58].

Também, é ainda de salientar a advertência que o tratado de Alberti oferece para a reconstrução do templo Malatestiano, após os bombardeamentos que se verificaram sobre a cidade de Rimini no final da segunda Grande Guerra (ver Fig. 5).

Alberti (Livro I, cap. 9) sugere as seguintes orientações: "De resto, tudo isto se deve pôr em prática de acordo com o uso, a utilidade e também o costume consagrado dos peritos. Com efeito, opor-se em muitas coisas à tradição tira a graça, e aceitá-la tem vantagens e constitui uma orientação segura, uma vez que, deste modo, os arquitectos mais conceituados testemunharam com a sua obra que a compartimentação[59] dórica, jónica, coríntia, ou toscana era a mais conveniente de todas, não porque, transferindo os seus planos para a nossa obra, tenhamos de ficar agarrados às suas leis, mas porque tendo em conta as suas advertências e, descobrindo novas soluções, nos devemos esforçar por atingir uma glória igual ou, se possível, maior que a deles".

---

[58] Cf. carta endereçada a Sigismondo Malatesta, por Pietro de'Gennari e Matteo de'Pasti em 14 de Dezembro de 1454, para se encontrarem com Alberti e indagarem "del modo de voltare" a cobertura (Hope, 1992, pp. 151, doc. 3).

[59] Ou organização das partes das colunas (cf. Livro VII, cap. 7).

a) b)

Fig. 5 a) O interior do templo Malatestiano, em Rimini, em estado de ruína em Janeiro de 1944, resultante das acções bélicas durante a segunda Grande Guerra; b) fachada actual do mesmo templo, reconstruído em 1947-1949[60].

Estas orientações são seguidas, tanto na envolvente construtiva do templo Malatestiano, como na sua reconstrução que se seguiu àquele conflito armado.

O debate sobre o que fazer após a sua destruição bélica foi intenso, entre uma posição "dov'era, com'era" e outra, mais crítica, anunciada por Barbacci (1956, p. 100) : "Si sarebbe potuto consolidare il monumento con le deformazioni anzidette, non sensibilissime, come vediamo in tanti edifici veneziani; [...] la temeraria operazione è eseguita con grandissima abilità, così che solo l'occhio dell'architetto specializzato è in grado di osservare le lievi sbrecciature arrecate agli spigoli delle pietre dalle varie manipolazioni, la lieve diversità delle commessure e l'alterazione della patina", como se a reconstituição da materialidade existente no *Quattrocento* fosse impossível de ser alcançada nos dias de hoje.

---

[60] Fontes das ilustrações: Consultas na www em 8 de Dezembro de 2009: a) *Engramma*, n° 61, Jan. 2008: http://www.engramma.it/Joomla/index.php/archivio/48--archivio-delle-copertine/124-engramma-numero-61; b) http://www.lineadombra.it/audioguide/audio/piero/big/Tempio_Malatestiano.jpg. Cf. Fig. 19 b. Para uma análise da campanha do restauro pós-bélico, do templo Malatestiano em Rimini, veja-se Turchinni (1998) e Sebregondi (2008).

Facto este também corroborado, a algumas décadas de distância, por Turchini (2000, p. 861), que argumenta que "Difatti le lesioni [...] sono incompatibili con la architettura dell'esterno, studiata da Alberti sulla base di esatti rapporti di proporzioni e che egli stesso definì: una musica. D'altra parte, le cornici dello stilobate oggi si presentano, proprio all'altezza dell'occhio, contorte e spezzate, in modo inammissibile per una architettura rinascimentale, tutta basata sulla regolarità delle linee".

Estes resultados acabam por confirmar a advertência de Alberti (*op. cit., idem*), sobre o facto de a tradição constituir uma orientação segura mas que, no entanto, não nos obriga, face à materialidade da obra, a ficarmos agarrados às leis anteriores, o que sugere a descoberta de novas soluções.

Também, ao referir-se ao assentamento de blocos de pedras em obras de alvenaria Alberti (Livro II, cap. 10) mostra conhecimentos sobre métodos construtivos *in situ*, que somente poderiam ter sido adquiridos em estaleiro de obra: "Ao verem nos edifícios da antiguidade pedras muito grandes barradas com vermelhão entre as juntas, concluem que ele era usado em vez de cal. Isso não me parece verosímil, principalmente porque verifico que apenas uma superfície da junta está barrada e não as duas".

De igual modo, no restauro do Palácio Rucellai, em Florença, conforme assinala Bracciali - Succi (2006, p. 70), os tirantes que foram encontrados nos sistemas de suporte dos arcos abatidos durante a recente operação de restauro, mostram que foram seguidos, escrupulosamente, os princípios que Alberti (Livro III, cap. 13) estipulou sobre o seu reforço estrutural: "nos [arcos] abatidos, porém, fixamos na extensão dos muros, nos dois lados, uma cadeia de ferro, ou algo que tenha a força de um tirante, e recomendamos que a sua extensão não seja mais curta do que é preciso para completar o tamanho da volta que falta no arco abatido".

Estas citações colocam em causa a suposta ausência de Alberti em estaleiro de obra, na medida em que seria necessário um conhecimento *in situ* para se fazerem estas referências no tratado, tanto no que se reporta à aderência pela cal como material aglomerante dos blocos de pedra em obra, como ao facto de os tirantes serem embutidos ao longo da extensão dos apoios de suporte e, consequentemente, serem ocultos para quem não tivesse um conhecimento de primeira mão sobre a sua construção.

Esta confrontação, com um saber oriundo de uma prática, também está presente na obra literária de Alberti (cf. *Momus*, III, 54), nomeadamente no diálogo que se estabelece entre Júpiter, para recapitular o que dizia Sócrates, e a réplica dada por Apolo:

> "[...] se me recordo correctamente ele usou estas palavras: 'Diz-me artesão, se tencionas fazer um excelente sapato, não pensarias que faz falta um couro de primeira qualidade?. Evidentemente que assim pensaria', respondeu este. E Sócrates continuou: 'Para um trabalho como este escolherias o primeiro couro que aparecesse, ou pensarias que faz a diferença escolher o melhor couro entre aqueles que te oferecessem?'- 'É isso o que penso' - replicou. Sócrates, então perguntou: 'E como farias para reconhecer a qualidade do couro? Não o colocavas diante de outro para verificar que se tratava de um couro particularmente bom e adequado para tal fim, para assim se comparar e avaliar se era demasiado pequeno ou grande?'- 'Esta é a minha posição', disse ele. Mas Sócrates insistiu: 'Quem fez esse couro de primeira qualidade, para realizá-lo sem qualquer defeito, conseguiu-o por acaso ou com um método?'. 'Com um método', disse o artesão. 'E qual foi o método utilizado - inquiriu Sócrates - para cumprir esse compromisso? Será que o aprendeu com a experiência, com a prática de trabalhar o couro?'. 'Assim é', respondeu o artesão"[61].

Este trecho, que satiriza os diálogos socráticos de Platão, que nunca debateu com artesãos questões filosóficas, mostra o laconismo das respostas e sugere a necessidade de expor, desenvolver e sistematizar - com um método - o conhecimento oriundo de uma prática.

---

[61] Cf. trad. ingl. de S. Knight, 2003, pp. 253 e 255.

Alberti ao longo dos Livros II e III faz uma chamada ao conhecimento explícito que o arquitecto deve possuir na concretização construtiva da arte edificatória, bem como aos saberes implícitos ao estaleiro de obra, recapitulados na abertura do cap. 9, do Livro IX, e desenvolvidos até ao final desse livro, com a seguinte recomendação: "Por conseguinte, um arquitecto prudente procederá da forma seguinte. Depois de se preparar, dará início à obra com diligência: informar-se-á das propriedades e natureza do terreno onde vai situar o edifício; e aprenderá, pelos velhos edifícios e pelos usos e costumes dos habitantes, o que é que, naquele clima em que deve edificar, valem contra as intempéries a pedra, a areia, a cal, a madeira da região ou mesmo a importada de outros lugares".

Além disso, o uso de tirantes para reforçar as estruturas construtivas, que era relativamente comum na cultura construtiva *Quattrocento*, também é referido por Alberti (Livro III, cap. 13) ao citar que os arcos abatidos eram fixados nos dois lados na extensão dos muros, para reforçar estruturalmente as paredes ou sistemas de suporte, como sucede no Palácio Rucellai (cf. Bracciali - Succi, 2006, p. 70), e que os arcos de volta perfeita facilmente se auto-sustentavam não exigindo, por isso, um tirante de reforço.

No entanto, estes tirantes também eram frequentemente colocados entre as impostas dos arcos, cobrindo todo o seu vão. É o que sucede, nos arcos de volta perfeita na *loggia* do *Ospedale degli Innocenti*, em Florença, iniciado em 1419, de Filippo Brunelleschi, ou no Claustro de Santo António do Mosteiro de São Marcos, em Florença, concebido em 1437-51, por Michelozzo di Bartolomeo.

Nestes casos, se a linha de pressões passasse por fora do intra ou do extradorso do arco, isso obrigaria a contrabalançar os esforços horizontais resultantes, com contrapesos nos pés-direitos ou com tirantes colocados no prolongamento das linhas de nascença.

No primeiro caso, era posto em causa o princípio da frugalidade construtiva, advogado por Alberti (Livro VI, cap. 1), na medida em que maior quantidade de material seria necessária para responder às solicitações, o que tornava a estrutura menos esbelta. No segundo, a esbelteza é conseguida à custa da introdução de material diverso daquele que foi utilizado para a construção do arco, mas que resiste aos esforços de tracção: o ferro.

Em ambos os casos dá-se resposta ao problema de "pousser au vide", resultante dos esforços produzidos sobre os pés-direitos dos arcos de volta perfeita, o que seria resolúvel ou, pelo menos, mais atenuado se o arco apresentasse uma geometria ogival.

Nestas circunstâncias, a recusa em se utilizar este tipo de arco medieval reporta-se ao facto de a primeira geração de humanistas do *Quattrocento*, da qual Alberti foi um dos expoentes, ter como quadro de referência, nas resoluções estruturais da arquitectura daquele período, o classicismo romano e não o gótico.

Mesmo posteriormente, podemos encontrar um entendimento semelhante em Leonardo da Vinci (2006, p. 196): "[...] nos edifícios um arco é constituído por dois segmentos de um círculo, cada um dos quais, por si, é muito pouco resistente e susceptível de ruir, mas como cada um opõe resistência ao colapso do outro, as duas fraquezas transformam-se numa única força. Uma vez construído o arco, este permanece num estado de equilíbrio, pois que uma parte solicita a outra, como esta o faz em relação à primeira; mas se um dos segmentos do círculo pesa mais do que o outro a estabilidade deixa de existir, pois o de maior peso encurva o de menor. Além de dar igual peso aos segmentos do círculo é necessário carregá-los de igual maneira, sob pena de se incorrer no mesmo defeito anterior".

De igual modo, Rafael Sanzio, na carta ao Papa Leão X (cf. Teodoro 2005 b, XI, p. 21), declara a preferência pelo arco de volta perfeita quando comparado ao apontado: "[...] o raciocínio matemático convence-nos da maior solidez do arco de volta perfeita, onde todas as linhas convergem para um único centro; para além da sua fragilidade, o arco apontado não agrada à nossa visão, pois adultera a perfeição do círculo: verifica-se que a natureza quase não procura outra forma".

Em suma, Alberti (Livro I, cap. 12; Livro III, caps. 13 e 14; Livro VII, cap. 4) partilha de uma cultura onde, de forma explícita, se procura evitar as reminiscências formais do antecedente período medieval, mesmo que isso resulte em atenuar o princípio da frugalidade pela introdução de um novo material resistente aos esforços de tracção, como sucede com os tirantes colocados nos muros de suporte dos arcos abatidos.

Na verdade, uma das principais características da cultura do Renascimento em Itália foi a *"Renovatio* come ritorno ai grandi modelli della classicità"[62], a que a prática edificatória de Alberti, em toda a sua plenitude, procurou emular. Com efeito, tomemos, como exemplo, a fachada do templo de Santo André, em Mântua, organizado pela composição de um arco triunfal tridimensional, referido genericamente no Livro VIII, cap. 6, como "uma espécie de porta sempre aberta", semelhante, mas não igual, ao arco de Constantino em Roma, com um frontão reminiscente dos templos romanos, mostrando assim, que também incorpora na sua obra sucessivas *mestiçagens*, pelo cruzar de vozes entre o profano e o religioso, como entre passado e presente (ver Fig. 6 b e d).

Se bem que, para Alberti a conformação destes edifícios religiosos assuma a forma das basílicas judiciais pagãs, dado que respondem às necessidades de acolher grandes multidões, a basílica cristã é associada aos "[...] ornamentos que são devidos aos templos" pagãos (Livro VII, cap. 14).

Eisenman (1989, p. 71) designa estas mestiçagens em arquitectura como segunda linguagem, no sentido de se verificar uma mediação (*betweenness*), mas não um deslocamento de significados, pela recombinação de significantes, dado que uma das funções simbólicas, a religiosa, mantém-se dominante.

Tanto o arco de triunfo, como a fachada da igreja estão programaticamente situados, de acordo com Alberti (Livro VIII, cap. 6), na embocadura das vias de acesso, dado que são um grande ornamento para a cidade, como sucede em diversas obras edificadas, tanto na Antiguidade Romana como no Renascimento.

---

[62] *In* programa do curso de *Lineamenti di Cultura e Civiltà dell'Umanesimo e del Rinascimento Parte 1*, oferecido pela Prof.ª A. Caracciolo, *Università degli Studi di Venezia, Facoltà di Lettere e Filosofia*. Consulta na www em 14-12-2009: http://lettere2.unive.it/caracciolo/CorsoFrameset.htm.

Esta *renovatio* é integralmente assumida, como pode ser vista na confrontação da fachada da igreja de Santo André, com o arco de triunfo de Adriano (117-138 d. C.), em Gerasa[63], na actual Jordânia, construído em 129 d. C., para comemorar a visita, que nunca chegou a realizar-se, deste imperador à fronteira oriental do império.

Na verdade, de acordo com a reconstituição de Kraeling (1938), verifica-se a reunião compositiva de um arco de triunfo com um frontão reminiscente dos templos pagãos, que é inteiramente adoptada por Alberti em Santo André (ver Figs. 6 a e d).

O arco de triunfo de Gerasa, tal como a fachada da igreja de Santo André, apresentam três passagens flanqueadas, respectivamente, por quatro colunas colossais adossadas ou por pilastras que se apoiam em dados cujas proporções em altura são semelhantes[64].

No entanto, a fachada desta igreja tem sido mais associada ao arco de Constantino em Roma, devido à boa preservação deste (cf. Tavernor, 1998, p. 102)[65], do que ao arco de triunfo de Gerasa, que conta, no entanto, com um frontão a rematar a arquitrave (ver Fig. 6 c). Neste caso, ao contrário do que Eisenman (*op. cit.*, p. 71) sugere, não só se verifica uma transposição de formas passadas para o presente, mas também se presencia um deslocamento de significados com idênticos significantes, dado que uma das funções simbólicas, a de representação do estado, é substituída pela religiosa, com formas arquitectónicas semelhantes mas não idênticas.

---

[63] Gerasa, situada actualmente a 48 km de Aman, era uma cidade da *Decapolis* (em grego *déka* - dez e *polis* - cidade) isto é, de um conjunto de aglomerados urbanos que beneficiavam de uma autonomia administrativa na fronteira oriental do império romano.

[64] Os arcos de triunfo de Augusto em Rimini, 27 a. C., bem como o dos Gavi em Verona, c. 50 d. C., também apresentam um frontão, mas têm somente um arco de passagem e o arco de Trajano em Timgad, c. 100 d. C., apesar de exibir uma tripla porta triunfal, com janelas cegas nos tramos laterais, é rematado por um entablamento recto desprovido de frontão.

[65] O arco de Constantino, em Roma, incorpora despojos de outros edifícios, como sejam os frisos esculpidos de Trajano, os medalhões de Adriano e os painéis de Marco Aurélio no entablamento, ao contrário do arco de Adriano, em Gerasa, que foi construído de raiz, à semelhança da igreja de Santo André em Mântua.

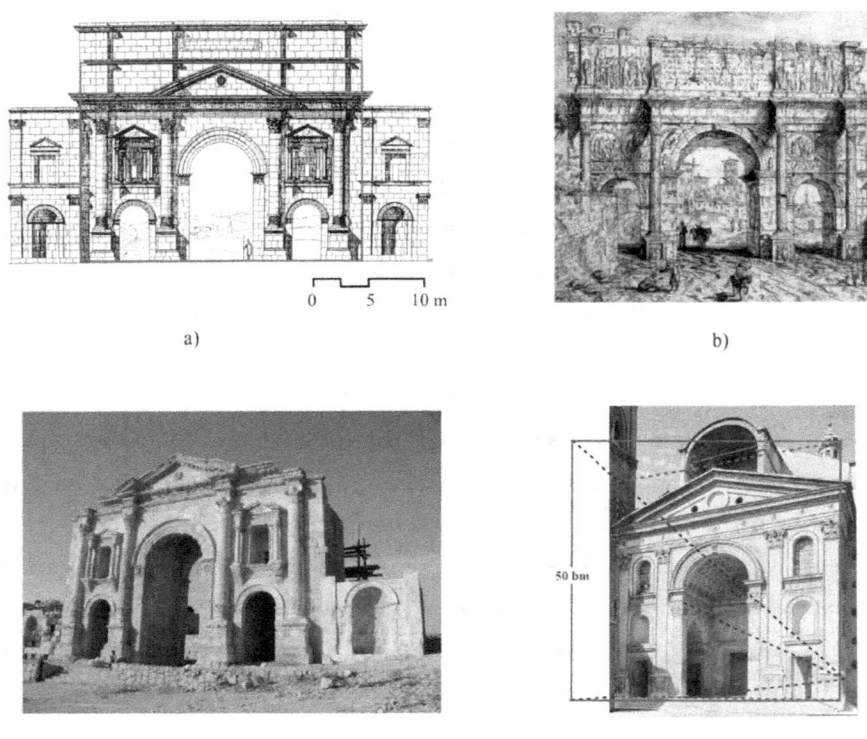

Fig. 6 a) Arco de triunfo de Adriano em Gerasa, 129 d. C., de acordo com o levantamento de Kraeling, 1938[66]; b) vista do arco de Constantino em Roma, 315 d. C., por Antonio Canaletto, em 1720; c) arco de triunfo em Gerasa, parcialmente restaurado após 1980; d) restituição perspéctica dos limites da fachada da igreja de Santo André em Mântua, c. 1450, circunscrita num quadrado de lado de 23, 5 m (50 bm)[67].

Também se notam diferenças, principalmente ao nível das proporções, dado que a fachada da igreja de Santo André inscreve-se, rigorosamente, num quadrado com 50 *braccia* mantuanas de lado, isto é, equivalentes

---

[66] Agradeço ao Prof. Vítor Murtinho ter dado a conhecer o levantamento de Kraeling (*op. cit.*), sobre o arco de Adriano em Gerasa.

[67] Fontes das ilustrações adaptadas de: a) Gros, 1996, p. 91, reproduzida a partir de Kraeling, 1938; b) © *Trustees of the British Museum*, inv. cda00104847; c)http://www.travelblog.org/Photos/Popped/2939793 ; d) imagem 11 em http://lettere2.unive.it/caracciolo/CorsoFrameset.htm. Consultas na www em 14-12-2009.

a 23, 50 m⁶⁸, enquanto o arco de triunfo de Adriano se apresenta ao baixo, devido à altura do frontão de remate, que assenta sobre a arquitrave e está adossado à cornija, o que significa que aquele arco se inscreve, contando com este coroamento recto, num rectângulo de 21, 5 x 25 m. De igual modo, o arco de Constantino em Roma inscreve-se numa forma rectangular semelhante, mas com dimensões de 21 x 25, 70 m (ver Figs. 6 a e b).

Por outras palavras, tanto o arco de Adriano em Gerasa, como o de Constantino em Roma, não se revêm em nenhuma das consonâncias desenvolvidas no âmbito da teoria musical Greco-Medieval adoptada por Alberti (Livro IX, caps. 5 e 6)⁶⁹ para estabelecer sistemas proporcionais na arte edificatória, enquanto na fachada da igreja de Santo André verifica-se uma proporção de 1 : 1.⁷⁰

Apesar de o arco triunfal de Gerasa apresentar um frontão, à semelhança da igreja de Santo André, podemos constatar uma diferença de proporções, dada pelos respectivos contornos, até à sua cumeeira (ver Figs. 6 a e d). Neste caso, a altura da forma rectangular que circunscreve o arco de triunfo de Adriano é de 18, 15 m, o que significa que a sua proporção é também diversa daquela relação de 1: 1 que notámos em Santo André.

Isto leva-nos a sugerir que a organização geral do alçado desta igreja reporta-se, em termos geométricos, a uma figura, não idêntica, mas análoga⁷¹ à do arco de Adriano em Gerasa.

Subsistem, também, algumas diferenças de ornamento entre este arco de triunfo e a organização geral da fachada da igreja de Santo André, apesar de ambos apresentarem uma conformação, a diversos títulos, semelhante.

---

⁶⁸ O *braccio* mantuano (bm) é equivalente a 467 mm.

⁶⁹ Para uma explanação mais desenvolvida destes conceitos veja-se, nesta edição, o capítulo sobre *Beleza e Sistemas Proporcionais*.

⁷⁰ A proporção de 1: 1 equivale à relação de 50 : 50, medida em *braccia* mantuanas, a que corresponde, em termos musicais, um uníssono.

⁷¹ A arquitectura ou a cidade análoga têm, no âmbito da cultura pós-moderna, uma elevada carga semântica orientada para a simulação do real. Introduzimos este termo, não para indicar o sentido de uma memória colectiva, subjacente ao processo de construção da arquitectura e da cidade, mas para sugerir, neste caso, uma relação transitiva entre a arquitectura clássica e a *renovatio* da cultura arquitectónica do *Quattrocento*.

Reparemos, primeiramente, na sistematização da coluna, presente em ambos casos, principalmente em relação aos capiteis e aos imoscapos.

Fig. 7 Imoscapo das colunas do arco de Adriano em Gerasa, ornamentado com folhas de acanto[72].

No arco de Adriano os imoscapos das colunas são ornamentados com uma coroa de folhas de acanto logo acima do soco de apoio, enquanto as pilastras de Santo André são lisas e não ornamentadas (ver Fig. 7).

Sob as colunas adossadas no arco de triunfo ou nas pilastras da igreja são colocadas uma base, um dado e um soco; e sobre aquelas um capitel, seja coríntio ou compósito, nas pilastras de Santo André (ver Fig. 8 b), e coríntio nas colunas do arco de Adriano (ver Fig. 8 a).

a)   b)

Fig. 8 a) Capitel coríntio das colunas adossadas no arco de Adriano em Gerasa; b) capiteis coríntio e compósito nas pilastras da igreja de Santo André em Mântua[73].

---

[72] Fonte da ilustração: adaptada de http://picasaweb.google.com/lh/photo/pFO1aA-J5b7yjq6hCKdsaaA. Consulta na www em 25-05-2004.

[73] Fonte das ilustrações: a) adaptada de http://www.123rf.com/photo_2643253.html; b) adaptada de http://www.jemolo.com/cgibin/index.cgi?&lang=it&keyword=Mantova&c=&p=&insieme. Consulta na www em 14-12-2009.

Sobre estes capitéis é colocada uma arquitrave, uma faixa e uma cornija, respectivamente, coríntias ou jónicas se bem que, no arco de triunfo, estas partes do sistema sejam quebradas com ressaltos (ver Fig. 9 a), que seguem as quatro colunas adossadas ao paramento da parede, enquanto em Santo André o seu desenvolvimento é linear e contínuo (ver Fig. 9 b).

a)   b)

Fig. 9 a) Remate do arco de triunfo de Adriano em Gerasa; b) Coroamento da fachada da igreja de Santo André em Mântua[74].

Além destas dissimilaridades, também se notam divergências no remate dos frontões dado que, no arco de Adriano, o seu arranque se processa nas prumadas das colunas que flanqueiam o espaço central de passagem, e não nos limites laterais da cornija, o que diminui, em termos comparativos, a sua altura, como também a sua linha de desenvolvimento é quebrada e sem solução de continuidade, ao contrário do que ocorre em Santo André (ver Fig. 9).

Outra diferença, também substancial, refere-se à organização vertical do arco de triunfo, quando comparada com a da fachada da igreja, dado que aquele apresenta, para além do espaço de passagem central, somente dois níveis de aberturas nos tramos laterais, destinados a uma passagem

---

[74] Fontes das ilustrações adaptadas de: a) http://www.flickr.com/photos/gauiscaecilius/2103013678/; b) http://www.flickr.com/photos/alessio_capaccioli/2608076185/. Consulta na www em 14-12-2009.

e a uma janela, enquanto neste templo verificam-se três níveis, constituídos, em cada tramo lateral, por uma passagem, um nicho e uma janela.

Dado que, no arco de Adriano em Gerasa, também compareçem nichos nas partes laterais, para além do corpo central do alçado (ver Fig. 6 a e c), é como se as aberturas da fachada da igreja de Santo André fossem o resultado de uma recomposição, com variações paramétricas, daqueles vãos, isto é, das passagens, janelas e nichos daquele arco triunfal.

Repare-se, também, que o desenho das molduras destas aberturas aparece na relação inversa, em arco para a passagem e em lintel para a janela, no primeiro caso, e vice-versa para o segundo. Além do mais, as janelas do arco de triunfo são profusamente ornamentadas com colunetas destacadas dos paramentos da parede, sobre as quais assentam frontões quebrados, sempre com um ordenamento coríntio, enquanto em Santo André as ombreiras e arcos, que rematam as aberturas do nicho e da janela, apresentam molduras lisas.

Nota-se, assim, em Santo André, uma liberdade compositiva que não está presente no arco de Adriano, na medida em que diferentes partes do sistema da coluna são organizados, não de acordo com uma sistematização previamente definida por géneros, mas por uma combinação, de capitéis coríntios e compósitos, com um entablamento jónico, do qual resulta uma leveza, não permitida por um ordenamento rígido, dado pela utilização de um só género, como sucede naquele arco de triunfo.

Veja-se, ainda, que Alberti desenha um círculo, inscrito numa moldura triangular, no frontão da fachada de Santo André, enquanto no arco de triunfo de Adriano comparece, de forma similar, uma roseta como motivo ornamental.

Por último, note-se que tanto a reconstituição de Kraeling (*op. cit.*), como a reconstrução parcial do arco de Adriano, realizada nas campanhas de restauro após 1980, podem ser consideradas fidedignas, apesar do intenso trabalho de anastilose que foi necessário para o reconstituir, dado que este monumento estava em estado de abandono e de ruína em meados do séc. XIX (ver Fig. 10)[75].

---

[75] Goodland-Webb (1987, pp. 40-41) reportam que, na reconstrução parcial deste monumento, realizada em 1982, utilizou-se cimento *Portland*, o que originou algumas discrepâncias na sua coloração, mas não na sua conformação global.

Se bem que Alberti (Livro VIII, cap. VI) reconheça que "o arco foi inventado por aqueles que propagaram o império" para expor "os despojos tomados ao inimigo e as insígnias da vitória", faça uma menção explícita a Nicómaco de Gerasa (Livro IX, cap. 10), se refira ao porto de Adriano em Terracina (Livro II, cap. 2), bem como ao facto deste dar nomes célebres às salas da sua *villa* de Tíbur (Livro IV, cap. 4) e, ainda, à ponte em Roma (Livro VII, cap. 6; X, cap. 10) e à muralha na Britânia (Livro X, cap. 1), que têm o nome deste imperador, muito provavelmente não tinha conhecimento do arco de Adriano naquela cidade da Palestina Romana, ainda para mais, quando o mesmo acabou por ser reconstruído recentemente[76].

Fig. 10 Estado de ruína do arco de Adriano em Gerasa anterior ao restauro de 1980[77].

Mas o que este *paragone*, entre formas passadas e coevas, mostra é a identificação da cultura arquitectónica do *Quattrocento*, não no sentido medieval de volta aos primórdios do cristianismo, mas de regresso às suas raízes clássicas e da persistente presença deste enquadramento na contemporaneidade de Alberti, como algo que segue um percurso em

---

[76] As cidades de Rimini e de Verona, em Itália, que apresentam arcos de triunfo com frontões, como é o caso dos arcos de Augusto e dos Gavi, vêm citadas no tratado, enquanto este é omisso em relação à cidade de Gerasa, situada na actual Jordânia.

[77] Fonte da ilustação: http://www.conservapedia.com/File:Gerasa_Triumphal_Arch_of_Hadrian.jpg.

constante transformação, mas não qualquer percurso: um percurso cujo *domínio é o da arte* [78].

O retorno a estas fontes não se resume, no entanto, somente a questões simbólicas ou imagéticas, conforme indica o entendimento de Alberti (Livro I, cap. 10) sobre os problemas construtivos da antiga Basílica Constantina de São Pedro, no âmbito do programa de melhoramentos de Roma sob o pontificado de Nicolau V. Neste caso, Alberti mostra que tem plena consciência das questões estruturais levantadas pelo seu restauro, nomeadamente da importância da geometria pela sugestão de reforço estrutural por linha curva para garantir a sua estabilidade:

> "E como é igualmente errado construir uma parede mais fina ou mais grossa, mais baixa ou mais alta do que a razão e a moderação exigem, preferiria, contudo, que o meu erro consistisse antes em poder cortar do que em ter de acrescentar. Será com agrado que aqui falaremos dos erros dos edifícios, para nos acautelarmos deles. O primeiro mérito é evitar toda a espécie de erro. Dei-me conta, na basílica de São Pedro em Roma, de uma grande insensatez, que está à vista de todos: por cima de inúmeras aberturas pegadas umas às outras, alonga-se uma parede muito comprida e larga, sem o reforço de nenhuma linha curva e sem a protecção de nenhum apoio; quaisquer que sejam as considerações a fazer, a todo esse troço da parede, com aberturas tão juntas e exagerado na altura, foi dado este comprimento e esta disposição para que pudesse resistir ao embate dos ventos fortíssimos. O que fez com que já desde o começo, por causa da pressão permanente dos ventos, se tenham inclinado em relação à vertical mais de seis pés[79]; não tenho dúvidas de que, um dia, com uma ligeira pressão ou pequeno abalo, desabará".

Ao rematar o tratado, Alberti (Livro X, cap. 17) refere-se novamente ao restauro da basílica de São Pedro, e sugere um conjunto de procedimentos construtivos a serem adoptados para a sua integral estabilidade:

---

[78] Cf. Heidegger, 1977, p. 35.
[79] Equivalente a 1, 78 m.

"Em Roma, na basílica maior de São Pedro, tinha eu concebido um plano assim, porque os muros laterais, afastando-se da linha perpendicular para cima das colunas, ameaçam fazer ruir as coberturas. Decidira eu cortar e remover cada uma das partes inclinadas do muro que se apoiasse sobre qualquer coluna; e refazer perpendicularmente com silharia a parte do muro que fosse retirada, deixando, à medida que ia construindo, de um lado e do outro presas de pedra e esperas fortíssimas, pelas quais a parte restaurada se ligasse à estrutura. Finalmente, na cobertura, a arquitrave a que devesse ser retirada a parte inclinada do muro, seria confiada às cábreas erguidas sobre a cobertura, com os pés apoiados de ambos os lados na parte mais estável da cobertura e do muro. Depois, faria o mesmo sucessivamente em todas as colunas em que a situação o exigisse".

Como se a resolução das questões construtivas balizasse, neste caso e de forma recorrente, a abertura e o fecho do tratado, para dar o devido enquadramento à *res aedificatoria*.

Assim, Alberti é, não só um grande "costruttore" de formas arquitectónicas inovadoras (cf. Zevi, 1958, pp. 191), mas também na acepção de ter contribuído para a resolução de questões construtivas no âmbito da cultura arquitectónica do seu tempo.

É no confronto entre uma tradição construtiva, transmitida oralmente, e a realização edificada de uma concepção mental, que a arquitectura no *Quattrocento* se irá desenvolver, para a qual o tratado de Alberti oferece, no mundo ocidental, um contributo não só original como inaugural.

A COMPOSIÇÃO DE UM LIVRO DE *ARCHITECTURA*

> "Na verdade, é manifestação de sabedoria empregar, de preferência, um artista muito mais competente que os outros, quando se quer edificar uma obra incomparável."
>
> André de Resende[80]

Ao que se conhece, no universo das edições do *De re aedificatoria,* desde a *editio princeps* até hoje e à excepção da publicada recentemente pela Fundação Calouste Gulbenkian, nenhuma foi elaborada para a língua portuguesa e que tivesse, explicitamente, subsistido até ao nosso tempo.

Para entendermos esta problemática, é pertinente referir a abertura que Silva Dias (1969, p. 1) faz ao estudo sobre a política cultural na época do Renascimento: "O humanismo era já velho de mais de um século, na Itália, e havia algumas décadas também que despontara em Portugal, quando D. João III subiu ao trono de seus avós. Não eram, porém, iguais a si próprios os dois humanismos. O nosso movia-se ainda, fundamentalmente no horizonte ideológico da Idade Média, ao passo que o outro se encaminhava, através das letras humanas, para uma concepção da cultura, laica nos seus conteúdos e autónoma, pelos seus princípios, em face da teologia".

No entanto, não existe unanimidade quanto ao facto de, em Portugal, o humanismo ser um "fenómeno cultural tardio", retardando-se o seu início para "a transferência da Universidade para Coimbra, em 1537, ou para a

---

[80] *In Oratio pro rostris* (Oração Pública), pronunciada em 1 de Outubro de 1534 na Universidade de Portugal. Tradução do latim de M. P. de Meneses, *in* Medeiros *et alii,* 2000, p. 137.

fundação do Colégio das Artes, na mesma cidade, em 1548. Em qualquer caso, para o reinado de D. João III" (Ramalho, 2000, p. 21).

É neste contexto, que a importância de Cataldo Sículo para a difusão inicial do humanismo em Portugal e para a sua actualização com a cultura literária Europeia, está devidamente reconhecida e assinalada. Com efeito, foi contratado em 1485 como "*orator regius*, ou secretário latino do rei D. João II e depois também como mestre do senhor D. Jorge, bastardo real, e de outros Jovens da Nobreza" (Ramalho, *op. cit.*, p. 22) e a sua obra literária foi editada, em Lisboa, em 1500.

Além disso, há relatos da passagem de Andrea Sansovino (1470--1529) que permaneceu no país de 1493 a 1501, conforme atesta Vasari (1550, p. 565), pois tantos elogios mereceu a sua obra que "Lourenço de Medicis, o Magnífico, o enviou sob sua recomendação extraordinária, à presença do rei de Portugal, onde fez para ele muitas esculturas e obras de arquitectura"[81].

Tivesse sido sem consequências de maior a estada de Sansovino em Portugal, devido ao prematuro falecimento de D. João II, o que é certo é que, mais tarde, na *Vida del Rey Dom Joam III de Portugal Tirada da Chronica do seu Tempo Escrita por António de Castilho do Conselho del Rej Nosso Senhor*, datada de 1589 (Serrão, 1993, p. 215), podemos constatar que "florecerão em seu tempo outras artes apagadas que seu fauor espertou, como foi a Architectura a que o mesmo Rei se inclinou" e que, no *Espejo del Principe Cristiano,* de Francisco de Monçon (1571, 66)[82], "entre todos los Principes antiguos y modernos [...] el Rey don Iuan el tercero de Portugal de gloriosa memoria, que segun se dezian todos los maestros de pedreria, tenia gran destreza en saber hazer la traza de vnos palacios, y de vna fortaleza, y de qualquier obra tan perfectamente como

---

[81] Este passo da obra de Vasari esteve sujeito a controvérsia, pois chegou-se a conjecturar que tinha como finalidade enaltecer Lourenço de Medicis. Actualmente admite-se a credibilidade do relato de Vasari, após a descoberta do contrato notarial entre Sansovino e o representante de D. João II, o banqueiro Jerónimo Sernigi, firmado em 9 de Dezembro de 1492 (cf. Moreira, 1995, p. 313 e Apêndice pp. 3-14).

[82] Lente de teologia nas Universidades Lisboa e de Coimbra e capelão de D. João III (cf. Carvalho, 2003, p. 316).

si estuuiera hecha, y assy la mandaua añadir o mudar en la traça que los Architetos le dauan"[83].

Sabemos que, neste contexto de interesse de El-rei pela *Architectura*, várias versões do *De re aedificatoria* estiveram em circulação em Portugal no séc. XVI, chegando-se a admitir que André de Resende[84] tenha, pelo menos, iniciado a tradução para a língua portuguesa a mando de D. João III.

Com efeito, Anninger (1988, p. 266) relata que penetraram no país, no séc. XVI, as edições do *De re aedificatoria* em latim de Florença, 1485, de Paris, 1512 e de Veneza, 1541, bem como as traduções venezianas de 1546 e de 1565.

Na Biblioteca Nacional estão, actualmente, registadas as edições de 1485 de Florença, bem como as de 1546 e de 1565 de Veneza e na Biblioteca Municipal do Porto conservam-se duas edições do *De re aedificatoria*, anotadas com os nomes dos seus proprietários, sendo uma delas editada, em Florença, em 1485 e a outra, em Paris, em 1512[85].

Resende na *Oratio pro rostris*[86], pronunciada em Outubro de 1534 na Universidade de Portugal, expõe os ensinamentos do humanismo erasmiano onde ressalta o repúdio pelo ideal medieval escolástico da discussão e a defesa da concepção de uma "teologia edificante, mais dirigida à vivência que à controvérsia, [... que] tem o seu ponto de partida na filologia e na história" (Silva Dias, 1969, p. 364), o que sugere uma similaridade de propósitos com a obra escrita de Alberti, o que

---

[83] O interesse de D. João III pela arte edificatória manifesta-se não só pela encomenda da tradução de tratados a partir do latim, como pela execução de desenhos e acompanhamento de obras que mandou executar em diversas partes do reino, para além do explícito agradecimento, em 1550, ao Cardeal Gaddi pelo envio de um projecto de um palácio "pela afeição que tenho à ciência da arquitectura" (cf. Buescu, 2005, p. 260).

[84] Humanista português do séc. XVI, natural de Évora, com projecção europeia, que dominou os campos da filologia e da teologia. Deixou diversas obras escritas em português e latim, nomeadamente, livros, opúsculos, estudos arqueológicos e poemas, sendo um destes considerado uma das fontes dos Lusíadas.

[85] A primeira edição conservada na Biblioteca Municipal do Porto pertenceu, eventualmente, a Francisco Miranda de Vasconcelos e a Cristóvão Alão de Morais, jurisconsulto e regedor do Porto, e a segunda, entre outros, a Gonçalo Baião, provável corregedor do Porto e cavaleiro da casa do infante D. Henrique, com data manuscrita de 1534. Este último, que fez uma viagem a Itália, executou, em 1547, a pedido de D. João III, uma pormenorizada maquete do Coliseu de Roma com dois metros de diâmetro (cf. Viterbo, 1988, I, p. 522; Ruão, 2006, I, pp. 196-197).

[86] Ver Medeiros *et alii* (2000).

reforça a possibilidade daquela tradução ter, eventualmente, existido devido às afinidades electivas entre estes autores.

Com efeito, existem alguns indícios que reforçam esta possibilidade, apesar de o manuscrito desta tradução nunca ter sido encontrado até aos dias de hoje.

Resende, no Prefácio da sua *História da antiguidade da cidade de Évora*, redigido em Dezembro de 1552, informa que andava "todo ocupado em um livro de arquitectura[87] per mandado de El-Rei, Nosso Senhor" (Resende, 1963, p. 9) e, no seu testamento, datado de 1 de Dezembro de 1573, declarava: "Mando que os meus livros de São Frey Gil e d'Arquitetura, e todo os mais livros e epístolas, que tenho composto, e me tem scrpito de fora partes e letreiros, todo fique ao dito meu herdeiro [o filho, Barnabé de Resende], e ele tenha todo muito bem goardado, porque são muito proveytosos para a sua onra e minha memória" (Ferreira, *op. cit.*, p. 135).

Além disso, o seu biógrafo, Francisco Leitão Ferreira (*op. cit.*, p. 111), esclarece que Resende "escrevia uns livros de Architectura, por mandado del Rey Dom João o III, de que no seu testamento fez menção, como dos da Vida de Saõ Frei Gil: os ditos livros de Architectura, eraõ hua traducçaõ em Portuguez de Leaõ Baptista".

Também o cónego Gaspar Estaço (1625)[88], que tinha estudado na Universidade de Évora sob a protecção do Cardeal D. Henrique, no *Tratado da linhagem dos Estaços*, discorrendo sobre Simão Estaço informa que o cardeal lhe escrevera uma carta em que "lhe mandava, e encomendava, q como falecesse Mestre Resende natural d'Evora, lhe tirasse da sua livraria certos livros, que desejava haver, como Leo Baptista de Architectura, que ele traduzio en Portuguez por mandado d'el Rei[89], e outros" (Estaço 1625, p. 42).

---

[87] Na grafia original escreve-se *Architettura*.

[88] A obra de Gaspar Estaço (156?-1626) reporta-se tanto à tradição historiográfica, que serve de fonte para revelar a curiosidade dos antiquários e a pesquisa erudita relacionada com a história local, como ao estudo das genealogias. Além do *Tratado da Linhagem dos Estaços*, Gaspar Estaço publicou, em 1625, a obra *Várias Antiguidades de Portugal*.

[89] Resende na *Oratio pro rostris* elogia D. João III como sendo o "maior protector das letras e dos seus cultores" (Meneses, *op. cit.*, p. 31), o que reforça a ideia de que a real encomenda para a tradução do tratado de Alberti se tenha verificado.

Assim, de acordo com estes relatos, o *De architectura*, *i.e.* o manuscrito original da tradução do *De re aedificatoria*, acabou por ser "resgatado" da biblioteca de Resende e ter como destino a biblioteca real[90].

É muito possível que a encomenda real a André de Resende, se refira à tradução do tratado de Alberti, e não à elaboração de um livro de *architectura*. Compreende-se, numa época em que a arquitectura passa a estar conotada às *arti del disegno* e não aos saberes mecânicos, oriundos da classificação de origem medieval que, tanto André de Resende como o Cardeal D. Henrique, ao se referirem à possível tradução do tratado de Alberti, o designem, no século seguinte ao da *editio princeps*, como um livro de *Architectura* e não como *De re aedificatoria*. Além disso, Resende afirma "andar todo ocupado em um livro de arquitectura" e não que esteja, necessariamente, a escrever um livro sobre arquitectura, o que pode ser interpretado, igualmente, como estando a fazer a tradução.

Que D. João III, como Resende, tivessem conhecimento da obra de Alberti parece não estar em questão[91]. Com efeito, Resende na *Oratio pro rostris* menciona, de forma laudatória, Luís Teixeira, "não sei se maior no Direito, se na oratória grega e latina, e na elevação poética". Este, por seu lado, não só foi preceptor do futuro rei D. João III como era filho do Doutor João Teixeira, que foi chanceler de D. João II[92] e, além disso, estudou em Florença sob a orientação de Ângelo Poliziano, *i.e.* com o autor da dedicatória da *editio princeps* do *De re aedificatoria* a Lourenço de Medicis (Medeiros *et alii, op. cit.*, pp. 161 e 203)[93].

---

[90] A carta de resposta de Diogo Mendes de Vasconcelos é datada de 15 de Janeiro de 1580 e é provável que o seu destinatário, o Cardeal D. Henrique, não a tenha lido, na medida em que faleceu a 31 do mesmo mês. Cf. Resende, 1996, pp. 59-63.

[91] Garcia de Resende (1973, p. 363), na mesma época em que compôs a *Crónica de D. João II*, redigiu entre 1530 e 1533 a obra Miscelânea para D. João III, como memória dos acontecimentos e figuras que pautaram a história Europeia nas oito décadas anteriores, onde relata que "vimos o gram Michael, Alberto, e Raphael".

[92] Para uma descrição do gosto florentino de D. João II veja-se Moreira, 1991, pp. 23-64.

[93] D. João III, "após atingir a maioridade, aprendeu com Luís Teixeira, humanista, discípulo de Poliziano, as Epístolas de Ovídio, alguma coisa de Plínio-o-Antigo e de Tito Lívio e princípios do Grego" (Andrade, 1613, I, cap. IV).

Tem-se, também, conhecimento que Ângelo Poliziano e o rei D. João II trocaram correspondência, tendo aquele oferecido os seus préstimos para cantar, em verso latino, os feitos de El-rei (cf. Battelli, 1934; Figueiredo, 1932), o que reforça a hipótese de o tratado de Alberti ser conhecido na corte portuguesa de então[94].

Além disso, antes da encomenda real para andar todo ocupado com um livro de *Architectura*, André de Resende frequentara um curso de grego e retórica leccionado por Aires Barbosa na Universidade de Salamanca (ver Medeiros *et alii*, 2000, p. XXVI). Este teve, anteriormente e em Florença, também como tutor Ângelo Poliziano[95], o que sugere que, possivelmente, Resende tinha conhecimento, desde a sua passagem por esta Universidade, da *editio princeps* do *De re aedificatoria*[96].

Por outro lado, na *Vida del Rey Dom Joam III de Portugal* [...], António de Castilho (ver Serrão, *op. cit.*, pp. 211-212), ao referir-se ao grau instrução de sua alteza relata que este tinha "hua memoria estranha [...] escazamente se emxergaua nelle a sombra da lingua Latina", o que sugere, neste contexto e dado o interesse real pela arte edificatória, que tenha, muito possivelmente, encomendado a tradução da obra de Alberti a André de Resende, seguramente, à época, um dos latinistas do reino mais bem preparados para o fazer.

Em resumo, quanto à tradução, se a houve e se não foi pelo mesmo caminho que as *Antiguidades da Lusitânia*, talvez tivesse ficado por herança do seu filho, Barnabé de Resende, dando assim cumprimento ao testamento do humanista eborense.

---

[94] Ramalho (1994) menciona que, para além de Luís Teixeira, também os humanistas portugueses Sá de Meneses, Aires Barbosa e Martim de Figueiredo tiveram como preceptor Ângelo Poliziano que, por sua vez, procurou acolher-se ao mecenato de D. João II.

[95] Resende (1783, p. 125) nas *Antiguidades da Lusitânia* mostra que estava ao par da influência de Poliziano nos humanistas portugueses: "Quando eu era rapaz, Martim de Figueiredo, jurisconsulto e bom conhecedor das letras latinas, a cujo estudo, sob a orientação de Poliziano de Florença, não pouco se aplicara [...]".

[96] Uma das primeiras referências a Alberti na literatura artística nacional é feita por Francisco de Holanda, que realizou uma viagem de estudos a Roma entre 1537 e 1541 e a quem André de Resende se refere com admiração: *juvenis, admirabili ingenio et Lusitanus Apelles* (*in* Prefácio de M. Mendes a Holanda, 1955, p. XXXV).

Tivesse levado descaminho, em Évora, ou tivesse sido depositada na biblioteca real, o que é certo é que esta obra, pelo facto de não ter sido encontrada até hoje, tem levantado uma série de conjecturas quanto à sua feitura[97].

O relato de Estaço (*op. cit.*), considerado fidedigno, bem como o levantamento da vida de André de Resende, feito por Ferreira (*op. cit.*) sugerem, como vimos, o contrário. No entanto, o primeiro relato é publicado quase meio século após o falecimento de André de Resende e refere-se a uma carta do Cardeal D. Henrique, por outras palavras, é uma leitura interpretativa de uma epístola e não um testemunho que possa ser analisado documentalmente. Além disso, no segundo documento, provavelmente escrito após o primeiro quartel do séc. XVIII, somente se tem notícia de que a tradução do tratado de Alberti tinha sido feita por aquele latinista eborense, sem que se pudesse corroborar a sua existência com provas documentais.

Interpretação esclarecedora é dada por Soromenho (1995, p. 400) ao referir que as "traduções falhadas de Vitrúvio e de Alberti, empreendidas respectivamente por Pedro Nunes e André de Resende, reflectiam sobretudo o interesse erudito dos círculos humanistas protegidos por D. João III e pelo infante D. Luís, um interesse todavia alheado da realidade - nenhum dos dois era arquitecto - e condicionado pelas alterações de gosto durante o séc. XVI, episodicamente marcado pela desconfiança em relação a uma arquitectura de expressão clássica"[98].

---

[97] Vilela (1982, p. 19) e Deswarte (1992, pp. 175 e 190) sustentam, baseados nos documentos citados, que a tradução do *De re aedificatoria* por André de Resende de facto existiu e Paoli (2000, p. 304) defende que Resende e Estaço estariam a referir-se a obras distintas ("une oeuvre ou deux"), respectivamente, a um livro de arquitectura e à tradução feita por Resende. Além disso, Paoli sugere que os relatos deste autor dariam maiores garantias de fidedignidade interpretativa do que os publicados por Estaço.

[98] Interpretação diversa é dada por Ruão (2006, I, p. 171) que afirma: "Não nos parece que no Portugal de meados Quinhentos existisse um conhecimento claro que permitisse, porventura, ter como objectivo imediato na tradução dos textos latinos para o português mais do que preocupações de ordem especulativa e dentro do espírito humanista". No entanto, mantém-se o interesse pelas traduções de Vitrúvio e de Alberti para vernáculo, como atestam as referências da época feitas a ambos os autores (cf. Silva Dias, 1988, p. 85; Moreira, 1987, pp. 65-77; Moreira, 1983, p. 311; Moreira, 1991, pp. 290-291).

No meio destas conjecturas, uma evidência marcada por dois eventos: a primeira versão espanhola do *De re aedificatoria* é publicada em 1582 em Madrid, aparentemente traduzida por Francisco Lozano, com o título *Los Diez Libros de Architectura de Leon Baptista Alberto traduzidos de Latin en Romance* e impressa por Alonso Gomez. Nesse mesmo ano é criado o Conselho de Portugal, extinto em 1639 mas que assegurou, nesse período, a ligação administrativa entre o reino de Portugal e a corte de Madrid (cf. Rodrigues, 1997, p. 318; Veiga, 2005, p. 37).

A penetração da edição de Bartoli (1550) em Espanha é assinalada por Bustamante-Marías (1985, p. 33), ao apresentarem uma série de desenhos e comentários feitos em castelhano, datados de 1560, sobre as páginas de um exemplar de *L'Architettura*, por um anónimo arquitecto catalão, o que mostra o interesse pelo tratado de Alberti em Espanha, anteriormente à edição assistida por Lozano.

Estes autores chamam a atenção para o facto de D. Filipe II de Espanha e I de Portugal, ao criar a aula de arquitectura na Academia de Matemática de Madrid e a preconizar a tradução de tratados clássicos de arquitectura, tinha como objectivo fixar "les bases d'un contrôle centralisé de la production architecturale dans ses Royaumes: il avait la volonté de diffuser son choix stylistique dans toute la péninsule" (Bustamante-Marías, *op. cit.*, p. 36).

Se bem que a autoria daquela tradução para castelhano do tratado de Alberti seja, geralmente, atribuída a Francisco Lozano, um *maestro de obras de albañilería*, sobre o qual muito pouco se sabe, a rigor, a mesma pode ser originalmente imputada ao cosmógrafo real Rodrigo Zamorano, autor da versão espanhola dos seis primeiros livros da Geometria de Euclides.

Morales (1995, p. 142) argumenta que a edição não foi do agrado de Zamorano "porquanto se realizó partiendo de borradores cuyos textos debían haber sido pulidos antes de enviarse a la imprenta [... e] que su insatisfacción radicava más en la falta de una revisión del texto, previa a su traslado a las prensas, que a la circunstancia de figurar outra persona, evidentemente Francisco Lozano, como autor de la traducción"[99].

---

[99] O tradutor do tratado de Alberti para Castelhano foi o "Catedrático de Cosmografia en la Casa de la Contratación de las Indias en Sevilla, Rodrigo Zamorano" (ver Morales, *ibidem*; Higuera, Varea - Aberasturi, 2003, p. 314).

Fig. 11 Frontispício de *Los Diez Libros de Architectura de Leon Baptista Alberto traduzidos de Latin en Romance* por Francisco Lozano, 1582.

Menéndez y Pelayo (1940, II, p. 375), na sua monumental *História de las Ideias Estéticas en España*, considera que os termos da tradução estão "desfigurados y calumniados bárbaramente por el alarife de Madrid Francisco Lozano" e Palau y Dulcet (1948, I, 5194), no *Manual del Librero hispano-americano*, afirma que "se dice traducción de Francisco Lozano, pero éste advierte que sólo asistió en ella, lo qual hace suponer que ayudó al traductor anónimo, o que enmendó el manuscrito"[100].

Em verdade, na dedicatória que Lozano faz "Al Muy Illustre Señor Iuan Fernandez de Espinosa, Thesorero general de su Magestad y de su Consejo de Hacienda" fica claro que os dez livros de Arquitectura de Leon Battista Alberti

---

[100] As críticas feitas, no século anterior, por Llaguno y Amirola (1829, p. 31), à tradução assistida por Lozano, parecem confirmar as observações elaboradas, mais recentemente, tanto por Menéndez y Pelayo (*op. cit.*), como por Palau y Dulcet (*op. cit.*): "[...] pero que Lozano se valió para traducirle de quien no sabia latin ni romance. Aunque tenemos muchas malas traducciones en nuestra lengua, ninguna tan bárbara como la del Alverti *[sic]*. En unas partes no hay gramática: en otras ni aun se halla sentido; y quando menos mal se desempeña el traductor, es una cosa parecida á las versiones, que á fuerza de diccionario hacen los muchachos en los estúdios. Acaso el traductor sería algun hijo de Lozano, que estudiaba entonces gramática".

que "Cosme Bartoli los traduxo en lengua Toscana, en beneficio de su patria, y en ella los saco a luz: los quales como viniessen a mis manos, considerando el mucho prouecho que de ponerlos en nuestro romance Castellano resultaua a los Architectos de nuestra nacion, y a las demas personas de nuestra España, que no entienden el latin, ni tampoco la lengua Italiana asisti a la traducion del, con tanta fidelidad, quanta me fue possible, y traduzidos procure imprimirle"[101].

Assim, ficamos a saber que Lozano afirma que irão tirar proveito desta tradução *los Architectos de nuestra nacion* e que a mesma será assistida, não feita ou realizada, pelo próprio.

Dado que asistir em Castelhano deriva do termo latino assistere, com o significado de "estar presente; acompañar á uno en algun acto público; servir en algunas cosas; socorrer, favorecer, ayudar" (AA.VV., 1726, p. 361) e que Franscisco Lozano não se intitula Architecto mas alarife, que tem o significado de maestro de obras ou de albañil, isto é, de uma personagem que não se apresenta necessariamente com "uma imaginação e um intelecto cultos" (Alberti, Livro I, cap. 1) então, a tese de Morales (ibidem), de que a tradução inicial se ficou a dever a Zamorano e não a Lozano, apresenta uma evidente credibilidade. A confirmar a suspeita de uma tradução mal conseguida, ainda podemos constatar uma extensa lista de erratas, introduzida antes do Livro I, a ausência da dedicatória de Ângelo Poliziano a Lourenço de Medicis e, no final da obra, uma "Tabla de Los Errores de Paginacion y Signaturas Tipograficas, Las Quales Son Todas Sin Error" (Lozano, 1582, pp. 441-442) e que lista quarenta e oito erros de paginação.

Além disso, os títulos dos Livros (ver Tabela 1) apresentam designação diversificada e errática. Ora são designados por "Libro Primeiro del Arte de Edificar de Leon Baptista Alberto", ora como de "Libro Quatro de la Architectvra de Leon Baptista Alberto" estando, neste último caso, mais em consonância com a versão de Cosimo Bartoli para toscano, que traduz *De re aedificatoria* por *Architettvra*. Com efeito, na folha de rosto da versão de Lozano comparece o seguinte subtítulo: "Traducidos del Latin por Francisco Lozano Alarife de la Villa de Madrid a la Vista del Texto Toscano de Cosme Bartoli Academico Florentino com los Grabados de Este".

---

[101] Cf. Lozano, 1582.

Nº do Livro	Edição	Títulos dos Livros
Prólogo	ep	*Leonis Baptistae Alberti De re aedificatoria Incipit. Lege Feliciter*
	CB	*Leon Batista Alberti Della Architettura. Proemio.*
	FL	*Libro Primero del Arte de Edificar de Leon Baptista Alberto. Proemio del Autor,*
I	ep	*Leonis Baptistae Alberti De re aedificatoria Liber Primus Incipit. Lineamenta*
	CB	*Della Architettura di Leon Batista Alberti. Libro Primo.*
	FL	*Libro Primero de los Lineamentos de Leon Baptista Alberto.*
II	ep	*Leonis Baptistae Alberti De re aedificatoria Liber Secundus Incipit. Materia*
	CB	*Della Architettura di Leon Batista Alberti. Libro Secondo. Nel Quale Si Trata De Legnami*
	FL	*Libro Segundo de Leon Baptista Alberto de la Materia.*
III	ep	*Leonis Baptistae Alberti De Opere Liber Tertius Incipit.*
	CB	*Della Architettura di Leon Batista Alberti. Libro Terzo. Delle Opere.*
	FL	*Libro Tercero de Leon Baptista Alberto de la Obra.*
IV	ep	*Leonis Baptistae Alberti De Universorum Opere Liber Quartus Incipit.*
	CB	*Della Architettura di Leon Batista Alberti. Libro Quarto. Delle Opere Universali.*
	FL	*Libro Quarto de la Architectura de Leon Baptista Alberto, de Todas Cosas*
V	ep	*Leonis Baptistae Alberti De Singulorum Operibus Liber Quintus.*
	CB	*Della Architettura di Leon Batista Alberti. Libro Quinto. Nel Quale si Tratta De Gli Edificii Particulari.*
	FL	*Libro Quinto de Leon Baptista Alberto de las Obras de Cada Uno.*
VI	ep	*Leonis Baptistae Alberti De Ornamento Liber Sextus Incipit.*
	CB	*Della Architettura di Leon Batista Alberti. Libro Sexto.*
	FL	*Libro Sexto de Leon Baptista Alberto, Del Ornamento.*
VII	ep	*Leonis Baptistae Alberti De re aedificatoria Liber Septimus Qui Sacrorum Ornamentum Inscribitur*
	CB	*Della Architettura di Leon Batista Alberti. Libro Settimo. Delli Ornamenti de Tempii Sacri.*
	FL	*Libro Septimo de Leon Baptista Alberto, De La Arte de Edificar.*
VIII	ep	*Leonis Baptistae Alberti De re aedificatoria Liber Octavus Qui Publici Profani Ornamentum Inscribitur*
	CB	*Della Architettura di Leon Batista Alberti. Libro Ottavo.*
	FL	*Libro Octavo de Leon Baptista Alberto, De La Arte de Edificar que se intitula, ornamento del prophano publico.*
IX	ep	*Leonis Baptistae Alberti De re aedificatoria Liber Nonus Qui Privatorum Ornamentum Inscribitur*
	CB	*Libro Nono.*
	FL	*Libro Nono Del Arte de Edificar de Leon Baptista Alberto, Que Se Intitula Ornamento de las cosas de los particulares.*
X	ep	*Leonis Baptistae Alberti De re aedificatoria Liber Decimus et Ultimus Qui Operum Instauratio Inscribitur*
	CB	*Della Architettura di Leon Batista Alberti. Libro Decimo.*
	FL	*Libro Decimo y Ultimo Del Arte de Edificar de Leon Baptista Alberto, El Qual se Dize, Restauracion de Las Obras.*

Tabela 1 Títulos dos Livros na *editio princeps* (*ep*), na edição de Cosimo Bartoli (CB) e na edição assistida por Francisco Lozano (FL).

Se repararmos, de forma mais sistemática, nos títulos dos livros destas edições podemos constatar que os propostos por Lozano coincidem com os da *editio princeps* no que refere ao Prólogo e aos Livros III, V, VI, VIII, IX e X e que, somente, o Livro IV corresponde à tradução sugerida por Bartoli. Os títulos dos Livros I, II e VII não apresentam, contudo, correspondência com aquela *editio princeps*, pois omitem o termo "da Arte de Edificar", nem com a de Bartoli, pois suprimem a palavra "Architettura".

Como resultado destes desencontros, a segunda edição de *Los Diez Libros de Architectura* em Castelhano, datada de 1797 e editada em Madrid por Joseph Franganillo, é corrigida de forma compreensiva.

O horizonte, no qual se apresenta a tradução assistida por Lozano, sugere, sem dúvida, uma contaminação pela tradução de Bartoli, pela estrutura morfossintáctica e pelo vocabulário da versão em castelhano face à toscana e que podemos encontrar ao longo do tratado.

No entanto, a omissão de *Arte de Edificar* ou de *Architectvra* nos cabeçalhos de alguns dos seus Livros indica que, provavelmente, Lozano também utilizou outra fonte secundária, mas não mencionada naquela tradução, o que reforça a suspeita de este ter sido mais um editor do tratado de Alberti do que propriamente o seu tradutor (cf. Soto, 1997, p. 238).

Repare-se que os títulos dos Livros I e II dados por Lozano referem-se, respectivamente, a *los Lineamentos* e à *la Materia*, enquanto a tradução contemporânea de Núñez (1991) propõe, correspondentemente, os termos *Los Trazados* e *Los Materiales*. Isto sugere que Lozano apresenta um entendimento próximo ao dado por Aristóteles na Física[102], onde a forma não se opõe à matéria e se admite a inseparabilidade de ambas.

Saliente-se, a este propósito, que Resende na *Oratio pro rostris* (1534, p. 157) não só declara que no estudo das letras "não desprezemos os preceitos dos melhores filósofos", *i.e.* "os princípios do divino Platão e os do grande Aristóteles", mas também aponta que o estudo

---

[102] "Dado que 'natureza' apresenta dois sentidos, a saber, forma e matéria, tem-se que investigar os seus objectos como fossem a essência da sua complementaridade. Isto é, tais coisas não são independentes da matéria nem podem ser definidas somente em termos de matéria", Arist., *Ph.*, II, 194a, 13, cf. trad. esp. de U. S. Osmanczic, 2005, p. 28.

da filosofia se divide "em física e ética, isto é, em natural e moral" (Resende, *op. cit.*, p. 151) sugerindo, correspondentemente, também a sua complementaridade.

Esta suposta contaminação da tradução assistida por Francisco Lozano pela presumível tradução de André de Resende não se confirma, na medida em que este último, importava, quando escrevia em vernáculo, os mais diversos latinismos, ausentes na versão para castelhano do *De re aedificatoria*. É neste sentido, conforme relata Teyssier (1997, p. 69), que Resende redige, por exemplo, "hacte em vez de até, por imaginar que tal palavra provenha do latim *hac tenus*, quando, na verdade, é de origem árabe"[103]. Contudo, na tradução para castelhano do tratado de Alberti, somente podemos encontrar como equivalente a *hacte* a palavra *hasta*, derivada da palavra árabe *háttá* pela diferenciação dos dois tt para st (cf. Corominas, 2003, p. 315). Além disso, também não foi possível identificar a influência directa da língua portuguesa na tradução assistida por Lozano, nomeadamente no que se refere a lusismos devidos à ausência ou excesso de ditongação ou à morfologia do verbo, como ainda em relação ao género, à sintaxe e, principalmente, em relação ao vocabulário disciplinar.

Com efeito, o estudo elaborado por Monllor (2000, pp. 437-452) sobre a formação do léxico técnico de arquitectura e de construção, na tradução assistida por Francisco Lozano, não nos permite concluir, de forma segura, uma importação de lusismos. Aquela autora lista os vocábulos disciplinares que foram utilizados pela primeira vez em Castelhano por Lozano na tradução do *De re aedificatoria*, nomeadamente, de termos com origem latina, bem como de arabismos, de latinismos e, ainda, de vocábulos oriundos de outras línguas, nomeadamente com origem

---

[103] Na edição da tradução assistida por Lozano, foram encontradas dez entradas de *hafta* (*hasta* na grafia actual) e nenhuma de *hacte*. O estudo de J. P. Tavares (*in* Resende, 1963, pp. XXXIX-XLVII) lista as actualizações ortográficas realizadas sobre textos de Resende escritos em vernáculo e que apresentam, de forma exagerada, termos com étimos latinos que não correspondem à pronúncia. Na consulta daquela edição em versão electrónica, realizada em Maio de 2004 (no endereço da www: http://www.udc.es/etsa/biblioteca/red/tratados/ c.pdf/), não foi possível identificar quaisquer destes vocábulos apresentados por Resende.

incerta. Neste universo, os termos que aparentam alguma relação com o português, após consulta da lexicografia coeva, são: *amphitheatro, area, boveda, çapata, estacada, pulimento* e *sobrado*.

Enquanto os termos *area, çapata e sobrado* entram no vocabulário português no séc. XIII (cf. Houaiss - Villar, *op. cit.*, p. 364; p. 1611; p. 3351) e *boveda* no léxico de ambas as línguas no mesmo período (cf. Monllor, *op. cit.*, p. 442; Houaiss - Villar, 2002, p. 26), já *amphitheatro e pulimento* somente fazem parte do léxico em vernáculo, respectivamente, nos sécs. XV e XVII (cf. Houaiss - Villar, *op. cit.*, p. 218; p. 2916).

Isto sugere que a contaminação da versão de Lozano pela presumível tradução de Resende, se de facto ocorreu, deu-se de uma forma residual, onde sobressaem também os arabismos, o que é consonante, pelo menos em parte, com a observação de Menéndez y Pelayo (*ibidem*), de que os termos da tradução foram, como vimos, "desfigurados y calumniados bárbaramente por el alarife de Madrid Francisco Lozano".

Que o texto de Alberti tenha despertado, em Espanha, ainda durante o séc. XVI, o interesse da classe culta parece não existirem dúvidas. Com efeito, conforme relata Soto (*op. cit.*, p. 238), "de la importancia y difusión que este tratado alcanzó dan cumplida cuenta asimismo los inventarios de bienes, testamentarias o otros documentos correspondientes a arquitectos, monasterios y otros hombres cultos de nuestro siglo XVI; así, por ejemplo, de Juan de Herrera sabemos que poseía en su biblioteca hasta siete ejemplares entre versiones latinas, italianas y castellanas".

Pode-se, assim, compreender que o facto de o desenho espanhol ser, à época, "mais italinizante e académico, mais tributário de textos e tratados [...] do que em Portugal" (Kubler, 1988, p. 202) se deva, em parte, à publicação impressa do tratado de Alberti em Espanha, enquanto no país não passou de uma promessa, até à bem pouco tempo, não realizada.

Rivera (1991, p. 50) assinala que existe um manuscrito na Biblioteca Nacional de Madrid, dedicado ao príncipe Filipe e datado de 1550-1560, que se insere na estratégia estética do futuro monarca de optar por uma arquitectura desornamentada. Na verdade, as partes do tratado que foram traduzidas e adaptadas referem-se "a la economia del proyecto y de la obra [...] insistiendo en la adecuación y a la conveniencia - además de otras digresiones historicistas - como si tratara de articular la filosofia edificatoria albertiana a determinadas condiciones españolas de operatividad prática" (Rivera, *ibidem*).

É de assinalar que o arquitecto real Juan de Herrera[104] dá parecer favorável, datado de 4 de Agosto de 1578, para que "los diez libros de Leon Baptifta Alberto" sejam impressos em castelhano e que a autorização real, para a impressão do tratado, seja dada a Francisco Lozano, "maeftro de obras vezino de la villa de Madrid", a 17 de Outubro desse mesmo ano. Neste contexto, é intrigante que o texto de Alberti somente veja a estampa, em castelhano, em 1582, isto é, após quatro anos da autorização real e dois anos depois do falecimento do Cardeal D. Henrique que, por sua vez, procurou, como vimos, resgatar a presumível tradução para português daquele tratado do espólio de Mestre Resende[105].

Acrescente-se que este prazo tão dilatado entre a data da autorização real e a da publicação da versão de Lozano, não era prática comum em Espanha, como pode ser testemunhado com a publicação, na mesma época, da *Historia de don Qijote de la Mancha* de Miguel de Cervantes, que recebeu aquela autorização em Setembro de 1604 e viu a estampa em 1605[106], e com um diferença substancial entre os respectivos autores, na medida em que Cervantes era praticamente ignorado antes da publicação que o tornou imortal, enquanto Alberti já era conhecido nos círculos ligados às maestrias da arquitectura, como atesta o facto de o arquitecto real Juan de Herrera ter, como referimos, vários exemplares deste tratado e o mesmo constar de várias bibliotecas espanholas, conforme relata Rivera (*ibidem*).

---

[104] Juan de Herrera apresenta-se, ainda, como "criado de su Magestat" ao dar o parecer favorável para a publicação do tratado de Alberti e não como "architecto de su Magestat". Cf. Lozano, 1582.

[105] A edição do *Momus* em castelhano é publicada em 1553, sob o título *La moral y muy graciosa historia del Momus*, no meio erudito de Alcalá de Henares, por Agustín Almazán, antecedendo, em quase três décadas, a tradução do *De re aedificatoria* para aquela língua, apesar de ambos os textos terem sido redigidos simultaneamente, *circa* 1450, por Alberti.

[106] A primeira parte do *D. Qijote* chegou às mãos do público nas primeiras semanas do ano de 1605 revelando-se, desde então, um sucesso sem precedentes: duas edições em Madrid, duas edições piratas em Lisboa, duas em Valência, antes mesmo que acabasse o ano de 1605.

Na verdade, a comédia *Philodoxeos*, de autoria de Alberti, já tinha sido publicada em Salamanca em 1500 (cf. Vilallonga, 2007, p. 755) e, em 1553, a primeira tradução em castelhano da versão latina do *Momus*, também de Alberti, sob o título *La moral y muy graciosa historia del Momo*, é impressa em Alcalá de Henares e reeditada no final do século, o que confirma a popularidade desta obra, bem como do seu autor[107]. Além disso, também foi traduzido para Castelhano o diálogo das *Intercenales* de Alberti sobre a Virtude, bem como foram assinalados, pela crítica, os vínculos entre o *Momus* e a literatura picaresca[108] da segunda metade do séc. XVI (cf. Coroleu, 1994, p. 179-180).

Estas constatações são tanto mais problemáticas na medida em que os títulos dos Livros I, II e VII não encontram, como vimos, uma correspondência directa, quer com a *editio princeps*, quer com a versão para toscano de Bartoli.

Esta suspeita de apropriação de outra fonte, não mencionada, na tradução assistida por Lozano não era invulgar em Espanha, mesmo no âmbito das primeiras edições de obras impressas, conforme relata Saraiva (2000, p. 128), como sucedeu com os Colóquios de Erasmo, traduzidos para Castelhano com intercalações e adulterações da mais diversa ordem, sem que o seu autor tivesse tomado conhecimento das mesmas ou, ainda, do *D. Qijote*, que viu surgir uma segunda parte, escrita por um anónimo, após o êxito da primeira, o que levou Cervantes, para a desautorizar, a escrever a continuação não antevista da sua obra.

Se bem que não se possa colocar, com inteira certeza, a hipótese de que Lozano se tenha servido da presumível tradução de Resende, o que parece mais plausível é que esta tradução tenha existido e que Juan de Herrera a tenha levado para Castela.

---

[107] Pettas (1996, p. 121) ao fazer a descrição das obras constantes no espólio do livreiro de Juan de Junta, em Burgos, a partir de um contrato lavrado em 1556 pelo notário Pedro de Espinosa para a cedência da livraria, assinala, no respectivo inventário, a obra *El Momo* de Alberti, o que sugere que a mesma já estava em circulação comercial em Espanha, pelo menos a partir daquela data.

[108] Narrativa literária de origem castelhana, geralmente autobiográfica, de carácter aventureiro e satírico.

Com efeito, se consultarmos a "Relación de los instrumentos matemáticos y libreria de J. de Herrera, sacados del inventario general de sus bienes, hecho a su fallecimiento" (*in* Arcaute, 1936, pp. 150-171), elaborada por Antonio Voto, guarda-jóias de D. Filipe II de Espanha e I de Portugal, e por Guillermo Bodenam, que foram constituídos depositários deste espólio, podemos constatar que, à data do seu falecimento em 1597, Herrera possuía[109]:

-Los diez libros de architetura de léon bautista alberti florentino en latin;
-Arquitetura de léon bautista en toscano;
-Los diez libros de arquitetura de léon bautista en rromanze;
-Léon bautista sobre la arquitetura manoescrito en rromance.

A primeira referência reporta-se, muito certamente, à *editio princeps* em latim, e a segunda, em toscano, à tradução de Cosimo Bartoli. As duas últimas, escritas em romance[110] é que, de forma comparativa, justificam algum comentário.

A última menção sugere que se trata da possível tradução de Resende, pois o texto de Alberti é citado como sendo de *arquitetura* e *manoescrito* e, como vimos, Estaço (*ibidem*) refere-se exactamente nos mesmos termos quando o Cardeal D. Henrique solicita a Simão Estaço o resgate desta tradução do espólio de Resende[111].

---

[109] Resende (1963, p. 18) na *História da antiguidade da cidade de Évora*, menciona que tinha feito dois livros sobre aquedutos, considerados perdidos, a mando de D. João III, possivelmente baseados na obra de Frontino *De Aquis Vrbis Romae*. Note-se que no espólio literário de Juan de Herrera (*in* Arcaute, 1936, pp. 150-171) é mencionada a obra *De la conserbación de los aquadubtos manoescrito en portugués* que, muito provavelmente, se refere a uma das obras de Resende sobre aquedutos.

[110] Este termo tanto se aplica a cada uma das línguas modernas derivadas do latim como ao idioma espanhol. Saraiva - Lopes (2000, p. 20) sugerem que romance significa "à maneira românica, vulgar", que se opõe a *latine, i.e.,* "à maneira latina, literária" e Corominas (2003, p. 512) precisa que *romance* se aplicava, a partir de 1140, "al linguaje hablado por las naciones romanizadas o neolatinas" e, a partir do séc. xv, "*romanzar* o *arromanzar* [significa]'verter al romance o castellano' ".

[111] Vera (1996, p. 24) afirma que o registo do espólio de Herrera "*León Bautista, sobre la arquitectura, manoescrito en romançe, ...* sin duda fue un ejemplar del texto de Lozano, el qual manejaria Herrera antes de los quatro años que demoraron su impresión", o que não é inteiramente crédivel pois este título não coincide com o da tradução atribuída a Lozano, mas com a referência que Estaço faz ao descrever o pedido do Cardeal D. Henrique para resgatar a tradução do tratado de Alberti do espólio de Resende.

Além disso, o facto de ter sido escrita em *rromance*, mas não em toscano ou em latim, indica que esta tradução tanto possa ter sido assistida por Lozano, como elaborada pela mão de Resende. No entanto, o facto de o título da tradução impressa de Lozano (*Los Diez Libros de Architectura de Leon Baptista Alberto Traduzidos de Latin en Romance*), não coincidir com o da última referência, acima listada, do espólio de Herrera, mas ser idêntica à citação que lhe é anterior, descarta a hipótese de este ter sido o tradutor da versão atribuída a Resende. Esta citação do espólio de Herrera não faz alusão ao facto de se tratar de um manuscrito o que sugere, ainda, que se trata de uma obra impressa, como aliás sucede com a tradução assistida por Lozano, editada por Alonso Gomez em 1582[112].

Se bem que os fiéis depositários dos bens de Herrera tenham ficado com a incumbência de os guardar, os mesmos foram restituídos ao seu herdeiro em 1600, após demorado pleito judicial entre Pedro del Yermo, seu sobrinho, e Pedro Bustamante, seu parente afastado, tendo este renunciado em favor do primeiro (cf. Arcaute, *op. cit.*, pp. 140-142), desconhecendo-se actualmente o paradeiro daquele espólio literário que, provavelmente, se dispersou por várias bibliotecas após o seu falecimento.

É de assinalar, neste contexto, que o discípulo e continuador da obra de Juan de Herrera no *Monasterio del Escorial*, o arquitecto Francisco de Mora, também acompanhou a comitiva régia a Portugal como resultado da união dinástica das duas monarquias Ibéricas e que o mesmo residiu no país em 1581 (Bustamante - Marías, 1987, p. 279).

O inventário da colecção de pinturas e da biblioteca de Francisco de Mora, realizado em 30 de Dezembro de 1610, é apresentado em apêndice em Bustamante - Marías (*op. cit.*, pp. 307-318) e comentado por Moreira (1987, p. 73), que chama a atenção para o facto de vir referida

---

[112] A *fortuna* da presumível tradução de Resende insere-se num período de mútua desconfiança na história da Península Ibérica, na qual interveio activamente Juan de Herrera como receptor de informações cartográficas obtidas por espionagem (Moroto, 1997, p. 173). Este recomendava, para se fazer a actualização e a concatenação das cartas de marear, face às pretensões de D. António Prior do Crato ao trono de Portugal, que "[...] se haga aquí una carta general con la demarcación antigua, porque la moderna está depravada, por lo que V. sabe de los portugueses [...]" (*in* Arcaute, 1936, p. 92).

naquela listagem a tradução de Vitrúvio por Pedro Nunes, realizada em 1541, considerada a primeira tradução deste autor fora da Itália.

Com efeito, a entrada n.º 139 deste espólio reporta-se a "Pedro Núñez lusitano de arquitetura de nabegaçion 8 reales", o que confirma que as obras foram avaliadas para serem possivelmente vendidas e que a tradução de Vitrúvio foi concatenada, como era hábito, com outra obra, a de *nabegaçion*. Esta última vem referida no espólio de Herrera como "Pedro Núñez de nabegazión en Latim" e reporta-se à obra desaparecida deste último autor, intitulada *De arte atque ratione navigandi*.

O que também é certo, é que a primeira tradução completa e em castelhano do tratado de Vitrúvio foi elaborada por Miguel de Urrea com o título de *Marco Vitruvio Pollión, De Architectura* e publicada por Juan Gracián em Alcalá de Henares em 1582, isto é, no mesmo ano em que sai a tradução do tratado de Alberti feita, supostamente, por Lozano[113].

Intrigante, também, é o facto de o título da tradução de Urrea não coincidir com o manuscrito do espólio de Herrera, o que faz com que este último corresponda, presumivelmente, à tradução para vernáculo de Pedro Nunes[114].

Note-se que na dedicatória que Urrea faz à *Sacra Católica Real Magestad i.e.*, a D. Filipe II de Espanha e I de Portugal, é explicitada a importância da tradução de Vitrúvio para a *lengua castellana*, bem como da sua recepção no contexto cultural de Castela nos finais do séc. XVI: "Una de las cosas en que más diligencia avrán de poner los vassallos de Vuestra Magestad es en el estudio de su propria lengua y en procurar enriquecerla, no solamente con los libros escritos de su principio en ella, sin con todos los buenos que en las otras se hallan, para que los grandes

---

[113] A BNL em Madrid (Res., Cód. 3390) conserva um exemplar manuscrito da tradução de Miguel de Urrea do tratado de Vitrúvio.

[114] Pedro Nunes, na introdução ao *De crepusculis* (c. 1541, pp. 6 e 143), obra em que descreve o nónio e apresenta a moderna astronomia esférica, refere que "[...] mas para que encontreis ensejo de me desculpar de tanto haver demorado a tradução de Vitrúvio. Com efeito devido à falta de saúde, não acabei a obra começada, que já ia em mais de meio [...]", isto é, dá a conhecer que trabalhava numa tradução de Vitrúvio que não se encontrava terminada à data de publicação do *De crepusculis*. No entanto, ao fazer a saudação a D. João III, afirma o propósito de a concluir: "porém, vós, Rei cristianíssimo e muito clemente, perdoareis, sabendo que em breve acabarei, como espero, a obra prometida". Trad. de M. P. de Meneses, 1943.

ingenios y entendimientos, que esta provincia produze en tanta abundancia, tuviessen el pasto que dessean, junto con mucho acrescentamiento [...e por isso ...] sería razón que, como los latinos la saben en su lengua (porque en ella se escrivió al principio), assí los españoles en lengua castellana la supiessen. Porque estos provechos y otros muchos, que de saber esta arte se sacan por Vitruvio no se pierdan entre los españoles pues no son de menores ingenios y habilidades que las otras gentes".

Assim, para Urrea, o aperfeiçoamento da língua castelhana, que é uma tarefa de interesse nacional, pode ser feito pela realização de traduções de autores clássicos, como sucede com o tratado de Vitrúvio o que, implicitamente, sugere a equivalência progressiva daquela língua com a latina. Esta forte consciência nacional, associada também ao facto de os títulos da presumível tradução do *De re aedificatoria*, por André de Resende, bem como dos dois livros que escreveu sobre aquedutos, constarem na listagem do espólio de Juan de Herrera, sugerem a expropriação destas obras para Espanha[115].

Dado que o tratado de navegação de Pedro Nunes constava tanto dos espólios de Juan de Herrera, como de Francisco de Mora, então *Los diez libros de bitrubio en rromanze manoescritos y por enquadernar* podem ter sido, muito naturalmente, concatenados com aquele tratado e ambos transferidos da biblioteca de Herrera para a de Francisco de Mora.

De igual modo, é verosímil que algumas das obras de Alberti, listadas no inventário de Francisco de Mora, possam ter sido, também, oriundas do espólio de Juan de Herrera. Na verdade, constam naquele inventário os seguintes textos de Alberti (cf. Bustamante - Marías, 1987, pp. 307-318):

---

[115] Na "História da antiguidade da cidade de Évora" Resende (1963, p. 18), ao discursar sobre o abastecimento de água a esta cidade, esclarece que "também falei disso em dous livros a dos aquedutos que a El-Rei, Nosso Senhor, per seu mandado escrevi e, portanto, agora nom é necessário torná-lo a repetir. Antes me parecia que os mesmos livros, porquanto tratam como se devem fazer os aquedutos e como conservar, se deviam ajuntar a este tratado, e às vezes se lerem para que deles se tomasse algua utilidade, se a neles há". Abreu (2008) sugere que na renovação urbana de Évora, realizada por D. João III entre 1531 e 1537, André de Resende ligou-se informalmente ao plano de renovação desta cidade, à semelhança do que aconteceu com Alberti na renovação de Roma sob a égide do Papa de Nicolau V, onde o "referente simbólico é a Roma antiga e o modelo urbanístico será a Roma papal renascentista, ambos colhidos de um imaginário elaborado a partir do melhor veio literário" daquele eborense.

- Arquitetura de leon bautista alberti en toscano 6 reales;
- Opusculos de leon bautista alberti 5 reales;
- Leon bautista alberti de azcitoria 4 reales;
- Leon bautista alberti de arquitectura 4 reales;
- Seys querpos chicos de arquitetura de leon bautista 4 reales.

Pelos títulos, a primeira referência reporta-se à tradução de Bartoli para toscano, idêntica à existente no espólio de Herrera; a segunda a obras literárias de Alberti não listadas neste espólio; a terceira não é identificável com qualquer obra deste autor; a quarta, na medida em que faz referência, em Castelhano, a arquitectura, à tradução assistida por Lozano e, a última, das cotadas ao mais baixo preço, ao que, possivelmente, restou (seis livros) do manuscrito da presumível tradução de Resende.

Note-se, como assinalou Moreira (*op. cit.*, p. 72), que as traduções, para a língua portuguesa, de Vitrúvio e de Alberti faziam parte do acervo da Escola do Paço da Ribeira[116] e que a Academia de Matemáticas e Arquitectura que Juan de Herrera fundou em Madrid, após a sua estadia em Portugal, de finais de 1580 a Março de 1583, "representou o instrumento prático de importação da cultura técnica portuguesa" de então para Espanha.

Neste contexto, não é de estranhar o interesse de Juan de Herrera pelo tratado de Alberti, na medida em que a tradução assistida por Lozano é publicada em 1582.

Também existia um interesse mais imediato pelo tratado, na medida em que a organização interna da igreja de S. Vicente de Fora, em Lisboa, provavelmente esquissada por Herrera e projectada por Filippo Terzi, além de se apresentar com uma nave abobadada em forma de berço com caixotões, exibe três tramos com vãos intermédios precedidos de um nartex porticado, combinados com pares de pilastras duplas, o que

---

[116] De acordo com Conceição (2008, p. 329) as aulas particulares a membros da família real e a membros da corte não caracterizam propriamente uma escola, mas tão somente "um conjunto de lições mais ou menos regulares, leccionadas por mestres bem preparados para ensinar uma elite ao mais alto nível, destinada à futura governação", o que não impede que a biblioteca real da Casa de Avis tenha acolhido a presumível tradução do tratado de Alberti, resgatada do espólio de André de Resende.

é, no seu conjunto, evocativo da solução apresentada por Alberti para o interior da igreja de S. André em Mântua[117].

Mateus do Couto-o-Velho (Livro II, cap. 11, fl. 39), no *Tractado de architectura* [...] advoga a mesma *forma* de templo presente em S. Vicente de Fora, que tem subjacente o modelo proposto em S. André de Mântua por Alberti:

> "[...] querendo eu podendo ser, os façamos de modo, que quando entramos pelas portas das Igrejas vejamos todos os Altares do corpo do d^{to} Templo, sem embaraço algum. E será grande comodidade escuzaremse nelle Naues, e os obstaculos das colunas, e pilares. E poderá ser o q digo fazendose os ditos Templos de hua só Naue; e hauendo Capellas pelo perlongo do corpo da Igreja, fazellas á face, e de modo que se vejão todos os Altares".

Note-se que o primitivo edifício que existia no lugar, onde foi posteriormente construída a igreja de S. Vicente de Fora, foi demolido em 1582, o que corresponde à data da publicação do tratado de Alberti em Castelhano, com tradução assistida por Francisco Lozano. Assim, *Los Diez Libros de Architectura de Leon Baptista Alberto traduzidos de Latin en Romance* ficaram acessíveis para consulta, aos seus projectistas e construtores, a partir daquela data[118].

Quer o manuscrito daquela presumível tradução de Resende tenha feito parte ou não da herança de Juan de Herrera e contribuído para um "espoliamento cultural [...] difícil de ajuizar com serenidade" (Machado - Pageux,

---

[117] É de assinalar que o modelo de S. Vicente de Fora, de nave única com capelas laterais intercomunicáveis, planta cruciforme e com uma galilé de acesso ao seu interior, difundiu-se, com algumas variações, pelo país durante muito tempo, como atestam, entre outros, o Colégio dos Jesuítas em Coimbra, actualmente funcionando como Sé Nova, a igreja dos Grilos e de S. Bento da Vitória no Porto, a igreja do convento de Santa Mónica e a Sé de Goa (cf. Veiga, *op. cit.*, p. 114).

[118] Baltasar Álvares, de quem Mateus do Couto-o-Velho se diz discípulo, começa a trabalhar na igreja de S. Vicente de Fora em 1582, "sendo o responsável por tornar visível o projecto delineado e chegando mesmo a realizar debuxos parcelares enviados ao monarca para ratificação ou apresentados por si próprio em Madrid" (Ruão, 2006, II, p. 57).

1988, p. 24)[119], o que é certo é o impacto que o tratado de Alberti começa a ter, tanto na península Ibérica como fora dela.

Ainda durante o séc. XVI o tratado de Alberti é citado por Diogo Sagredo nas *Medidas del Romano* (1526), apesar deste se fundamentar principalmente no trabalho de Vitrúvio, destinado a divulgar junto "a los oficiales que quierem seguir las formaciones de las basas, columnas, capiteles y otras piezas de los edificios antiguos". A "regressão vitruviana" a partir desta data passa a ser, na península Ibérica, fortalecida pela publicação em Lisboa de várias edições, ainda que em castelhano, do tratado de Sagredo, sendo a primeira a de 1541, impressa por Luís Rodriguez, que se vê obrigado, devido ao êxito deste tratado, a publicar duas novas edições com um intervalo de cinco meses, em 15 de Janeiro e a 15 de Julho desse mesmo ano (cf. Soto, *op. cit.*, p. 243).

Este retorno ao "romano" é, em parte, reveladora da incipiente divulgação que o tratado de Alberti teve em Portugal, durante a primeira metade do séc. XVI, onde as maestrias medievais na arte da construção ainda se manifestavam com alguma pujança.

Posteriormente, principalmente em Espanha, no reinado de D. Filipe II de Espanha e I de Portugal, as manifestações artísticas concretizam-se por uma arquitectura desornamentada, introduzida por Juan Bautista de Toledo e codificada por Juan de Herrera no *Monasterio del Escorial*, onde os instrumentos projectuais - a maquete e o projecto - propostos por Alberti encontram plena aceitação e o ornamento começa a ser considerado mais "acrescentado que natural", como sugere este último autor.

Assim, não é de estranhar que este estilo desornamentado ou desornado encontre ecos no Estilo Chão, na segunda metade do séc. XVI, em Portugal, de grande simplicidade formal e de clareza estrutural, ajustado

---

[119] Está por fazer um levantamento sistemático da *migração* de obras literárias em língua portuguesa para bibliotecas espanholas, principalmente durante o tempo dos Filipes. Oliveira Martins (1998, p. 281, n. 202) relata que os manuscritos da *Virtuosa Benfeitoria*, bem como a tradução do *De officiis* de Cícero, ambas elaboradas pelo Infante D. Pedro (1392-1449) e escritas entre 1428 e 1439, isto é, cerca de um século e meio antes da união dinástica de 1580, estão depositados na Academia de História de Madrid.

às tendências contra-reformistas da igreja, e à qual se contrapõe uma arquitectura mais clássica e menos autóctone, que encontra o seu epígono no novo claustro do Convento de Cristo em Tomar de Diogo de Torralva ou na capela-mor dos Mosteiros dos Jerónimos de Jerónimo de Ruão[120].

De acordo com Pereira (1993, pp. 462-463), o compromisso entre as duas orientações, presentes na arquitectura da segunda metade do séc. XVI em Portugal, manifesta-se na obra de António Rodrigues, com formação italiana adquirida na década de cinquenta, principalmente na Capela das 11 000 Virgens, em Alcácer do Sal, e da igreja de Santa Maria, em Setúbal, que são instrumentais para se entender o "experimentalismo" português desse fim de século nas suas diferentes variantes.

Desde o início do domínio Filipino, que coincide com a última década de vida de António Rodrigues, que se finda em 1590, o castelhano foi assumindo-se, cada vez mais, como língua global, tanto em Portugal como em Castela, e o português mais como língua local, apesar da exaltação da língua nacional, pela publicação de diversos estudos gramaticais, de dicionários de português-latim e de prosódias latino-portuguesas (cf. Saraiva - Lopes, 2000, p. 26).

É revelador desta tendência que, no mesmo ano da sua primeira edição, o *don Qijote* de Cervantes tenha sido também editado duas vezes, em castelhano, em Lisboa e que 12,3 % das obras editadas, entre 1501 e 1600, tenham sido feitas nesta língua (cf. Dias *et alii*, 1998, p. 454).

A este propósito, Haupt (1890, p. 35), no seu estudo sobre a arquitectura do Renascimento, chega mesmo a expor que "é realmente de admirar que Portugal não tenha nessa época produzido, ou simplesmente traduzido uma só obra de teoria da arquitectura, face à avançada literatura espanhola sobre o assunto" o que, a rigor, não é inteiramente correcto[121].

---

[120] A simplicidade formal e a clareza estrutural como operadores para se entender a arquitectura chã foram inicialmente sugeridas por Kubler (1972) e podem ser interpretadas como uma leitura para justificar e induzir o despojamento ornamental de raízes chãs do Movimento Moderno em países de língua portuguesa, onde a arquitectura da década de 1550 é comparada com o modernismo dos anos de 1920. Para uma discussão desta problemática veja-se o *Jornal Arquitectos*, Março/Abril de 2001, nº 200, dedicado a este tema.

[121] Na dissertação de Oliveira (2004, p. 871) sobre a *Arquitectura Portuguesa do Tempo dos Descobrimentos, cerca de 1500*, esta orientação é interpretada de forma diferente, na

Moreira (1995, p. 350), passado mais de um século e em contraposição, refere que, em meados do séc. XVI, dá-se "um surto editorial sem precedentes que, de um só golpe, pôs o País a par do movimento da tratadística arquitectónica que, a partir de Itália, corria pela Europa". Com efeito, Moreira (1982) atribuí a António Rodrigues (c. 1520-1590) a autoria de um *Tratado de Arquitectura*, "decalcado de Sérlio, Vitrúvio e Pietro Cataneo", manuscrito em duas versões, em 1576 e 1579, usado como livro de texto nas lições de arquitectura militar da Escola Particular de Moços Fidalgos do Paço da Ribeira[122].

Se bem que aquela produção textual quinhentista possa ser considerada uma das primeiras de que temos notícia em nosso país, o que é certo, neste contexto, é a muito maior profusão de tratados, bem como de traduções existentes em castelhano, a partir do séc. XVI, quando comparada com a feita em língua portuguesa[123].

A união dinástica das duas monarquias Ibéricas certamente que também não incentivou a publicação do tratado de Alberti em língua portuguesa, nomeadamente por os potenciais leitores como os possíveis tradutores serem bilingues[124] e quando, em 1640, se inicia a quarta e última dinastia, a de

---

medida em que "À falta de textos portugueses de teoria da arquitectura contemporâneos das obras estudadas, retiramos do conjunto das crónicas e outros escritos inúmeros pequenos apontamentos, que lateralmente se relacionam com a arquitectura, seja porque dela dão notícia e descrição, seja porque falam da decoração das casas e dos trajes das pessoas, deixando entrever aspectos de gosto, de modos e da moda e versando questões de estilo", o que sugere que, apesar da ausência de textos de teoria da arquitectura publicados nesse período em território nacional, não quer dizer que esta não tenha deixado de, implicitamente, informar os "modos do discurso da arquitectura".

[122] A atribuição da autoria deste tratado a António Rodrigues não tem sido consensual. De acordo com Conceição (2008, pp. 427-428), não só a sua lavra é de mão anónima, como os seus conteúdos não se configuram como um tratado de arquitectura.

[123] Correa (1993, p. 13) assinala que na *Bibliografia de Arquitectura, Ingenieria y Urbanismo en España 1498-1880* estão referidos 3 406 títulos dedicados a estas áreas de conhecimento e de prática profissional.

[124] Entre meados do séc. XV e meados do XVIII era comum os escritores portugueses expressarem-se em castelhano, conforme é possível de ser verificado no catálogo de Martinez-Almoyna - Vieira de Lemos (1968) sobre *La Lengua Española en la Literatura Portuguesa*, onde estão registados mais de 450 nomes. Este bilinguismo literário, que possivelmente reforçou a identidade da língua nacional pela confrontação das suas particularidades, não pode ser atribuído somente à união dinástica das duas monarquias ibéricas sob o mesmo soberano, mas a um desejo de as classes dominantes portuguesas se identificarem com Castela, o que não teve correspondência, na medida em que os escritores espanhóis raramente escreveram em português. Esta situação já tinha sido assinalada, não sem ironia, por

Bragança, não só a tradução assistida por Francisco Lozano é reimpressa, nesse mesmo ano, como já se tinham passado quase duzentos anos desde que Alberti apresentara a versão manuscrita do *De re aedificatoria* ao Papa Nicolau V, perdendo, em parte, a sua operatividade disciplinar inovadora[125].

Além disso, a geração de humanistas a que pertencia André de Resende foi silenciada, a partir de meados do séc. XVI, pela acção do Santo Ofício, que amputava ou proibia o que não estivesse de acordo com a fórmula "nada contém contra a nossa Santa Fé e os bons costumes". Na verdade, "o primeiro rol português de livros proibidos saiu em 1547, por provisão de 28 de Outubro do Cardeal-Infante D. Henrique, Inquisidor-Geral" (Rodrigues, 1980, p. 18).

Nem o tratado de Alberti escapa, na península Ibérica, a esta sanha pois foi censurado pelo *Index Librorum Prohibitorum* (Índice de Livros Proibidos) da inquisição espanhola em 1583 (Rivera, 1991, p. 48). Na verdade, os exemplares em castelhano que estão conservados em colecções particulares espanholas ou em bibliotecas públicas, como as de Santa Cruz de Valladolid ou da Biblioteca Nacional em Madrid, aparecem com páginas inteiras rasuradas, nomeadamente as relacionadas com a distribuição e a organização dos altares nos templos[126].

Com efeito, no exemplar da Biblioteca Histórica da Universidade Complutense de Madrid (BH FLL 10833), relativo à edição Veneziana de 1546 consta, de forma manuscrita e no verso da folha em branco que se segue ao frontispício o seguinte visto censório: "Por commission de los Señores Jnquisidores de Toledo he visto y expurgado este libro conforme al expurgatorio de 1612", assinado por Francisco Vinagra. Como resultado, na face e verso da folha 161, bem como na face da 162, do Livro

---

André de Resende, quando escreveu a carta a Bartolomeu de Quevedo, datada de 1567, em que afirma *Hispani omnes sumus* (Somos todos Hispanos), onde "está subjacente uma censura à tendência dos Espanhóis para se intitularem, sem legítima propriedade, *Hispani* " (cf. Pereira, 1988, p. 41, n. 75).

[125] Alberti também relata, nos *Ludi rerum mathematicarum* (II, pp. 56-57), redigidos cerca de 1450 e dedicados ao seu patrono, o príncipe Meliaduse, marquês d'Este, que estava a escrever os livros de arquitectura a pedido do seu irmão, Lionello d'Este.

[126] A acção do Santo Ofício leva André de Resende, em 1547, a comprometer, perante o tribunal, o seu antigo aluno Fernão de Oliveira que, em 1536, tinha publicado a primeira gramática da língua portuguesa (cf. Resende, 1963, p. XXIV).

VII, capítulo 13, que trata "De l'altare, de la communione, de le luci, & de i candelieri", verifica-se um total de trinta e uma linhas rasuradas.

Em Portugal, a obra de Alberti já comparece censurada no *Index* de 1581 (Moreira de Sá, 1983, p. 633) e nos exemplares do *De re aedificatoria* que se conservam nas bibliotecas portuguesas. Com efeito, o passo que se refere ao número e disposição dos altares nos templos (Livro VII, cap. 13), nestes exemplares, comparece riscado (cf. Moreira, 1991, p. 314)[127]. Além disso, "poucas imprensas dispunham de pessoal superior habilitado; e os preceitos da Mesa Censória não permitiam (salvo erro) que, fora da Imprensa, o próprio autor lesse provas e alterasse os dizeres de manuscritos aprovados" (Vasconcelos, 1946, p. 39).

É neste contexto que ficámos, de acordo com o editor da tradução Bartolli no séc. XIX (Ticozzi, 1833, p. VII), excluídos daquelas nações cultas da Europa que publicaram o tratado de Alberti: "Pubblicatasi in Firenze nel 1485 in latino idioma l'opera de Leon Battista Alberti: De Architectura, seu de re aedificatoria libri X; e renduta comune a tutte le colte nazione di Europa".

Neste complexo de razões não é de admirar que o novo modelo de profissional seja tardiamente introduzido em Portugal, apesar de a palavra *archytectura* ter uma circulação oficial já em 1566 (Viterbo, 1988, I, p. 513) e de Filippo Terzi ter sido referido como "meu Architecto e engenheiro" ao ser provido, em 1590, no cargo de "mestre de todas as minhas obras que se fizeram à minha custa" (Viterbo, *op. cit.*, III, p. 97)[128].

Com a chegada de D. Filipe II de Espanha e I de Portugal e do arquitecto real Juan de Herrera tem-se uma clara distinção da figura do arquitecto em relação à prática de construção medieval, que solicitava a presença

---

[127] Apesar da censura ao tratado, esta leitura não é linear, dado que o seu autor foi também objecto de apreciações favoráveis durante a contra-reforma, como se pode constatar no *Tractado De Architectura* de Mateus do Couto-o-Velho (1631, fl. 4), que chegou a ser arquitecto do tribunal do Santo Ofício em 1634 e a exaltar o nome de Alberti, quando comparado com os de *Balthazar de Sciena, Bramante, Sangalo, Urbino, Vinhola, Sérlio, Palladio e Philiber*: "o grande Leo Bapt.ª Alberto, a quem com razão podemos chamar cabeça de todos elles".

[128] A primeira vez que a designação de arquitecto ocorre no país é em 1563 para um praticante, o amador frei Julião Romero (ver Moreira, 1995, p. 350), se bem que João de Barros (1532, p. 51) já utilize, na *Ropica Pnefma*, o termo *archetectura*.

do mestre que, no estaleiro, resolvia, em simultâneo, a concepção e a execução da obra.

A capacidade do arquitecto, como hoje a entendemos, de controlar a produção do edificado a partir do projecto e não somente a partir da sua presença no estaleiro - como Alberti sugere nos dez livros do *De re aedificatoria* e Herrera dá, posteriormente, o seu aval como sendo "muy vtiles para entender las cofas de Architectura" (cf. Lozano, 1582) - é plenamente promovida, em Portugal, por este na medida em que os debuxos iniciais, a que se podem atribuir a sua autoria, da Igreja e Mosteiro de São Vicente de Fora, do torreão do Paço da Ribeira e do palácio do conde de Castelo Rodrigo foram executados e construídos sucessivamente, ao longo do tempo, por outros profissionais, nomeadamente por Filippo Terzi (até 1597), Baltasar Álvarez (até 1624) e Pedro Nunes Tinoco[129].

Neste contexto, à semelhança do que Jauss (1978) designa por "horizonte de espera" (*erwartunshorizont*)[130], na estética da recepção de obras literárias, para significar o diálogo crítico entre o público e a obra, onde aquele não é compreendido somente como um leitor passivo, mas como sujeito de uma apropriação activa, que modifica o seu sentido, desde a sua publicação até ao momento presente, podemos dizer que a presumível tradução de Mestre Resende configura um "horizonte de perda"[131], em termos da evolução da compreensão da arquitectura em Portugal nos

---

[129] Os debuxos iniciais da igreja de S. Vicente de Fora em Lisboa foram, provavelmente, feitos por Herrera, que esteve em Lisboa entre 1581 e 1583, mas o equivalente ao que entendemos, actual e aproximadamente, por projecto de execução foi elaborado por Filippo Terzi. Cf. Lourenço, Soromenho - Mendes, 1997, p. 129; Higuera, Varea - Aberasturi, 2003, p. 299 e Ruão, 2006, II, pp. 60-62.

[130] Para Jauss (*op. cit.*, p. 58) para se "poder reconstruir o horizonte de espera de um trabalho, é também poder defini-lo como uma obra de arte baseada na natureza e intensidade dos seus efeitos sobre um determinado público. Se a distância a que chamamos 'distância estética', entre o horizonte de espera pré-existente e uma obra nova, cuja recepção pode provocar uma 'mudança de horizonte', ao ir contra as experiências familiares ou fazendo com que outras experiências, expressas pela primeira vez, sejam conscientemente assumidas, então esta experiência estética, medida ao nível das reacções do público e dos julgamentos da crítica [...], pode tornar-se um ensaio de análise histórica."

[131] A "dimensão" deste horizonte, face à cultura do *Quattrocento*, pode ser interpretada no comentário do humanista Cataldo Áquila Sícula, preceptor do bastardo de D. João II e com projecção na cultura de Quinhentos, que proclamava "matar a sede [literária] a turba imensa" (cf. Silva Dias, 2006, p. 53).

últimos cinco séculos, principalmente pela ausência de uma recepção explícita àquela obra que a privou de um discurso comentador[132].

Com efeito, a experiência prévia a que o público leitor poderia ter acesso, como a relação com as obras anteriores e posteriores no domínio da teoria da arquitectura e, ainda, a confrontação entre operadores disciplinares e a obra edificada, entre o "mundo imaginário e [a] realidade quotidiana" (Jauss, *op. cit.*, p. 48), ficaram plausivelmente empobrecidas[133]. De facto, as prováveis, mas não existentes, leituras do *De re aedificatoria* teriam possibilitado o desenvolvimento de um sentido crítico, sempre renovado, da obra de Alberti e, em decorrência, de forma não necessariamente linear mas não arbitrária, também sobre a fábrica da arquitectura.

Referimo-nos, assim, à ausência da explicitação dos pressupostos do discurso disciplinar, presentes no tratado de Alberti, designados por Jacques Derrida, noutro contexto, de "protocolos de leitura" e aos quais Roland Barthes lhes atribuí o desígnio de "reescrever[em] o texto da obra dentro do texto de nossas vidas" (cf. Scholes, 1991, p. 25).

Um desígnio que consistiria na criação de um universo onde os seus interlocutores seriam levados a pronunciarem-se e cujo resultado cifrar-se-ia na geração de um vínculo, com renovado significado, entre

---

[132] Enquanto o horizonte de espera ou de expectativa de Jauss pressupõe um diálogo entre as obras do passado e a experiência literária de hoje, o horizonte de perda subentende uma relação oposta, entre o tempo presente e a ausência de uma experiência literária passada.

[133] Para além do *Tractado De Architectura* de Mateus do Couto-o-Velho (1631), existem referências pontuais na tratadística portuguesa à obra de Alberti, em particular no "Livro Primeiro de Architectura Naval" (c. 1600) de João Baptista Lavanha (Lisboa, c. 1550 – Madrid, 1624), onde se advoga a dignidade e a prudência do arquitecto, bem como das matérias em que deve ser versado: "E para *[o arquitecto]* ser tal, qual nesta Definição afirma Lião Baptista Albati *[sic]* (cuja ella é) é necessário que dotado de agudo engenho, de conselho maduro, e de prudencia, seja muy estudioso, e ornado de singulares partes, das quaes serão as principais o Debuxo, e das Matemáticas, a Perspectiva, a Arithmetica, a Geometria, a Astronomia e a Mechanica" (transcrição de Barata, 1965, p. 265; Cf. D'Agostino, 2004, pp. 289-311). Também temos uma referência no "Tratado de Arquitectura Política e Militar" de Pero de Araújo, mestre de obras da cidade de Aveiro, de cerca de 1513-5, com eventuais afiliações ao tratado de Alberti, impossíveis de serem confirmadas, dado que não se conhece o seu paradeiro, mas somente a existência de um índice manuscrito citado por Viterbo (1988, I, p. 512; III, pp. 233-234) (comunicação pessoal do Prof. Rafael Moreira, Julho de 2011). Estas citações abonatórias da obra de Alberti enquadram-se num contexto onde predomina uma acentuada regressão vitruviana não podendo, por isso, aqueles textos considerarem-se afiliados ao autor *Da Arte Edificatória* ou, ainda, como sendo oriundos de documentos que, no actual estágio de conhecimento, estão incompletos ou são inacessíveis.

os conteúdos disciplinares do tratado e a prática da arquitectura em território nacional.

É neste sentido, que podemos dizer que os contextos intermediários da recepção ao tratado, entre a sua composição no séc. XV e a sua interpretação actual, assumem uma importante dimensão disciplinar, na medida em que poderiam informar, em tempo longo, o processo de reflexão crítica e, assim, contribuir para o esclarecimento das contingências das leituras actuais, em particular, das originadas a partir da língua portuguesa e das suas arquitecturas. Muito possivelmente, caso existissem, não iriam modificar de forma radical o seu entendimento, tanto referente ao passado como ao presente, mas poderiam abrir perspectivas para outras e renovadas leituras, na medida em que contribuíssem para clarificar como pensamos com e sobre arquitectura[134].

Ficámos, assim, impossibilitados, na ausência das eventuais consequências das recepções ao tratado de Alberti, nos territórios da língua portuguesa, de entender, de forma mais plena, como foram resolvidas as permanências e as inovações das obras posteriores e de como estas procuraram resolver "os problemas - éticos e formais - deixados pendentes pela obra precedente, e [de] apresentar, por sua vez, outros novos" (Jauss, *op. cit.*, p. 70).

Na medida em que a finalidade da estética da recepção é mostrar como a obra produz uma 'mudança de horizonte', a sua anulação corresponde, inexoravelmente, a uma perda desse mesmo horizonte, transformando-se, aquela não mudança, em "horizonte de perda".

Jauss (1972, pp. 133-172) sugere, ao fazer uma "pequena apologia da experiência estética", que esta pode ser alcançada em três dimensões ou planos: tanto pela consciência da actividade produtiva, como pela consciência da actividade de recepção à obra e, ainda, pela reflexão estética resultante de um acto de comunicação activa.

---

[134] Não será também estranha a esta condição o facto de tanto os tratados de Vitrúvio como de Alberti terem sido publicados, inicialmente, em latim e sem gravuras, ao contrário da *Tutte L'Opere D'Architettura et Prospetiva* de Sebastiano Sérlio, escrita em vulgar e copiosamente ilustrada. Deswarte (1981, p. 260) fornece uma pista para se entender esta situação em contexto, ao analisar as citações que Francisco de Holanda faz de Vitrúvio, na medida em que aquele "escolhe frases onde figura o nome de Vitrúvio, dando, assim, a impressão que é essa a fonte", quando o modelo que está subjacente é o do tratado de Sérlio.

Estes planos apresentam três conceitos estéticos: a *poesis*, a *aisthesis* e a *chatarsis*, onde o primeiro se refere a um aspecto da experiência estética fundamental, onde o homem "se sente nesse mundo e em casa nesse mundo" e se "despoja do mundo exterior naquilo que tem de estrangeiro e frio" (Hegel, 1993); o segundo onde se renova "a percepção das coisas, embotadas pelo hábito" (Jauss, *op. cit.*, p. 144); o último, onde se retoma a possibilidade de julgamento estético. Em consequência, a experiência estética pode apresentar três funções: criar normas, transmiti-las ou recusá-las.

De forma semelhante, as edições do tratado de Alberti podem ser ordenadas, em termos da sua recepção, no que respeita à criação, transmissão e recusa de normas, em três agrupamentos distintos: "o primeiro desde a *editio princeps* de 1485, em latim, até à de 1582, em espanhol, o segundo que engloba as publicações, em inglês, de 1729 até à italiana de 1847 e o terceiro, que se reporta ao espaço entre a publicação de 1912, em alemão, até à de 2004, em francês" (Krüger, 2011, pp. 124-125).

Estes agrupamentos de edições apresentam traços em comum que designámos, em função dos comentários elaborados ao longo da sua recepção, de encomiásticos, de reflexão crítica e de revisão em evolução.

O primeiro horizonte de espera à obra de Alberti, relacionado com os comentários encomiásticos das gerações que primeiramente fizeram a sua recepção, operou ao nível da *poesis*, como sucede nas exegeses de Poliziano, Landino e Vasari. Neste caso, verificou-se uma identificação de admiração, onde o autor surge como herói, como um exemplo a seguir, pela exemplaridade da sua obra.

No segundo, de reflexão crítica, recusa-se a experiência estética anterior, por vezes de forma catártica, como sucede com Milizia. Neste caso, o autor é visto em dificuldades, já anunciadas nas reflexões irónicas que este fez ao tratado.

No último, relativo à revisão em evolução, procura-se renovar o julgamento estético sobre a obra assumindo-se o mesmo, tanto de forma implícita, como sucede em Le Corbusier - Saugnier, Robert Venturi, ou Álvaro Siza, como de forma explícita, como se verifica em Françoise Choay ou em Hans-Karl Lücke. Neste caso, o auditório adere ao autor, pelo seu elevado perfil ético, associado a uma prática artística consequente e inovadora e, também, conceptualmente pertinente[135].

Esta restauração da função comunicativa do tratado de Alberti somente faz sentido se este não se instituir como norma a priori, mas como fonte de reflexão para a prática disciplinar. Nesta acepção, o tratado apresenta-se, agora, sob a luz de uma nova norma, necessariamente plural mas, ainda, geradora de consensos definidos pela livre adesão de outros (cf. Jauss, 1972, p. 171).

Certamente que não será por acaso que, para a criação de novas normas, Juan de Herrera dá, como vimos, em 1578, o parecer favorável à proposta de Francisco Lozano para que a tradução "de latin en romance" do tratado de Alberti seja, posteriormente, impressa em 1582 e "engrossa" a sua biblioteca com a tradução manuscrita para português, de Pedro Nunes, do tratado de Vitrúvio (cf. Soromenho, 1995, p. 399).

Restam-nos, afortunadamente, as três "mudanças de horizonte", no contexto europeu, que a obra de Alberti suscitou ao longo da sua recepção, para sugerir que, mesmo em face de uma obra oriunda do Quattrocento, "la conscience recéptrice n'est pas dispensée de découvrir 'le rapport de tension entre le texte et notre temps présent' "(Jauss, *op. cit.*, p. 67).

Por último, uma nota sobre as classificações adoptadas relativas à periodização das edições do tratado de Alberti no âmbito da sua inserção na cultura do Renascimento.

Desde o trabalho de Erwin Panofsky (1960), *Renaissance and renaissances in Western Art*, que o "problema do Renascimento" tornou-se, para a historiografia contemporânea, um dos mais acesos debates, onde se admite que não há um Renascimento mas vários renascimentos e que a própria lógica do "Renascimento" é indissociável da história medieval.

Passa-se, consequentemente, da noção de ruptura, sugerida por Burckhardt (1991, p. 3), para a de continuidade das transformações históricas, que não se reduzem a uma única data, facto, lugar ou domínio da actividade humana, para se caracterizar este período por uma multi-

---

[135] Para uma discussão sobre estas três mudanças de horizonte veja-se a *Recepção à Arte Edificatória*, *in* Krüger, 2011, pp. 75-129.

plicidade de factores que podem não ser simultâneos e prolongarem-se, em tempo longo, de forma diferenciada.

Como consequência, quase inevitável, produz-se uma "aceleração" da cronologia pela multiplicação da periodização, à medida que nos aproximamos da contemporaneidade, como sucede com os sucessivos "renascimentos" medievais bem como com os limites do que se entende por Renascimento, o que levou mesmo Oswald Spengler (1982), entre outros, a afirmar que o Renascimento, por ser uma curta transição entre dois períodos, não chegou sequer a existir.

Esta controvérsia também se fez sentir no âmbito da historiografia da arquitectura em Portugal. Reynaldo dos Santos (1968/70, II, p. 175) sugere que o Renascimento é um estilo estrangeirado: "em rigor tem de reconhecer-se que os arquitectos portugueses nunca assimilaram o verdadeiro espírito do renascimento italiano", enquanto Pais da Silva (1986) faz uma transição, praticamente directa, entre o Manuelino e o Maneirismo que, por sua vez também estão sujeitos a variadas interpretações[136]. No entanto, Moreira (1991), ao estudar "A Encomenda Régia entre o Manuelino e o Romano", levanta cerca de cento e cinquenta obras em território nacional que podem ser atribuídas ao Renascimento[137].

Mesmo anteriormente, na Baixa Idade Média, a periodização não se resumia aos dois períodos referidos pelos humanistas durante o *Quattrocento* e o *Cinquecento*, que faziam parte de uma única continuidade histórica em duas fases distintas e assumida por Alberti: a dos antigos, *apud veteres* (Livro I, cap. IV), e a dos modernos, *huius aetatis* (Livro II, cap. 5).

Com efeito, Santo Agostinho (*De Genesi contra Manich.*, I, 23, 35-41; PL, 34: 190-193) apresenta seis idades do mundo a que se segue uma idade do repouso, à semelhança do que ocorre com as idades do homem. Hugo de Saint-Victor (*Excerptionum allegoricarum libri XXXIV*; PL, 177:

---

[136] Para uma análise sobre a periodização do Renascimento e as questões levantadas pelo Maneirismo veja-se Scaglione (1996).

[137] Para uma discussão sobre o significado da periodização da arquitectura portuguesa em torno do Renascimento, Maneirismo e Estilo Chão veja-se Correia (2002) e Ruão (2006, I, pp. 3-15).

225-284) transforma as idades em reinados e São Boaventura (*In Hexaem.*, col. XVI, ed. Quarachi, V, pp. 403-8) redistribui-os por épocas.

Esta periodização sugere uma mudança progressiva que se orienta para uma perfeição da qual se aproxima sem cessar (cf. Gilson, 2006, pp. 447-480), em paralelo à exortação que Alberti faz no tratado *Della pittura* (Prólogo, c. 1435), quando se refere aos antigos que tinham modelos para imitar enquanto os modernos, se descobrirem coisas nunca vistas, apresentam talentos que não ficam atrás dos antigos mais famosos, o que sugere que a época contemporânea para Alberti, à semelhança do entendimento medieval, era objecto de maior admiração do que a anterior.

É neste sentido que aquelas periodizações devem ser entendidas, isto é, como não sendo estanques nem determinantes dos factos históricos e, principalmente, dos percursos individuais, mas como operativas para balizarem, nomearem e classificarem eventos, sabendo-se de antemão que qualquer classificação classifica, em primeiro lugar, o classificador e não o objecto classificado.

Neste contexto, o descrédito actual das periodizações adoptadas é compreensível. No entanto, ao serem pura e simplesmente rejeitadas e não criticamente avaliadas, não permitem a formação de novos horizontes de espera, para que as relações entre as dimensões locais e as globais das problemáticas a serem investigadas se tornem, pelo confronto comparativo, inteligíveis.

Assim, a periodização proposta relativamente à recepção do tratado de Alberti, que se desdobra em três etapas: a encomiástica (1485-1582), a de reflexão crítica (1729-1847) e a de revisão em evolução (1912--2004), permite colocar algumas questões que, de outro modo, seriam dificilmente detectáveis.

À semelhança do que sugere Koselleck (2004, pp. 105-107), esta periodização permite discorrer sobre a confrontação entre a imensidade de situações experimentadas pelos protagonistas de factos passados, para se constituírem numa unidade narrativa coerente, e aquelas necessitarem de um quadro conceptual, onde prevalece o tempo longo, para se estabelecer uma descrição explicativa consequente.

Face às múltiplas questões levantadas, aqueles três períodos indicam uma ordem de sobreposições com as diferentes periodizações estabelecidas, de forma não coincidente por diversos autores, o que esbate as distinções bruscas entre diversas cronologias, entre um antes e um depois, como permite também auscultar o significado da recepção à obra de Alberti[138].

Neste sentido, pode-se dizer que o *De re aedificatoria* é a resposta a uma questão posta pelo seu autor sobre a arte edificatória e que a função do leitor consistirá em reconhecer, pela interpretação textual, primeiramente, qual foi esta questão e de como o autor articulou, em termos disciplinares, a resposta e, seguidamente, compreender como se processaram as três "mudanças de horizonte" anteriormente referidas.

Em relação a esta problemática, não resolvida, rematamos esta "Composição de um Livro de *Architectura*" com duas questões:

a) Em que medida a tradução assistida por Francisco Lozano do *De re aedificatoria*, com o aval de Juan de Herrera, fecha o ciclo das edições encomiásticas deste tratado? Por outras palavras, até que ponto a edição para castelhano foi imprescindível, no epígono desta primeira fase da recepção ao texto de Alberti, para a prática edificatória na Península Ibérica?

b) Na perda daqueles horizontes, dissolvida na memória dos tempos, seja devido às fragilidades da hipótese sobre a presumível tradução de André de Resende do tratado de Alberti, seja à eventual migração desta obra para o país vizinho, até quando esta questão continuará a ser um desafio, cuja resolução poderá acolher uma experiência estética que seja passível de transformar-se numa análise histórica?

---

[138] Para uma descrição da recepção ao tratado de Alberti, no âmbito da periodização apontada, veja-se Krüger, 2011, pp. 75-129.

INTELIGIBILIDADE E ELOQUÊNCIA

Ab Iove principium, Musae: Iovis omnia plena.[139]

Virgílio

Esta citação de Virgílio, referida por Alberti (Livro II, cap. 13), após apresentar os conceitos que caracterizam a *res aedificatória* nos Livros I e II do tratado, *i.e.* o delineamento e a construção, expressa o facto de Júpiter preencher tudo, o que sugere um conceito de "alma do mundo" (*Pl.*, *Ti.*, 34b ss), omnipresente e omnisciente.

A aplicação desta sabedoria por Alberti mostra que tem plena consciência das dimensões poéticas do tratado, cujo princípio é igualmente afirmado no *Momus* (III, 16): *sunt enim omnia plena deorum* (os deuses estão presentes em todo o lado)[140].

Também Cícero (*Rep.*, I, 56) adverte que, para se principiar um discurso, se deve começar por Júpiter para se "discorrer sobre grandes assuntos"[141], o que sugere que, para Alberti, a *res aedificatoria* é um *grande assunto* que solicita, para se iniciar, de um influxo divino.

Ao descrever uma das suas vinhetas de marca, o olho alado, com a forma de uma coroa, no centro da qual está colocado um olho ornado com uma asa de águia, Alberti esclarece que: "Não existe nada mais poderoso, ágil ou

---

[139] "Musas, comecemos por Júpiter: tudo está cheio da sua divindade", *Ecl.*, III, 60, trad. de A. M. do E. Santo, 2011, p. 228.

[140] Cf. trad. de esp. de P. M. Reinón, 2002.

[141] Trad. de F. Oliveira, 2008.

meritório que o olho. Em resumo, é a mais desenvolvida parte do corpo, uma espécie de rei ou deus. Não será que os antigos descrevem Deus de forma similar ao olho, visto que supervisiona todas as coisas e as avalia individualmente? Por um lado, apreciamos dar a glória de todas as coisas a Deus, rejubilarmo-nos nele, abrangê-lo com toda a nossa mente e forte virtude e, ao procurar tudo que conduza à glória e à virtude, consideramo-lo como uma testemunha omnipresente de todos os nossos pensamentos e acções. Por outro, apreciamos ser tão vigilantes e circunspectos quanto possível, procurando tudo o que conduza à glória da virtude, rejubilando sempre que, pelo nosso trabalho e talento, cheguemos a algo nobre ou divino"[142] (ver Fig. 12 a).

a)   b)

Fig. 12
a) Reverso da medalha de Leon Battista Alberti, gravada por Matteo de'Pasti, *circa* 1430, quando ambos prestavam serviços para Sigismondo Malatesta, em Rimini[143];
b) Pintura de olho alado no sarcófago de *Nesperennub*, datado da 21ª ou da 22ª dinastia[144], 1069-715 a. C., como símbolo da omnipresença e da protecção divina[145].

---

[142] Cf. trad. ingl. de D. Marsh, 1987, p. 213, *in Intercenales, Anuli*.

[143] Fonte das ilustrações - © *Trustees of the British Museum*: a) inv. AN30528001; b) inv. AN540862001.

[144] Cf. Van der Linden, 2008-2009, p. 94.

[145] O olho alado egípcio possivelmente representa uma síntese iconográfica do símbolo do Egipto, o "Olho de Hórus" 𓂀 , e do "Disco Solar Alado" . Assinale-se que os egípcios retratavam, de forma a personificar o sol recém-nascido a cada dia, o Sol (Hórus) como uma criança e em Roma reverenciava-se, desde tempos imemoráveis, o Sol como um deus.

No Livro VIII, cap. 4, Alberti ao fazer uma referência aos hieróglifos Egípcios, sobre as características simbólicas deste tipo de escrita ideográfica, associa novamente o olho com o divino: "Os Egípcios usavam símbolos da forma seguinte. Com um olho significavam a divindade; com um abutre, a natureza; com uma abelha, o rei; com um círculo, o tempo; com um boi, a paz; e assim por diante". Este olho alado era, muitas vezes, encontrado em sarcófagos Egípcios com o significado de robustez e perfeição (ver Fig. 12 b).

O mote latino *Quid tum?* (Que importa?), que acompanha o olho alado de Alberti é, segundo a interpretação de Gorni (1972, pp. 139-149, n. 2), derivada de uma citação de Virgílio (*Ecl.*, 10, 38) como uma referência ao triunfo do humanista face às desvantagens de nascimento, devido ao facto de ser filho ilegítimo: *quid tum si fuscus Amyntas? et nigrae uiolae sunt et uaccinia nigra* (Que importa se Amintas[146] é escuro? negras são também as violetas e são negros os jacintos-das-searas)[147].

A superação deste condicionamento de nascimento, face à sua obra artística e literária, levaram os seus contemporâneos, como vimos, a considerá-lo um "homem de engenho requintado, finíssima inteligência e refinadíssimo saber, entre muitas obras notáveis que deixou à posteridade, elaborou dez livros sobre arquitectura" (Poliziano, 1485, p. 135). De acordo com Cristoforo Landino[148] (1481, p. IV r.), estes livros foram "divinamente escritos, repletos de conhecimentos e expostos com suprema eloquência", de forma tal que "é uma convicção geral (tanta força têm os seus escritos na boca dos doutos) que superou todos aqueles que o haviam excedido na prática" (Vasari, 1550)[149].

Escrito em latim renascentista por um dos cultores e promotores do vulgar no quadro do primeiro Renascimento italiano, como se compreende que Alberti tenha, no entanto, utilizado aquela língua para escrever o tratado?

---

[146] Amintas é um jovem pastor citado por Virgílio em quatro éclogas.

[147] Cf. trad. de J. P. Mendes, 1997, p. 316.

[148] Cristoforo Landino (1424-1492), poeta e humanista do círculo de Lourenço de Medicis, autor das *Disputationes Camaldulenses* (1474), bem como do *Comento sopra la comedia di Dante Alighieri* (1481, p. IV r) onde retrata favoravelmente Alberti ao referir--se aos *Fiorentini Eccellenti*. Foi professor, na Universidade de Florença, de Lourenço de Medicis e de Ângelo Poliziano, bem como de Marsilio Ficino, isto é, do círculo no qual Alberti se movia naquela cidade.

[149] Cf. trad. esp. de L. Bellosi - A. Rossi, 2002, p. 315.

Com efeito, Alberti é, provavelmente, o autor da primeira gramática em língua toscana[150], com uma vasta obra literária escrita em vulgar com uma vincada intertextualidade, chegando mesmo a elaborar, primeiramente, a versão em vulgar do seu tratado de pintura (c. 1435), dedicado a Brunelleschi e só, posteriormente, a escrever o mesmo em latim, o *De pictura* (c. 1441-1444) dedicado a Giovan Francesco Gonzaga (1407-1444), príncipe da Mântua[151].

Begliomini (1972) traça, a este respeito, uma síntese para compreender a vasta produção literária e tratadística de Alberti: "Por um lado, a consciência e a denúncia dos aspectos absurdos e inquietantes da realidade e, por outro, a contemplação e a construção de um mundo racional e harmónico, são duas atitudes que se cruzam e regressam invariavelmente à obra de Alberti e que são a base do seu pensamento e personalidade. Estão sempre presentes em todos os momentos, mesmo quando uma domina e prevalece sobre a outra".

Ponte (1988, p. XXXII), ao introduzir o *Profugiorum ab enumera libri* para um leitor contemporâneo, sugere que esta problemática acaba por se expressar na maneira como Alberti escreve, seja em latim seja em vulgar, pela rápida articulação das frases, como sucede no *De re aedificatoria* e nos opúsculos técnicos, ou de forma mais extensa, como ocorre nos textos mais expositivos.

Acrescente-se, ainda, que esta ambivalência tanto está presente nas obras escritas, tanto em latim como em vulgar, dos diversos géneros literários que cultivou, o que sugere que este autor também foi um leitor de si mesmo[152].

---

[150] De acordo com Grayson (1963, p. 213) Alberti "prepared the first *congetto* of Italian grammar, and left to others the task *di notarlo in propotione*". Nesta gramática, escrita por volta de 1450, mas que somente chegou ao nosso conhecimento no séc. xx, não se admite o neutro e regista-se a declinação somente para alguns pronomes.

[151] A procura de um patrono durante o *Quattrocento* é uma problemática a que quase todos os humanistas, para produzirem obras literárias e artísticas, tiveram de se subordinar. Alberti para ser recebido na corte deste "ilustríssimo príncipe de Mântua" escreve na dedicatória do *De pictura*: "Creio que o meu trabalho não lhe desagradará se decidir admitir-me como um seu devotado servidor e não me considerar como um dos piores" (cf. Alberti, 1441-1444; org. de C. Grayson, 1980). Apesar de Giovan Francesco ter falecido em 1444, é o seu filho Ludovico que acabou por ser o patrono de Alberti para as igrejas de S. Sebastião e de S. André em Mântua (cf. Grassi - Patetta *et alii*, 2005, pp. 269-308).

[152] A obra escrita de Alberti pode ser agrupada em três géneros literários: os tratados, os diálogos e os *ludi* (cf. Furlan, 2003). Nos tratados (*De pictura, De statua, De re aedificatoria* e na *Descriptio urbis Romae*) o autor persegue uma objectividade disciplinar

Que Alberti tenha passado pelo rito da puberdade de aprender latim, esse rito de passagem a que os jovens eram iniciados no seu tempo pelo isolamento da família, pela identificação a um meio masculino e fechado (o *gymnasium* de Gasparino Barzizza, em Pádua) e pelo aprendizado de um corpo de conhecimentos inacessíveis a quem estivesse no exterior (cf. Ong, 1967, p. 250-3), que o levaram a um domínio fora do comum daquela língua, a ponto de os seus contemporâneos considerarem que algumas das suas obras literárias seriam escritos clássicos recém--descobertos, parece não haver dúvidas[153]. Se podemos estar de acordo com Grayson (1998 b, p. 330) de que "Il latino dell'Alberti ci pare sciolto, naturale, scorrevole, certo non sempre uguale, ma spesso più vivo non solo di quello di altri contemporani, ma anche dello stesso volgare adoperato dall'Alberti", isso, no entanto, dificilmente explica, por si só, a escrita em latim do *De re aedificatoria*.

Ao contrário da língua mãe o latim renascentista era aprendido de forma predominantemente textual e não oral, configurando aquilo que Ong (*op. cit.*, p. 78) caracteriza como sendo a separação da oralidade versus visibilidade. Somente o latim permitia uma visibilidade controlada pela escrita à mão, cada vez mais isolada da espontaneidade do mundo oral, que permitia a evolução de dialectos vernáculos.

Esta tendência é claramente exposta no ensaio de Dante Alighieri, no *Trecentto*, sobre a *Eloquência do Vernacular* onde, apesar de aludir ao vulgar como um "novo sol", se refere ao latim como uma língua de enorme prestígio e utilidade, como uma *lingua grammaticalis et artificialis*, por oposição às *linguae naturales vulgares*, baseada na racional sistematização da sua gramática, esse "vício latino", capaz de muito maior continuidade, permanência e estabilidade quando comparada com o vulgar.

---

específica, nos diálogos os assuntos estão intimamente relacionados com o questionamento socrático em tom de conversa familiar e nos *ludi* desenvolve-se o gosto pelo paradoxo sob a forma de jogo.

[153] A mestria de Alberti para se expressar em latim levou a que Aldo Manuzio (1449--1515), impressor das *editio princeps* de obras de literatura grega e latina, com o objectivo de as salvaguardar, fosse induzido em erro, ao publicar a obra *Philodoxeos* escrita pelo autor do *De re aedificatoria* e que circulou durante dez anos como se fosse um trabalho genuíno de Lepidus, escritor e político romano do séc. I a. C..

Durante a primeira metade do *Quattrocento* verifica-se um confronto entre os humanistas florentinos e o vulgar, no qual Alberti participa activamente, onde esta língua é comparada ao grego e ao latim e considerada perfeitamente adequada para tratar "ogni astratta e profunda materia", conforme relata, no início do século, Giovanni Gherardi da Prato (2001) no *Paradiso degli Alberti* (cf. Baron, 1966, pp. 332-338).

Este confronto não foi simples, na medida em que envolvia a questão da "lingua della patria", no seio dos mais variados dialectos da península Itálica, que competiam entre si para afirmarem, de forma hegemónica, a sua influência, face ao legado e ao prestígio do latim que, à semelhança do vulgar, também começou por ser uma língua vernácula originada numa cidade-estado.

Também Boccaccio, no *Commento* sobre o Inferno de Dante (cf. Guerri, 1926), admite que este quando se exprimia em latim, tinha maior majestade e perícia do que em vulgar: "molto più d'arte e di gravità ha nel parlare latino che nel materno", enquanto Leonardo Bruni[154] na sua *Vita di Dante* sugere que o vulgar não era somente uma língua destinada à grande poesia mas, também, para um "parlare limato e scientifico" (cf. Baron, *op. cit.*, p. 345).

Esta tensão entre latim e vernáculo - entre o culto do passado classicista e a modernidade da língua mãe - percorre toda a primeira fase do *Quattrocento* sendo a controvérsia entre Leonardo Bruni e Flavio Biondo, contemporâneos de Alberti, elucidativa sobre a problemática de que língua seria a mais adequada para a elaboração de obras literárias, o que levou Baron (1966) a interpretar a mesma como um confronto e crise entre humanismo cívico e liberdades republicanas numa idade de classicismo e tirania[155].

---

[154] Se bem que esta designação seja usual, a rigor este autor, que foi chanceler de Florença de 1410 a 1411, bem como de 1427-1444, também é conhecido por Leonardo Bruni Aretino (c. 1369 - 1444).

[155] Na obra *Disputationes Camaldulenses* (1472-1473), editada em quatro livros, Cristoforo Landino desenvolve, no primeiro, um diálogo entre Alberti e Lourenço de Medicis sobre as vantagens da vida activa sobre a contemplativa, um tema muito explorado no *Quattrocento* e que Alberti não deixa de abordar, tanto nas suas obras literárias como nos tratados de arte. Landino, um dos defensores do vulgar, rejeita nas *Disputationes* a prosa alatinada do jovem Alberti, pela aceitação dos modelos literários do *Trecento*, como é o caso de Dante, Petrarca e Boccaccio (cf. Grafton, 1991, p. 182). O retrato neoplatónico de Alberti feito por Landino foi, no entanto, repudiado por Garin (1975, p. 172) como sendo uma interpretação mistificadora da sua obra, nomeadamente por Alberti representar nas *Disputationes* a vida contemplativa, face à vida activa advogada por Lourenço.

É neste contexto, de progressiva ascendência do vulgar, que se insere, no âmbito Europeu, um debate mais vasto que ficou conhecido, como a *querelle* dos Antigos e dos Modernos, que importa entender também porque é que o tratado de Alberti foi escrito, em meados do *Quattrocento*, em latim.

Se bem que o confronto entre a "espessura cultural" do latim e a presença de uma língua viva e falada em plena evolução, o toscano, certamente contribuiu para que a prosa de Alberti, seja escrita ou não em latim, apresente em ambos os casos uma vivacidade e uma autonomia fora de vulgar, isso não basta para entendermos a feitura do tratado em latim.

Alberti no proémio do livro III dos *I libri della famiglia*, escrito em 1433-34, expõe esta dualidade ao afirmar que o vulgar originou-se da contaminação bárbara da nobre linguagem de Roma: "[...] quelli strani e avventizii uomini el simile se consuefaceano alla nostra, credo con molti barbarismi e corruttela del proferire. Onde per questa mistura di dì in dì insalvatichì e viziossi la nostra prima cultissima ed emendatissima lingua" (p. 154) para discorrer, ainda no mesmo livro, sobre a autoridade do vulgar quando comparado com o idioma latino: "Ben confesso quella antiqua latina lingua essere copiosa molto e ornatissima, ma non però veggo in che sia la nostra oggi toscana tanto d'averla in odio [...] E sento io questo: chi fusse più di me dotto, o tale quale molti vogliono essere riputati, costui in questa oggi commune troverrebbe non meno ornamenti che in quella [...] E sia quanto dicono quella antica apresso di tutte le genti piena d'autorità, solo perché in essa molti dotti scrissero, simile certo sarà la nostra s' e' dotti la vorranno molto con suo studio e vigilie essere elimata e polita" (p. 155).

Este processo de aculturação, descrito por Alberti, fomentou a progressiva aceitação do vulgar como língua nacional, na medida em que se estabeleceram relações de interdependência entre língua, território e população, num período em que Florença era o mais importante foco cultural na península Itálica.

Esta fusão do Humanismo com a tradição do vulgar prosseguiu em Florença durante a segunda metade do *Quattrocento* e expressa-se, também, na *Grammatica della lingua toscana*, a primeira gramática escrita em vulgar e atribuída a Alberti, onde se argumenta que, à semelhança do grego e do latim, também é possível elaborar uma gramática de uma língua que seja falada por toda a gente, com regras semelhantes à da gramática Latina, onde eram identificadas as corrupções e as adulterações mais correntes.[156]

Landino, no comentário sobre a *Divina Comédia* de Dante (*op. cit.*, carta 10 recto ff.), chega mesmo a recomendar que se leiam os livros escritos por Alberti em vulgar, que são marcados pelo "saber, elegância, estilo e dignidade" e que ilustram que este "fez muito para melhorar a língua, ultrapassando os que mostraram excelência antes dele, tanto na fala como na escrita".

Além do mais, Alberti não está isolado neste contexto de transição entre o latim e o vulgar, que ocorreu ao longo do *Quattrocento*. Buescu (1978, p. 22) clarifica que "quase todos os gramáticos da Renascença estão de acordo na afirmação de que as línguas modernas nasceram do latim corrompido pelas invasões germânicas. Essa é a teoria implícita na obra de Dante *De Vulgari Eloquentia* e mais tarde explícita nas de Alberti, Bembo, Speroni, Varchi, Nebrija e Barros".

Com efeito, Dante (1304) naquela obra teoriza sobre "lo stil nuovo", isto é, sobre um conceito de língua que não devia ter como base nenhuma língua regional, dando ao plurilinguismo uma elevada unidade linguística com um estilo "elegantissimo, purissimo e dolcissimo".

Como compreender que, no século seguinte, num contexto já posterior aos *I libri della famiglia* e na nítida aceitação do vulgar por Alberti, que o tratado tenha sido escrito, ainda, em latim ciceroniano?

Basta entendermos que na cultura humanística do *Quattrocento* o latim é progressivamente assumido como veículo, por excelência, de comunicação universal para promover o renascimento da cultura clássica.

As invectivas albertianas (Livro VI, cap. 1) contra o texto de Vitrúvio, pelo facto de que quando este se expressava em latim mais parecia que

---

[156] Alberti (1973, p. 3), abre a *Grammatica della lingua toscana* com a seguinte frase, elucidativa das questões que se colocavam ao nível do confronto entre a língua mãe, conhecida por uns poucos, e o vulgar, de uso mais generalizado: "Qué che affermano la lingua latina non essere stata comune a tutti é populi latini, ma solo propria di certi dotti scolastici, come oggi la vediamo in pochi, credo deporranno quello errore vedendo questo nostro opuscolo, in quale io raccolsi l'uso della lingua nostra in brevissime annotazioni".

o fazia em grego e vice-versa, são um exemplo eloquente da preferência de Alberti pela *renovatio* da língua latina, dada pelos inúmeros vocábulos que cria nesta língua, para substituir os de origem grega utilizados no *De architectura* por Vitrúvio[157].

Essa justa adequação entre o ser (*res*) e o dizer (*verba*), que se encontra tanto nas obras em latim como em vulgar de Alberti, essa negociação da distância entre o autor e o leitor, a propósito dos temas tratados, é exposta de forma irrepreensível no *De re aedificatoria*.

Na verdade, a arte da persuasão, que permeia o tratado de Alberti, encontra-se descrita nas obras de retórica e de leis de Cícero, que é citado nove vezes ao longo do texto daquele autor[158]. A relação entre *ratio* e *oratio,* entre razão e discurso face ao pensamento e linguagem, bem como da solidariedade entre sabedoria e eloquência, já sugerida anteriormente por Cícero (*Off.*, I, 16, 50-56), é plenamente assumida por Alberti[159].

Além disso, aqueles operadores são organizados de forma a corresponderem, no tratado, às principais dimensões da arte oratória: à *invenção* na selecção dos temas a serem desenvolvidos, à *disposição* na composição das diferentes partes do discurso, à *elocução* na escolha e arranjo das palavras, à *memória* pelas amplas referências que faz ao legado clássico e, por último, à *acção* pela manifesta intenção de apresentar um texto que contribuí para a realização da obra edificada. De forma correspondente, "Alberti defende também o princípio da 'invenção' na manipulação das formas arquitectónicas, a 'disposição' como processo no armar das partes quando se refere ao pensar o edifício como para a valorização

---

[157] O vocabulário técnico de Vitrúvio apresenta cerca de 18% de termos de origem grega que estão praticamente ausentes do tratado de Alberti. As excepções referem-se a *podismata* e *embada* que significam, respectivamente, espaçamento e módulo ou unidade de medida (ver Livro IX, cap. 10).

[158] Os conhecimentos de Alberti, relativamente aos saberes da arte da retórica, devem-se à formação inicial no *gymnasium* de Gasparino Barzizza, em Pádua, onde foi introduzido aos *studia humanitatis*, bem como aos estudos em direito na Universidade de Bolonha, onde obteve o grau de doutor *utriusque juris*.

[159] Vitrúvio (IX, 17, Pref.) já tinha, de forma premonitória, chamado a atenção para o crescente uso da retórica, como veio a acontecer com Alberti: "De facto, muitos que nascerão depois da nossa época serão vistos a dissertar sobre a natureza das coisas juntamente com Lucrécio, como se ele estivesse presente, ou sobre a arte da retórica, com Cícero".

das formas da cidade e ainda desenvolve uma detalhada consideração sobre os 'ornamentos', em paralelo com o significado da 'elocução', como qualidade de adorno no destaque das formas construídas" (Tavares, 2004, pp. 89-90). A que podemos acrescentar, ainda, a "memória", pelas referências que faz à linguagem e ao vocabulário arquitectónico de raiz clássica e, por último, à "acção" pela manifesta intenção de que a obra edificada corresponda à concretização da teoria.

Este modelo de correspondências múltiplas, que propõe uma teoria da concepção arquitectónica, semelhante à composição literária, sujeita aos cânones da invenção, da disposição, da elocução, da memória e da acção acentua-se com o Livro X da *Institutio Oratoria* de Quintiliano[160], onde este disserta sobre o *vir bonus dicendi peritus*, ou seja, sobre o homem bom e perito em oratória, que sintetiza um personagem de elevados ideais e carácter, treinado para um apurado discernimento elaborado com estilo. Por outras palavras, discorre, à semelhança do que Cícero descreve no *De oratore*, sobre as exigências culturais e morais que fazem o orador ideal ou, por outras palavras, sobre o retrato assumido por Alberti ao escrever o tratado.

Note-se, a este respeito, que Pier Paolo Vergerio-o-Velho (1370 - c.1445), publicou o primeiro tratado humanístico do *Quattrocento* sobre educação, o *De Ingenuis Moribus et Liberalibus Studiis* (1402-3), onde define o que são *Nobres Costumes e Estudos Liberais*: "Chamamos de estudos liberais, que são dignos de um homem livre, aqueles estudos em que procuramos atingir e praticar a virtude e a sabedoria; esta educação que fortalece, treina e desenvolve os mais elevados dons da mente e do corpo que enobrecem os homens são justamente classificados logo após a dignidade e a virtude" (cf. Woodward, 1912, p. 102, §3).

Apesar de Alberti não fazer na sua obra referência a Vergerio, esta conceituação de *Estudos Liberais* também está presente na obra *I libri della famiglia* (I, p. 72), onde sugere que a finalidade dos estudos literários

---

[160] A *Institutio Oratoria* de Quintiliano era, para os autores do *Trecentto* e início do *Quattrocento*, um *textus mutilatus* até à descoberta de uma cópia integral por Poggio Bracciolini, no mosteiro de S. Gall, na Suiça, em 1416. Gasparino Barzizza e outros humanistas do Renascimento admiravam a obra de Quintiliano, a ponto de preencherem as lacunas daquele texto com o objectivo de o reconstruírem integralmente (cf. Murphy, 2001, p. 357-358).

é a aquisição de "splendidissimi costumi": "d'ornavi l'animo di splendidissimi costumi; cercate nell' uso civile abondare di maravigliose gentilezze; studiate conoscere le cose umane e divini, quali con intera ragione sono accomandate alle lettere".

Além disso, Vergerio estudou retórica em Pádua e direito canónico em Bolonha e foi secretario dos papas Inocêncio VII e Gregório XII, isto é, teve um percurso formativo e profissional muito semelhante ao percorrido, anos mais tarde, por Alberti.

Por último, a articulação da invenção, na elaboração do discurso arquitectónico em Alberti para a descrição do edificado, reunida sob uma série de atributos ditos de "circunstância", é feita pela exposição da *persona*, do *factum*, da *causa*, do *locus*, do *tempus* e do *modus*, relativos a cada situação.

O tratado de Alberti segue, em parte e à semelhança do processo instrutório de investigação do Direito Romano, o *dictum*: **quis, quid, ubi, quibus auxiliis, cur, quomodo, quando?** (quem, o quê, onde, porque meios, porquê, como, quando?), referidos por Cícero (*Inv.*, I, 6, 8; *Brut.*, 76, 263; 78, 271), bem como por Quintiliano (*Inst.*, V, 7, 37)[161].

Com efeito, a metodologia de elaboração dos relatos do *De re aedificatoria* pode ser entendida como uma correspondência de intersecções, transversal em relação aos diversos livros e capítulos que compõem a obra, entre a maior ou menor ênfase dada àqueles itens e às dimensões narrativas presentes naqueles relatos[162].

Assim, repare-se como Alberti introduz a temática, no Livro IV, cap. 6, sobre a construção de pontes: "Há pontes de pedra e pontes de madeira. Trataremos primeiro das pontes de madeira, porque são mais fáceis de

---

[161] Estes atributos de circunstância devem-se, inicialmente, a Hermágoras de Temnos (séc. II a.C.), e são designados na literatura por *stasis*, o *status causae* dos romanos (Myer, Carrilho - Timmermans, 2002, p. 61).

[162] Sempre que a organização textual do tratado se apresenta de forma narrativa estamos na presença de uma interpretação que sugere características literárias da *res aedificatoria*. Este tipo de *literalidade* conduz-nos a sucessivas reinterpretações, referidas em contexto, do documento original de Alberti. Neste sentido, pode-se dizer que para Alberti, à semelhança do que sugere Koselleck (2004, p. 105-107) noutro contexto, que os eventos são narrados e as estruturas descritas, na medida em que aqueles podem ser separados, *ex post*, da infinidade de circunstâncias experimentadas pelos seus participantes para se constituírem numa unidade narrativa coerente e, estas, necessitarem de um quadro conceptual onde prevalece o tempo longo, em geral com referências aos antepassados - *veteres architecti*.

construir, e, a seguir, das de pedra. Umas e outras devem ser muito sólidas. Por isso, a ponte de madeira deve ser reforçada com grande abundância de materiais que sejam resistentes. Para que ela seja bem construída, é muito importante ter presente o exemplo de César, que usou o seguinte método na construção de uma ponte [...]".

Quem?: César; o quê?: pontes de madeira; onde? implicitamente na Gália, sobre o Reno; porque meios?: com materiais resistentes; porquê?: para mostrar aos germanos o poder de Roma (ausente na descrição de Alberti, mas subentendido para o estrato culto do séc. XV, que conhecia o *De bello Gallico* de César); como?: com o seguinte método...; quando? implicitamente no séc. I a. C..

Se bem que as obras de Cícero, principalmente após as descobertas dos manuscritos na catedral de Lodi, perto de Milão, em 1421, com os textos completos de *Orator, De oratore, Brutus* e *De inventione*, bem como do texto completo das *Institutio Oratoria,* no mosteiro de St. Gall na Suiça, em 1416[163], tenham influenciado os humanistas do *Quattrocento* a adoptarem uma prosa ciceroniana[164] com elevada eloquência, em Alberti podemos encontrar, de igual modo, outro objectivo a ser alcançado: de que o texto, para além de se apresentar com eloquência, também seja inteligível.

É o próprio Cícero (*de Orat.*, II, 148) que, ao propor como factores para achar argumentos no discurso, a perspicácia (*acumen*), o saber (*ars*) e a diligência (*diligentia*) afirma que "o certo é que não posso deixar de atribuir a primazia à inteligência"[165].

No entanto, este eterno retorno às fontes romanas que ocorre na primeira metade do *Quattrocento*, principalmente à arte da oratória de-

---

[163] Sobre a descoberta dos manuscritos de Cícero, pelo bispo de Lodi, e dos de Quintiliano, por Poggio Bracciolini, veja-se Vickers, 2001, pp. 77-78.

[164] Note-se que os manuscritos medievais das obras de Cícero estavam mutilados mas, no entanto, Alberti, nas suas obras literárias, faz diversas citações às lacunas presentes no *Orator* e no *De oratore,* bem como ao texto integralmente novo de *Brutus,* o que indica que tomou como referência, para a feitura da versão manuscrita do *De re aedificatoria,* as obras de Cícero encontradas em Lodi (cf. McLaughlin, 2007, pp. 207-209). Com efeito, uma das cópias de *Brutus,* actualmente depositada na Biblioteca Marciana em Veneza, está autografada com notas pessoais de Alberti, onde se reporta a data de acabamento do tratado *De pictura,* em 1544, que é anterior à apresentação, em 1552, do *De re aedificatoria* ao Papa Nicolau V (cf. Grafton, 1997, p. 62).

[165] Cf. trad. esp. de J. J. Iso, 2002, p. 269.

senvolvida por Cícero e Quintiliano, tomada como modelo de referência para desenvolver o tratado, não se revela, por si só, como suficiente para explicar a adesão ao latim na medida em que, no século anterior, tanto Dante na *Divina Comédia*, como Petrarca nos sonetos e Boccaccio nos contos[166], tinham mostrado que a serena como a eufórica eloquência podiam ser, integralmente, escritas em vulgar.

Por outro lado, o estrato social culto do tempo de Alberti comunicava-se em latim, que era a língua franca numa Europa pulverizada em pequenos estados rivais, cada um com os seus dialectos e variações o que pode, em parte, explicar a necessidade de difundir o tratado a uma camada de conhecedores e promotores de obras que, no contexto do primeiro Renascimento italiano, ao construir também contribuíam para a dignificação da sua cidade mostrando o seu poder e a sua riqueza.

Também, a *manualità* do latim escrito à mão, reforçada por uma caligrafia rigorosa e exemplar, exercitada pelos monges no período medieval, pode ter contribuído, ao ser confrontado com a oralidade do vulgar, para a apresentação do tratado naquela língua.

Devemos, no entanto, chamar a atenção para o facto de a arquitectura não se confundir com uma leitura textual mas, ao invés, solicitar um aprendizado visual pelo atento estudo de edifícios da Antiguidade Romana, como atesta Alberti: "não encontrámos estas coisas nos escritos dos Antigos, mas com diligência e estudo tomámos nota delas a partir das construções dos melhores arquitectos"[167] (Livro VI, cap. 13).

Apesar da ascendente importância do vulgar durante o *Quattrocento*, o latim continuou a ser usado, no séc. XVI, não só na prosa como na

---

[166] Embora estes modelos literários, oriundos do séc. XIV, fossem uma referência, Alberti "parece partir do zero" (Tateo, 1981, p. 54) "na nobilitação da língua de uso como língua literária" (Trenti, 1992, p. 644).

[167] O entendimento de que a leitura das obras de arquitectura sobreleva a dos textos é, ainda hoje, essencial para o ensino e aprendizado da teoria da arquitectura. Alberti (Livro IX, cap. 10) reafirma-o, no contexto da cultura arquitectónica do *Quattrocento*, ao referir que o arquitecto não negligência uma adequada preparação para execução das suas tarefas se proceder do mesmo modo que se faz nos estudos literários, isto é, se observar "com a máxima diligência quantas obras houver, aprovadas pela opinião e pelo consenso dos homens", ao mesmo tempo que manifesta que aprendeu, ao observar os edifícios dos antigos, muito mais com as obras construídas do que com os seus escritos (cf. Livro II, cap. 16).

poesia e, em particular, no ensino universitário como na elaboração de tratados das mais diversas áreas disciplinares. Kristeller (1990, p. 140) cita C. Denina, autor de um tratado sobre como escrever livros, publicado no séc. XVIII, que não só chega a elogiar um escritor contemporâneo pelo seu elegante latim como recomenda que "scrivendo unicamente per persone dotte, e di materie assolutamente non populari, dovrebbero usare piuttosto la lingua latina". Somente com o advento do iluminismo é que o latim, como meio de comunicação científica, perde a primazia para as línguas nacionais, que promoveram melhor a difusão dos novos avanços do conhecimento científico e tecnológico, além de denotarem em que países estes progressos ocorriam.

Além disso, a Babel de dialectos regionais em vulgar, que existiam na península itálica, durante o *Quattrocento*, delimitava mais a audiência do que o latim e, em decorrência, a difusão dos conteúdos *Da Arte Edificatória*[168]. Com efeito, as três primeiras edições do tratado foram compostas em latim (1485, 1512 e 1541) e só, em 1546, aparece uma em toscano, o que sugere que esta situação de diglossia, *i.e.* de coexistência de mais de uma língua com estatutos literários, sociais e políticos diferentes, se prolonga, em Itália, pelo menos até meados do *Cinquecento* e esclareça a persistência do latim nas primeiras edições do tratado.

A leitura de McLaughlin (1995, p. 165) sobre a obra literária de Alberti, quer em latim, quer em vulgar, clarifica que nesta "emerge uma consistência de prioridades estilísticas, uma ênfase da originalidade sobre a imitação, de conteúdo sobre a forma, de clareza sobre o *ornatus*".

Com efeito, na obra *De commodis litterarum atque incommodis* (VI, 2), que aborda temas da cultura do *Quattrocento*, especialmente no que se refere às vantagens e inconvenientes do trabalho literário e à aversão mercantil pela literatura dos seus concidadãos toscanos, Alberti conclui defendendo a simplicidade de como se expressa, quando comparada com a eloquência

---

[168] Aldo Manuzio (1449-1515), impressor veneziano de obras clássicas gregas e latinas, no prefácio a uma recolha de escritos gramaticais gregos refere-se ao plurilinguismo do vulgar, ao apresentar a diferença entre "o romano, o napolitano, o calabrês, o siciliano, o florentino, o genovês, o veneziano, o milanês, o bresciano, o bergamasco e o paduês" (cf. Maraschio, 2007, p. 625).

que se pode encontrar nos textos da Antiguidade Latina: "ninguém me deve recriminar por preferir ser menos eloquente do que mais directo"[169].

Também, na obra *Intercenales* (VII, Prólogo), constituída por pequenos diálogos satíricos, que podem ser designados em vernáculo como *entrecenas*, com dimensões e conteúdos diversos, Alberti favorece mais a originalidade dos temas a tratar do que a admiração ou a imitação do passado, se bem que tudo possa ser avaliado, de forma variável, por padrões ciceronianos: "mas a eloquência é uma qualidade variável, de modo tal que nem mesmo Cícero é, por vezes, igual a si próprio"[170].

No tratado *Della pittura* (I, 22), Alberti defende, de igual modo, a clareza e a simplicidade do texto sobre a eloquência: "Estes assuntos são brevemente descritos sem nenhum traço de eloquência [... e] dado que o meu primeiro objectivo foi ser compreendido, cuidei que o meu discurso fosse claro do que polido e ornado"[171].

Também, no prólogo ao *Della pittura*, Alberti contrapõe às realizações dos antigos a dos seus contemporâneos celebrando, comparativamente, estas últimas: "Confesso-te que para os antigos, dispondo como dispunham de modelos com quem aprender e a quem imitar, era menos difícil dominar aquelas nobres artes que para nós se revelam tão árduas; mas, assim, a nossa fama[172] será maior se nós, sem preceptores e desprovidos de qualquer exemplo a imitar, descobrimos artes e ciências jamais vistas ou ouvidas. Que homem, tão cruel ou invejoso, não louvaria o arquitecto Filippo ao ver aquela estrutura tão imponente, erguendo-se acima dos céus, suficientemente grande para cobrir com a sua sombra todos os povos toscanos, feita sem qualquer ajuda de travejamento ou

---

[169] Cf. trad. franc. de C. Carraud - R. Lenoir, 2004, p. 145.

[170] Cf. trad. ingl. de D. Marsh, 1987, p. 127.

[171] Neste aspecto, a obra literária de Alberti pauta-se pelo comentário de Cícero (*Brut.*, 262) sobre o estilo das obras literárias de Júlio César, isto é, pela pureza da língua e precisão de vocabulário.

[172] Se bem que o reconhecimento pessoal, que celebra o talento individual, seja um objectivo no Renascimento italiano, a ser alcançado com toda a legitimidade, o que Alberti critica "é o espectáculo pavoroso da ambição ilimitada e a busca da grandeza sem medir meios e consequências" (Burckhardt, 1991, p. 93), referido de forma alegórica, tanto na entrecena *Fama* (*Intercenales*, IV), como na obra satírica *Momus* (I, 77-81).

de suportes em madeira? Certamente um feito de engenharia, se não me engano, que ninguém achava possível poder cumprir-se nos nossos dias e, provavelmente, também desconhecido e inimaginável entre os antigos".

Tanto a metáfora como a metonímia sublinham a ambivalência de significados, na medida em que a cúpula ao erguer-se acima dos céus, afirma a magnificência divina da obra, do *divino* Filippo, e com a sua sombra sugere uma cobertura comum para toda a Toscana (*erta sopra e cieli, ampla da coprire con sua ombra tucti e popoli toscani*)[173].

O facto de a cúpula cobrir com a sombra todos os povos toscanos é interpretado por Trachtenberg (2011, pp. 369-73) como se esta projecção afectasse a fama de Alberti, o que é reforçado pela omissão, no tratado que tem por tema a pintura, da descoberta da perspectiva por Brunelleschi, bem como, no *De re aedificatoria,* da exclusão de qualquer referência ao *Duomo* da basílica de *Santa Maria del Fiore*.

A este respeito, Bloom (1997a) sugere, no domínio da crítica literária, que a originalidade do processo criativo é afectada pela ascendência dos autores precedentes, o que inspira um sentimento de "angústia da influência", de forma a corrigir aquilo que estes não realizaram, o que acaba por transformar-se, quando são obliterados, na influência dominante.

Será que a omissão de Alberti relativamente às obras de Brunelleschi, que não sabia latim, acabou por condicionar a feitura do *De re aedificatoria* nesta língua, para afastar a suspeita de uma "angústia da influência"?

Por outras palavras, como interpretar o facto de Alberti apostar, simultaneamente, na originalidade, bem como na modernidade das obras dos seus contemporâneos e não apresentar a escrita do seu tratado de arquitectura em vulgar?

Talvez, o melhor entendimento que podemos ter, ainda, da feitura do *De re aedificatoria* em latim possa vir das próprias palavras de Alberti no Livro VI, cap. 1, ao referir-se ao processo de destruição a que as obras

---

[173] Veja-se *Prologus, Della pittura*, p. 8. O tratado de Alberti sobre pintura tem sido comparado (cf. Grafton, 1997, p. 55), em termos de modernidade, ao de Baudelaire (1993) sobre O Pintor da Vida Moderna na medida em que, simultaneamente, descreve e prescreve o que é e como deve ser a pintura, onde amadores e profissionais discutam, como homens do mundo, essa qualidade essencial de ser presente da pintura do *Quattrocento*.

do passado estão sujeitas, o que o levou a salvar da extinção uma disciplina a que os prudentes antepassados deram tanto valor[174] para continuar afirmando que esta tarefa solicita uma sistematização (*colligere*) de matérias tão diversas, heterogéneas e dispersas que estão para além das capacidades normais de qualquer autor e que, para as expor de modo apropriado, isso requereria uma capacidade e aprendizado maior do que julgava possuir.

Já na entrecena *Fatum et fortuna* (*Intercenales*, I), Alberti ao dialogar com as sombras sobre o destino e a felicidade dos humanos e estas se referirem ao rio que as transportavam como *Vios*, que é a palavra, em grego moderno, para *Bios*, reclamava: "Oh deuses celestiais, digam esses nomes em latim, para que possa compreender mais claramente [...] pois não penso que seja alguma vergonha ter afeição pela nossa língua"[175], *i.e.* pelo latim.

Objectivo semelhante também pode ser encontrado em Santo Agostinho (*De doctrina christiana*, IV, 26), escrito entre 397 e 426, que insiste na primazia da clareza do discurso sobre a eloquência, no âmbito da pregação cristã, onde o prazer serve o propósito da persuasão: "quem pode ser tocado se não compreende o que foi dito? E quem continuará a ouvir se não recebe prazer? Assim, [...] deve-se falar de forma para que seja simultaneamente inteligível e dê prazer [...]"[176].

Um dos primeiros discípulos de Petrarca, Coluccio Salutati (1331-1406), desenvolve o sentido de equilíbrio entre sabedoria e eloquência, dando, no entanto, primazia à sabedoria em caso de conflito: "É melhor para a sabedoria e para a eloquência unirem-se, de tal modo que a segunda exponha o que a primeira compreende. Se surgir um conflito a respeito de saber a qual das duas dar primazia, dê-se à sabedoria. Mas não se considere inútil dedicar à eloquência sempre um singular, principal e contínuo esforço, pois o estudo da eloquência não deixa de fazer parte da função da sabedoria. A eloquência está colocada sob a sabedoria e nela contida enquanto soma de todas as coisas que podem ser conhecidas, de tal modo

---

[174] Cf. Livro VI, cap.1: "pensava que era dever de um homem de bem dedicado ao estudo esforçar-se por livrar da morte esta parte do saber que os mais sábios dos nossos antepassados sempre tiveram no maior apreço".

[175] Cf. trad. ingl. D. Marsh, 1987, p. 24.

[176] Cf. trad. de N. A. Oliveira, 1991; trad. ingl. de J. F. Straw, 1890, p. 947.

que aquele que cultiva a sabedoria deve cultivar também necessariamente a eloquência"[177] (Salutati, 1896, III, p. 602).

Esta interpretação das relações entre sabedoria e eloquência está de acordo com a viragem, da filosofia para a retórica, que ocorreu no quadro do primeiro Renascimento italiano e que Alberti procura manter ao longo do seu tratado.

No entanto, o facto de Alberti (Livro VI, cap. 1) considerar que "[...] se me não engano, o que escrevemos, escrevemo-lo de tal maneira que não se possa negar ser latim e que se entende razoavelmente", mostra as preocupações do autor em ser, acima de tudo, inteligível face ao risco de elaborar um discurso sobre uma disciplina que considerava em vias de extinção[178].

O rigor que a obra solicitava encontrou no latim humanístico o seu veículo de expressão pois este apresentava-se, ao contrário do vulgar, como uma língua com estruturas morfossintácticas bem definidas e com um léxico universalmente aceite por quem a praticava, que a caracterizava com uma aptidão especial, durante o *Quattrocento*, para a elaboração de um discurso disciplinar sobre a *res aedificatoria*.

A *elegantia* no léxico, a *compositio* na sintaxe e a *dignitas* no recurso às figuras de estilo estão presentes no discurso albertiano sobre arquitectura, mas a primeira lição é o rigor e a inteligibilidade associados à formulação de uma hipótese - ao risco de extinção disciplinar contrapõe-se uma nova abordagem ao acto de edificar pela mediação do projecto como instrumento de concepção, expressão e controle da obra. Esta é a tese central da disciplina de arquitectura como a entendemos, ainda, actualmente.

Talvez encontremos aqui uma pista para se perceber as perplexidades que os profissionais de arquitectura encontram, nos dias de hoje, entre os resultados eloquentes das obras construídas e os discursos disciplinares que solicitam rigor e inteligibilidade mas que, por vezes, se apresentam como *duris, asperis* e *obscurantissimus*.

---

[177] Trad. de L. R. Santos, 2003, p. 22.

[178] Esta clareza programática é transversal em relação aos tratados de Alberti, onde se propõe ser breve e claro "Scrivendo de pictura in questi brevissimi comentari, acciòche 'l nostro dire sia ben chiaro" (*Della pittura*, I, 1), bem como na *Descriptio urbis Romae* (p. 27), ao sugerir que o método proposto de levantamento dos monumentos de Roma pode ser seguido por qualquer um: *vel mediocri ingenio praeditus*.

Este confronto entre os aspectos denotativos e os conotativos, entre significante e significado, é uma constante da composição literária do texto de Alberti: "mas peço vénia para que nestes livros se considere que foi dito em Latim aceitável aquilo que, relativamente ao objecto, for entendido não só com propriedade, mas também com clareza" (Livro III, cap. 14).

Compreende-se que Alberti insista na inteligibilidade dos textos[179] face às adulterações dos originais de autores latinos, se bem que esta inteligibilidade tenha de ser lida de forma peculiar quando se refere à arte edificatória, principalmente se atendermos à corrupção a que o texto de Vitrúvio esteve sujeito ao longo dos tempos.

Alberti proclama, como vimos, a inteligibilidade textual como sendo o seu primeiro *desiderato* na elaboração do tratado. Com efeito, os três adjectivos que são apresentados logo no início do Livro I, cap.1, em sequência gradativa (*duris, asperis, obscurantissimus*) são imediatamente confrontados com o seus opostos (*facilem, expeditissimum, apertissimus*) sugerindo, a outro nível, que é no equilíbrio ou na concinidade destes termos que o tratado se irá desenvolver.

Esta *continuatio verborum* já tinha sido advogada por Cícero (*de Orat.*, III, 171)[180], primeiramente pela disposição das palavras como por um certo ritmo ou equilíbrio: "é próprio da disposição colocar e ordenar as palavras de maneira tal que a sua articulação não resulte nem áspera ou com hiatos, mas leve e de certo modo fluida".

Esta ornamentação do discurso em Alberti é acompanhada, naquele parágrafo introdutório, por uma figura de retórica, designada por oximoro, que contrapõe um termo ao seu oposto e que reforça o sentido de antítese que a expressão globalmente apresenta.

Isto sugere que o autor do tratado está plenamente consciente das novas dimensões que o texto de arquitectura passa a apresentar, pela confrontação entre as suas qualidades literárias, para valorizar o discurso disciplinar, face à necessidade de o mesmo ser desenvolvido de forma inteligível.

---

[179] Esta requisito de inteligibilidade também é advogado por Alberti (*I libri della famiglia*, III, Prólogo, p. 68) em relação ao vulgar: *"scrivendo in modo che ciascuno m' intenda"*.

[180] Cf. trad de J. J. Iso, 2002, p. 457.

Note-se que o modelo de correspondência entre a escrita e o construído, via eloquência, não é específico do tratado de Alberti, mas proposto por diversos autores durante o séc. xv na península Itálica, nomeadamente no *Trattato di architettura* de Filarete (Livro VIII, p. 229)[181]: "[...] com respeito ao modo de construir antigo e moderno, tomo como exemplo as letras de Túlio[182] e de Virgílio comparadas com as que se usavam há trinta ou quarenta anos: hoje melhorou-se a escrita em prosa com a bela eloquência quando comparada com a que se usava desde há séculos [...] E isto comparo-a com o edificar".

O que Alberti propõe é, no entanto, mais elucidativo. Por outras palavras, o texto de Alberti explicita, de forma eloquente, que a eloquência deve subordinar-se à compreensão textual[183] e, aqui, encontramos inovação, nomeadamente em relação aos atributos que a pregação cristã medieval deveria possuir (Santo Agostinho, *op. cit.*), ou dos autores coevos que discursam sobre a bela eloquência em arquitectura, como é o caso de Filarete (*op. cit.*).

É nisso que o tratado é resolutamente moderno[184]: o texto é de uma notável abertura ao mundo e ao leitor na medida em que apresenta uma margem de negociação sobre o não dito, sobre o que é indizível numa primeira leitura, constituindo-se no traço essencial da tratadística moderna, sem deixar de ser disciplinarmente inteligível.

Este é um desafio que está certamente presente, ainda hoje, na elaboração do texto de arquitectura e, mesmo após o séc. xv, onde se dá

---

[181] Esta afirmação de Filarete não está cronologicamente correcta, dado que o conhecimento da retórica clássica pelos humanistas italianos verificou-se décadas antes da assimilação e transformação da Antiguidade Clássica nas artes do desenho mas mostra, no entanto, o seu desejo em harmonizar, em tempos de presente histórico, as especificidades culturais do Renascimento italiano. Por outras palavras, Filarete pensa mais em termos arquitectónicos do que historiográficos.

[182] Marco Túlio Cícero.

[183] Note-se que este desiderato de conciliar a eloquência com a inteligibilidade resume o *sonho de todo humanista* e não somente de Alberti (cf. Rico, 2002).

[184] Referimo-nos especificamente ao texto de arquitectura, na medida em que Aristóteles (*Poet.*, 1460 b 2), ao estabelecer a diferença entre a epopeia e a tragédia, no que toca a episódios e extensão, já sugere, algo de forma semelhante: "importa [...] aplicar os maiores esforços no embelezamento da linguagem, mas só nas partes desprovidas de acção, de caracteres e de pensamento: uma elocução deslumbrante ofuscaria caracteres e pensamento". Trad. de E. de Sousa, 2000, p. 142.

tanto uma progressiva aceitação do vulgar como linguagem erudita em substituição ao latim e, em aparente contramão, uma conformação classicizante da produção arquitectónica.

Mas será que a eloquência e a inteligibilidade textual, relativas à mediação do projecto como instrumento de concepção, expressão e controle da obra resumem a questão apresentada pelo seu autor de como se processaram as "mudanças de horizonte" relativamente ao texto de Vitrúvio?

Reparemos que o título da obra sugere uma dupla interpretação. Primeiramente, Edificatória refere-se, simultaneamente, tanto ao processo como ao efeito de edificar (-se), isto é, ao significado e ao significante, diferenciando-se do texto vitruviano que não introduz, de forma explícita, esta dimensão. Com efeito, este último tratado, aborda, fundamentalmente, um conjunto de preceitos sobre tipologias arquitectónicas específicas - templos, foros, basílicas, teatros, palestras, habitações e fortificações - além dos materiais e elementos construtivos, das ordens arquitectónicas, bem como da maquinaria associada ao estaleiro de obra e, ainda, à arte da guerra. Pode-se dizer que o texto de Vitrúvio se configura mais como um manual, na medida em que orienta para a execução de tarefas relacionadas com a construção, por meio de regras bem definidas[185], entre outros artefactos, de edifícios e não como um tratado, que sugere uma exposição negociada, entre o autor e o leitor, dos temas abordados.

A posição de Alberti, a este respeito, é consistente pois tanto rejeita as convenções tipológicas oriundas de Vitrúvio, como a ideia de cidade ideal renascentista, apesar de chamar a atenção para casos genéricos sobre a sua dimensão ("a cidade com mais capacidade de todas é a que for circular"), ou defesa ("a mais segura, a que for cercada de muros com curvas sinuosas"), concluindo que se deve considerar o que é mais adequado para a natureza específica de cada cidade, pois "advertimos que os Antigos assim procederam em função das possibilidades e das condições impostas pelos lugares" (Livro IV, cap. 2).

Por outras palavras, em Alberti a dimensão fenotípica dos assentamentos humanos prevalece sobre a genotípica, possibilitando uma imensa

---

[185] As chamadas *praescriptiones terminatas,* Vitrúvio, I, Proémio, 3.

variedade na sua concretização, em consonância com a rejeição de um conceito tipológico de cidade e, em alternativa, a aceitação de morfologias específicas, resultantes da sua adaptação ao sítio.

Comparativamente, com o tratado de Vitrúvio, a mediação que o texto de Alberti introduz refere-se, fundamentalmente, à subjugação da construção ao delineamento, da matéria à forma, tanto "quanto nos permitem as capacidades do nosso engenho" (*De re aedificatoria*, Prólogo) e não de acordo, necessariamente, com preceitos previamente estabelecidos.

Por outras palavras, o texto de Alberti refere-se tanto ao processo de edificação como ao produto edificado, enquanto o de Vitrúvio se reporta, essencialmente, a este último[186].

Em segundo lugar, edificar apresenta um entendimento tríplice: como seja o de levantar uma construção a partir do terreno, segundo um projecto preestabelecido que estabeleça as relações de configuração dos materiais e dos elementos e sistemas construtivos; como seja, também, de fundar ou fundamentar um conjunto de princípios que orientem este processo e, ainda, de conduzir ou ser conduzido à virtude ou ao aperfeiçoamento moral.

Também, nestes aspectos, os dois textos distinguem-se de forma significativa. Primeiramente, ao não assumir, de forma predominante, a dimensão projectual mas a tipológica, o texto de Vitrúvio condiciona, em parte, as possibilidades evolutivas da arquitectura, pela fixação do ordenamento disciplinar estabelecido.

Além disso, não sugere o aperfeiçoamento e a dignificação moral como ocorre no tratado de Alberti, na medida em que a arquitectura não tem por finalidade acrescentar, necessariamente, honra e dignidade ao seu promotor, à sua família, aos seus descendentes e à sua cidade[187] mas ao império, na figura de Octaviano Augusto, a quem é dedicado o tratado.

---

[186] A excepção a esta generalização reporta-se ao Livro VII, caps. 4 sqs., do *De re aedificatoria*, onde Alberti, para descrever a sistematização da coluna, adopta, se bem que parcialmente, as medidas canónicas das proporções das ordens arquitectónicas descritas anteriormente por Vitrúvio (cf. Morolli - Guzzon, 1994).

[187] Esta meritória virtude pode ser exemplificada nas obras encomendadas por Giovanni Rucellai, mercador e banqueiro florentino, para se completar a fachada da igreja de *Santa Maria Novella*, para embelezar a igreja de S. Pancrácio e para unificar, sob uma

Mas, talvez, a maior diferença que distingue, disciplinarmente, os dois textos, refere-se à relação entre as dimensões da *firmitas*, da *utilitas* e da *venustas*, apresentada inicialmente por Vitrúvio (I, 3, 2; VI, 8, 10), mas alterada no tratado de Alberti.

Estas dimensões, designadas por Alberti, respectivamente, como necessidade, comodidade e beleza (*necessitas*, *commoditas* e *voluptas*), são apresentados sob a forma de axioma por Choay (1996, p. 136) por constituírem uma proposição irrefutável dotada de poder generativo. Para Alberti "o primeiro sistema, o da necessidade, só pode ser desenvolvido no espaço se for integrado pelo sistema hierarquicamente superior da procura ou do desejo expressos verbalmente" e que concluí referindo-se "ao terceiro nível, que integra os anteriores, isto é, ao nível da beleza, fonte de prazer: é o nível da poética. Depois de ter sido subordinada e ordenada pela língua (construção) e pela semântica (desejo) a arquitectura está em condições de significar pelos seus próprios meios" (Choay, *op. cit.*, pp. 140-141)[188].

Logo no Livro I, cap. 9, ao referir-se implícita e localmente à noção de concinidade, Alberti hierarquiza estas dimensões da arte edificatória: "com efeito, se bem virmos as coisas, toda a prática da edificação nasceu da necessidade; fê-la crescer o conforto; dignificou-a o uso. Só em último lugar se prestou atenção ao prazer, se bem que o próprio prazer nunca deixou de evitar todo o excesso".

Alberti (Livro VI, cap. 1), sensivelmente a meio do *De re aedificatoria*, é igualmente explícito, a nível global, quanto ao posicionamento da beleza face às restantes partes do tratado: "das três partes, concluídas as duas primeiras, que diziam respeito à construção em geral, com o objectivo de que as nossas construções fossem de facto adequadas às suas funções, tivessem a maior solidez e duração, fossem as mais aptas a proporcionar

---

única fachada, diversos edifícios para habitação familiar que, uma vez reunidos, resultaram no palácio Rucellai, em Florença. Nas suas palavras a edificação era um dos seus grandes prazeres pois servia tanto para a "glória de Deus como para a sua cidade e para a minha memória" (cf. Borsi, 1989, p. 48).

[188] O estabelecimento da correspondência entre os Livros II a IX *Da Arte Edificatória* e as dimensões vitruvianas de *firmitas, utilitas e venustas* deve-se ao trabalho pioneiro de Krautheimer (1995), inicialmente publicado nas *Acts of the Twentieth International Congress of History of Art*, II, Princeton, 1963, pp. 42-52.

graciosidade e uma sensação aprazível, resta a terceira, de todas a mais nobre e a mais necessária".

Por outras palavras, passa-se de uma relação de equivalência transitiva, entre aqueles operadores, para uma hierarquizada e intransitiva sem que, contudo, aquela relação signifique uma diminuição da importância da *necessitas* face à *voluptas*.

Com efeito, se compararmos os tratados de Vitrúvio com o de Alberti, podemos constatar que nos Livros II e III, bem como em parte do VI, este último autor apresenta[189], de forma desenvolvida, tanto as técnicas construtivas, como as operações de estaleiro de obras, além de um profundo conhecimento dos materiais de construção correntemente utilizados, descritos em mais do dobro do número de páginas dedicadas a esta dimensão disciplinar. É neste sentido que se pode dizer que Alberti estabelece doutrina onde Vitrúvio não o faz.

É pertinente, neste contexto comparativo, por isso, referir os modos de organização do discurso presentes em ambos os tratados, para clarificarmos e sintetizarmos, em relação às respectivas estruturações globais, a que finalidades os mesmos se propõem.

Charaudeau (1992), ao analisar a *Gramática do Sentido e da Expressão*, sugere uma distinção entre quatro modos de estruturação do discurso: o enunciativo, o descritivo, o narrativo e, por último, o argumentativo.

Estes modos de organização estão simultaneamente presentes em ambos os tratados, se bem que de forma distinta, sugerindo que estamos perante dois paradigmas que, ao se complementarem, divergem substancialmente sobre o entendimento da área disciplinar.

O modo enunciativo permite organizar o cenário no qual os protagonistas da enunciação (*Eu*, *Tu* e *Ele* (s)) operam, a sua identidade, as suas relações e, ainda, dos seus desempenhos ou papéis enunciativos (*op. cit.*, p. 651). Para Alberti, o *Eu* tratadístico é plenamente assumido na medida em que impõe os conteúdos dos seus propósitos aos interlocutores, ao

---

[189] Grafton (1997, p. 56) chama a atenção para o facto de o tratado de Alberti ter sido feito por alguém que conhecia "de primeira mão caleiras e tubos de queda, telhados e canalizações - que percorria as ruas e os pisos mais baixos de Roma à procura de novos factos sobre velhos edifícios".

leitor (*Tu*) e aos patronos e aos outros peritos que intervêm nas obras (*Eles*). Para Vitrúvio, o autor deixa de se impor, como se não fosse directamente responsável pelos seus conteúdos, assumindo-se uma enunciação impessoal (*Ele*, Vitrúvio) do discurso disciplinar dedicando, como vimos, o tratado a Octaviano Augusto (*Tu*)[190].

O modo descritivo permite dar corpo ao objecto de estudo, pela sua nomeação e qualificação específica (cf. Charaudeau, *op. cit.*, p. 686). Para Alberti, desde o delineamento até à reparação dos edifícios, para Vitrúvio, da definição de arquitectura e do arquitecto até ao estudo das máquinas, delimitando o primeiro o campo disciplinar da arquitectura à arte edificatória - do edificado que edifica - e, o segundo, alargando-o à gnomónica e à mecânica.

O modo narrativo que possibilita organizar a sucessão de acções e de acontecimentos nos quais os seus protagonistas[191] estão implicados (cf. Charaudeau, *op. cit.*, p. 742). Em Alberti o arquitecto que vê as suas acções desenrolarem-se no passado pelas inúmeras citações e relatos que cobrem praticamente todos os períodos anteriores com obras de referência, excepto no que se refere a exemplos oriundos da Idade Média. Em Vitrúvio apresentando, de forma essencialmente tipológica, o plano no qual a sequência de acções do arquitecto se passa, como se o tratado fosse uma nomenclatura das regras da arte que os seus protagonistas teriam de seguir de forma escrupulosa, o que possibilitou, em seu abono e posteriormente, que este fosse também um modelo para as gerações seguintes estudarem os vestígios da arquitectura romana de raiz clássica e, consequentemente, organizarem o conjunto de intervenções sobre o construído que se verificaram a partir da sua difusão nos finais do *Quattrocento*.

Por último, o modo argumentativo que permite organizar as relações de causalidade que se instauraram entre o encadeamento das diferentes temáticas e o valor dos argumentos utilizados para tal fim (cf. Charaudeau,

---

[190] O interesse de Octaviano Augusto pela edificatória não deixou de ser um incentivo para que o *De architectura* lhe fosse dedicado. Suetónio (*Aug.*, XX, 89) relata que este chegou a ler no Senado obras inteiras sobre edificatória, nomeadamente os discursos de Rutílio *de Modo Aedificiorum* (Sobre a construção dos edifícios).

[191] Entenda-se em sentido metafórico.

op. cit., p. 814). Em Alberti, assumindo-se as relações hierárquicas e intransitivas entre a *necessitas*, a *commoditas* e a *voluptas* e, em Vitrúvio, não se estabelecendo relações de causalidade na organização geral do tratado que se apresenta, consequentemente, de forma menos sequencial e mais fragmentada.

Nada na teoria da arquitectura ocidental, no longo período que vai de Vitrúvio a Le Corbusier e a Robert Venturi, é tão conseguido quanto à elevação que Alberti faz da arte edificatória. Esta é sublimada, na hierarquia da *necessitas*, da *commoditas* e da *voluptas*, na medida em que o seu autor professa aceitar, de forma eloquente, os limites da tradição clássica[192], mesmo quando a ultrapassa de forma inovadora.

Em síntese, a inteligibilidade eloquente do discurso disciplinar, a prevalência da dimensão projectual sobre a tipológica, a subjugação da matéria ao delineamento, a promoção de um sistema ético associado a uma teoria artística - do edificado que edifica, directamente relacionada com a correspondência hierarquizada e intransitiva entre a *necessitas*, a *commoditas* e a *voluptas*, consubstanciada nas diferenças apresentadas na forma de organização dos respectivos discursos, sugerem uma profunda alteração do "horizonte de espera", que o tratado de Alberti introduziu no *Quattrocento* e que se tem mantido, nestes aspectos, praticamente inalterado até à contemporaneidade.

Lembremo-nos que os ecos desta abertura ao edificado, ainda estão presentes na *praxis* contemporânea, sintetizada na definição dos actos próprios da profissão do Estatuto da Ordem dos Arquitectos (Art.º 42º)[193], que se concretiza em "estudos, projectos, planos e actividades de consultadoria, gestão e direcção de obras, planificação, coordenação e avaliação, reportadas ao domínio da arquitectura, o qual abrange a edificação, o urbanismo, a concepção e desenho do quadro espacial da vida da população,

---

[192] Quando nos referimos à tradição clássica em arquitectura reportamo-nos à *redescoberta interpretativa*, tanto no Renascimento como posteriormente, da produção artística e intelectual da Antiguidade Greco-Romana. Classicismo também pode ser entendido, de forma mais restrita, como sendo relativo a escolhas estilísticas predominantes no contexto artístico e cultural dos sécs. XVIII e XIX.

[193] Consulta em 12-11-2009, em *www.oasrn.org/upload/admissao/documentos/pdf/Textos%20OA.pdf*.

visando a integração harmoniosa das actividades humanas no território, a valorização do património construído e do ambiente".

Em resumo, como refere Varrão[194], na *demarche* inaugural de Alberti, desde os saberes e práticas do seu tempo até aos dias de hoje, podemos reconhecer que *portam itineri dici longissimam esse*.[195] Assim, ao revisitarmos o seu tratado ficaremos certamente mais perto da saudade, mas também do frio especial das manhãs de viagem que educaram, no Ocidente, a nossa imaginação projectual.

---

[194] Marco Terêncio Varrão (116-27 a.C.), escritor e político romano, com uma obra estimada em mais de cinco dezenas de títulos, dos quais sobreviveram *De lingua Latina* e *De re rustica*. A primeira refere-se à etimologia, à morfologia e à sintaxe da língua latina, e a segunda à análise inter-relacionada de temas sobre agricultura. É um dos autores latinos mais citados por Alberti sobre questões do ambiente e do território.

[195] *Dizem que numa viagem o percurso mais longo é o da porta,* Varrão, *De re rustica*, I, 2, 2. Cf. trad. fr. de J. Heurgon, 1994.

As Dimensões Literárias *da Arte Edificatória*

Será sempre uma tarefa temerária editar em língua portuguesa um texto de teoria da arquitectura como o *De re aedificatoria*, que é considerado "almost certainly the most comprehensive and intelligent book on architecture ever written" (Burns, 1978, p. 45).

Ainda para mais, quando é o próprio Alberti, a meio termo da sua feitura (Livro VI, cap. 1), que adverte sobre as dificuldades que encontrou ao redigir o tratado, no que se refere às explanações para discorrer sobre os temas abordados, como à invenção de termos apropriados e, ainda, à sua forma de apresentação, que o levaram quase a desistir de o fazer, o que não se efectivou pois as razões que o induziram a iniciar o trabalho fizeram-no sempre prosseguir até à sua conclusão.

Além disso, qualquer edição, tanto no mundo de língua portuguesa como noutro idioma, substitui-se à obra original, devido à presente insuficiência para se entenderem textos escritos em latim, o que coloca um desafio para se transporem as dimensões poéticas e retóricas que o tratado de Alberti explora para promover o discurso disciplinar, nomeadamente no que se refere às figuras de estilo e de linguagem e, consequentemente, das formas de apresentação do pensamento do seu autor.

Esta é, de facto, uma empresa audaciosa, a de transpor um texto que se apresenta, simultaneamente, por um lado, como uma obra disciplinar, inaugural e argumentativa e, por outro, com dimensões literárias, com uma hierarquia interna de dependências, entre construção, comodidade e beleza, e que estabelece um novo sistema de correspondências entre os operadores disciplinares apresentados pelo seu autor. Em decorrência, esta obra, escrita em latim renascentista, apresenta tanto leituras múltiplas como significados precisos, à semelhança do que sugere Leonardo Bruni (1995, p. 210) para a transposição de obras que solicitam uma formação técnica e literária (*disciplina et litteris*).

Disciplinar e inaugural no sentido de, pela primeira vez, não subordinar os seus conteúdos a nenhuma outra disciplina ou saber e de ter por "objecto um método de concepção, a elaboração de princípios universais e de regras generativas que permitem a criação, não a transmissão de preceitos ou receitas" cobrindo "o campo total do construir, desde a casa à cidade, da construção à arquitectura" (Choay, *op. cit.*, p. 30).

Também poderíamos dizer que se trata de um texto disciplinar e argumentativo, na medida em que foi produzido para intervir, tanto no plano demonstrativo como no dialógico[196], no âmbito do primeiro Renascimento italiano, sobre as opiniões, atitudes e comportamentos dos seus interlocutores - o patrono das obras, o autor e os restantes peritos que intervêm na arte edificatória - e que se revelou ser aceitável neste contexto, pela pertinência dos argumentos utilizados, pelas fundamentadas justificativas dadas ao longo do tratado, bem como pela categórica refutação desta arte como um saber mecânico.

Esta organização dialógica do discurso não é exclusiva do *De re aedificatoria*, dado que comparece explicitamente em diversas obras literárias, nomeadamente nos *I libri della famiglia,* que reproduz quatro diálogos entre os membros da sua família em presença do jovem Alberti, bem como no *Profugiorum ab aerumna libri III (Da tranquilidade da alma)* e no *De iciarchia (Do governo da família)*, que se apresentam sob a forma de diálogos socráticos, onde diversos personagens formulam questões e tentam dar respostas à procura de um conhecimento que não cessa de se revelar, como numa *oratio perpetua*, à semelhança do que deve ocorrer entre os diversos intervenientes na arte edificatória.

Se bem que o *De re aedificatoria* não se apresente globalmente estruturado com uma organização dialógica, as suas dimensões literárias

---

[196] Princípio apresentado por Choay (1996, p. 138), oriundo da linguística a partir do trabalho de Bakhtine (cf. Todorov, 1981), para informar que o processo de projecto implica numa relação verbalizada entre diversos participantes: o arquitecto, outros peritos e o cliente. Ver Alberti, Livro I, cap. 2; Livro IV, cap. 1; Livro VI, cap. 2.

são assinaláveis enquanto peça escrita de reconhecido estatuto apesar de, provavelmente, não ter sido, na apreciação dos seus leitores contemporâneos, explicita e simultaneamente, entendido como uma narrativa literária, onde o protagonista ou o herói é o arquitecto mas, simplesmente, como um tratado, *i.e.* como uma exposição sistematizada e argumentativa de conhecimentos de âmbito disciplinar, embora nele ocorra uma profusão de usos literários da linguagem sem que, contudo, se constitua como um texto literário (ver Vasari, 1550, p. 315)[197].

Com efeito, as figuras de estilo são logo anunciadas no Prólogo do tratado, ao comparar as suas qualidades do arquitecto com as de um general, na resolução do cerco das cidades: "Por fim, se recordarmos as expedições passadas, verificaremos certamente que foram alcançadas mais vitórias pelas artes e valor do arquitecto, do que pelo comando e auspícios de qualquer general; e que o inimigo sucumbiu mais vezes ao engenho daquele sem as armas deste, do que à espada deste sem os planos daquele. E o mais importante é que o arquitecto obtém a vitória com um pequeno exército e sem perder vidas".

Não se trata de uma mera questão de retórica para argumentar a superioridade bélica da arquitectura militar concebida pelo arquitecto, um assunto da maior importância no tempo de Alberti, mas de uma defesa da beleza engendrada pelos seus poderes de concepção, a que o autor procura dar resposta com argumentos literários.

Esta dimensão literária, que podemos encontrar na obra de Alberti, não é somente originada pela leitura de obras em latim clássico mas, também, a partir de referências pré e pós-clássicas, por vezes oriundas de autores não muito conhecidos, nomeadamente do período medieval (cf. Zubov, 2001), a que podemos ainda acrescentar as interpretações de palavras gregas e a invenção de novos termos em latim (cf. Marsh, 1987, p. 11).

---

[197] Este sentido de narrativa não se resume, em Alberti (Livro VII, cap. 10), à obra literária mas é transversal em relação a outros campos equivalentes do saber: "Com não menos prazer de espírito contemplarei uma boa pintura [...] do que lerei uma boa história. Ambos são pintores: aquele que pinta com palavras, e aquele que ensina uma coisa com o pincel; o resto é idêntico e comum a ambos. Em ambos é necessário o maior engenho e uma assombrosa diligência".

É significativo que, mesmo actualmente, Bloom (1997b) não inclua qualquer obra literária de Alberti no *corpus* de textos das principais literaturas ocidentais e muito menos o tratado de arquitectura deste autor, que não consegue satisfazer os critérios por que se pauta a sua inclusão no cânone, nomeadamente, quanto ao estranhamento (*strangeness*) da sua obra, que tem como finalidade convencer, de forma inteligível, o leitor da justeza das opiniões formuladas sobre o que é a arte edificatória.

Também Nascimento (2002, pp. 321-322), ao fazer um levantamento no meio universitário sobre os textos, de autores gregos e latinos, que deveriam ser considerados obrigatórios para uma formação clássica, não regista qualquer obra de Alberti apesar de, naquele inquérito, estarem incluídas produções de autores coevos, como sejam a lírica de Ângelo Poliziano, a poesia de André de Resende e a *Utopia* de Tomás More.

Se bem que a formação de um cânone seja sempre uma questão de convenção, aquele não é aleatório para a formação de uma identidade cultural, principalmente se atendermos à intertextualidade das obras que nele são referidas, bem como à transmissão de um legado comum de memórias e de práticas culturais que são, explícita ou implicitamente, compartilhadas, inclusive nas suas dimensões transdisciplinares.

É o que sucede com o *De re aedificatoria*, na medida em que esta obra não pode ser somente compreendida no âmbito da tratadística clássica, nem do simples estabelecimento de relações intertextuais, que não chegam, por si só, para que as possamos qualificar como estéticas, mas também de outros géneros, para além de uma dimensão literária que não se encontra completamente formalizada e necessita de significados transferidos para poder ser aceite e entendida na sua complexidade, a par de uma vincada interpretação antropológica da arte edificatória.

Ao contrário do que se verifica no cânone de Bloom, bem como no levantamento elaborado por Nascimento, é reconhecida actualmente a contribuição de Alberti, tanto em latim como em vulgar, no âmbito da produção literária do *Quattrocento* (veja-se Baron, 1966; Brand - Pertile, 1996 e McLaughlin, 1995).

No entanto, como nota Cardini (2008, p. 25, 26), nem sempre a obra literária de Alberti teve uma apreciação favorável: "La storia della critica dimonstra che Alberti, in quanto scrittore, è quasi sempre stato considerato un 'minore' [...]". Para isso, terá contribuído o facto de a sua obra literária somente ser conhecida e descoberta de forma progressiva, ao contrário do *De re aedificatoria* que ainda viu a estampa no *Quattrocento*. Com efeito, é no séc. XVIII que a produção literária de Alberti começa a ser mais difundida e é somente a partir de meados do séc. XIX, no seio dos nacionalismos emergentes, que são publicadas as suas primeiras obras em vulgar, nomeadamente os *I libri della famiglia*.

Ticozzi (1833, p. XIX), no prefácio da reedição milanesa do *Della Architettura*, traduzida por Cosimo Bartoli, assinala que Rafael da Fresne tinha, no século anterior, publicado um índice das obras literárias inéditas e impressas de Alberti, a que se seguiu uma maior difusão destas por toda a Itália.

A alteração desta apreciação, que se deve às recentes investigações sobre a sua produção literária, actualmente colocada em primeiro plano, não só no âmbito da literatura italiana mas também europeia, é eloquentemente sintetizada por Cardini (*op. cit.*, p. 26): "Secondo me l'Alberti è invece un grande scrittore in latino e in volgare, anzi un eversore, un vero e proprio rivoluzionario: ha 'fondato' la letteratura in volgare, e con le *Intercenales* e il Momus ha creato il moderno umorismo, e dunque un genere fondamentale della moderna letteratura europea".

Este entendimento é consonante com o que Alberti escreveu no *Momus* (Proémio, 4) onde explicita que o seu objectivo é ultrapassar o antigo provérbio "não há nada que não se tenha sido dito antes" (*nihil dictum quin prius dictum*)[198], o que sugere a valorização da originalidade da sua obra sobre a autoridade dos antigos e, em particular, sobre a obra de Vitrúvio.

Além disso, se bem que possamos reconhecer uma dimensão literária no tratado, não se lhe reconhece o cânone de obra-prima como objecto de admiração estética mas, antes, aquilo que Maingueneau - Cossutta (1995, p. 118) designaram de *arquitexto*, isto é de uma obra com estatuto exemplar em relação ao *corpus* de referência disciplinar, que apresenta

---

[198] Cf. *Ter.*, *Eu.*, 41. Cf. trad. de A. P. Couto, 1996, p. 21.

um discurso fundador constituindo-se, assim, como referência e garantia a outros discursos originados no mesmo âmbito.

A recepção ao tratado, as mudanças de horizonte que possibilitou bem como a sua generalizada aceitação, fazem com que o mesmo se afigure, consequentemente, com uma legitimidade constituinte isto é, simultaneamente como acto de constituição de uma disciplina - a arte edificatória - e como texto normalizador da mesma, principalmente pela prevalência da sua função referencial.

Em resumo, o tratado de Alberti apresenta-se com uma intencionalidade disciplinar inaugural e constituinte, realizada através de múltiplos e sucessivos actos de enunciação que são regulados pelas convenções do sistema literário renascentista - seja pela emulação do tratado de Vitrúvio, seja pela utilização de recursos retóricos da invenção, da disposição, da elocução, da memória e da acção, seja, ainda, pelas dimensões literária e argumentativa que o texto apresenta - e que os seus leitores descodificaram e interpretaram ao longo da sua recepção.

Na medida em que o tratado de Alberti sugere uma intertextualidade activa, principalmente em relação à literatura de raiz clássica - à qual alude tanto explícita como implicitamente - bem como, ainda, às suas obras literárias, a dupla dimensão de co-texto e contexto acabam por estar simultaneamente presentes naquele tratado e evidenciar a sua literalidade.

No entanto, há quem considere que os escritos de Alberti são originados pela sua dupla personalidade (*doppia faccia*), onde os tratados de arte são entendidos como racionais e construídos com um equilíbrio clássico e aos quais se podem contrapor as restantes obras escritas, consideradas anti-racionais (cf. Jarzombek, 1989, p. XII).

Garin (1972, p. 22) dá-nos conta que "l'artista la cui immagine suole considerarsi quasi il simbolo dell'armonia e della misura, col riferimento d'obbligo alla 'monumentalità' della *Famiglia* e dell'*Architettura*, in realtà è scrittore inquietante, imprevedibile e bizzaro, tutto giuochi di fantasia sfrenata e preziosismi stilistici, intento a innestare nella sua pagina latina, con raffinato gusto d'antiquario, reperti di rarità estrema".

Os biógrafos de Alberti atribuem esta *doppia faccia* às atribulações que teve de enfrentar no início da sua vida, principalmente devido ao exílio[199] de várias décadas a que a sua família foi votada, por motivo de rivalidades políticas, bem como ao facto de ser filho ilegítimo, o que lhe interditava o acesso aos cargos públicos[200] e a ter que provar a sua valia perante outros[201], especialmente aos parentes mais chegados que lhe negaram direitos de herança, bem como ironizaram sobre as suas pretensões intelectuais (cf. Grayson, 1979, p. 7).

Contudo, as relações intertextuais que ocorrem entre a tratadística e a sua obra literária, levam-nos a ser mais prudentes sobre aquela *doppia faccia* albertiana. Se, por um lado, nesta prevalece uma linguagem viva, escrita tanto em vulgar como em latim, onde abundam tanto imagens pitorescas como personagens alegóricas, mordazes e grotescas, como sucede no *Momus*, por outro, no *De re aedificatoria* não está excluída a expressividade que o latim ciceroniano possibilita, apesar de se tratar de um tratado que solicita, igualmente, uma linguagem técnica.

Com efeito, Alberti ao concluir o Livro II (cap. 13) cita, como vimos, um trecho das Bucólicas de Virgílio (III, 60), onde dois jovens pastores têm uma competição sobre as suas aptidões para o canto, onde a fascinação das suas entoações, com o mesmo número de versos e sobre o mesmo tema, cativa toda a audiência. Aquele autor mostra, como vimos, que está claramente consciente da *dimensão poética* da sua obra: *Ab Iove principium Musae: Iovis omnia plena* (*Musas, comecemos por Júpiter: tudo está cheio da sua divindade*).

Aliás, esta *dimensão* já tinha sido claramente revelada, na vida de Alberti, como um dos seus múltiplos interesses ao organizar, em 1441 em

---

[199] Somente levantado em 1428, o que o levou a considerar-se sempre "como um estrangeiro" na sua própria terra, conforme relata no texto devotado ao governo da casa, o *De iciarchia* (II, p. 204): "come forestiere, raro ci venni e poco ci dimorai". Após o regresso do exílio, Alberti torna-se, em 1432, abreviador apostólico na cúria romana, o que indica uma integral reabilitação social do nome de família, mas não no plano existencial (cf. Mancini, 1882, p. 100).

[200] Decretado em Florença em 1404, *i.e.* no ano de nascimento de Alberti, o que o colocará numa prolongada exclusão da vida social e civil da cidade.

[201] Estudos recentes no domínio da criatividade, sob o ponto de vista da sua *historiametria*, indicam que os traumas de infância, devido a perda parental ou orfandade, à semelhança do que sucedeu com Alberti, podem contribuir, num cenário multifactorial, para o desenvolvimento do potencial criativo, onde os criadores no domínio das artes tendem a ser oriundos de lares menos auspiciosos, do que os das áreas científicas (cf. Simonton, 2008, p. 117).

Florença, conjuntamente com Piero de Medicis[202] o *Certame Coronário*, um concurso de poesia, centrado no tema da amizade, orientado para a reavaliação do *vulgar* neste género literário, bem como na produção lírica das *Rime* (poemas), que datam provavelmente de 1430, e que distinguem o seu autor como "poeta laureato" nos títulos das primeiras edições, em 1471, destas obras (cf. Paoli, 2004, p. 88).

O Certame Coronário, cujo prémio era essencialmente simbólico (uma coroa de prata), propunha-se fazer "la restituizione dell'antica poesia nelle lettere volgari" (Gorni, 1972, p. 145), mas a não atribuição do prémio descredibilizou a iniciativa albertiana, que não era bem vista pelos cultores do latim, nomeadamente por Leonardo Bruni e Carlo Marsuppini (Gorni, *op. cit.*, p. 149-150)[203]. No entanto, teve o mérito de afirmar, pela primeira vez, o vulgar perante a cultura oficial do estado Florentino e de mostrar o repúdio de Alberti pela vida política florentina, nomeadamente por parte da sua oligarquia, que identificava a promoção do vulgar como uma oposição ao seu estatuto. A reacção de Alberti, que declarou que o tema no ano seguinte seria a inveja, confirma que, com Cosimo Giovanni de Medicis,[204] as tensões nunca chegaram a esbater-se.

Além disso, o texto de Alberti é originado num quadro conceptual e histórico diverso do actual, com entendimento, também diferente, das referências clássicas e medievais que a geração de humanistas do séc. XV teve sobre as práticas e os saberes afectos ao mundo edificado.

Assim, a leitura que fazemos hoje da obra de Alberti, fortemente condicionada pela pesquisa histórica recente sobre este autor será, por isso, forçosamente diferente - em termos de informação disponível, bem como do quadro conceptual e operativo contemporâneo relativo ao edificado

---

[202] Piero de Medicis (1416-1469), pai de Lourenço de Medicis, governou Florença de 1464 a 1469. Alberti dedicou, em 1440, a obra *Uxoria*, sobre o tema do amor e do casamento, a Piero de Medicis, o que motivou a realização do Certame Coronário, que acabou por ser financiado em 1441.

[203] Leonardo Bruni era, ao tempo do *Certame Coronario*, chanceler de Florença, a que se seguiu, após o seu falecimento em 1444, Carlo Marsuppini (1399 - 1453).

[204] Cosimo Giovanni de Medicis (1389-1464), ou Cosimo-o-Velho, foi o fundador da dinastia política que governou o estado Florentino durante grande parte do *Quatrocentto* e do *Cinquecento*.

e, ainda, do entendimento actual das relações artísticas, disciplinares e profissionais - da elaborada por Cosimo Bartoli (1550) há mais de quatro séculos e meio em Florença. Mas, simultaneamente idêntica à deste autor, pela concordância do projecto como instrumento mediador da concepção, expressão e controle da obra.

É neste sentido que Álvaro Siza (2000b, p. 39) ao ser indagado sobre "a necessidade da fixação de um corpo teórico" em relação à sua actividade de projecto e à sua obra construída esclarece que "conhecemos da história tratados de Arquitectura surgidos numa época em que eram menos complexos os programas, os sistemas construtivos, os problemas da arquitectura" para, seguidamente, sublinhar que nesses contextos "era tudo muito simples e muito limitado, no fundo era bastante regional, porque esses tratados se limitavam a um território reduzidíssimo, à Europa ou a uma parte dela", não sendo possível reduzir a um tratado o modo de hoje se fazer arquitectura.

Siza (*op. cit.*, p. 39) ainda esclarece que "[...] não é possível construir, que não é possível a Arquitectura, sem uma sólida base teórica. Só que essa base teórica não é redutível a um articulado de conselhos e considerandos", o que é evocativo do princípio Lodoliano de não se "aprisionar" a arquitectura[205].

Assim, se para Siza (*op. cit.*, p. 32) o que é contingente e efémero apresenta actualmente um reduzido valor teórico, por outro lado, também anuncia, ao criticar a excessiva especialização perante a obra total, que "projectar e construir é um todo", o que se revê de forma integral no *dictum* de Alberti (Livro I, cap. 1) de que "a arte edificatória, no seu todo, compõe-se de delineamento e construção".

Neste aspecto, a "mudança de horizonte" provocada pelo primeiro grupo de edições do *De re aedificatoria*, durante o período do Renascimento/Maneirismo, mantêm-se inalterável em relação aos dois agrupamentos subsequentes de edições, podendo-se considerar, por

---

[205] Memmo - Lodoli (1834, II, p. 52) esclarecem que a "[...] necessitá di un nuovo instituto, perché non resti imprigionata l'architettura civili nelle fasi, né membri, né compositi, e né termini stessi architettonici finora usati [...]", o que é consequente com a renovação elaborada por Alberti ao não limitar a *res aedificatoria* ao léxico e aos conceitos de Vitrúvio.

isso, esta obra como *moderna*. Trata-se de uma modernidade[206] que não tem a ver directamente com uma suposta intemporalidade, simplicidade ou harmonia dos operadores disciplinares utilizados por Alberti, mas pela profunda e, ainda presente, consciência de que a pré-figuração da obra de arquitectura a precede e, construtivamente, a projecta no futuro, por uma mediação, não necessariamente lógica nem arbitrária, onde as necessidades e os desejos dos seus promitentes patronos ou clientes se concretizam numa *edificação*.

Esta precedência, em Alberti, não põe em causa o primado do edificado sobre a organização da sociedade, como podemos constatar, de forma mais recente e sistemática, em Popper (1972), de como o conhecimento humano pode ser articulado em torno da ideia de três "mundos"[207].

O "mundo 1" refere-se ao universo das coisas materiais, o "mundo 2" ao da mente subjectiva e o "mundo 3" ao do conhecimento objectivo. Este último é o mundo das "estruturas objectivas, não necessariamente intencionais, que são produtos da mente [...] e que, uma vez produzidos, existem independentemente desta" (Popper, *op.cit.*, p. 109). Este "mundo" tem uma existência autónoma que é relativamente independente, uma vez criado, dos pensamentos individuais. É conhecimento que, em muitos casos, não é sequer conhecido por muitos indivíduos. Para Alberti estes três mundos contribuem para "aquilo que agrada nas coisas mais belas e mais ornamentadas" (Livro VI, cap. 4).

Neste sentido, podemos dizer que os efeitos da acção da natureza sugeridos por Alberti referem-se ao "mundo 1"; que os processos que presidem à invenção e aos raciocínios do engenho estão associados ao "mundo 2" e que, por último, os conhecimentos teóricos abordados e sistematizados

---

[206] A modernidade em Alberti não é ultrapassada pelos aspectos aparentemente mais retrógrados e conjunturais do tratado, como sejam a descrição das superstições (Livro II, caps. 9 e 13; Livro VI, cap. 4; Livro VII, cap. 17; Livro IX, caps. 8, 12 e 15), bem como os comentários de natureza social, como sucede com o trabalho feito pelos servos da gleba nas casas rurais (Livro V, cap. 15), ou os de natureza física, quando se refere às transformações e crescimento dos materiais pétreos (Livro II, cap. 2) e, ainda, às teorias sobre o movimento do ar, das nuvens e das chuvas (Livro I, cap. 3). Cf. Bertolini, 1996, p. 223; Choay, 2006, p. 96.

[207] Cf. Krüger, 2005, pp. 124-125.

no seu tratado bem como da sua recepção, referem-se, na acepção de Popper, ao "mundo 3" do conhecimento objectivo.

Devemos ressalvar, no entanto, que o termo objectivo para Popper tem por finalidade evidenciar a sua autonomia relativamente ao conhecimento individual e não que aquele seja, necessariamente, mais verdadeiro, livre de preconceitos, distorções ou inconsistências. O conhecimento objectivo ou, talvez mais bem dito, colectivo, quando comparado com o que ocorre nas mentes de cada indivíduo, é mais permanente, completo, e pode ser explicitamente sujeito à análise e ao escrutínio durante a sua recepção.

É, também, mais estável na medida que pode ser, sistematicamente, acumulado por várias gerações ficando, por isso, menos sujeito a degenerescências mas, simultaneamente, também menos propenso a inovações, ao contrário do mundo 2 que é, segundo Alberti, o domínio por excelência da concepção na arte edificatória, que resulta da "invenção e dos raciocínios do engenho" (Livro VI, cap. 4).

No entanto, é no mundo 3 que os conhecimentos do edificado podem interferir, mais directamente, na organização do social. Assim, o mundo 2 refere-se, essencialmente, ao conjunto de práticas pelas quais o edificado é concebido e concretizado e, uma vez realizado, este não deixa de contribuir para moldar a organização social que o suporta.

O *dictum* de Winston Churchill (1982, p. 54) no debate sobre a reconstrução da Câmara dos Comuns, em Londres, após o bombardeio de 1941 pela *Luftwaffe*, é esclarecedor ao sugerir que esta Casa fosse reconstruída como no passsado, com a oposição espacialmente disposta em posição frontal em relação ao partido no poder e não, como era voga então, num espaço semicircular: "nós moldamos os nossos edifícios, mas estes também moldam os nossos espíritos", querendo com isto significar que se, por um lado, a sociedade promove a organização do espaço, este, por sua vez, modela-a.

Esta primazia da socialização das relações espaciais sobre a espacialização das ligações sociais está já presente em Alberti (Prólogo), que chega mesmo a afirmar que é a arquitectura que cria a sociedade e não o contrário, pela recusa da origem daquela na Cabana Primitiva, como habitáculo primordial do homem, como o fazem, entre outros, Vitrúvio e Laugier: "Houve quem dissesse que a água ou o fogo proporcionaram os princípios que fizeram com que se formassem as comunidades humanas. Nós, todavia, se considerarmos a utilidade e a necessidade de uma cobertura e de uma parede para reunir e manter em grupo os seres humanos, ficaremos convencidos de que foram certamente estes os factores mais importantes".

Choay (2006, p. 101) classifica este propósito de apreender o poder de edificar, manifestado por Alberti no *De re aedificatoria*, como uma "invariante antropológica" que, ao dar precedência ao mundo 3, do conhecimento objectivo do edificado, sobre o 2, relativo à concepção que conforma aquele edificado e se concretiza no mundo 1, não deixa de ser o resultado de uma competência humana, para articular os *lineamenta* com a *materia,* e não como o corolário de um processo de hominização dos nossos antepassados e dos seus primitivos abrigos.

Fernando Távora (1993, p. 9-10) é esclarecedor ao afirmar, na contemporaneidade, que em matéria de Arquitectura e de Urbanismo "a modernidade manifesta-se na qualidade, na exactidão das relações entre a obra e vida. Sendo diferentes as condições, serão diversas as soluções - mas deve ser comum a natureza das relações. As grandes obras de Arquitectura e Urbanismo foram sempre modernas na medida em que traduziram exactamente, isto é, segundo uma relação perfeita, as suas condições envolventes".

Deste modo, podemos dizer que, no texto de Alberti, "o prazer que retiramos da representação do presente advém, não apenas da beleza de que pode estar revestido mas também da sua qualidade essencial de presente" (Baudelaire,1993, p. 8), que é dado pela fixação da "mudança de horizonte", em relação ao período medieval, resultante da experiência estética de um valor adquirido preciso, o projecto de arquitectura que, conjuntamente com o acto de construir, constitui-se num todo que se institui como uma prática essencialmente reflexiva, desde a sua aceitação e difusão, ainda que por vezes de forma oscilante, a partir do *Quattrocento* até à contemporaneidade[208].

Se admitirmos que "A modernidade é o transitório, o fugitivo, o contingente, a metade da arte, cuja outra metade é o eterno e o imutável"

---

[208] O contexto histórico no qual Alberti operava foi dominado pela periodização tripartida, estabelecida anteriormente por Petrarca: a bela antiguidade, a idade obscura e o renascimento moderno, na qual a Idade Média seria votada ao esquecimento.

(Baudelaire, 1993, p. 21), podemos dizer que o que foi para Alberti impregnado da temporalidade do *Quattrocento*, para que a obra de arquitectura se torna-se moderna, apresenta-se como um valor, até hoje, senão *eterno* e *imutável*, pelo menos estável e permanente, na medida em que o projecto de arquitectura, por ser uma pré-figuração da obra, possibilita, não só, a crítica cognitiva, semelhante ao que ocorria anteriormente, no período medieval em estaleiro de obra, mas também uma crítica explícita, de dimensões sócio-cognitivas, entre o arquitecto, o cliente e outros peritos, o que permite uma *contínua* reflexão em acção antes, durante e após a realização da obra edificada.

Assim, na medida em que moldamos os nossos edifícios e estes moldam-nos a nós, isso significa que investigar as origens de uma ideia de projecto de forma sócio-cognitiva, corresponde a encontrar uma "invariante projectual". É aqui que reside, essencialmente, a modernidade do texto de Alberti na nossa contemporaneidade.

Em resumo, estamos perante a edição de uma obra que é, não só, disciplinar mas faz um uso literário da linguagem, como se apresenta, também, com dimensões que estão, tanto enraizadas na cultura do *Quattrocento* como, ainda, são operativas nos dias de hoje.

Além disso, ao contrário do que se verifica com outras línguas europeias, existem muito poucas obras, da vasta produção literária da obra de Alberti, que estejam traduzidas para a língua portuguesa, o que dificulta a inserção do tratado no quadro linguístico e epistemológico em que operamos[209].

Podemos, no entanto, constatar a existência da comédia teatral *Eufrósina* (nome grego que designa uma das Graças[210]) de Jorge Ferreira de Vasconcelos, com 1ª edição em 1555, que se aproxima do romance de costumes sobre o amor, em ambiente Coimbrão, e que segue a estrutura compositiva da peça teatral *Philodoxeos* de Alberti (cf. Saraiva - Lopes, *op. cit.*, pp. 385-389).

---

[209] As obras de Alberti *Sobre a Família. Livro I* (1970), *Da Pintura* (1992) e *Matemática Lúdica* (2006), que se referem, respectivamente, aos diálogos, à tratadística e aos *Ludi*, foram editadas em tempos mais recentes no Brasil. Ver nota n.º 152.

[210] As *Cárites*, em latim *Gratiae* (Graças), são divindades da Beleza que moram no Olimpo na companhia das musas e são, geralmente, representadas por três irmãs que têm os nomes de Eufrósina, Talia e Aglaia. Atribui-se às Graças toda a espécie de influências nos trabalhos do espírito e nas obras de arte.

A influência das obras de Alberti na produção literária de Jorge Ferreira de Vasconcelos ainda está por estudar, nomeadamente na *Comedia Aulegrafia*, que se apresenta como um "rascunho da vida cortesã", onde se dá relevo à figura de Momo como autor do Prólogo e do seu fecho, o que sugere que a figura deste personagem maledicente se inspira no *Momus* de Alberti (cf. Almeida, 2005, p. 206, n. 48)[211].

Alberti refere na peça teatral *Philodoxeos* (amigo da glória), de forma quase autobiográfica, que uma pessoa estudiosa e trabalhadora, à semelhança de uma rica e afortunada, pode atingir a glória, mas que não é possível uma coexistência harmoniosa entre o escritor, a glória e a fortuna.

Jorge Ferreira de Vasconcelos transpõe, em *Eufrósina*, esta problemática para a discussão entre o amor activo e o contemplativo, onde "na caça às moças cruzam-se os estudantes ou nobres valdevinos com os 'macânicos' futricas" (cf. Saraiva - Lopes, *op. cit.*, p. 388).

Aquela comédia de Alberti foi primeiramente publicada em Bolonha entre 1424 e 1426 e, posteriormente, impressa em Salamanca em 1500 com o título *Comedia Philodoxeos Leonis Baptista*, tendo sido a sua autoria confundida, como vimos, pelo impressor da *editio princeps*, dada a maestria expressiva de Alberti para com a língua latina, como um trabalho do autor romano Lepidus (ver Grayson, 1954, p. 73-76).

A edição de *Eufrósina* de Jorge Ferreira de Vasconcelos, à semelhança do tratado de Alberti, também constou do Índex da Inquisição, pelo menos de 1581 a 1612. No Proémio desta comédia teatral dedicada ao "Príncipe N. S.", isto é, ao jovem príncipe D. Sebastião (1554-1578), Vasconcelos (*op. cit.*, p. 2) invoca Dinócrates, o arquitecto de Alexandre Magno, citado por Vitrúvio (II, Prólogo, 1-3):

---

[211] Vasconcelos (1619, f. 2) esclarece que: "só eu soube emendar natureza na composição do homem, em que se ela esmerou produzindo um animal perfeito sobre todos [...]: julguei ser-lhe necessária uma porta no peito per que se lhe pudesse ver o coração [...]Pressuposto que não há cousa pior de conhecer que o coração do homem [...]" (actualização ortográfica nossa), o que indicia uma analogia edifício-corpo, também central na teoria de arquitectura de Alberti, a par de um pessimismo antropológico já antecipado no *Momus*.

"Dinocrates Architetor muyto alto, & muyto poderoso Principe (cota Vitruuivio) que confiado de si mesmo, se foy apresentar sem outros meyos ante Alexandre: o qual vista sua confiança ho aceytou em seu serviço, como Principe fauorecedor de boōs animos. Eu pelo contrayro sem algua presunçã esprito, aceytador de bōs desejos, & respeitador de tenções puras, sabendo do que não he menos realeza receber pequeno seruiço que fazer grãdes merces. Venho ante V. A. com as primicias de meu rustico engenho que he a Comedia Eufrosina; & foy ho primeyro fruyto que delle colhi, inda bem tenrro. E por andar por muytas mãos deuassa & falta a recolho sob seu real emparo, q lhe seja luz, qual ho sol daa a lua que não té própria, & pera ímpeto de reprensores ouciosos & de mau zelo, outro Aiax Telamonio contra Hector ayrado: ca por ser inuenção noua nesta terra, & em lingoage Portuguesa tam invejada & reprendida, por certo tenho ser salteada de muytos sensores, aos quaes V. A. ouça, seguundo Alexandre daua de si audiência, poys soo ho escreui no aluo: Porq Mercurio não se faz de todo pao".

Esta invocação é quase que premonitória da fortuna que o tratado de Alberti teve no país, em parte face às vicissitudes por que terá passado a presumível tradução de André de Resende.

Primeiro, apesar da comédia se basear numa obra literária daquele autor, o apelo é feito tendo por referência o tratado de Vitrúvio que penetrou, pelo menos parcialmente, no reino via *Tutte L'Opera D'Architettura et Prospetiva* de Sérlio. Segundo, é solicitada protecção ao jovem príncipe, porque está escrita em língua portuguesa, que é muito invejada e reprendida, o que significa que estará sujeita ao escrutínio dos censores, à semelhança do que sucedeu, na península Ibérica, com *Los Diez Libros de Architectura*, na tradução assistida por Francisco Lozano. Além disso, Vasconcelos solicita, em paridade com Dinocrátes, protecção para a originalidade da sua obra e, por último, lembra que a sua difusão não se faz, em comparação com o que sucede com Mercúrio, somente com auxílio moral, mas com a aprovação do "priuilegio que pide para imprimir los dichos libros"[212].

---

[212] *In* parecer de Juan de Herrera, datado de 4 de Agosto de 1578, sobre a tradução assistida para Castelhano do *De re aedificatoria*, incluído na dedicatória de Francisco

Fig. 13 Frontispício da 2ª edição da *Comédia Eufrósina* de Jorge Ferreira de Vasconcelos, 1560.

Em particular, como mostrámos na *Introdução* ao tratado de Alberti em vernáculo[213], a dificuldade em traduzir alguns termos utilizados por este autor e que não apresentam, na actualidade, equivalente directo em língua portuguesa. Referimo-nos, especialmente, aos termos *concinnitas, lineamenta* e *aedificatoria*, para os quais sugerimos, respectivamente, os de concinidade, delineamento e edificatória, retirados de textos dos Sécs. XVI, XVII, XVIII e XX.

Esta questão, à semelhança do que sucede com um arqueólogo no seu trabalho de escavação, ou de um arquitecto ao realizar uma reabilitação sobre o património construído, coloca a problemática de até quando e de como se pode e deve "escutar o tempo", quais os limites temporais daquelas escavações ou intervenções, que camadas poderão ser perscrutadas e trazidas para a situação contemporânea?

Lozano (1582, p. não numerada) a Juan Fernandez Espinosa, Tesoureiro de D. Filipe II de Espanha e I de Portugal e do seu Conselho da Fazenda.

[213] Cf. Krüger, 2011, pp. 17-129.

Sabemos, à semelhança do que se verificou no passado, que atitudes opostas são passíveis de ocorrerem também em termos de tradução, como sucede com o valor de ruína, defendido por John Ruskin, ou de intervenção, como se verificou nas propostas de Viollet-le-Duc, sobre a conservação ou a reconstrução intencional do património construído.

Neste contexto, existem diversos factores limitativos: a) muito poucas obras literárias de Alberti foram traduzidas, até hoje, para a língua portuguesa[214]; b) esta língua, para a classe culta no tempo de Camões (cf. *Os Lusíadas*, I, 33, 7-8), era considerada pouco corrompida em relação ao latim clássico, apesar de D. Duarte, no *Leal Conselheiro* (cap. 99), recomendar que "nom ponha pallavras latinadas ou de outra lynguagem", o que sugere que, mesmo antes de 1430, era prática corrente utilizar, em vernáculo, vocábulos *latinados*; c) ainda no séc. XIX, a língua portuguesa era considerada a última flor do Lácio, isto é, uma das últimas *filhas* do latim, o que é expressivo do facto de aquela língua se ter originado na região ocidental mais distante da Roma Imperial, a *Hispania Ulterior*, e os mais antigos textos lavrados em português serem datados do séc. XIII.

Estes factores indicam que nos aproximemos, tão perto quanto possível, da data de publicação da *editio princeps* do tratado de Alberti, desde que o resultado seja, ainda, aceitável nos dias de hoje.

Surge neste contexto, de forma pertinente, as noções de "tradução vertical" e "tradução horizontal", introduzidas por Gianfranco Folena (1973) sobre a vulgarização e a tradução no período medieval italiano, a partir de línguas hierarquizadas em termos do seu relativo prestígio.

Assim, para Folena (*op. cit.*), a relação vertical sucede quando a língua de maior prestígio, neste caso o latim, apresenta uma maior consistência e valor para expressar as ideias de Alberti, enquanto a relação horizontal se verifica entre línguas com uma estrutura semelhante e idêntico estatuto, como sucede entre a língua portuguesa e o castelhano.

---

[214] Para além das obras citadas na nota n.º 209, também é de referir a presumível e quase certa tradução do *De re aedificatoria* provavelmente elaborada, em meados do séc. XVI, por André de Resende.

A carta de Petrarca ao seu amigo Diogini di Borgo San Sepulcro, sobre a sua ascensão ao monte Ventoux, escrita há pouco mais de setecentos anos, relata esta transformação, como anota Stierle (1996, p. 65): "before Petrach, the fascination of the mountain had been its verticality. On the top of the mountain the view was lifted to God. When Petrach arrives on top of the mountain, however, he is fascinated by the temptation to look down and to discover the world in its open horizontality".

Não faz sentido apelar somente para o latim, para traduzirmos directamente aquele léxico, na medida em que a língua portuguesa tem uma tradição literária reconhecida que se apresentou, ao longo dos tempos, com capacidade para transformar as anomalias em analogias nem, tão pouco, olhar para o castelhano, para a qual a tradução assistida por Francisco Lozano se revela de fraca pertinência em termos de imitação ou mesmo de empréstimo apesar de, como assinala Castro (2006, p. 223), ser frequente os escritores portugueses escreverem uma parte da sua obra em espanhol, nos trezentos anos que decorreram entre meados do séc. XV e meados do séc. XVIII.

Consequentemente, assume-se uma relação vertical com a própria língua portuguesa, na aposta da sua *traduzibilidade*, como sugere Wolfgang Iser (1994), sobre os encontros e relações inter e intraculturais, onde a transposição das diferenças, diversidades e alteridades entre o português, em diversos tempos históricos, não se manifesta como um conjunto de noções pré-concebidas a priori, mas como resultantes de um processo recursivo[215], no qual os termos do passado informam os do presente e, estes, por sua vez, possibilitam uma renovada leitura daquele passado onde, para cada vocábulo, é perceptível o murmúrio dos seus significados e das suas referências anteriores.

É o que sucede, por um lado, com delineamento e concinidade e, por outro, com a introdução do termo edificatória, onde o encontro com o passado da cultura portuguesa é resgatado como uma forma de apropriação

---

[215] Para uma introdução à noção de processos recursivos, em diversas áreas de conhecimento, veja-se o trabalho seminal de Hosftadter, 1979.

e identificação do presente que, como sugerimos, foi temporariamente obliterada pela tradução perdida de André de Resende.

Neste caso, não se trata, somente, de traduzirmos o tratado de Alberti para a língua portuguesa contemporânea, mas também de nos traduzirmos para o tempo de Alberti, naquilo que é básico para entendermos, em termos de assimilação, de incorporação e de apropriação, uma cultura que dialoga com o seu passado, transformando-a em presente, tendo por base uma matriz de base comum, a língua latina.

Esta recursividade, entre tempos culturais distintos, já assinalada por Iser (*op. cit.*), permite uma leitura diacrónica do *De re aedificatoria* e, consequentemente, aferir a sua *traduzibilidade* para vernáculo[216].

No entanto, arranjar termos equivalentes, aos oriundos do tratado de Alberti não basta para apresentarmos esta tradução, como nos lembra Cícero (*Opt. Gen.*, 5, 14-15) ao explicar como elaborou as traduções, a partir do grego, de Demóstenes e Ésquines:

> "E não os traduzi como intérprete, mas como orador, mantendo as mesmas ideias e formas, se assim podemos dizer, as suas 'figuras' de pensamento, numa língua que está conforme ao nosso uso. E assim fazendo, não considerei necessário traduzir palavra a palavra, mas conservei o estilo e a força da língua. Pois não penso que as deva contar, para o leitor, como moedas, mas avaliá-las pelo seu peso, como elas são"[217].

Esta avaliação é, no entanto e para Iser (2000, pp. 4-5), sujeita a um espaço de interpretação entre tempos culturais distintos, que designou de "espaço liminal", isto é, de um espaço que oferece resistência à tradução e que pode, por seu lado, ser minorado pelas relações que se estabelecem, de forma recíproca, entre aqueles tempos culturais.

---

[216] Não se trata tanto de elaborar uma "paleontologia linguística" sobre estes termos mas, de forma recursiva, perceber como o seu entendimento possibilita leituras recíprocas em tempos distintos.

[217] Esta citação de Cícero é, frequentemente, referida como exemplificativa do debate "estéril", entre os antigos, sobre a tradução "palavra-a-palavra" ou "sentido-a-sentido" (cf. trad. ingl. de H. M. Hubbell, 1949, p. 19).

Cabe lembrar, a este propósito, os termos *conformidade sem repugnância*, referidos por Francisco de Melo (1535)[218], como de *galhardia* e, ainda, *forma e distribuição*, utilizados por Mateus do Couto-o-Velho (1631), considerados equivalentes, respectivamente, a *concinnitas* e a *lineamenta* mas que, dada a ausência da sua difusão e acolhimento em termos de cultura arquitectónica mais recente, são de difícil transposição para o português actual.

De entre os textos normativos da língua portuguesa, contemporâneos de André de Resende, que permitem perscrutar aquele "espaço liminal" destacam-se a *Gramática da Linguagem Portuguesa* de Fernão de Oliveira, publicado em 1536, e o *Diálogo em louvor da nossa linguagem* de João de Barros, que veio a lume em 1540 (cf. Pinilla - Sánchez, 1998, pp. 169-176).

O primeiro, defende a expansão da língua nos novos mundos descobertos, não sem se referir aos exemplos da Grécia e de Roma: "e é manifesto que as línguas grega e latina foram grosseiras e os homens as puseram na perfeição que agora têm. Antes, se quiserdes ouvir falar de fábulas que eles contam, eu vos farei parecer que primeiro souberam falar os homens da nossa terra, porque Vitrúvio diz no segundo livro dos seus *Edifícios* que, ajuntando-se os homens a um certo fogo, o qual por acerto com grande vento se acendeu em matos, e ali conversando uns com os outros, souberam formar vozes e falar, e não dizendo ele onde foi este fogo" (Oliveira, 1536, pp. 86-89).

Fernão de Oliveira (*ibidem*) ao descrever a *fábula* de Vitrúvio (I, 2, 1-2) chama a atenção para a origem falada da língua, para que "saibamos quem primeiro a ensinou e onde e como, para que também agora a possamos usar na nossa antiga e nobre língua" sublinhando, ainda, a elevação do vernáculo para que "não desconfiemos da nossa língua porque os homens fazem a língua, e não a língua os homens".

Repare-se que Oliveira intitula o tratado de Vitrúvio por *Edifícios* e não por *Architectura*, como era então conhecido, o que sugere uma contaminação linguística a partir do *De re aedificatoria*.

---

[218] Cf. A. Moreira de Sá, 1956, pp. 154 -7.

Com efeito, João de Barros (1532, p. 51) já utiliza, na *Ropica Pnefma*[219], o termo *archetectura* para se referir à importância disciplinar da geometria (ponto, linha, superfície, ângulos e corpos). No entanto, o próprio Fernão de Oliveira, discípulo em Évora, de 1521 a 1528, de André de Resende, *i.e.* do presumível e quase certo tradutor do tratado de Alberti para vernáculo, não emprega aquele vocábulo para se referir à obra de Vitrúvio, mas sim o termo *Edifícios*[220].

Esta forma contaminada de citar o tratado de Vitrúvio é, ao que se sabe, única entre as línguas vernáculas europeias, o que reforça a hipótese, visto que o termo edificatória não estava, à época, atestado em língua portuguesa, de aquela tradução não ter sido, até essa data, efectivamente realizada. Com efeito, Resende (1963, p. 9) somente em 1552 confirma que andava "todo ocupado em um livro de arquitectura", isto é, a fazer a provável tradução do *De re aedificatoria*.

Além disso, como vimos, Bento Pereira (1697) na sua obra *Prosodia* refere-se a *emplectrum* como sendo "a parte da edificatoria, que trata de frontispicio dos edificios" e a *oecodomica* como equivalente "a architectura, a edificatoria". Isto é, Bento Pereira é o único autor, até ao séc. XX, a referir-se a *edificatoria* com a finalidade de precisar outras entradas da sua *Prosodia*.

Na verdade, o próprio termo *edificatoria* não consta como verbete autónomo nesta obra, publicada desde 1634, em sucessivas reedições até 1750, e que se veio a constituir num vastíssimo dicionário de latim-português, ao qual se juntou, a partir de 1661, um dicionário de português-latim, o *Thesouro da lingua portugueza*.

Na medida em que *architectura*, em latim, comparece definida, nesta obra, como a "arte de edificar" e "tectonicus" se refere "a cousa de carpinteiro, ou de carpintaria, ou de architectura", isto mostra que o trabalho de Bento Pereira (*op. cit.*) aceita aquela equivalência da *architectura* com

---

[219] Ou *Mercadoria Espiritual* (Barros, *ibidem*): "A outra parte de numero cõtino que ée geometria, e trata de ponto, linha, superficie, com quantos angulos, corpos e figuras áa nella todos palley: [te quadratura circuli] por me servirem muyto em á archetectura".

[220] Edific- apresenta-se como raiz antepositiva, tanto de edifício como de edificatória, derivada do latim *aedes, aedis*, com o sentido primitivo de "lar, local onde se faz o fogo, lareira" para, posteriormente, se identificar com a palavra "templo" (cf. Houaiss - Villar, 2002, p. 1425).

a *edificatoria* e somente identifica aquela com a carpintaria na medida em que partilham algo em comum, a tectónica, ao contrário da cultura medieval que as considerava integralmente equivalentes.

Dado que Bento Pereira foi um dos mais eruditos jesuítas do seu tempo, chamado a Roma para desempenhar as funções de revisor geral dos livros da Companhia de Jesus, bem como exerceu as funções de coordenador autoral daqueles dicionários, elaborados por alunos e professores da Universidade de Évora, na qual foi aluno e professor de teologia e filosofia, não é de estranhar que o termo *edificatoria* compareça na sua obra, não só pela possível contaminação do título original do tratado de Alberti mas, também, pela eventual relação com a presumível tradução do *De re aedificatoria* por André de Resende que tinha sido, no século anterior, um distinto latinista eborense. Por outras palavras, muito dificilmente Bento Pereira incluiria uma palavra nos seus dicionários que não tivesse sido anteriormente atestada, como é o caso de *edificatoria*[221].

João de Barros (1540, p. 170), no Diálogo em louvor da nossa linguagem, feito entre Pai (P.) e Filho (F.), que é como quem diz, entre mestre e discípulo, desenvolve a relação entre a língua mãe e o latim:

> "(F.) Poderão todos os que sabem Latim tomar esta licença para derivar vocábulos dele a nós?
>
> (P.) Não são todos para isso licenciados [...] A mim, muito me contentam os termos que se conformam com o Latim, dado que sejam antigos, ca destes nos devemos muito prezar, quando não acharmos serem tão corruptos, que este labéu [lhes] faça perder sua autoridade".

Assim, João de Barros, sugere que se usem termos que se conformem ao latim de forma tal que não percam a sua autoridade. Falta agora, lembrando o desafio de Cícero (*op. cit.*), de como conservar o estilo e a força da língua de origem em vernáculo.

---

[221] Para uma análise da obra lexicográfica de Bento Pereira veja-se Verdelho (1992) e Cameron (2007).

Talvez possamos encontrar uma pista no trabalho de tradução ou retradução das obras literárias e/ou filosóficas da Antiguidade, feita pelos humanistas contemporâneos de Alberti, como é o caso de Leonardo Bruni (1369-1444) e Marsilio Ficino (1433-1499), que tiveram por objectivo não só restaurar os textos clássicos na sua forma mais próxima do original - não adulterada pelas leituras posteriores do período medieval - como também em traduzi-los adequadamente, com a finalidade de serem escrupulosamente comentados e interpretados.

A tomada de consciência de que os textos clássicos estavam corrompidos pelas sucessivas interpretações filológicas, a que estiveram sujeitos ao longo dos tempos, levou a que alguns autores do *Quattrocento* começassem a elaborar uma crítica dos textos disponíveis bem como das respectivas fontes documentais.

A obra de Lourenço Valla (1407-1457), principalmente na obra *De linguae latinae elegantia libri sex*, centrou-se nas contribuições retóricas e filológicas dos autores clássicos e foi a base do movimento para restaurar a prosa latina num estilo Ciceroniano, do qual Alberti foi também um dos seus cultores, através de um exame crítico da gramática latina, bem como do expurgo de termos pós-clássicos e medievais.

Em particular, é de assinalar Ângelo Poliziano que, na obra *Miscellanea*, cita quase exclusivamente fontes originais fidedignas, condena e aponta o uso abusivo de fontes secundárias sujeitas a interpretações imprecisas e, muitas vezes, inventadas, lista as fontes documentais citadas, segue exclusivamente as fontes mais antigas, tanto quando ocorrem discrepâncias na ortografia e na composição textual, como concordâncias entre as mesmas e faz, sistematicamente, referência aos manuscritos originais e às fontes gregas da literatura latina, nomeadamente, na transliteração abusiva de palavras gregas para as correspondentes latinas (cf. Grafton, 1991, pp. 47-75).

De acordo com Grafton (*op. cit.*) este método genealógico não podia estar mais em contraste do que o utilizado pelos seus antecessores que, muitas vezes se baseavam, somente em conjecturas pessoais. Com efeito, Poliziano "applied his genealogical method of source criticism to the manuscripts of certain texts and proved that one extant manuscript was the parent of all the others. In such cases, he showed, the extant archetype must be the sole source using in establishing the text" (Grafton, *idem*, p. 59).

Este universo de *ostinato rigore,* na interpretação filológica dos textos clássicos, possibilitou uma nova abordagem às questões levantadas pelas traduções, especialmente, do grego para o latim e, posteriormente, deste para o vulgar.

Bruni, em particular, no texto *De Interpretatione Recta*[222], escrito cerca de 1420, apresenta os princípios que propiciam, no âmbito da teoria literária do *Quattrocento*, uma tradução exacta[223]. Para Bruni o tradutor deverá não só possuir "uma grande e experimentada competência nas duas línguas em causa" (*in* Santos, 2003, p. 140), bem como deverá manter "a imagem e forma da frase original, que não falte com as palavras ao sentido das proposições nem falte com o brilho e o ornato às próprias palavras"[224] (Santos, *op. cit.*, p. 141).

É neste contexto que Bruni, no prefácio à tradução da Política de Aristóteles, critica os delírios (*deliramenta*) dos tradutores medievais e reivindica uma afiliação que permita expressar a argumentação da filosofia antiga no âmbito do sistema cultural latino: *Die faciem [...] Aristotelem intueri et, ut ille in graeco scripsit, sic in latino perlegere* (Olhar Aristóteles cara a cara e ler em latim o que escreveu em grego)[225].

Será que poderemos, de igual modo, olhar directamente o tratado de Alberti e ler, em português de hoje, o que escreveu em latim renascentista de forma a expressar a sua teoria da arquitectura no âmbito da cultura artística do *Quattrocento*?

---

[222] A forma como Alberti critica a escrita de Vitrúvio assemelha-se à descrição de como Bruni comenta os trabalhos dos tradutores medievais do grego para o latim, em particular da tradução da *Ética a Nicómaco* de Aristóteles (*De interpretatione recta*, Prólogo, 1; II, 14-16).

[223] Em latim o termo *traducere* significa "transferir, atravessar ou transportar de um lado para o outro", como ocorre em César (*Gal.*, I, 12, 2), *copias flumen traducere* (fazer o exército atravessar o rio). A passagem para "traduzir de uma língua para outra" deve-se, segundo Eco (2005, p. 243), a um erro de Leonardo Bruni que "interpretou mal Aulo Gélio (*Noctes Atticae*, I, 18): *vocabulum graecum vetus traductum in lingua romanam*, onde se queria dizer que a "palavra grega era transportada ou transplantada para a língua latina."

[224] [...] *ut neque sensibus verba neque verbis ipsis nitor ornatusque deficiat* (Bruni, *op. cit.*, p. 160).

[225] Cf. trad. ingl. de H. Baron, 1928, p. 74.

Se para Bruni a retradução das obras clássicas para latim renascentista deveria ser tão harmoniosa quanto possível - com *maximum consonum* - e correctamente interpretadas - com *interpretatio recta*, por outro, Ficino, provavelmente um dos mais influentes tradutores e intérpretes do *Quattrocento*, refere, no proémio à tradução comentada das obras de Platão, que o estilo deste autor "não pode ser expresso por ninguém, mesmo que seja mais sábio. O seu estilo é semelhante não a um discurso humano mas a um oráculo divino, por vezes soando mais alto, por vezes jorrando como a suavidade do néctar, sempre porém captando os arcanos celestes" (*in* Santos, *op. cit.*, p. 151) sugerindo, assim, que o conteúdo da obra será inapreensível, por melhor que seja a tradução.

A interpretação de Laurens (2002, p. XXVI), aos Comentários de Ficino sobre o Banquete de Platão, esclarece esta problemática de forma procedente: "on a dit que la grandeur de Ficin serait finalment d'avoir livré sa propre pensée, mais à travers Platon et les platociniens, sans presque jamais apparaître en personne. Sa voix s'est identifiée avec celle de ses auteurs, mais en leur prêtant un timbre qui était tout sien, en leur imposant une clé de lecture qui elle aussi était tout sienne".

Na impossibilidade de uma tradução perfeita esta questão, que percorre todo o *Quattrocento,* pode ser resumida na seguinte problemática: "nem palavras sem conteúdo, nem conteúdo sem palavras; nem doutrina sem o *ornatus verborum*, nem o *ornatus* sem a *doctrina rerum*; nem a densidade das coisas sem a elegância das palavras, nem a elegância das palavras sem as coisas" (Santos, *op. cit.*, p. 169).

Assim, no *mar salgado* daquelas limitações, é natural que a edição em vernáculo não possa ter senão um relativo valor, principalmente face à necessidade de apresentarmos uma tradução bivalente, *i.e.* que possa ser lida, simultaneamente, tanto de forma artística e literária como tecnocientífica, de uma obra inserida inicialmente num contexto histórico diverso do actual mas que apresenta, ainda, dimensões de modernidade como nos chama a atenção Paoli (2006, p. 87): "et c'est précisément le fait que ce qu'il dit ne puisse pas être 'appliqué directement' qui permet à son texte de conserver toute sa modernité".

Neste caso, é pertinente fazer uma chamada de atenção para aquilo que, mais recentemente, Jakobson (1963) designou de função poética da linguagem, isto é, da que predomina num enunciado cuja mensagem se centra em si própria, face ao rigor do trabalho científico e de erudição que a obra de Alberti apresenta e solicita.

A questão que Jakobson apresenta é de como reconhecer esta função e, em particular, especificar o que é fundamental na obra poética? Por outras palavras, como passar para português a qualidade admirável do valor significativo do texto de Alberti, para transmitir adequadamente e com rigor as ideias e conceitos sobre o mundo edificado?

Para reconhecer aquela função Jakobson (*op. cit.*, p. 220) sugere que se leve em consideração dois modos fundamentais de comunicação: a selecção e a combinação de palavras e sílabas. "A selecção é produzida na base da equivalência, da similaridade e da dissimilaridade, da sinonímia e da antinomia, enquanto a combinação fundamenta-se na contiguidade" para a construção da sequência textual.

Jakobson (*op. cit.*, p. 220) refere que "a função poética projecta o princípio da equivalência do eixo da selecção sobre o eixo da comunicação" para concluir que "a supremacia da função poética sobre a função referencial não oblitera a referência (denotação), mas torna-a ambígua".

Aguiar e Silva (2000, p. 72) faz, na esteira de outros autores, uma refutação da teoria jakobsoniana da função poética da linguagem, argumentando que "no plano estético-literário, aquela teoria da poesia e da linguagem poética [...concebe] o texto poético como um organismo auto-regulado e autotélico e a linguagem poética como uma espécie de álgebra encantatória".

É de notar, no entanto, que é precisamente no equilíbrio, desta dimensão sedutora com a inteligibilidade disciplinar, que Alberti projecta, ao longo do texto, "o princípio da equivalência do eixo da selecção sobre o eixo da comunicação", ao referir, explícita e especificamente, que o arquitecto não necessita de ser um "orador para dialogar com o seu cliente sobre aquilo que se propõe fazer. Bastará tratar os temas com ponderação, experiência, sabedoria e diligência nos assuntos a serem discutidos para que fale de forma articulada, precisa e informada e que são precisamente as de maior importância na oratória. Contudo, não deve ser desarticulado nem insensível ao som da harmonia [... e ...] não lhe será possível ter insuficiências nos conhecimentos de pintura e matemáticas assim como ao poeta em relação à entonação de voz e ao conhecimento da métrica. Nem penso que um conhecimento limitado daquelas matérias seja suficiente" (Livro II, cap. 1).

É, pois, na articulação entre a inteligibilidade que Alberti propõe para que o discurso disciplinar se apresente como *facilem, expeditissimus* e *apertissimus* e a sua função poética, em que cada operador disciplinar é apresentado em relação de equivalência com todos os outros, que se *joga* a tradução do texto que, no limite e sob pena de ficar incompreensível, não se poderá apresentar como *duris, asperis* e *obscurantissimus*.

Podemos, para este efeito, constatar uma harmonia ou concinidade no desenvolvimento do tratado como peça literária, à semelhança do que propõe Alberti, em termos disciplinares, para a geração e construção da forma arquitectónica[226].

Primeiramente, a concinidade reside na harmonia geral do texto, da frase ou do período que se revê, primeiramente, na relação local/global presente na sua organização, desde o Prólogo até ao Livro X, relacionada com a tríade *necessitas, commoditas* e *voluptas*.

Seguidamente, apesar da *editio princeps* apresentar um texto contínuo a divisão dos Livros em capítulos, introduzida por Geoffroy Tory na edição francesa de 1512, a segunda do tratado, bem como a divisão dos capítulos em parágrafos elaborada por Orlandi na edição bilingue de 1966, mostram que o texto de Alberti associa e agrupa as frases de acordo com os respectivos conteúdos temáticos.

Além disso, o ritmo das sequências das palavras nas frases e destas nos capítulos faz com que a *collocatio verborum*, muita vezes utilizando figuras de retórica, evoque, repetidas vezes, uma sequência musical.

---

[226] Estas contaminações entre arquitectura e outras formas de conhecimento, mesmo que não sejam literárias, são de constante ocorrência na contemporaneidade, como nos lembra March (1972, p. 101) sobre a motivação para desenvolver "um sentido estético de ordem, de simplicidade essencial para além das aparentes complexidades. Na medida em que é possível criar obras únicas a partir de um conjunto limitado de elementos e regras, também, podemos dizer que, em ciência, é um desafio descobrir explicações elegantes para comportamentos complexos. Neste sentido, tanto a prática artística como o trabalho científico são actividades estéticas onde a diferença fundamental reside no encaminhamento e direcção do trabalho a desenvolver".

Aquela divisão dos Livros em capítulos bem como a multiplicação dos parágrafos pelos livros quebram intencionalmente a continuidade do texto, presente nas anteriores edições, tornando imediatamente visível a ordem preestabelecida do discurso de Alberti.

A este "triunfo definitivo dos pretos sobre os brancos" (Martin - Delmas, 1988, p. 296), a que corresponde também uma maior *limpeza* da página, Orlandi (*op. cit.*, pp. 1029-1045) acrescenta ao texto albertiano um *Indice Degli Argumenti*, que descreve o conteúdo pormenorizado dos parágrafos de cada capítulo em que subdividiu a obra, contribuindo, desta maneira, para uma leitura mais fragmentada, o que facilita a elaboração e a interpretação de citações independentes mas, contudo, menos contextualizadas, ao contrário da *editio princeps*, formada por um texto contínuo somente subdividido em Livros o que sugere, por sua vez, uma leitura mais global da obra, mas visualmente menos articulada em cada página, capítulo e livro.

Neste contexto, a prática corrente, anteriormente à introdução da imprensa, da leitura dos textos manuscritos em voz alta ou baixa, obrigava o leitor a interiorizar o texto "transformando a sua voz no corpo do outro" (Certau, 1980, p. 253-254), o que incentivava a formação de ritmos e cadências sonoras na elaboração textual. De facto, até ao aparecimento da imprensa, os leitores eram levados, para compreenderem um texto, a lê-lo em voz alta, mesmo em privado, visto que as palavras não estavam espacialmente separadas e criavam, por isso, ambiguidades interpretativas.

É de notar que Ângelo Poliziano (1485, p. 136), ao dedicar a *editio princeps* a Lourenço de Medicis, apesar desta ser já uma obra impressa, recomenda que o texto "seja lido em público e divulgado. Na verdade, ele é digno de andar na boca dos homens cultos"[227].

Também Alberti nos *I libri della famiglia* (I, p. 71), ao recomendar a leitura de autores clássicos, sugere que sejam não só lidos diversas vezes mas que sejam frequentemente recitados - *recitarli spesso* - para ficarem na memória.

---

[227] Esta sugestão de Poliziano enfatiza a eloquência presente no tratado de Alberti, apesar de este ser impresso, na medida em que ouvir uma ideia de outrem, antes de lê-la, faz com que o receptor não permaneça tão distante e crítico e possa ser, mais facilmente, convencido pela presença de um orador.

Petrucci (1984, p. 604) refere que o modelo escolástico de leitura assumia três modos: a leitura silenciosa, além da *ruminatio*, que correspondia a uma leitura em voz baixa que facilitava a meditação e a memorização e, ainda, a leitura de viva voz, semelhante à recitação litúrgica e ao canto, o que significava que ler, neste último modo, era quase comparado a declamar uma pauta musical - pela maior ou menor entonação e modulação da voz, bem como pelos ritmos e pausas necessários a um adequado entendimento textual.

Apesar de a leitura de viva voz dos *codices* ter sido acompanhada, desde o séc. VI, pela leitura silenciosa nos *scriptoria,* incentivada pela meditação e a oração, e se ter difundido ao mundo das universidades no séc. XII e às aristocracias cultas dois séculos depois, possibilitando ler mais textos em menor tempo (cf. Chartier, 1997, p. 137), aquela forma de leitura em público persistiu até ao séc. XIX.

Além disso, o toscano no *Quattrocento* é uma língua escrita de enorme prestígio, principalmente devido aos textos de Dante, Petrarca e Boccaccio, elaborados no século anterior mas, no entanto, sem uma pronúncia generalizadamente aceite. A difícil pronunciação das consoantes *amaciadas*, "como se falassem com um 'ovo na boca', e a sua articulação, arrastada do fundo da garganta, da letra c (a 'gorgia toscana')" (Walter, 1994, p. 163) *i.e.*, com aspiração quase integral das consoantes, possivelmente não era um incentivo para uma leitura oral que exprimisse a musicalidade da escrita em vulgar dos autores do Renascimento[228].

Para se entender esta situação repare-se que o toscano estava "reservado sobretudo à poesia e à literatura, como aos actos administrativos e oficiais e assim, o idioma que se tornaria no italiano, teve o raro privilégio de conhecer, durante quase cinco séculos, uma estabilidade impensável para uma língua falada. Esta aparente imobilidade, fez certamente que somente se tivesse propagado de forma escrita, o que o resguardou da evolução normal que conhecem todas as línguas e a que se submeteram os diferentes dialectos de Itália [...]" (Walter, *op. cit.*, p. 164).

---

[228] Dante, na obra *De vulgari eloquentia,* não menciona a *gorgia* Toscana, nem se refere a questões de pronunciação.

Se o oral, a nível da comunicação, é mais alusivo e o escrito mais regulamentado e constringente, podemos inferir que o texto de Alberti apresentaria um estatuto sociolinguístico diferente do de Vitrúvio, nomeadamente face à evolução fonética que a pronúncia de alguns termos latinos utilizados por este sofreu até ao tempo de Alberti.

Note-se que, em latim clássico, o *c*, anterior a qualquer vogal, pronunciava-se como [k], o que significa que o termo *concinnitas* devia ser lido provavelmente como [konkinni'tas][229]. A evolução do fonema [k], antes das vogais *i* ou *e*, em [tʃ][230], verifica-se a partir do séc. III, tanto em italiano como em romeno (cf. Serbat, 1994, pp. 36-37). Assim, em italiano actual, *concinnità* lê-se como [kontʃinni'ta] o que, muito provavelmente, correspondia aproximadamente à pronúncia que se usava, em latim renascentista, no tempo de Alberti.

A "gorgia toscana" é diferente desta transformação fonética, na medida em que aquele termo seria, presumivelmente, pronunciado com aspiração quase integral das letras c, *i.e.* das primeira e terceira consoantes. Podemos questionar se a *gorgia* toscana não contribuiu, por uma questão de inteligibilidade oral, para a decisão de Alberti em escrever o tratado em latim?

Às vogais longas e breves substituem-se as fechadas e abertas o que significa que tanto a poesia como a prosa latina, a partir do séc. III d.C., virá a fundamentar-se nas sucessão de sílabas altas e baixas, o que altera profundamente a sua intensidade rítmica (cf. Lot, 2008, p. 379).

Não é provável que as influências medievais sobre o adorno da prosa, em particular no final dos períodos, com uma cadência ou cláusula rítmica, tenham influenciado, de forma significativa, a musicalidade do texto de Alberti. Esta prosa rítmica, que se manifesta desde o séc. III d.C. até aos inícios do séc. XVI, designada de *cursus*, "era característico do chamado estilo *romano* ou da Cúria Romana" (Carreter, 1998, p. 125), na qual Alberti trabalhou, durante a maior parte da sua vida, como abreviador apostólico.

---

[229] Considerada como pronúncia restaurada, isto é, do tempo de Cícero, César e Virgílio.

[230] [k] é a consoante explosiva surda velar, como em *colare* [ko'lare]; [tʃ] é a consoante africada surda palatal, como em *ciao* ['tʃao] e ['] é o sinal do acento tónico, como em *virtú* [vir'tu].

Esta intensificação de efeitos rítmicos nos finais dos períodos, com uma disposição e quantidade especial de acentos tónicos está presente, ainda no séc. XIV, em algumas obras de Dante, Petrarca e Boccaccio.

No entanto, no início do séc. XV, Gasparino Barzizza, professor de latim e retórica de Alberti em Pádua, já tinha abandonado o *cursus* medieval, que continuou em vigor até ao pontificado de Leão X (1513-1521). É na sua vigência que Pietro Bembo, conhecido pela elegância ciceroniana da sua prosa latina, removeu, de forma definitiva, os últimos traços medievais da prosa rítmica dos documentos papais.

Sabendo da influência da prosa ciceroniana na composição textual de Alberti é natural que este fosse confrontado entre a musicalidade medieval dos textos da Cúria Romana e a dos autores clássicos, que adoptou como modelo.

Cícero (*Or.*, 219 e 220)[231] dá-nos uma síntese do que, em retórica clássica, se entendia por prosa rítmica e que Alberti procura emular no seu tratado *Da Arte Edificatória*: "dado que a prosa rítmica consegue-se não só com o ritmo, mas também com os elementos compositivos das palavras e, [...] com um tipo de simetria - por elementos compositivos que se podem entender quando as palavras estão articuladas de forma tal que dá a impressão que se busca o ritmo, mas que este surge por si só [...] Efectivamente, quando se põe em paralelo igual com igual, o contrário a contrário, ou palavras que terminam de igual forma, fazem-se eco umas das outras e tudo o que fica registado desta maneira sucede que normalmente é rítmico [...] De todas as maneiras, esta técnica não é tão rígida para não a relaxarmos quando quisermos. Há, com efeito, muita diferença entre uma prosa rítmica, isto é, semelhante ao ritmo, e uma prosa construída totalmente à base do ritmo; se se faz a segunda é um vício intolerável; se não se faz a primeira, trata--se de uma prosa desconexa, inculta e frouxa"[232].

Na prosa de Alberti, logo no início do Livro I, cap. 1, a colocação das palavras é elucidativa da adopção da oratória Ciceroniana para, por simetria

---

[231] Dos 236 parágrafos em que se compõe esta obra, os 97 finais (do 140 ao 236) correspondem à prosa rítmica.

[232] Cf. trad. de E. S. Salor, 2001, pp. 136-137.

e repetição, se construir uma prosa ritmada (sublinhados nossos): "Mas como, ao escrever sobre assuntos desta natureza, de certo modo *duros* e *áridos*, e sob muitos aspectos totalmente *impenetráveis*, desejo ser absolutamente *claro* e, na medida do possível, *fácil* e *acessível*, explicarei, como é meu hábito, qual é a natureza daquilo de que vou tratar. Efectivamente, assim se tornarão manifestas as origens, a não deixar de ter em conta, dos assuntos que vou expor, das quais todo o resto derivará em linguagem igualmente *acessível*"[233]. Esta construção rítmica mas não rígida, oriunda da retórica clássica, obtida, neste caso, por efeitos sonoros e suas combinações, bem como pela disposição simétrica das palavras e, ainda, por uma métrica flexível, percorre o tratado de Alberti o que não deixa, ainda hoje, de constituir um desafio para a elaboração do texto de arquitectura.

A este respeito, podemos constatar que Alberti é pródigo na utilização de prosa rítmica[234] para dar maior musicalidade[235] ao texto do tratado mas, agora, manuscrito em latim e não em vulgar, à semelhança do que sugere Bruni (1995, p. 210), para que a tradução capte a harmonia e o ritmo do texto de partida (*ne illa, quae rotunde ac numerose dicta sunt, dissipet ipse quidem atque perturbet*), e não se perca o conhecimento dos seus conteúdos nem a beleza do seu estilo (*et doctrina rerum sit et scribendi ornatus*)[236].

Bruni (*ibidem*) chega mesmo a indicar que o tradutor deve ter não só um bom ouvido, como deve saber utilizá-lo para que não passe despercebido o que foi expresso com harmonia e ritmo (*Et insuper ut habeat auris earumque iudicium, ne illa, quae rotunde ac numerose dicta sunt, dissipet ipse quidem atque perturbed*), o que nem sempre é possível de ser obtido[237].

---

[233] Em latim: *Sec cum huiusmodi rebus alioquin duris et asperis atquae multa ex parte obscurissimis conscribendis me cupiem esse apertissimum et, quoad fieri potrit, facilem et expeditissimum* [...] (Sublinhados nossos). Orlandi, 1966, p. 19.

[234] Na prosa métrica a maior parte das palavras exibem geralmente um ténue efeito rítmico, enquanto as últimas sílabas (longas e breves) das orações ou períodos apresentam formas rítmicas para sinalizar a aproximação do seu final, como sugere Cícero (*Or.*, III, 171) e que Alberti procura, de certa maneira, emular no seu tratado.

[235] Já Aristóteles (*Poet.*, 11491 a 19) afirmava que o ritmo da prosa deve organizar-se em pés jambos - uma sílaba breve e uma longa - pois a repetição desta alternância seria a mais apropriada à cadência natural da linguagem corrente.

[236] Cf. trad. de M. P. González, 1995, p. 211.

[237] *Idem*.

É o que sucede, por exemplo, no Livro IV, cap. 6, ao descrever o assentamento das pontes de pedra nas margens dos rios: "Por isso, é preciso escolher margens de pedra ou, melhor, maciços rochosos, pois são as mais resistentes para se lhes poder confiar as extremidades da ponte" (*Ergo eligendae ripae vel potius rupes lapideae, nanque obfirmissimae, quibus pontis capita committas*)[238].

Neste caso, o jogo de palavras com sentidos diferentes conseguido pela semelhança fonética entre *ripae* (margens) e *rupes* (rochas) é praticamente intraduzível. Esta figura de estilo, a que se dá o nome de paronomásia, exemplifica o domínio de Alberti sobre o ritmo do discurso disciplinar, que passa a ser mais insinuante e aproximativo e com uma musicalidade de difícil transposição para a língua portuguesa contemporânea. Como se esta ambiguidade, sem deixar de ser disciplinarmente inteligível, fosse uma manhã de sol que acontece em cada dia e frase de Alberti, como o tudo que passa e nunca passa.

De modo semelhante, no Livro VI, cap. 3, ao referir-se brevemente à história da arquitectura e à maneira pela qual se pode estabelecer "a diferença que existe entre os edifícios que merecem aprovação e os que a merecem menos", relata que na Grécia se "descobriu que se louvava um aspecto naquelas [obras] que eram colocadas como que na primeira linha para resistirem ao envelhecimento, outro naquelas que não eram realizadas para outra finalidade senão para a beleza" (*quoad compertum fecit, laudari aliud in his, quae ad vetustatem perferendam quasi stataria constituerentur, aliud in his, quae nullam aeque ad rem atque ad venustatem fabricarentur*).

Alberti utiliza novamente a figura da paranomásia, como sucede entre *vetustatem* (ao envelhecimento) e *venustatem* (para a beleza), pela simples mudança de uma letra, onde ambos os termos são recebidos em latim com significados diferentes mas foneticamente próximos, criando-se um efeito subtil ao nível semântico pela redundância alcançada.

---

[238] Este parágrafo comparece na *editio princeps* como: *Ergo eligendæ ripæ uel potius rupes lapideæ, nanque ob fir mi&longs; &longs;imæ: quibus pontis capita committas*, sendo de notar que *nanque ob fir mi&longs; &longs;imæ*, é interpretado por Orlandi (1966, p. 313) como *nanque obfirmissimae* (*pois são as mais resistentes*), o que sugere que, mesmo na primeira edição impressa do *De re aedificatoria*, a leitura em voz alta para a compreensão do texto seria, muito naturalmente, aconselhável.

Note-se que não se verificam, nestes exemplos, vestígios dos efeitos rítmicos utilizados na cúria papal (*cursus Romanae curia*), na medida em que a intensificação das cadências no final do período não se ajusta a nenhuma das cláusulas rítmicas estabelecidas naquele *cursus* [239].

Talvez se possa, agora, entender melhor a citação que Alberti faz das Bucólicas de Virgílio (III, 60) para começar o seu *canto*, na medida em que na competição entre os dois pastores, o júri não atribuí o primeiro prémio a qualquer dos concorrentes por ambos, no seu juízo, terem mérito idêntico. Ou, por outras palavras, como refere avisadamente Ângelo Poliziano (1485, p. 136), na dedicatória a Lourenço de Medicis sobre o autor do *De re aedificatoria*: "É difícil dizer se o seu estilo era mais inclinado para a oratória ou para a poesia, se mais majestoso ou mais aprazível".

Não negando a qualidade musical da prosa albertiana, chama-se a atenção para o equilíbrio alcançado pelo autor, entre a inerente invenção melódica e o discurso disciplinar, isto é, para o acordo da harmonia textual face à finalidade de apresentação e desenvolvimento das dimensões da arquitectura.

Neste sentido, podemos dizer que o tratado de Alberti se apresenta com uma dupla correspondência. Por um lado, como vimos, entre a organização geral do tratado e a tríade da *necessitas, commoditas e voluptas* e, por outro, entre a concinidade disciplinar e a conformidade com o texto escrito, mesmo que este se reporte a aspectos mais técnicos da arte edificatória, como ocorre nos Livros II e III.

Esta harmonia interna ou concinidade literária, referida por Cícero (*Or.*, 38, 149 e 164; *Brut.*, 326), relaciona-se com o ritmo e os símiles das palavras e das frases ao longo do tratado, como sucede, na descrição, na primeira pessoa, sobre o modo de construir as paredes de fundação, utilizando Alberti, para o efeito, a metáfora como figura de discurso: "não encontro nos antigos nenhum conselho, senão apenas o seguinte: que se atirem para dentro das fundações as pedras que, expostas a céu

---

[239] Para uma introdução ao *cursus* medieval veja-se o trabalho de Paget Toynbee sobre a obra de Dante, *De vulgari eloquentia* (*in* Murphy, 2001, pp. 251-252) e para o estudo dos acentos em latim veja-se Serbat (1994, pp. 42-47).

aberto durante dois anos, adquiriram defeitos de forma. De facto, assim como no exército são mandados embora, para junto dos seus, não sem ignomínia, os soldados indolentes e cobardes, que não conseguem suportar o sol e a poeira, assim também aqui se rejeitam as pedras moles e sem resistência, para que repousem sem glória na sua antiga inércia e na sombra a que se acostumaram" (Livro III, cap. 5).

Para Stierle (2008, pp. 34-35) "Uma metáfora é poética quando o estabelecimento de uma relação metafórica não se resolve na construção de uma analogia, mas sim quando dela resulta o distanciamento, a própria diferença de percepção", à semelhança da relação, em Alberti, entre "soldados indolentes e cobardes" e as "pedras moles e sem resistência", que evocam uma pluralidade de contextos onde se decide a sua dimensão poética, que ultrapassa a imanência da língua.

É com notável concordância que João de Barros (1988, *Década II*, Prólogo, p. III-IV), ao descrever a primeira Década da Ásia, afirme "como foi o fundamento deste nosso edefício de escritura, em algua maneira quisemos imitar o modo como os arquitectores têm dos materiais edefícios, os quais sempre fundam sobre o firme da terra, enchendo aquele lugar de alicerces, não de pedras lavradas, e limpas, que deleitem a vista, mas duras, graves, grandes, acompanhadas d'outras, ainda que pequenas, e meúdas, pera que tudo fique maciço, e a obra, que sobre ellas vier em algum tempo, por defeito de sua firmeza, e ligamento não possa arrunhar. Assi nós fundamos este nosso [edifício] sobre as pedras rusticas das cousas da Guiné"[240].

Este uso da metáfora entre a palavra escrita e o edificado, se bem que em sentidos complementares, utilizado tanto por Alberti como por Barros, sugere que o discurso disciplinar como o narrativo, também se apresentam com uma tessitura que não se encontra completamente formalizada, que necessita de significados transferidos, como sucede na poesia, para ser prezada, aceite e entendida[241].

---

[240] Earle (1992) analisa, de forma mais global, a linguagem da arquitectura na *Ásia* de João de Barros.

[241] O uso da metáfora por Alberti, bem como por Barros, é ainda evocativa da *Poética* de Aristóteles (1459 a 4) "porque tal não se aprende nos demais, e revela portanto o

Também, a relação edifício-corpo, anteriormente citada, logo introduzida no Prólogo, "com efeito, já sublinhámos que um edifício é um corpo que consta, como qualquer outro, de delineamento e matéria", bem como as diversas relações que estabelece entre a cidade e outros artefactos, "dizem os Antigos que a cidade, tal como o navio, não deve ser tão grande que baloice quando vazia, ou não tenha espaço suficiente quando cheia" (Livro IV, cap. 3) ou, ainda, em estreita relação com a nova envolvente edificada do Templo Malatestiano, onde "por sua natureza uma abertura é para dar passagem; mas às vezes adossa-se uma parede a outra parede como se se juntasse uma pele a uma veste" (Livro VI, cap. 12), exemplificam a utilização recorrente, ao longo do tratado, das figuras da analogia e da metáfora.

Estas figuras de retórica mostram que Alberti não as utiliza como mero ornamento, mas como forma de conhecimento pela apropriação do real, para nomear e iluminar conceitos disciplinares associados a uma ideia de *mimese* Aristotélica, como sucede, nos exemplos citados, para primeiramente estabelecer as bases programáticas e estruturais dos Livros I e II, que se referem, respectivamente, ao delineamento e à construção que, ao serem reunidos, produzem o edificado, bem como, de forma contextual, ao dimensionamento da cidade, que deve apresentar-se, conforme os antigos sugeriam, de forma adequada em relação à sua população ou, ainda, na sugestão de uma envolvente construtiva que se assemelha a uma segunda *pele* do edificado.

A interrogação retórica também é utilizada por Alberti (Prólogo) para criar um efeito emocional sobre a audiência e não para obter uma resposta: "Se, porém, está bem concebido e bem executado, quem é que o não observa com o maior prazer e alegria? Será ainda necessário dizer quanto, na pátria ou fora dela, a arquitectura contribui não só para o bem-estar e o prazer dos cidadãos, mas ainda para os nobilitar? Quem não considera ser para si motivo de louvor o facto de ter edificado? Ou quem não considera uma honra que habitemos em residências privadas construídas

---

engenho natural do poeta; com efeito, bem saber descobrir as metáforas significa bem se aperceber das semelhanças". Trad. de E. de Sousa, 2000, p. 138.

com um pouco mais de esmero?". Neste caso, as interrogações servem tanto de adorno enfático, como de persuasão argumentativa, dado que as respostas às questões levantadas são evidentes.

A preterição é igualmente usada por Alberti (Prólogo), quando simula não querer falar assuntos sobre os quais está indirecta ou directamente a discorrer, onde somente a leitura do conjunto permite a sua identificação: "Não vale a pena referir outros que imaginaram muitas coisas deste género - alamedas, piscinas, termas, e outras da mesma espécie - que contribuem para uma boa saúde. Também não vale a pena mencionar os carros, os moinhos, os relógios e outras pequenas invenções que, no entanto, desempenham um papel importantíssimo no desenrolar da vida quotidiana. E que dizer dos reservatórios de água trazidos dos lugares mais remotos e recônditos, destinados às utilizações mais variadas e imediatas?". Neste caso, o autor acaba por se referir a alamedas, piscinas, termas e outros equipamentos da mesma espécie, sob o pretexto de os querer evitar.

A personificação é uma das figuras de estilo utilizada para também tirar partido do carácter fluido do campo semântico da *res aedificatoria,* face ao *ostinato rigore* necessário para desenvolver o discurso sobre a edificação. Assim, às propriedades das pedras, Alberti (Livro II, cap. 8) atribui acções ou sentimentos próprios aos seres humanos, como sendo duras, obstinadas e indomáveis ("A pedra salpicada de grãos de areia brilhantes é dura; se pelo meio reluzem grãos dourados, é obstinada; se abunda em pontos negros, é, por assim dizer, indomável"), como também aceita a personificação ou a divinização dos numerais (Livro IX, cap. 5), para se referir a relações ordinais que apresentem qualidades, como sucede quando estabelece as relações proporcionais entre os números 6 e 10, considerados como perfeitos pelos antigos.

Alberti utiliza, por vezes, simultaneamente relações semânticas e posicionais, como sucede quando, ao referir-se a uma das dimensões da arte edificatória, a compartimentação, estabelece a relação entre casa e cidade. Com efeito, para Alberti (Livro I, cap. 9) "a cidade é, na opinião dos filósofos, uma casa em ponto grande e, inversamente, a casa é uma cidade em ponto pequeno, porque não se há-de dizer que as partes mais pequenas das casas são habitações em ponto pequeno? Como, por exemplo, o átrio, o pátio, a sala de jantar, o pórtico, etc.".

Por um lado, designa a parte através do todo e vice-versa (a casa por cidade e a cidade por casa) e, simultaneamente, sugere uma acumulação amplificante de significantes (partes da casa, casa e cidade).

Também o uso da metonímia, utilizada frequentemente por Alberti (Livro III, cap. 14), como é o caso para designar "uma abóbada a que nós chamaremos 'vela'", resultante de uma abóbada semi-esférica seccionada por quatro planos verticais que a inserem numa planimetria em forma de quadrado, "pela semelhança que tem com uma vela enfunada", reforça a ideia de que o autor estabelece uma dualidade quanto ao género literário para elaborar o discurso disciplinar: a metáfora para a dimensão poética e a metonímia para a prosa.

Se bem que Alberti tenha utilizado, como vimos, diversas figuras de estilo para promover as *res et verba* (palavras e coisas), bem como seguido os ensinamentos advogados por Cícero, como por Quintiliano[242], chegando mesmo a aplicar os princípios da invenção, da disposição, da ornamentação, da elocução, da memória e da acção à *res aedificatoria*, com a finalidade de persuadir o auditório da bondade do seu projecto teórico, a elaboração textual do tratado está longe de se constituir num simples exercício de retórica.

O que importa sublinhar é a abertura que a obra de Alberti proporciona para se estabelecer, na modernidade, o discurso teórico em arquitectura, na medida em que exprime tanto conceitos de forma disciplinada, como apresenta qualidades literárias.

Como assinala Grayson (1998 b, p. 341), tudo o que Alberti escreveu em latim como em vulgar apresenta-se com um estilo versátil e sempre

---

[242] No capítulo sobre a *Inteligibilidade e Eloquência*, vimos que Alberti se expressa de forma persuasiva sobre os temas que aborda, como possui um conhecimento apropriado dos seus conteúdos, à semelhança do que sugere Cícero (*de Orat.*, III, 19): "Ao constar que todo discurso consiste de palavras e coisas, nem as palavras podem ter sentido se eliminas o conteúdo, nem o conteúdo clareza se removes as palavras" (cf. trad. esp. de J. J. Iso, 2002, p. 382); como Quintiliano (*Inst.*, VIII, *Proemium*, 20) recomenda que o orador tenha "[...] cuidado nas palavras, e ainda mais cautela no conteúdo" (cf. trad. ingl. de L. Honeycutt, 2006).

renovado, o que significa que a retórica tinha uma importância secundária face à dimensão criativa da sua escrita. De facto, as figuras de estilo que assinalámos são uma das dimensões da composição textual do tratado que prima, pela sua diversidade e versatilidade criativa, dadas pela superabundância de novos termos e conceitos disciplinares, como pela resolução de *estruturas frásicas tidas por modelares* (cf. Cunha - Cintra, 2000, p. 613).

Assim, também podemos concluir como Grayson (*ibidem*): "se l'Umanesimo è retorica, l'Alberti non era umanista affatto", o que sugere que a intenção persuasiva em Alberti não era um fim, mas um meio com muitos recursos, que nunca impediram a manifestação da originalidade textual.

Talvez se possa argumentar, no rasto de Alberti e na contemporaneidade, que a elaboração do texto de arquitectura, nas terras-de-ninguém entre o literário e o não-literário, ao negociar a distância entre o autor e o auditório, a propósito de questões no domínio da arquitectura, se possa apresentar como uma forma de escrita criativa, que não só relaciona a composição literária com a arte edificatória, como funciona, ela própria, como uma importante dimensão disciplinar. Por outras palavras, Alberti, ao escrever sobre a *res aedificatoria,* não só se projecta como também *projecta*.

Assinale-se que, na cultura latina, o termo *litterae* reporta-se a todo o documento escrito que engloba qualquer género literário, como sejam a poesia, prosa, oratória, textos filosóficos, tratados técnicos, etc., e que se mantém inalterável até ao início do *Cinquecento* (cf. Feo, 1994, pp. 21-41).

Isso quer dizer que o entendimento, mais restritivo, que fazemos actualmente de *letras* e de *literatura* não estava operativo no tempo de Alberti. Com efeito, na obra *De commodis litteratum atquae incommodis,* possivelmente datada de 1432, *litterae* designa "não somente os estudos literários, mas igualmente a prática das 'artes' e o 'conhecimento das disciplinas'" (Mandosio, 2000, p. 644)[243] isto é, *Bonae idcirco litterae, honestissimae artes sanctissimaeque disciplinae* [...] (as boas letras, as artes mais honestas e as disciplinas mais santas [...], Alberti,

---

[243] A que Alberti (*De commodis* ... , V, 31) designa de [...] *maxime artibus et disciplinarum cognitione* [...].

De commodis [...], V, 38)[244], o que sugere que a sua produção poética, como os tratados técnicos, nos quais se incluem as *Rime* como o *De re aedificatoria*, fazem parte do mesmo universo ético e estético.

Como se Alberti previsse que a adesão dos leitores ao texto do *De re aedificatoria* não dependeria somente da sua inteligibilidade mas, igualmente, da sua capacidade para persuadir e cativar uma vez que a arte edificatória "[...] é, do ponto de vista público e privado, utilíssima e extremamente agradável ao género humano e não a última em dignidade entre as primeiras" (Prólogo) e, por outro, plenamente assimilada às *litterae*, visto que para a sua aprendizagem Alberti aconselha que se proceda "[...] como se faz nos estudos das letras" (Livro IX, cap. 10).

Assim, a descrição textual da arte edificatória, ao promover o encontro entre razão e sedução, não deixa de fazer parte de um universo ético e estético que, sem deixar de se apresentar como disciplinar, participa activamente na definição dos saberes e da cultura literária do *Quattrocento* e do *Cinquecento,* elegantemente sintetizada por Baldassare Castiglione (I, 42) no *Il libro del Cortegiano*: "[...] il vero e principal ornamento dell'animo in ciascuno penso io che siano le lettere".

Talvez se possa, agora, sugerir que a finalidade de apresentar um texto com maior tessitura de relações internas, com significados múltiplos, de forma progressiva e reiterada, à medida que se desenrola o discurso disciplinar e, simultaneamente, se fornecem mais informações sobre o que foi, é e poderá vir a ser a *res aedificatoria* aponta, ainda que indirectamente, sempre para o primeiro parágrafo do Prólogo que abre o tratado, isto é, para o fim último da arte edificatória, "para que a vida seja vivida de uma forma agradável e feliz". Por outras palavras, Alberti não só descreve o que é a arquitectura mas, implicitamente, valoriza-a pelo sistemático e abrangente uso literário da linguagem para estabelecer o discurso disciplinar.

Talvez resida, nesta *herança* de Alberti, a maior dificuldade em se produzirem textos de arquitectura, na medida em que este discurso

---

[244] Cf. trad. franc. de C. Carraud - R. Lenoir, 2004, p. 143.

solicita, simultaneamente, a descrição do seu objeto de estudo - a *res aedificatoria* - como sugere a implícita valorização da arquitectura.

Numa análise sobre o tratado de Alberti, Choay (1996, pp. 92-135) propõe uma leitura daquilo que designa "A arquitectura do *De re aedificatoria*" sugerindo, ao contrário de alguns autores que não estabelecem uma relação entre linguagem e arquitectura (cf. Van Eck, 2000), que o texto de Alberti também é *arquitectura*.

Para se entender esta proposição a distinção *princeps* de Slakta (1975) entre texto e discurso permite clarificar a abordagem de Choay (*op.cit.*) sobre o texto de Alberti, onde o *Discurso = Texto + Condições de produção* e o *Texto = Discurso - Condições de produção*. Assim, o texto constitui-se como um objecto "resultante da subtracção ao contexto operada sobre o objecto concreto" (Adam, 1990, p. 23).

Choay (*op. cit.*, p. 96) propõe "um esquema para apreender a arquitectura geral do *De re aedificatoria* tal como é projectado no Prólogo. Demos-lhe a forma de um triângulo equilátero assente num dos seus vértices. O triângulo representa o desenvolvimento da edificação no tempo e no espaço. Vê-se assim que o mundo edificado ocupa cada vez mais espaço (eixo das abcissas) à medida que a sua elaboração prossegue no tempo (eixo das ordenadas)".

Esta autora (*op. cit.*, p. 349) esclarece que "o eixo das ordenadas indica simplesmente uma orientação e uma ordem de sucessão" proporcional ao número de páginas dos livros do tratado que, no entanto, não são uniformemente concordantes com a apresentação tripartida da necessidade, da comodidade e da beleza do seu espaço referencial.

Se bem que neste entendimento, as dimensões descritivas e narrativas do discurso disciplinar, expressem como o espaço e o tempo se apresentam na *arquitectura* do tratado, fica por referir o indizível da prosa albertiana, de como o seu autor discorre do mais imediato para o mais mediato, abrindo novos horizontes do que se entende por *res aedificatoria* constituindo-se, assim, como formador de empatias com os patronos das obras, bem como com um grupo profissional que cultiva a sua teoria e desenvolve a sua prática.

Talvez se possa, agora, sugerir que a arquitectura do texto de Alberti fica mais adequadamente representada de forma tridimensional, onde às dimensões de espaço e de tempo, nas quais aquela se inscreve, também se verifica uma terceira dimensão - a da poética do texto - que se apresenta, sucessivamente, com maior intensidade, à medida que a sua elaboração prossegue no tempo e no espaço de referência.

É o que se passa com a noção de composição na arte edificatória[245] que fica clarificada quando se especifica o sentido de ordenamento das partes do edificado - *componendis partibus aedficiorum* - num todo organizado (Livro IX, cap. 5).

Este entendimento, à medida que a elaboração da obra prossegue no tempo, percorre o *De re aedificatoria*, graças ao poder generativo que se estabelece nas relações entre a *necessitas*, a *commoditas* e a *voluptas*.

Alberti dá uma pista, ao se referir à disposição e composição dos ornamentos em obra, para se compreender, de modo explícito, este processo onde a dimensão criativa participa, de forma interactiva, até à completa fruição da obra (Livro IX, cap. 9):

> "Todos serão dimensionados, ligados e ajustados pelas linhas, pelos ângulos, pelo traçado, pela coesão, pelo enlaçamento, não ao acaso, mas segundo um critério exacto e definido[246] e apresentar-se-ão de tal forma que o olhar, como que deslizando livre e suavemente, percorra as cornijas, as reentrâncias e toda a face interior e exterior da obra, aumentando o seu prazer com o prazer da semelhança e dissemelhança dos ornamentos; e de tal forma que, quem observar a obra, não pense que a contemplou demasiado tempo por a ter observado e admirado uma e outra vez, se não a olhar de novo, voltando-se para trás, à medida que se afasta[247]; e, por mais que procure, em parte nenhuma

---

[245] Vitrúvio (III, 1, 1; VII, 1, 4) já se refere a *compositio* no sentido de ordenação dos templos num todo, a partir da sua comensurabilidade, como a reunião de mosaicos com geometria previamente definida.

[246] No tratado *Della pittura*, ao definir o que entende por disposição dos ornamentos em arquitectura, Alberti (II, 35) propõe uma afiliação à noção de composição em pintura: "Composição é aquele método de pintar pela qual as partes das coisas vistas se resolvem em conjunto na pintura".

[247] Esta forma de olhar repetidas vezes encontra plena aceitação na contemporaneidade na medida em que, como lembra Carrière (2007, p. 59), "[...] todo o olhar deforma. Nada é mais suspeito do que um olhar. O nosso olho, ou seja, o nosso cérebro, porque um não passa sem o outro, limita-nos terrivelmente o mundo, enganando-nos com obstinação. Apenas vê. Mantêm-nos afastados da realidade, fora do mundo. É por isso que temos de ir

de toda a obra encontre alguma coisa que não seja igual, correspondente e que não contribua com todas as proporções para o seu esplendor e beleza"[248].

Neste passo, Alberti sintetiza, de forma magistral, como se organiza o processo criativo em arquitectura onde:

a) todos os elementos deverão ser "dimensionados, ligados e ajustados pelas linhas, pelos ângulos, pelo traçado", isto é, pelos *lineamenta*;
b) se estabelece uma correspondência com uma ontologia do tempo, na medida em que quem contempla a obra "não pense que a contemplou demasiado tempo";
c) e se desenvolve uma reciprocidade com uma fenomenologia do desejo, dado que se aumenta "o seu prazer com o prazer da semelhança e dissemelhança".

Como se a proposta albertiana expusesse a efemeridade de um saber fundado:

d) sobre a evanescência de uma experiência sensível de um "olhar, como que deslizando livre e suavemente", que percorre "as cornijas, as reentrâncias e toda a face interior e exterior da obra";
e) bem como, segundo uma "imagem móvel da eternidade"[249], na medida em que "por mais que procure, em parte nenhuma de toda a obra" se encontra "alguma coisa que não seja igual".

E onde, finalmente, se nota:

f) a prevalência da resolução da difícil tarefa do todo, ou seja, "com todas as proporções";
g) e, ainda, a subordinação ao primado da *summa voluptas*, isto é, do "seu esplendor e beleza".[250]

---

mais além", para que a obra não deixe de contribuir "com todas as proporções para o seu esplendor e beleza", como sugere Alberti.

[248] Van Eck (2000, pp. 80-81) chama a atenção para esta passagem do *De re aedificatoria*, única nas descrições de arquitectura do *Quattrocento*, na medida em que o espectador fica inteiramente receptivo à beleza em termos exclusivamente arquitectónicos.

[249] Platão, *Ti.*, 37d.

[250] Para Lücke (2007, pp. 652 e 658-659) a inter-relação entre o edificado e o observador é, como aliás sugere Alberti, de natureza retórica, como num diálogo. Quando o olhar for

Neste sentido, o facto de Alberti se exprimir em latim não é uma fatalidade do seu pensamento, mas do seu desígnio de se expressar na cultura clássica, através de um tempo ordenador, que transforma a temporalidade dos operadores disciplinares numa intemporalidade de significados, na medida em que estes não se elevam a outro plano existencial, mas participam num processo criativo cujo objectivo é produzir obras quase eternas[251].

É este desejo de intemporalidade da arte edificatória que se apresenta de uma forma inovadora, como também complexa: "aconselho-te a que não te apresses, levado pelo desejo de edificar, a dar início à obra, como fazem as pessoas irreflectidas e precipitadas; mas, se me deres ouvidos, aguardarás algum tempo até que a aprovação recente do teu engenho arrefeça, disposto a examinar tudo mais uma vez: ser-te-á então permitido analisar ponderadamente o projecto, já não levado pelo apego à tua invenção, mas sim movido pelos argumentos da razão" (Livro II, cap. 1).

Assim, esta constância da inconstância do processo criativo - de forma *a examinar tudo mais uma vez* - transforma-se, em Alberti, num desejo de imanência - *já não levado pelo apego à tua invenção, mas sim movido pelos argumentos da razão.*

Em certo sentido imanência refere-se à qualidade daquilo que é, enquanto transcendência se reporta ao acto de estabelecer uma relação que excluí a unificação ou identificação dos termos que compara.

Para Deleuze - Guattari (1990, p. 40) uma teoria somente pode ser julgada pela imanência dos seus critérios na medida em que "o plano de imanência não é um conceito pensado nem pensável, mas a imagem do pensamento, a imagem por este construída do que significa pensar, do fazer uso do pensamento, de orientar-se no pensamento [...]".

Neste caso, a correspondência entre a língua latina e a arte edificatória equivale ao conjunto de relações que conformam o universo onde as mesmas

---

tocado pela beleza experiencia-se a congruência entre uma capacidade inata (*ratio inata*) da mente e a concinidade (*concinnitas*), a que Lücke (*ibidem*) designa de "fascinação estética". Neste sentido, o processo criativo em arquitectura tem por finalidade alcançar aquela *fascinação* pelo prazer gerado pelos contrastes e semelhanças, face à totalidade da obra.

[251] Cf. Alberti (Livro I, cap. 2) ao referir-se à durabilidade das obras: *Ad firmitatem perpetuitatemque integra et solida et admodum aeterna* (que, para sua firmeza e duração, não tenha defeito, seja sólida e quase eterna).

ocorrem, como é afirmado por Alberti (Livro II, cap. 13), quando compara a escrita do tratado com a resolução construtiva do edificado: *itaque nos, quasi opus facturi simus et manu aedificaturi, ab ipsis fundamentis rem ordiri aggrediemur* (por isso nós, como se estivéssemos para fazer a obra e edificá-la com as nossas mãos, daremos início a esta matéria começando pelos alicerces)[252].

Da mesma maneira que um escritor, no plano da imanência, é um instrumento da escrita, para Alberti o arquitecto é igualmente um instrumento do projecto. Trata-se de pensar em latim com e não sobre a arquitectura, na medida em que Alberti se refere a um desejo para produzir algo orientado para a realização do que foi antecipado. Consequentemente, o projecto acaba por projectar o projectista: "com efeito, assim como uma obra bem planeada é causa de glória para todos aqueles que para ela contribuíram com o seu engenho, trabalho e esforço, assim também, se houver algum aspecto em que a concepção, por parte do autor, ou a perícia, por parte do executor, deixem a desejar, muito grande será o dano causado ao seu prestígio e reputação" (Livro II, cap. 1).

Neste contexto, a teoria da arquitectura em Alberti estabelece uma política de desejos entre a língua latina e a arte edificatória, pela forma inovadora e recorrente como (re)inventa novos termos e promove a *ratiocinatio* dessa arte, arquitectada na imanente reciprocidade das suas relações, sem a exclusão dos termos que compara.

No entanto, não se pode afirmar que se verifica um modelo de correspondência, entre a feitura do tratado em latim e a sua articulação com a arte edificatória, o que não deixa de constituir, ainda nos dias de hoje, um desafio maior, face às línguas vernáculas, para o desenvolvimento disciplinar da arquitectura.

Apesar de em latim a *função* de uma palavra na frase poder ser marcada, principalmente, pela sua *forma*[253], Alberti nunca se referiu a

---

[252] Siza (2000, p. 137) também esclarece, de forma semelhante: "[...] que não existe uma grande diferença entre o processo da escrita e do desenho de tal modo que em definitivo não sou capaz de dizer como desenho um objecto ou a própria arquitectura", o que sugere que está por investigar, na situação contemporânea, as relações entre vernáculo e o pensar com arquitectura.

[253] Em latim "[...] les fonctions du nom sont exprimées soit par les désinences seules (nominatif sujet; accusatif complément d'objet; génitif complément de nom; datif, complément d'attribution), soit par des prépositions unies au nom à un certain 'cas'; la valeur

qualquer reciprocidade entre palavras e *vocabulários* de projecto e, em decorrência, sobre a função de as linhas ou de os *lineamenta* serem *marcados* pela sua configuração.

O que Alberti (*Profugiorum*, III, pp. 114-115) reconhece, nas palavras de Agnolo Pandolfini[254], são as possibilidades combinatórias de elementos arquitectónicos que, só por si, não teriam significado, mas que reunidos de forma conjunta resultam em algo gracioso e conveniente: "[...] Estou acostumado, principalmente à noite, quando a agitação da minha alma me enche de preocupações e procuro alivio destas inquietações e tristes pensamentos, construir e conceber mentalmente alguma máquina extraordinária para mover e transportar pesos, para criar coisas grandes e maravilhosas. Algumas vezes acontece-me que não só acalmo a agitação da minha alma, mas invento alguma coisa excelente e digna de ser lembrada. Outras vezes, em vez de perseguir este tipo de pensamentos, componho na minha mente e construo algum edifício muito complexo, arranjando filas de colunas em número variado com diversos capitéis e bases inusitadas, ligando estas com cornijas e painéis, que resultam numa nova graciosidade e conveniência".

O que é pertinente, no âmbito da arte edificatória, é a *collocatio* dos seus elementos e a sua contribuição para a concinidade global da obra, sem que estes se constituam, necessariamente, em unidades mínimas significantes. Isto sugere que, para Alberti, o que é valorizado são as potencialidades generativas das frases em latim para pensar a arquitectura, como o fez no *De re aedificatoria*, do mesmo modo que, naquela língua, a graciosidade e a conveniência são resultantes da disposição recíproca dos seus elementos constituintes[255].

---

propre de la désinence peut confirmer celle de la préposition, elle peut aussi s'estomper complètement, laissant la préposition seule signaler la fonction. Le système latin est donc simultanément flexionnel (synthétique) et prépositionnel (analytique)" (Serbat, 1994, p. 57).

[254] Agnolo Pandolfini (1363-1446), político, mercador e embaixador florentino, principal interlocutor na obra *Profugiorum* (I, p. 7) e cujas posições convergem com as de Alberti: "Voglio inferire che a Battista, qual sempre v'appella padre, e védevi e odevi con avidità e volentieri, e' vostri ragionamenti saranno, come e' sono a me, accettissimi e gratissimi".

[255] No tempo de Alberti, Leonardo Bruni, no tratado *De interpretatione recta* (I, 2), adverte que o significado das palavras depende da sua função na frase.

A este respeito, Langer (1979, p. 93) sugeriu, noutro contexto, que as formas visuais, como linhas, cores e proporções, são igualmente capazes de combinações complexas, como sucede com as palavras numa frase, mas de um modo totalmente distinto, dado que aquelas são não discursivas, *i.e.*, os seus elementos constitutivos não se apresentam de forma sucessiva, mas simultânea, o que significa que as relações para se entender a sua organização são apreendidas de forma global. Assim, "the meanings given through language are successively understood, and gathered into a whole by the process called discourse; the meanings of all other symbolic elements that compose a larger, articulate symbol are understood only through the meaning of the whole, through their relations within the total structure" (Langer, *op. cit.*, p. 97)[256].

Também Plotino (V, 8, 6) alude à escrita simbólica dos Egípcios que manifesta, de forma não discursiva, a natureza do mundo inteligível[257]. De igual modo, Alberti (Livro VIII, cap. 4) afirma a importância deste sistema ideográfico, que podia ser facilmente "interpretado em todo o

---

[256] O pensamento discursivo, a *dianoia*, que parte das premissas para as conclusões, vem descrito tanto em Platão (*Resp.*, VI, 509d-511d), como em Aristóteles (*Metaph.*, V, 1, 1025 b25) e contrasta com a *noêsis*, considerada uma forma superior de conhecimento, associada à capacidade de intuir ou conhecer alguma coisa imediatamente. A distinção entre estas formas de pensamento, que é novamente abordada, após o trabalho de Ficino (1482), por Immanuel Kant na *Crítica da Faculdade do Juízo* (§§ 76 e 77), foi posteriormente analisada, no âmbito da filosofia pós-kantiana, por Johann Wolfgang von Goethe e Friedrich Hegel e, mais recentemente, por figuras tão diversas como Walter Benjamin, Martin Heidegger e Ludwig Wittgenstein. Na contemporaneidade, este domínio tem sido abordado, no âmbito das relações inter-hemisféricas e de dominância cerebral, nos trabalhos de, entre outros, António Damásio (1994, 1999, 2003), bem como nos horizontes da especialização hemisférica e comportamento criativo, nomeadamente nas obras de Paul Torrance (1982), de Robert Sternberg (1999) e, ainda, de Sternberg, Grigorenko - Singer (2004).

[257] Para mostrar a diferença, em relação à representação cíclica do tempo, entre o pensamento discursivo e o não discursivo, Ficino (*Opera Omnia*, II, p. 1768) faz o seguinte comentário sobre a relação entre estas formas de saber: "Os sacerdotes egípcios para caracterizarem os objectos divinos não utilizavam letras, mas ilustrações completas de plantas, árvores e animais dado que, sem dúvida alguma, Deus tem um pensamento, sobre o conhecimento das coisas, que não é complexo nem discursivo mas, de algum modo, simples e directo. O vosso pensamento sobre o tempo, por exemplo, é múltiplo e móvel, pois compreende o facto de ser fugidio e que, por uma espécie de evolução, estabelece uma nova ligação do começo com o fim [...] Os Egípcios, contudo, sintetizavam todo este discurso numa única imagem, representada por uma serpente alada que mordia, na boca, a sua própria cauda" (cf. trad. fr. de A. Chastel, 1975, p. 72).

mundo pelos especialistas", enquanto os caracteres etruscos, que imitavam os gregos e também os latinos, ninguém entendia o que significavam.

Além disso, ao fazer do olho alado a sua vinheta (ver Fig. 12 a), que tudo observa e se interroga sobre o que virá a seguir (*Quid tum?*), e ao inserir velas enfunadas (✥) nas faixas régias das fachadas do templo de *Santa Maria Novella,* bem como no palácio Rucellai, em Florença, provavelmente como símbolo da capacidade empreendedora desta família, Alberti mostra a sua aprovação por esta forma de comunicação não discursiva.

No entanto, a mais importante adesão de Alberti à não discursividade em arquitectura, como "[...] uma espécie de sabedoria, uma forma de conhecimento, que ocorre de forma instantânea e não como um discurso ou deliberação" (Plotino, V, 8, 6)[258], verifica-se quando explicita as consequências desse conceito central da *res aedificatoria*, a concinidade, dado que "segue-se daqui que, quando pela vista, pelo ouvido ou por qualquer outro modo nos chegam ao espírito coisas bem proporcionadas, imediatamente as sentimos" (Livro IX, cap. 5).

Também para Plotino (V, 8, 5, 20-24), a *beleza inteligível* é uma forma unitária de entendimento não discursiva, onde a forma que assume no intelecto é uma realidade precisa: "não se deve supor que os deuses ou os 'espectadores excessivamente abençoados', no mundo superior contemplem proposições, mas que todas as formas de que falamos são belas imagens desse mundo, do tipo que alguém imaginou que existem na alma dos sábios, imagens não pintadas, mas reais"[259].

Em conformidade, Alberti (Livro I, cap. 1) também se refere a "projectar mentalmente todas as formas, independentemente de qualquer matéria", quando define o que entende por delineamento, como uma coisa mental (*in animo ac mente*), elaborada por uma imaginação e um intelecto cultos (*ingenio erudito*), que apresentam um desígnio (*propositum*) para prescrever aos edifícios e às suas partes uma localização adequada e uma proporção exacta, bem como uma escala apropriada e uma distribuição conveniente, a serem alcançadas por meio de um traçado exacto e uniforme.

---

[258] Cf. trad. ingl. de S. MacKenna, 1991, p. 417.
[259] *Idem*, p. 416.

Assim, a sua compreensão da arte edificatória que se pauta, simultaneamente, pela correspondência harmoniosa entre a estrutura dos *lineamenta* e a materialidade da obra, bem como pela independência da primeira em relação à segunda, espelha-se tanto nos atributos da alma, dado que esta "possui em si imagens das coisas divinas sobre as quais depende", como "também possui as razões e os modelos das coisas inferiores que, num certo sentido, faz gerar" (Ficino, 1482, I, 2)[260].

Em suma, Plotino sugere que a intuição é uma forma de conhecimento que é compreendida na sua totalidade, sem processos intermediários, onde a simultaneidade a distingue de formas de comunicação discursivas, que abordam as ideias e as suas representações de forma sequencial, à semelhança de Alberti (Livro IX, cap. 5; cap. 10), que refere, como vimos, aquela característica inata da mente para apreciar a beleza quando "nos chegam ao espírito coisas bem proporcionadas, imediatamente as sentimos".

Kant (1998, 77) esclarece, a este propósito e ainda que posteriormente a Alberti, que "no caso de não querermos representar a possibilidade do todo como dependente das partes, tal como é apropriado ao nosso entendimento discursivo, mas pelo contrário, segundo o critério de medida do entendimento intuitivo [...] das partes [...] como dependentes do todo, então não pode acontecer [...] que o todo contenha o fundamento da possibilidade da conexão das partes [...] mas somente que a *representação* de um todo contenha o fundamento da possibilidade da forma do mesmo e da conexão das partes que lhe pertencem"[261].

Esta *representação*, constituída por "imagens não pintadas, mas reais"[262], revê-se, integralmente, na concepção mental do edificado, anteriormente sugerida por Alberti (Livro I, cap. 1) ao definir os *lineamenta* como uma forma não discursiva de pensamento.

Neste contexto, a hipótese linguística de Whorf (1956)-Sapir (1929), também conhecida por hipótese da relatividade linguística, de que a

---

[260] Cf. Kristeller, 1943, p. 119.
[261] Trad. de A. Marques e V. Rohden, 1998, p. 332.
[262] Referência à descrição de Sócrates feita por Alcibíades, *in* Platão, *Symp.*, 215b1-3 e 216e6-217a1.

estrutura da linguagem afecta as percepções da realidade dos seus praticantes e influencia os seus padrões de pensamento e de visões do mundo de forma determinante, não pode ser aceite no caso de Alberti, dado que somente é possível afirmar que se verifica alguma afinidade entre a sua maneira de escrever em latim e a sua forma de pensar em arquitectura, mas não uma determinação da primeira sobre a segunda[263].

Talvez se possa dizer que não existiu, tanto em Alberti, como na cultura artística do *Quattrocento* e na do *Cinquecento,* um determinismo, mas antes uma confrontação (*paragone*)[264] entre as artes literárias e as visuais.

Em suma, para Alberti o tratado não só faz uma exposição sistematizada da *res aedificatoria*, como a sua composição textual se configura como um autêntico acto de comunicação que, na sua autonomia e amplitude, incrementa a potencialidade do discurso disciplinar, explora as suas virtualidades e mostra as suas metamorfoses.

---

[263] Sobre a questão da relatividade linguística e a imitação humanística do latim clássico veja-se Nauta, 2006, pp. 173-86.

[264] Cf. Caldwell, 2000, pp. 277-78.

A Terminologia da Sistematização da Coluna

Não são as ordens arquitectónicas que são desenvolvidas por Alberti (Livro VII, cap. 6), mas o conceito de *columnatio, i.e.* de sistematização da coluna ordenada pelas suas partes (pedestal, base, coluna, capitel, arquitrave, traves ou friso e cornija) e não pelos seus géneros (dórico, jónico, coríntio, compósito ou itálico). Em rigor, quando nos referimos à organização das partes que compõem o sistema da coluna, deve-se utilizar, para Alberti, o termo género (*genus*) - que oscila entre uma dimensão parietal e uma ornamental - e, para a maioria dos restantes tratadistas, o termo ordem.

A primeira notícia que se tem da utilização desta designação é dada na carta de Rafael Sanzio, datada de 15 de Agosto de 1514 ao seu amigo Fabio Calvo[265] para desenhar o frontispício, da edição em vulgar do tratado de Vitrúvio, que este tinha concluído a seu pedido, com o desenho de uma *hordine doricho*[266].

Este interesse por Vitrúvio, no círculo de Rafael Sanzio (1994, p. 29), já está manifesto na missiva que endereça a Baldassare Castiglione, em Abril do mesmo ano, sobre o andamento dos trabalhos para a nova basílica de São Pedro em Roma: "[...] un gran peso sopra le spalle. Ma io mi levo col pensiero più alto. Vorrei trovare le belle forme degli edifici antichi, né so se il volo sarà d'Icaro. Me ne porge gran luce Vitruvio, ma non tanto che basti".

---

[265] O manuscrito original, que se conserva na *Bayerische Staatsbibliothek* de Munique (Cod. It. 37), no f. 273 v apresenta uma notação de Rafael Sanzio informando que foi: "[...] tradocto di latino in lingua e sermone proprio e volgare da Messere Fabio Calvo ravennate, in Roma in casa di Raphaello di Giovan de Sancte da Urbino e a sua instantia" (Fontana - Morachiello, 1975, pp. 25 e 407).

[266] Rafael Sanzio (1994, p. 276) refere nesta missiva o seu propósito de ilustrar o tratado de Vitrúvio: "[...] ve designerò ne' bianchi le fighure che v'ànno a essere e ve farò el frontespitio de hordine doricho con un archo e le fighure drento le virtù, con varie altre inventioni che me naschono per la fantasia [...]", o que não se chegou a concretizar devido ao falecimento prematuro do seu tradutor, Fabio Calvo, em 1527.

No entanto, Vitrúvio nunca utilizou no *De architectura* aquele termo no sentido que ficou a ser conhecido, após a publicação, em 1537, do *Quarto Libro* de Sérlio, que apresenta, pela primeira vez, a classificação tipológica das cinco ordens de arquitectura, desde então publicadas, nas suas inúmeras variantes, em sucessivos tratados e manuais (ver Fig. 14).

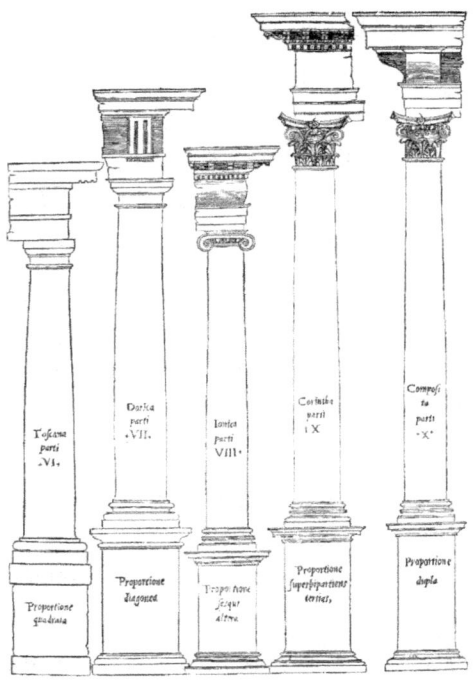

Fig. 14 A classificação tipológica das cinco ordens de Sérlio, 1537, Livro IV, fl. IIIIr (127r).

Com efeito, Vitrúvio (I, 2, 6) utiliza o termo *ordo* no sentido de ordenar ou dispor e quando se refere à sistematização dórica, jónica e coríntia utiliza o vocábulo *genus* e *ratio* com o significado de género ou espécie, como sucede quando se reporta à antiga obra de carpintaria: *ita unaquaeque res et locum et genus et ordinem proprium tuetur* (Assim, cada coisa tem a ver com o que lhe é próprio, seja o lugar, seja o género, ou o ordenamento, Vitrúvio, IV, 2, 2)[267].

---

[267] Tradução baseada em Maciel (2006, p. 146) mas não coincidente dado que esta remata com o seguinte passo: "[...] seja a tipologia ou a ordem".

Na verdade, Vitrúvio (IV, 1, 1; 2; 3) discorre sobre o ordenamento da arquitectura, mas não utiliza o termo ordem, dado que se refere a *columnae corinthiae* (colunas coríntias), *ionicis moribus* (usos jónicos) e reporta-se ao nascimento do género dórico como *ita e generibus duobus capitulo interposito tertium genus in operibus est procreatum. e columnarum enim formationibus trium generum factae sunt nominationes, dorica, ionica, corinthia, e quibus prima et antiquitus dorica est nata* (Deste modo, pela interposição de mais um capitel, um terceiro estilo foi criado nas obras, na sequência dos dois primeiros ordenamentos. E assim nasceram, a partir da formação das colunas, as denominações dos três modos, dórico, jónico e coríntio, dos quais o primeiro a surgir, desde há muito, foi o dórico).

Igualmente Plínio-o-Antigo (XXXV, 56) refere-se a *genera earum quattuor* (há quarto géneros de colunas)[268], mas não se refere ao conceito de *ordo* (ordem). Somente, a partir da publicação do tratado de Sérlio (*op. cit.*) é que os diversos géneros de colunas passaram a ser conhecidos como ordens.

Para Alberti o conceito de sistematização da coluna encontra-se enraizado em duas temáticas essenciais: como contribuindo para a noção parietal do edificado, bem como para o seu ornamento.

Fig. 15 a) Fachada da Igreja de *San Miniato al Monte*, Florença, c. 1060-1090; b) Baptistério de *San Giovanni*, Florença, c. 1059. [269]

---

[268] Cf. trad. ingl. de J. Bostock - H.T. Riley, 1855.

[269] Fontes das ilustrações adaptadas de: a) http://www.flickr.com/photos/martin97uk/2405171340/; b) http://it.wikipedia.org/wiki/File:Battistero_Firenze.jpg. Consulta na www em 05-01-2010.

Rabano Mauro (*De Vniverso*, XV, 23), no capítulo *de parietibus*, antecipa, no período medieval, a noção albertiana de que uma parede é feita de colunas (*columnae*), o que está em conformidade com o que sugere Alberti (Livro I, cap. 10), dado que "as filas de colunas nada mais são do que uma parede perfurada e aberta em vários pontos. Mais ainda, ao pretender definir o que é uma coluna, talvez não seja despropositado dizer que é uma parte firme e estável de um muro erguida perpendicularmente do solo até ao ponto mais alto, para sustentar a cobertura".

Este conceito parietal de colunata mostra a importância que Alberti dá à parede como elemento definidor da arquitectura, assumido na arquitectura medieval florentina, como é o caso da igreja de *San Miniato al Monte*, ou do baptistério de *San Giovanni*, onde as arcadas das fachadas nada mais são do que *uma parede perfurada e aberta em vários pontos*. (ver Fig. 15).

Fig. 16 *Forum Romanum* desenhado por Martin van Heemskerck, c. 1532.[270]

---

[270] Fonte da Ilustração: Kupferstichkabinett, Staatliche Museen zu Berlin - Preussischer Kulturbesitz. Römische Skizzenbücher, inv. nº 79D2, I, fol. 6r.

Alberti (Livro VI, cap. 13) também refere que *in tota re aedificatoria primarium certe ornamentum in columnis est* (em toda a arte edificatória o principal ornamento consiste sem dúvida nas colunas), o que mostra a importância das pré-existências das ruínas de Roma e, em particular, do seu *Forum*, onde as colunas constituíam os vestígios mais visíveis deste campo arqueológico, que foi uma fonte de aprendizado para o estudo das obras da Antiguidade Romana (ver Fig. 16).

Para um olhar contemporâneo, isto sugere que a complexidade e a contradição estão presentes na leitura que Alberti faz da importância da coluna no todo edificado. Na verdade, esta orientação pode ser entendida como uma contradição integrada, na acepção de Venturi (*op. cit.*, p. 46), *i.e.* como uma segunda leitura sobre o operador parietal, na medida em que este é decorrente do desencontro inerente a uma ordem instaurada pelo próprio autor, a dimensão parietal da coluna, que é aparentemente transgredida ou complementada, mais por intenção do que por fraqueza, pela sua dimensão ornamental.

Alberti (Livro VII, cap. 15) introduz uma restrição para a definição desta dimensão parietal dado que "no sistema de colunas com arcadas devem usar-se colunas quadrangulares", para que não se verifiquem desencontros entre formas geométricas distintas, a quadrangular proveniente da base de apoio da arcada e a circular originada pela coluna. Alberti ainda refere que os antigos arranjaram a solução de introduzir uma superfície de transição, para estabelecer a concordância entre a cabeça do arco e o sumoescapo da coluna. Wittkower (*op. cit.*, p. 35) chama, no entanto, a atenção para o facto de Alberti evitar a combinação de arco e coluna: "when he used columns he did, in fact, give them a stright entablature, while when he introduces arches he made them rest on pillars with or whitout half-columns set against them as decoration".

Além disso, ao propor a sistematização da coluna, Alberti estabelece uma organização das suas partes constituintes que poderão ser, eventualmente, recombinadas para se gerarem outras relações formais, para além do cânon estabelecido nas quatro ordens sistematizadas por Vitrúvio (IV, 1-9), *i.e.*, da dórica, da jónica, da coríntia e da toscana.

Feitas estas observações, iremos descrever o sistema de coluna proposto por Alberti, tendo em atenção a sua diversificada nomenclatura, principalmente face à terminologia de origem helenística presente no tratado de Vitrúvio, em confronto com a classificação proposta no *De re aedificatoria*, que leva aquele autor a traduzir termos gregos que não têm equivalente em latim, transpondo, para o efeito, nomes similares e inventando novos vocábulos na língua de destino.

No seu purismo linguístico Alberti recria, em latim, alguns dos termos arquitectónicos descritos por Vitrúvio e altera, em alguns casos, as proporções e os elementos deste ordenamento, não sendo, por isso, inteiramente comparáveis, conforme adverte logo no Livro III, cap. 14: "Terei de forjar nomes para ser fácil e o mais claro possível, como é minha intenção esforçar-me por sê-lo ao máximo nestes livros".

Não se trata de Alberti propor alguma forma de economia linguística nem de corrigir Vitrúvio apesar, na opinião de Alberti (Livro VI, cap. 1), do modo confuso como aquele se expressava em latim. Alberti chega mesmo a utilizar termos de Vitrúvio, como é o caso de *flos* (flor) e de *prima folia* (primeiras folhas) na decoração do capitel coríntio.

As alterações lexicais introduzidas por Alberti reportam-se à cultura literária do *Quattrocento*, que admitia que "*Atqui nihil Graece dictum est quod Latine dici non posit*" (Bruni, 1995, p. 230)[271]. Na verdade, Alberti é pródigo em utilizar neologismos para enriquecer o latim com termos que correspondem, no seu entendimento, à veracidade edificatória do seu tempo, a começar, como vimos, por *architectura* que é apresentada como *res aedificatoria*, com o objectivo de substituir vocábulos que não sejam de origem latina por outros inteiramente novos.

Estas modificações no léxico arquitectónico clássico revestem-se, por vezes, de algum antropo ou zoomorfismo e, mesmo, de um certo maquinismo para designar termos consagrados que aparecem no tratado de Vitrúvio, como é o caso de *umbilicus cocleae* (umbigo do caracol), para significar o centro da espiral ou olho da voluta jónica, ou de *claviculi*

---

[271] "Contudo, nada se disse em grego que não se possa dizer em latim". Cf. trad. esp. de M. P. González, 1995, p. 231.

(linguetas ou cavilhas) para designar as gotas do entablamento dórico. Trata-se de precisar, com termos de certo modo prosopopeicos, aquele léxico, ainda de acordo com o princípio da relação edifício-corpo.

Da mesma maneira, na comparação entre o léxico de Alberti e o de Vitrúvio, no entablamento, o ressalto (*gradus*) é equivalente a degrau, a fronte da trave (*tignum*) a tríglifo e o painel (*tabula*) a métopa. No capitel, a taça (*lanx*) a equino, o cordão (*funiculus*) a astrágalo, a gola (*gulula*) a gola reversa, a onda (*undula*)[272], a gola direita[273] e, mais especificamente, no entablamento jónico, a rudentura (*rudens*) é formalmente semelhante ao equino (*echinus*) da ordem dórica do *De architectura*. Todos estes termos são utilizados por Alberti numa base analógica mostrando, por vezes e em simultâneo, transformação de conceitos[274].

No seio destas transformações Alberti (Livro VII, cap. 2) não se refere às ordens arquitectónicas mas ao conceito de *columnatio*, que não encontra paralelo em Vitrúvio e se reporta, como vimos, à sistematização das suas partes constitutivas.

Repare-se que Vitrúvio (Livro IV, 3, 3) utiliza a expressão *uti ordo postulat [...] dorico* (como postula a [...] ordem dórica) para expor o conceito de *ordinatio,* isto é, de "justa proporção na medida das partes da obra considerada separadamente, e, numa visão de totalidade, a comparação proporcional tendo em vista a sua comensurabilidade" (Vitrúvio, I, 2, 2). Por outras palavras, para Vitrúvio a descrição das ordens arquitectónicas é, essencialmente, tipológica, na medida em que são apresentadas as partes que caracterizam cada uma delas na sua totalidade. Para Alberti, a abordagem é mais *construtível*, dado que a sistematização das colunas é primeiramente descrita pelas suas partes constitutivas e não pelos seus géneros, sendo necessário proceder-se

---

[272] Vitrúvio (V, 6, 6) refere-se uma única vez a *unda* e, em Bartoli (1550), *undula* comparece como *onda*.

[273] Nos tratados de Vinhola e de Palladio são usados os termos equivalentes de gola direita e gola reversa e no de Scamozzi o de gola direita.

[274] A expressão *cimatium* (cimácio) também é utilizada por Alberti para se referir ao delineamento superior de qualquer moldura. Assim, *cimatium gugula* (cimácio de gola) ou *operculum cum cimatio* (ábaco com cimácio) referem-se, num capitel, respectivamente, aos remates superiores da gola e do ábaco.

à sua combinação para globalmente se reconstituírem as ordens descritas por Vitrúvio.

Não tendo chegado, até nós, qualquer tradução em língua portuguesa do tratado de Alberti, surge a problemática de como transpor o respectivo léxico para o português actual.

A este propósito, Nuno Teotónio Pereira (1944, p. 775) faz eco da inutilidade do tratado de Vinhola, datado provavelmente de 1562, para a arquitectura contemporânea: "as pilastras inúteis, as cornijas inúteis, as consolas inúteis, os balaústres inúteis, são consequências nefastas da ditadura que o Vignola ainda hoje exerce em algumas das mais importantes escolas do País. É muitas vezes apontado como o livro fundamental da Arquitectura, em vez de o ser como o livro fundamental de uma época da História da Arquitectura"[275]. Se, por um lado, Pereira afirma, em pleno séc. XX, a inutilidade do tratado de Vinhola para a arquitectura contemporânea, por outro, nota a sua importância para o classicismo.

Além disso, o tratado das *Cinco Ordens de Arquitectura* de Vinhola viu a estampa no mesmo período da primeira edição do tratado de Alberti para toscano e foi impresso e traduzido para a língua portuguesa, em sucessivas edições e reimpressões. A inserção daquele tratado, como obra de referência na literatura artística nacional, está assinalada, desde 1718, na construção do Convento de Mafra (cf. Carvalho, 1962, p. 345--347) e é citada por diversos autores portugueses durante os sécs. XVIII e XIX. Trata-se, provavelmente, de uma das poucas fontes de referência credíveis para transpor o léxico das ordens arquitectónicas, descritas por Vitrúvio, para a língua portuguesa. Das edições daquele tratado podem ser consultadas as traduções de José da Fonseca (1853), bem como de José da Costa Sequeira (1858). Além destas referências ao tratado de Vinhola, também a recente tradução do tratado de Vitrúvio por Maciel (2006) fornece pistas para a transposição para vernáculo dos termos utilizados no tratado deste último.

---

[275] Já no séc. XIX, Mancini (1882, p. 381), também sob a forma de protesto, relata o aprendizado da arquitectura a partir da *Regola* de Vinhola: "Il giorno della mia prima lezione d'architettura il maestro mi consegnò gli *Ordini del Vignola* e per un intero anno me ne fece copiare in grande le tavola senza darmi mais veruna altra nozione".

Além disso, para uma consulta complementar dos termos utilizados no *De architectura* também se pode ver o *Dictionnaire des termes tecnhiques* [...] de Callebat - Fleury (1995) e, para a sua transposição para a língua portuguesa, podem-se conferir os dicionários de termos de arte e arquitectura de Rodrigues (1875), de Rodrigues, Sousa - Bonifácio (1996), bem como de Silva - Calado (2005), que fornecem descrições actualizadas em vernáculo.

No entanto, para a transposição da terminologia lexical específica utilizada por Alberti, as fontes em língua portuguesa são inexistentes. Se bem que as traduções do tratado para as diversas línguas europeias possam auxiliar nesta tarefa, esta eventual transposição terá de ser, dentro da medida do possível, testada dado que, em parte, o léxico albertiano é, também, construído por alegoria, como ocorre, por exemplo, com a terminologia das molduras, onde *ondula* é transposta como onda e não como gola direita, para dar o sentido de que a conformação do seu delineamento é resultante do movimento de uma onda.

Se bem que o trabalho de sistematização realizado por Morolli - Guzzon (1994) estabeleça, pela primeira vez e de forma gráfica, uma análise comparativa entre os léxicos de Vitrúvio e de Alberti, aquela obra refere-se, especificamente, à língua italiana e, por isso, deverá ser levada em conta a sua procedência que, de alguma maneira, procurámos aferir em relação à sua transposição para vernáculo.

Contudo, para uma avaliação coeva destes termos não podemos contar com o trabalho de Hoven (2006), que se reporta ao léxico da prosa latina do Renascimento, na medida em que os termos que Alberti utiliza não encontram correspondência na literatura latina desse período.

Registe-se, ainda, que a literatura artística nacional consultada, desde o *Quattrocento,* era, em grande parte, omissa em relação ao léxico de Alberti, dado que apresentava como linha de base os tratados de Vitrúvio e de Vinhola[276], o que confirma o que dissemos no capítulo intitulado *A Composição de um Livro de Arquitectura* sobre o "horizonte

---

[276] A maioria dos trabalhos que perscrutam, entre nós, as raízes clássicas da arquitectura, como é o caso da sistematização classificativa das *Fachadas de Igrejas Portuguesas de Referente Clássico*, elaborada por Quintão (2000), baseiam-se, essencialmente, na terminologia do *De architectura* de Vitrúvio.

de perda", em relação à presumível tradução de André de Resende, pela ausência, em língua portuguesa, de uma recepção explícita ao tratado de Alberti[277].

Por último, note-se que a terminologia das ordens arquitectónicas, em Vitrúvio, apesar de se apresentar com alguma polissemia, principalmente quando cada termo é considerado separadamente, sofreu um processo de lexicalização, visto cada unidade fazer parte de um conjunto sistematicamente organizado e inter-relacionado, que se tem mantido como paradigmático graças à sua generalizada aceitação, tanto na Antiguidade Clássica como no classicismo.

Isto talvez se deva, ainda, ao facto de a forma dos templos clássicos ser entendida, até à divulgação dos levantamentos de Henri Labrouste dos templos dóricos de *Paestum*, na primeira metade do séc. XIX, como sendo estabelecida por convenção, sujeita a pequenas variações introduzidas pelos arquitectos em obra, à semelhança do que sugere Vitrúvio (III, 5, 9) em relação às compensações ópticas da ordem jónica. Neste aspecto, Alberti adopta uma abordagem distinta para descrever as ordens arquitectónicas, na medida em que cada termo apresenta uma *família de significados* (Wittgenstein,1987, p. 654), decorrente da sua posição no todo de que faz parte e de como é descrito esse todo.

É como se Alberti utilizasse, no texto, o conceito arquitectónico de *ordinatio*, de modo a articular, de forma variável, a descrição global da sistematização da coluna com a descrição local dos elementos arquitectónicos que constituem cada caso. É por isso que é necessário estabelecer, de forma sistematizada, a sua terminologia em vernáculo para, em decorrência, ficarmos mais esclarecidos sobre a equivalência dos termos apresentados.

A este respeito, Choay (2004, p. 29) argumenta que o discurso albertiano sobre as origens das ordens e das colunas (Livro VII, cap. 6; Livro IX, caps. 5 e 7) são *corpos estranhos* ao *De re aedificatoria,* dado que se "inscrevem em contradição com o 'discurso do método' de Alberti, que

---

[277] Somente na tradução manuscrita do *De re aedificatoria* de Damiano Pieti (1538) é que se adoptam os latinismos *latastro, nastrulo* e *canale interscalpo* e, na de Pietro Lauro (1546), ainda subsiste o termo *latastro* (cf. Biffi, 2007, p. 680).

não reconhece como poder instaurador senão a razão". Também Mancini (1882, p. 381) refere que Alberti "Brevemente descrive gli ordini architettonici reputandoli cosa acessoria dell'arte, non principale come tennero in apresso la maggior parte de'trattatisti e fu praticato nelle scuole".

No entanto, uma consulta ao índice remissivo de *Conceitos e Matérias*, da edição do tratado em vernáculo por Santo - Krüger (2011), para a entrada "coluna", bem como as entradas de *doricus, ionicus* e *corinthius* do *Index Verborum* de Hans-Karl Lücke (1975-1979), não corroboram estas afirmações, dado que as referências ao sistema da coluna percorrem todo o tratado de Alberti.

Consequentemente, o entendimento daqueles autores é de difícil aceitação dado que, não só a terminologia varia substancialmente em Alberti e Vitrúvio, como a sua organização também é completamente distinta - tipológica em Vitrúvio e *construtível* em Alberti.

Com efeito, a estruturação das ordens para Vitrúvio é elaborada numa correspondência *top-down* (de cima para baixo, *i.e.* do todo para as partes) e a de Alberti, para a sistematização da coluna, numa relação *bottom-up* (debaixo para cima, *i.e.* das partes para o todo): das molduras, para as partes (bases, capitéis e entablamentos) e destas para o todo, ou seja, para as *figuras aedis exornandae*.

A aceitação integral de Alberti sobre o sistema da coluna também pode ser verificado, não só pelo facto dos Livros VII e VIII, sobre o ornamento de edifícios sagrados bem como públicos profanos, serem dedicados a esta temática, como no Livro IX, cap. 5, onde apresenta o conceito de concinidade, serem referidos os três modos de ornamentar dos antigos: "Um deles era mais compacto e mais apto para o esforço e para durar: a este chamaram dórico; o outro era fino, muito elegante: chamaram-lhe coríntio; ao intermédio, porém, que era uma espécie de composição de ambos, chamaram-lhe jónico. Tais foram as suas invenções em relação a um corpo no seu conjunto. Depois disto, tendo advertido que aquelas três noções que temos vindo a referir - número, delimitação, disposição - eram fundamentais para alcançar a beleza, descobriram como deviam usá-las, analisando obras da natureza, deduzindo daí os seus princípios [...]", o que significa o completo acolhimento destas *figuras aedis exornandae*.

Em suma, enquanto Vitrúvio (IV, 8, 7) distingue, de forma antecedente, "as ordens e as comensurabilidades da suas proporções", para Alberti (Livro VII, cap. 7) a sistematização da coluna é estabelecida de forma consequente, pela combinação de molduras que, por seu lado, são descritas por pictogramas organizados por composição de letras, o que sugere uma vincada afiliação literária para o desenho do sistema da coluna. Em certo sentido, em direcção inversa à correlação pitagórica entre aritmética e geometria, cara aos cultores da matemática no Renascimento, para quem os números eram visualizados como figuras geométricas triangulares, quadradas, pentagonais, hexagonais, heptagonais e suas combinações (cf. Nicómaco, 1960, pp. 243-244; *Boet., Arith.*, II, 7-16).

A este respeito, Alberti (*Momus*, III, 53) reporta um diálogo entre Demócrito e *Momus* onde, através do desenho de letras, ambos descrevem a forma do mundo tendo por base conceitos Pitagóricos e Platónicos, oriundos da *música das esferas*, utilizando, para o efeito, uma analogia com as configurações de uma meia cebola para prever o destino:

> "Demócrito disse, 'Oh, que divertido adivinho me saíste! Onde foste buscar esta nova maneira de predizer o futuro?.
>
> Respondi-lhe: 'Não é mais do que uma consequência directa dos raciocínios que fazem os filósofos quando se põem a discutir com subtileza e a mostrar que o mundo é uma enorme cebola'.
>
> E ele: 'Isso é que é realmente notável, analisar numa esfera, tão pequena, o destino do mundo que é tão grande! Mas qual é o problema? O que é que encontras-te no interior da cebola que é tão desagradável e te fez chorar?
>
> Ao que respondi: 'Vês nesta meia cebola as letras C e O? Não é claro e evidente o que elas nos dizem?'.
>
> 'Como?' - respondeu ele -'Crês que as cebolas falam, como alguns sugerem que o céu canta?'.
>
> Então disse-lhe: 'Claro que não! Mas revelam-se a olhos vistos. Junta o O e o C: isso significa que o resultado ou se **o**bliterou ou **c**olapsou. Separa as letras: verás que dizem a mesma coisa, 'a **o**rbe **c**olapsou'?"[278].

---

[278] Cf. trad. ingl. de S. Knight, 2003, p. 253.

Este uso pictográfico das letras do alfabeto não é novo, dado que já tinha sido utilizado por Dante (*Purgatório*, XXIII, 31-33) para estabelecer uma semelhança entre a palavra OMO e a configuração do rosto humano: "Cada órbita um anel sem gema tem:/ e quem no humano rosto quer ler 'omo'/ o 'm' aqui conheceria bem"[279]. Moura (1995, p. 501, n. 31-32) sugere que, mesmo no período medieval, os teólogos e os pregadores estabeleciam esta semelhança a partir da letra M "gótica maiúscula que formava a linha de zigomas, das arcadas supraciliares e do nariz e os dois O, inseridos como era costume, de cada lado dos espaços internos do M", corresponderiam aos olhos.

O que é novidade é Alberti transpor para o desenho das molduras arquitectónicas esta forma pictográfica de representação para gerar, por recombinação, grande parte dos elementos que compõem a sistematização da coluna, à semelhança do que ocorre com a sua obra literária que, por rearranjo de mosaicos de fragmentos e de citações de obras passadas, é elaborada com uma vincada intertextualidade[280].

Consequentemente, apresenta-se primeiramente uma descrição, com pictogramas, das molduras e, seguidamente, uma transposição para vernáculo dos termos utilizados por Alberti para as bases e capiteis dos sistemas de colunas, bem como dos entablamentos dos géneros dórico, jónico, coríntio e compósito que usam, em grande parte e por recombinação, aquelas molduras.

Note-se que todas as molduras referidas por Alberti (Livro VII, cap. 7), satisfazem a definição: "Toda a moldura é um delineamento que sobressai e forma uma saliência; mas isso segundo linhas diferentes", que tanto podem ser rectilíneas, como curvilíneas, e a sua saliência ser tanto côncava como convexa. De forma semelhante, as molduras que foram acrescentadas nesta sistematização também satisfazem integralmente esta definição.

Por último, para efeitos ilustrativos, apresentamos também as gravuras que compareçam na edição de Cosimo Bartoli, publicada em Florença

---

[279] Trad. de V. G. Moura, 1995, p. 501.

[280] Para uma breve descrição da recombinação de mosaicos ou tesselas na obra literária de Alberti veja-se a *Introdução - A Recepção da Arte Edificatória, in* Krüger, 2011, pp. 75-129.

por Lorenzo Torrentino em 1550, bem como em Veneza por Francesco Franceschi em 1565, a que acrescentamos uma nomenclatura elucidativa relativamente à transposição da terminologia utilizada por Alberti para descrever, em vernáculo, a sistematização da coluna.

Como sugestão, que ultrapassa esta aferição lexical, é a partir do estudo sistematizado das molduras, que funcionam como primitivas formais, que se pode organizar o estudo sobre a sistematização da coluna, pela recombinação daquelas formas antecedentes, em formas consequentes.

À semelhança do que sucede na pintura, na organização dos planos ou superfícies dos quadros em membros, e destes em corpos e *istoria (Della pittura*, II, 33), bem como na oratória, na construção de períodos a partir de palavras e de cláusulas (cf. *Arist., Rh.*, III, 8-9; *Quint., Inst. orat.*, IX, 4) ou, ainda, na composição de textos a partir de *mosaicos* ou fragmentos literários dispersos e quase escondidos de diversos escritores (cf. I libri della famiglia, II), também podemos falar de composição no sistema da coluna, no sentido do ordenamento das sua diversas partes alcançado, de forma unitária, a partir do delineamento das molduras, isto é, do ajustamento e união, entre si, de linhas e ângulos - *coaptandi iungendique lineas et angulos* (Livro I, cap. 1), que contribuem para a sistematização dos géneros de colunas[281].

Ainda hoje, na investigação de questões formais, que tem por objectivo o estabelecimento de regras para projecto, também Stiny (2006, p. 214), um dos pioneiros no estabelecimento das gramáticas da forma, argumenta que existem razões para se desenhar com linhas na medida em que "shapes are made up of lines in the plane - a few pencil strokes on a scrap of paper - are all that's ever required to study shapes and how to calculate with them".

---

[281] Lang (1965), ao discutir o conceito de *lineamenta* como um termo técnico utilizado por Alberti, identifica-o somente com o desenho em planta da obra a ser edificada e, decorrentemente, com o processo de concepção em projecto de arquitectura em prática no *Quattrocento*. Este entendimento, por ser demasiado restritivo, não coincide com a citação do Livro I, cap. 1, do *De re aedificatoria*, que se refere à *forma do edifício (aedificii facies)* feita por linhas e ângulos e não, especificamente, ao seu desenho em planta.

Apesar de actualmente ser prática corrente o uso de linhas e ângulos em estudos disciplinares, potenciado pela utilização de tecnologias emergentes na área da computação, as suas raízes encontram-se, ainda, no trabalho precursor de Alberti.

Olhemos, consequentemente como Alberti especifica o conjunto de molduras a partir das letras do alfabeto: "[...] com a graça de Deus, agradará intercalar aqui umas poucas coisas. As molduras do ornato são estas: a faixa, o ressalto, a rudentura, o cordão, o caveto, a gola, a onda. Toda a moldura é um delineamento que sobressai e forma uma saliência; mas isso segundo linhas diferentes. Com efeito, o delineamento da faixa imita a letra L; a faixa é o mesmo que o filete, mas mais larga. O ressalto é uma faixa muito saliente. Hesitei se não devia chamar hera à rudentura: na verdade adere à medida que se estende; e o delineamento da sua saliência é como a letra C ligada a seguir à letra L assim ↳. E o cordão é uma rudentura reduzida. Esta letra C, quando se liga em posição invertida à letra L, assim ↳, formará um caveto. Mas se se ligar um S a seguir à letra L, assim ↳, chama-se gola: pois imita a gola de um homem. Se, porém, a seguir à letra L se acrescenta um S deitado e em posição invertida, assim ↳, chamar-se-á onda, devido à semelhança da inflexão".

Para a rudentura (*rudens*) Alberti faz uma transposição da parte inferior do fuste das pilastras jónicas, como pode ser observado no Santo Sepulcro da capela Rucellai, em Florença, bem como no pórtico da igreja de Santo André, em Mântua, para coroar, conjuntamente com uma onda, o entablamento do primeiro piso do palácio Rucellai em Florença.

a)　　　　　　　　　　　　　　　b)

Fig. 17 a) Vista do entablamento do primeiro piso do palácio Rucellai em Florença; b) rudentura neste entablamento[282].

Como pode ser observado na Fig. 17 b, a forma da rudentura no entablamento do primeiro piso do palácio Rucellai não segue escrupulosamente a indicação de Alberti para esta moldura, na medida em que é apresentada uma variação paramétrica, dada pelo alongamento da letra C (ʃ → ʃ).

Isto indica que esta letra deixa de ser um "signo de um signo", *i.e.* de um som, para representar a organização de sistemas significantes que expressam a composição de formas elementares do sistema ornamental de raiz clássica, onde a liberdade compositiva não é posta em causa. Por outras palavras, Alberti utiliza as letras do alfabeto como reapresentações simplificadas de uma realidade a ser modelada e não como um sistema formalmente fixo.

Além disso, também se verifica uma licença literária ao denominar esta moldura de rudentura. Trata-se de um termo que é utilizado em Vitrúvio (X: 2, 4; 11, 9; 12, 2; 13, 6; 15, 7) com o significado de cabo

---

[282] Fonte das ilustrações adaptadas de: a) http://witcombe.sbc.edu/earlyrenaissance/alberti-rucellai/. Consulta em 08-01-2010; b) levantamento de Geymüller - Stegman, 1885-1908.

e por Plauto[283], na comédia *Rudens* (O cabo). Bento Pereira (1697) na *Prosodia* transpõe *rudens* por corda, amarra, ou calabre da nau.

Posteriormente, *rudens* passa a ter um significado mais preciso em termos disciplinares. Com efeito, tanto Morais e Silva (1961, p. 2112), no *Dicionário Compacto da Língua Portuguesa*, como Rodrigues (1876, p. 334), no *Diccionario Technico e Historico de Pintura, Esculptura, Architectura e Gravura*, apresentam o verbete rudentura que, segundo este último autor, é derivado do termo latino *rudens* e, para além de designar cabo ou corda grossa, também significa "um ornamento em forma de bastão ou vara, com que se enchem as caneluras das columnas e pilastras, desde a base até ao primeiro terço", provavelmente com a finalidade de dar maior solidez à parte inferior da coluna ou pilastra, em que esta se apresenta com o seguinte perfil à face: ᒐᒧᒧᒧᒧᒧᒐ.

O que Alberti faz é transpor uma meia vara (com a forma da letra C disposta na horizontal), conjuntamente com duas faces (formatadas conjuntamente em L), de uma aresta morta das pilastras jónicas (ᒐᒧᒧᒧᒧᒧ → ᒧ), para o seu entablamento (ᒧ → ᒡ). Por outras palavras. Alberti transforma e generaliza, em termos disciplinares, aquela moldura - da pilastra para o entablamento - por meio de uma rotação e, em termos linguísticos, faz uma sinédoque pois designa o todo (*rudens* + aresta morta) pela parte (*rudens*).

Repare-se que, a partir das letras C, L e S e das suas combinações, podem-se obter, por meio de transformações geométricas, as restantes formas das molduras. Com efeito, a partir da rudentura ᒡ, basta fazer uma rotação da letra C ao longo de um eixo vertical e obtêm-se o caveto ᒐ (ᒡ → ᒐ), bem como, a partir da gola ᒐ gera-se a onda ᒐ, por meio de uma rotação da letra S ao longo do seu eixo longitudinal (ʃ → ʃ).

Consequentemente, o toro é gerado por uma letra C em movimento de rotação à volta de um ponto fixo (C → ⊂⊃); a escócia é gerada por uma letra C em posição invertida, que também gira à volta de um ponto fixo (⊃ → ⊐⊏); uma taça é obtida pela rotação de metade de uma letra

---

[283] Plauto (c. 240 a. C.-184 a. C.), comediógrafo romano autor de vinte e uma comédias que chegaram até nós (uma delas incompleta), das quais doze foram descobertas em 1429 por Nicolau de Cusa *i.e.*, um ano após a permissão para Alberti regressar do exílio a Florença.

C, que roda em torno de um ponto fixo (⌞→⌐); um plinto é obtido pelo movimento de translação de duas geratrizes, a letra L e o seu inverso ⌐, apoiadas numa directriz quadrangular, onde os braços horizontais destas letras sofrem uma variação paramétrica (L⌐→▭)[284].

A faixa (⌐), o ressalto (⌐) e o filete (⌐) são gerados por simples translação da letra L, onde os seus braços estão sujeitos a variações paramétricas. Por último, numa escócia com filete basta agregarem-se, por adição, dois filetes numa simples escócia (⊐→⊐).

Todas estas formas podem adaptar-se a situações específicas, como é o caso, como vimos, do desenho da rudentura no entablamento do primeiro piso do palácio Rucellai, em Florença, que foi sujeita a uma transformação paramétrica (ver Fig. 17 b).

Na *Grammatica della lingua toscana*, atribuída a Alberti (cf. Alberti, 1973), é apresentada a seguinte *Ordine delle Lettere*: i r t d b v n u m p q g **c** e o a x z **l** **s** f ç ch gh, o que indica que somente os caracteres **c**, **l** e **s** é que foram utilizados para gerar as molduras e as suas combinações, de que resultaram diversas configurações, o que mostra o potencial inexplorado para, a partir destas unidades básicas da escrita, se gerarem diversas formas arquitectónicas.

Por outras palavras, Alberti, a partir da configuração das letras do alfabeto, que não deixam de ser definidas como um conjunto finito de linhas num referencial cartesiano, estabelece um vínculo entre aquilo que está na base de uma forma discursiva de pensamento, com uma essencialmente não discursiva.

---

[284] Ver Tabela 2. A rigor, o toro, a taça, a escócia e o plinto não são molduras, mas superfícies geradas, por meio de operações de rotação e translação de letras (C e L) que participam na definição do perfil do sistema da coluna.

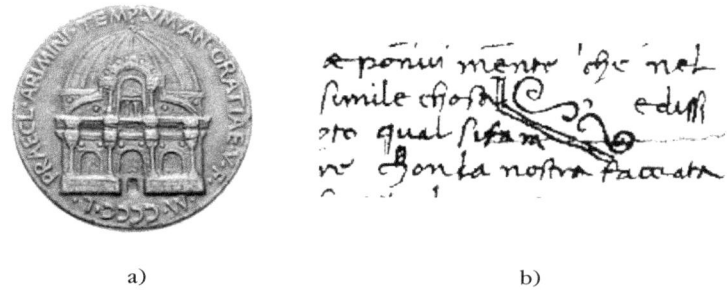

Fig. 18 a) Medalha de Matteo de'Pasti mostrando a fachada do templo Malatestiano em Rimini, datada de 1450[285]; b) Pormenor da carta enviada por Alberti a Matteo de'Pasti, em 18 de Dezembro [1454], sobre o andamento dos trabalhos (ver Fig. 4).

Consequentemente, a partir do desenho de letras geram-se molduras que, por seu lado, originam as bases, os capiteis e os entablamentos que, quando agrupados de forma organizada, constituem os diversos sistemas de colunas: dórico, jónico, coríntio e compósito. Trata-se, no fim de contas, de uma arte generativa que, a partir de relações geométricas relativamente simples, permite desenhar todos os sistemas de colunas.

O uso de pictogramas não se limitou ao desenho das molduras no seu tratado sobre a arte edificatória. Também na carta que escreveu a Matteo de'Pasti, em 18 de Dezembro de 1454 (ver Fig. 4), Alberti utilizou, como vimos, o desenho esquemático (ver Fig. 18 b), na verdade também um pictograma, para sugerir a alteração dos frontões redondos, propostos por aquele arquitecto (ver Fig. 18 a), de forma a serem substituídos por pares de volutas simétricas (ver Fig. 19 a).

---

[285] Fonte da ilustração: *National Gallery of Art*, Washington.

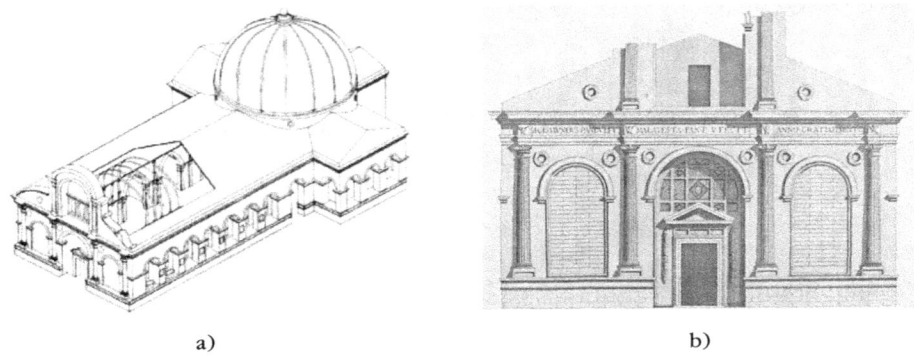

Fig. 19 a) Reconstituição do templo Malatestiano, em Rimini, por Franco Borsi, 1986, com as duas variantes para os remates curvo e em voluta do frontão; b) descrição da fachada por Luigi Nardi em 1813[286].

Esta alteração teria por objectivo resolver as discrepâncias dimensionais entre a existente igreja de São Francisco e a nova fachada do templo Malatestiano, seja para suavizar a elevação da cúpula, ocultando parcialmente o tambor em que esta se apoiava, sem haver necessidade de levantar toda a fachada, seja para ocultar as abas da cobertura em telhado da nave daquela igreja. Assim, as proporções da fachada mantinham-se inalteradas para não desafinarem "tutta quella musica".

A medalha esculpida por Matteo de 'Pasti é datada de 1450 e a missiva de Alberti é datada de 1454, o que significa que o autor *Da Arte Edificatória* teve a firme intenção de alterar o desenho da fachada, que acabou por ficar inconclusa, devido ao prematuro falecimento do seu patrono em 1468 (ver Fig. 19 b).

---

[286] Fontes das ilustrações: a) F. Borsi, 1986, p. 100; b) L. Nardi, 1813, il. XII. Cf. Fig. 5 b.

De re aedificatoria	*Da Arte Edificatória*	Pictogramas
fasceola [5]	faixa	
gradus [1]	ressalto	
nextrulum [2]	filete [ou listel]	
funiculus [5]	cordão	
rudens [3, 5]	rudentura	
canaliculus [3, 5]	caveto	
gulula [3, 5]	gola [reversa]	
undula [3, 5]	onda [ou gola direita]	
auricula [3, 5, 6]	orelha	
lanx	taça	
orbiculus [3, 4]	escócia [com filete] [7]	
thorus	toro	
latastrum	plinto	

(1) Em Vitrúvio (I, 1, 9; III, 3,3; V, 6,7), *gradus* designa degrau; (2) Diminutivo de *nextrulum*, derivado do alemão, por neologismo, de *nastro* - fita (cf. Siekiera, 2004, p. 71); (3) Bento Pereira (1697) na *Prosodia* transpõe *rudens* por corda, amarra, ou calabre da nau; *canaliculus* por canalsinho; *gulula* por gargantasinha; *undula* por pequena onda; *orbiculus* por circulosinho; *auricula* por orelhasinha; (4) Em Vitrúvio (X, 2, 1), *orbiculus* significa roldana; (5) Pictogramas apresentados por Alberti (Livro VII, caps. 7 e 12); (6) somente comparece na porta Jónica (Livro VII, cap. 12), bem como na Cúria Senatorial (Livro VIII, cap. 9); (7) designada simplesmente por escócia.

Tabela 2 Terminologia e pictogramas das molduras e superfícies[287].

Por último, note-se que, apesar de o método de representação em corte de projecção ortogonal de obras de arquitectura somente vir explicitamente referido por Rafael Sanzio, na carta que escreveu ao Papa Leão X,

---

[287] Note-se que Alberti não propôs um quadro tão extenso de pictogramas como o apresentado nesta tabela construída a partir das molduras descritas no tratado.

redigida provavelmente em 1519[288], o pensamento de Alberti, a partir do desenho de letras, para apresentar o perfil das diversas molduras, não deixa de ser percursor daquela forma de representação, que somente passa a ter uma aceitação generalizada a partir de meados do séc. XVI.

A fim de se sistematizar a terminologia proposta por Alberti, para os delineamentos das molduras e das superfícies geradas a partir do desenho de letras, apresenta-se, na Tabela 2, a sua descrição por meio dos respectivos pictogramas.

Se bem que dos 13 pictogramas listados, somente 7 possam ser atribuídos a Alberti, os restantes, como vimos, são derivados a partir de transformações geométricas de rotação e translação, que estão na base do desenho das molduras propostas no tratado.

Para a descrição desta terminologia, em contexto, remetemos o leitor para a edição *Da Arte Edificatória* (Livro VII, caps. 7-9), que elucida o modo de concepção/construção das molduras, bases, capiteis e entablamentos do sistema da coluna albertiano. O que apresentamos nestes *Comentários* baseia-se nas anotações que fizemos para aquela edição, de acordo com a correspondente ordem de exposição.

Assim, "as partes das bases são as seguintes: o plinto, os toros, as escócias. O plinto é uma parte quadrangular colocada na extremidade inferior; dou-lhe a designação de *latastrum*, porque se prolonga em todos os lados com a mesma largura. Os toros são os colarinhos grossos da base, um dos quais sustenta a coluna, e o outro assenta no plinto. A escócia é uma reentrância, a toda a volta, que é comprimida entre os toros como numa roldana" (Livro VII, cap. 7).

O termo *latastrum*,[289] utilizado por Alberti, deriva de *latus*, que tem o significado, em sentido físico, de largo, extenso, vasto, com *struere* que significa construir, levantar, erigir, e é transposto para vernáculo como plinto[290], de uso corrente, para significar a base sobre a qual assenta a coluna[291].

---

[288] Cf. Golzio, 1936; Teodoro, 2005, XVIII, pp. 46 e 50.

[289] De acordo com Richter (1880, p. 764, n. 6) o termo *latastrum* é de circulação restrita e somente foi encontrado em dois desenhos da Colecção dos *Uffizi* onde, num caso, designa o ábaco do capitel dórico.

[290] Cf. Vitrúvio, III, 3, 2-7; III, 4, 5; III, 5, 1-2.

[291] Cf. Portoghesi, 1966, pp. 568-569, n. 1.

Alberti ainda designa de *canalis interscalptus* (canal cinzelado) a escócia, de *nextrulum* (nastro) o filete e de *orbiculus* (roldana) a escócia com filete, bem como esclarece, tendo por base a analogia edifício-corpo, o que entende por *nextrum* (nastro), diminutivo de *nextrulum*, dado que entre os "Toscanos, chama-se nastro a uma fita muito fina com que as raparigas prendem e seguram o cabelo; por isso, se nos é permitido, chamemos nastro (filete) à faixa que, como uma espécie de régua curva cinge o tornozelo da coluna como se fosse um anel" (Livro VI, cap. 13).

Para a transposição dos restantes termos, relativos às bases dos géneros dórico e jónico, vejam-se as Tabelas 3 e 4, bem como as Figs. 19 e 20.

De re aedificatoria	Da Arte Edificatória
supremus thorus/summus thorus	toro superior
orbiculus	escócia [com filete]
infimus thorus	toro inferior
latastrum	plinto

Tabela 3 Terminologia da base da coluna do género dórico.

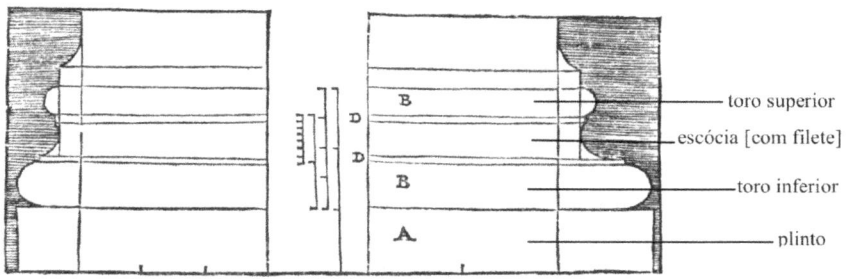

Fig. 20 Base da coluna do género dórico.

De re aedificatoria	Da Arte Edificatória
supremus thorus/summus thorus	toro superior
orbiculus	escócia [com filete]
anulus	anel
orbiculus	escócia [com filete]
infimus thorus	toro inferior
latastrum	plinto

Tabela 4 Terminologia da base da coluna do género jónico.

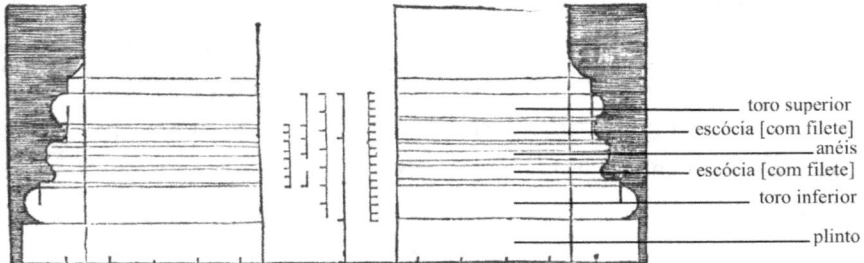

Fig. 21 Base da coluna do género jónico.

Quanto à transposição da terminologia relativa aos capiteis, dos géneros dórico e jónico, vejam-se as Tabelas 5 a 7 e a Fig. 22.

De acordo com Alberti (Livro VII, cap. 8) "os Dórios fizeram o capitel com a mesma altura da base e dividiram toda essa altura em três partes: deram a primeira ao ábaco; a segunda ocupou-a a taça; ao colar do capitel, que fica sob a taça, foi destinada a terceira parte".

O termo *operculum* utilizado por Alberti significa, em latim clássico, tampa ou cobertura[292], enquanto para Vitrúvio (IV, 1, 11) o equivalente a este termo, que designa a parte superior do capitel em todas as ordens, comparece como *abacus*[293] (ábaco), com a forma de um dado, onde se apoia a arquitrave. Se bem que Bento Pereira (1697), no *Thesouro*, se refira a *operculum* como sinónimo de obturamento ou de cobertura e Casteleiro *et alii* (2001, p. 2672), bem como Houaiss - Villar (*op. cit.*, p. 2683) definam opérculo tanto como uma peça que se destina a servir de cobertura ou tampa, como a uma porção do lobo frontal, parietal e temporal que recobre a ínsula, *i.e.* a região oval do córtex cerebral que compõe o sulco lateral do cérebro, optou-se, no entanto, por preservar aquele termo com o sentido introduzido por Vitrúvio, dada a sua aceitação na maior parte das edições contemporâneas do

---

[292] Cf. *Cic.*, *N. D.*, II, 136; *Cat.*, 10, 4; *Var.*, *L.*, V, 167.

[293] Forma latinizada do termo grego *abax* com o significado de mesa, ou de contador mecânico para fazer cálculos. Cf. Ernout-Meillet, 1951, p. 4.

tratado de Alberti²⁹⁴. Consequentemente, a designação adoptada em vernáculo para aquele termo será de ábaco/opérculo ou, simplesmente, de ábaco²⁹⁵.

O termo *lanx* (taça) é provavelmente derivado da terminologia de Virgílio (*A.*, VIII, 284) com o significado de taça (sagrada), mas é recusado o equivalente de Vitrúvio (X, 3, 4), que utiliza o diminutivo *lancula* na acepção de prato único da balança romana, ou então de equino. O termo taça, no entanto, é sinónimo de vaso de boca larga e pouco fundo, o que sugere uma conformação semelhante para esta parte do capitel dórico.

Para o capitel jónico, Alberti especifica que "a largura do córtex, que vai da fronte ao occipício do capitel, será igual à do ábaco. O comprimento do córtex prolongar-se-á para os lados e ficará suspenso, enrolando-se em caracol. O umbigo do caracol que fica à direita distará do correspondente umbigo da esquerda vinte e dois módulos, e distará doze módulos da última linha superior do ábaco" (Livro VII, cap. 8).

De acordo com a relação edifício-corpo, Alberti refere-se a *cortex,* que apresenta o significado de camada mais externa de órgãos animais, que apresentam uma organização aproximadamente concêntrica e, de forma semelhante, utiliza *occiput* (occipício) para se referir à parte póstero-inferior do capitel, que apresenta um significado análogo ao do occipital da cabeça. Também, na mesma linha de pensamento, comparece *umbilicus cocleae* com o significado de centro (olho) da espiral da voluta jónica²⁹⁶.

Isto sugere que Alberti, ao não abdicar da utilização da analogia edifício-corpo, para especificar as partes que compõem este género de capiteis, utilizou duas similitudes: a *convenientia* e a *aemulatio*²⁹⁷, onde a primeira corresponde

---

²⁹⁴ Enquanto Caye - Choay (2004, p. 339) utilizam o termo *couvercle* com o significado de tampa ou cobertura, Orlandi (1966, p. 576), Rykwert *et alii* (1988, p. 205) e Núñez (1991, p. 298) usam, respectivamente, o equivalente de *abaco, abacus* e *ábaco*.

²⁹⁵ No *Diccionario dos termos d'Architectura* de Lino d'Assumpção (1895, p. 1), como no *Diccionario Technico e Historico de Pintura, Esculptura, Architectura e Gravura* de Francisco Rodrigues (1875, p. 11), não comparece a entrada opérculo mas a de ábaco, derivada do francês *abaque*, o que sugere que aquele termo, pelo menos no séc. XIX e em vernáculo, já não tinha qualquer pertinência no âmbito disciplinar.

²⁹⁶ Bluteau (1712-28), no verbete *voluta*, elucida que "leaõ Bautista Alberto chama às volutas conchas, pela semelhança que tem com a do caracol".

²⁹⁷ Cf. Foucault, 1981, pp. 37-38.

a uma similaridade de propriedades e, a segunda, a um reflexo ao espelho, a uma imitação, como sucede, respectivamente, com a designação de *coclea* para se referir à voluta jónica e de *lanx* para a taça de ambos os capiteis.

De re aedificatoria	*Da Arte Edificatória*
cimatium	cimácio
gulula	gola
operculum(*)	ábaco (**)
latastrum	plinto
lanx	taça
minuti anuli	pequenos anéis
collum	colar

(*)Apoio, em forma de paralelepípedo, que remata o capitel e sustenta a arquitrave (cf. Sikiera, 2004, p. 72); (**) Ou opérculo.

Tabela 5 Terminologia do capitel do género dórico - Tipo I.

De re aedificatoria	*Da Arte Edificatória*
cimatium	cimácio
gulula	gola
operculum	ábaco (*)
fascia	faixa
lanx	taça
anuli	anéis
collum com rosas	colar com rosas
surgencia folia	folhas em relevo

(*)Ou opérculo.

Tabela 6 Terminologia do capitel do género dórico - Tipo II.

De re aedificatoria	*Da Arte Edificatória*
gulula	gola
operculum	ábaco (*)
nextrulum	filete
cortex	córtex
lanx	taça
frons	fronte
occiput	occipício
umbilicus cocleae	umbigo do caracol(**)
voluta/coclea	voluta/caracol

(*) Ou opérculo; (**) Umbigo da casca do caracol ou olho da voluta.

Tabela 7 Terminologia do capitel do género jónico.

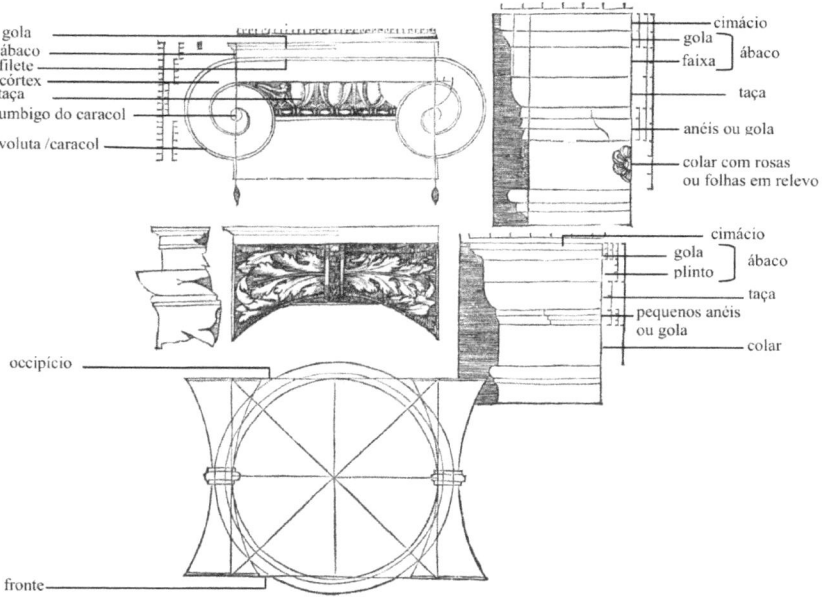

Fig. 22 À esquerda: capitel do género jónico - vista de frente, de perfil e em planta; à direita: capitel do género dórico - vista de frente, Tipos II e I.

Para a transposição da terminologia relativa aos capiteis dos géneros coríntio e itálico ou compósito, vejam-se as Tabelas 8 e 9 e as Figs. 23 e 24.

Para os primeiros a "[...] a sua altura ocupa dois raios da extremidade inferior da coluna. Toda essa altura é dividida em sete módulos. A espessura do ábaco toma um módulo, o vaso ocupa os restantes; o diâmetro do fundo é igual ao da coluna na extremidade superior, excluídas as saliências; o seu rebordo superior é igual à dimensão do diâmetro inferior da coluna" (Livro VII, cap. 8).

Note-se que, na descrição do capitel coríntio, Alberti segue, de forma mais clara mas não coincidente, a apresentada por Vitrúvio (IV, 1, 7-8). Com efeito, para Vitrúvio o capitel coríntio é composto por três séries de folhas de acanto, que suportam as volutas nascidas dos caulículos; para Alberti somente se registam duas séries daquelas folhas e os caulículos transformam-se, por enrolamento, nas próprias volutas do capitel. (ver Fig. 38).

De re aedificatoria	Da Arte Edificatória
operculum cum cimatio	ábaco(*) com cimácio
flos	flor
cauliculum(**)	caulículo
extremi cauliculi	caulículos das pontas
medii cauliculi	caulículos do meio
nodus	laço
prima folia	primeiras folhas (***)
secunda folia	segundas folhas (***)
cima foliorum	extrem. das folhas
vas	vaso

(*) Ou opérculo; (**) haste de acanto; (***) primeira/segunda série de folhas de acanto.

Tabela 8 Terminologia do capitel do género coríntio.

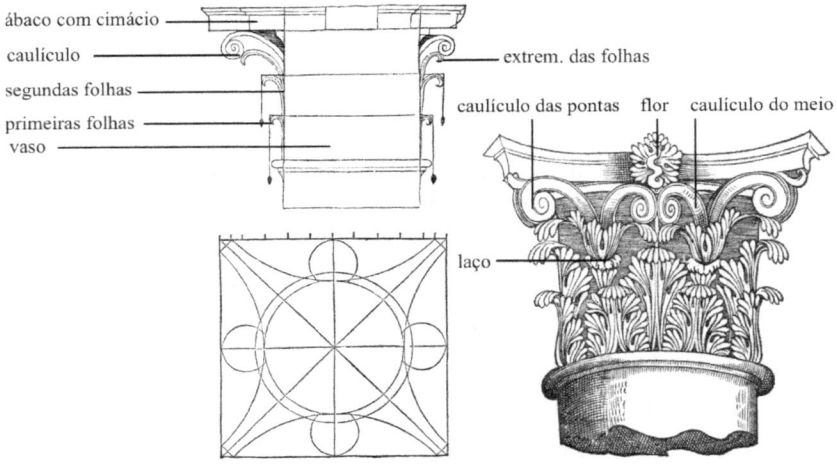

Fig. 23 Capitel do género coríntio: secção, planta e vista.

Por último, "os Itálicos juntaram aos seus todos os ornamentos que encontraram nos outros capitéis; com efeito, têm o mesmo estilo de vaso, de ábaco, de folhas e de flor, que os Coríntios; mas, em vez de caulículos, possuem asas salientes por baixo dos quatro ângulos do ábaco, as quais preenchem dois módulos inteiros. A fronte do capitel, que sem isso seria nua, tomou os ornamentos dos capitéis jónicos: com efeito, o caveto desagua nas volutas das ansas e, à semelhança da taça, tem o rebordo do vaso ornamentado com óvulos. Tem também pérolas espalhadas por baixo" (Livro VII, cap. 8).

O capitel compósito, ou itálico como é designado por Alberti (Livro VI, cap. 13), resulta do estudo das ruínas de Roma, como adverte Vinhola (1562, tav. xxx, p. 525) dado que, ao delinear aquele capitel, chama a atenção para a sua enorme variedade, o que sugere que as ruínas da antiguidade romana eram, ainda no séc. XVI, um vasto campo arqueológico no qual se podia colher indícios das formas passadas, o que dá credibilidade aos levantamentos realizados por Alberti.

Registe-se que Luca Pacioli (1978, pp. 122-123), na obra *De divina proportione* [*Tratatto dell' Architettura*], exprimiu o seu desagrado por Alberti ter dado o nome de itálico ao capitel que é, normalmente, conhecido por compósito: "El nostro Leon Batista in quelli tali luoghi dici italico more, chiamandole italiche e per verun modo li dici tuscane, che certo non fia senza grandissima ammirazione, conciosiaché sempre da quella lui e suoi sempre ne sono stati onorati. Però dirò con l'apostolo: *laudo vos sed in hoc non laudo* [*Hei-de louvar-vos, mas nisto não vos louvo*, cf. 1Cor 11: 22]".

Isso não impediu o autor do *De re aedificatoria* de utilizar o capitel itálico nas suas obras, como sucede nas pilastras laterais da igreja de Santo André em Mântua (ver Fig. 8 b), onde se notam influências formais dos capiteis coríntio e jónico, pela junção de volutas com folhas de acanto, o que sugere uma liberdade compositiva na resolução deste género de capitel, que não se encontra em qualquer dos capiteis mencionados por Vitrúvio.

Esta liberdade compositiva também se nota na variedade (*varietas*) de capiteis que são empregues nesta fachada, *i.e.*, jónicos no pórtico central, e coríntios e compósitos nos tramos laterais, como se Alberti quisesse sugerir as afiliações deste último género.

Para a transposição da terminologia relativa aos entablamentos dos géneros dórico, jónico e coríntio vejam-se as Tabelas 10 a 12 e as Figs. 25 a 27.

Para o termo entablamento, que designa o conjunto de elementos arquitectónicos que fazem o coroamento de um sistema de coluna, Alberti usa a palavra *trabeatio*. Se bem que Orlandi (1966, pp. 559, 594 e 595) se refira a *trabeazione,* no entanto, em traduções mais recentes, Rykwert *et alii* (1989, pp. 210-218) reportam-se a *entablature*, Caye -

Choay (2004, pp. 343-346) a *entablement* e Núñez (1991, pp. 301-306) a *entablamiento*.

De re aedificatoria	Da Arte Edificatória
operculum	ábaco (*)
lanx/labrum(**)	taça
flos	flor
voluta/ansa	voluta/ansa ou asa
canaliculus	caveto
prima folia	primeiras folhas (***)
secunda folia	segundas folhas (***)
vas	vaso
cima foliorum	extrem. das folhas
vas	vaso

(*) Ou opérculo; (**) Em Vitrúvio (V, 10, 4; VI, 1, 5) o termo comparece com o significado de banheira; (***) Primeira/segunda série de folhas de acanto.

Tabela 9 Terminologia do capitel do género compósito ou itálico.

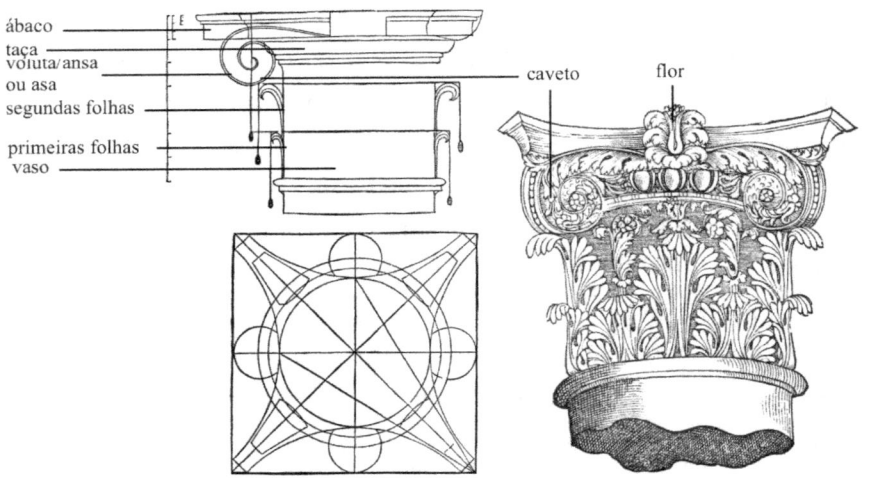

Fig. 24 Capitel do género itálico (compósito): secção, planta e vista.

Em vernáculo este termo foi introduzido, no séc. XIV, a partir do francês, *entablement*, derivado de *table* - superfície plana sobre pés - bem como do latim, *tabula* - tábua, mesa, tabuleiro (cf. Houaiss - Villar, 2002, p. 1504) e, possivelmente, de *tabulatum* (*Cat.*, *Agr.*, III, 4), no sentido de andar para fazer trepar a vinha e que, na

Prosodia de Bento Pereira (1697), vem definido como *superfície plana do edifício*.

Alberti refere-se também a *trabeatio* para designar o somatório das três partes que compõem este coroamento do sistema da coluna, constituído pela *trabs* (arquitrave), bem como pela *fascia, fascia regia* ou *tignum* (faixa, faixa régia ou tábua) e, ainda, pela *corona* (cornija).

Note-se que, apesar de a terminologia em vernáculo estar estabilizada, para se definirem as partes que compõem o entablamento[298], verifica-se uma grande variabilidade quando comparamos os termos e os sistemas de concepção utilizados por Vitrúvio e por Alberti. Com efeito, no género dórico, Alberti apresenta a formação das frontes das traves e dos painéis, designados na terminologia vitruviana por tríglifos e métopas, mas não se refere à dificuldade de os dispor, neste sistema, numa situação angular, resolvida por Vitrúvio (IV, 3, 5), com a colocação de "meias métopas com uma largura equivalente a meio módulo"[299].

É neste passo do tratado que Alberti (Livro VI, cap. 9) chama a atenção dos copistas ao fazer a seguinte recomendação: "Aqui de novo peço aos que copiarem este texto, e peço-lhes uma e outra vez, que refiram os números, que forem utilizados, não pelos seus símbolos, mas pelas suas palavras completas, para que não sejam deturpados pelos erros".

Isto sugere, que é necessário adoptarem-se as relações proporcionais advogadas para as diferentes partes que compõem os entablamentos, o que é um indício do afastamento do sistema de proporções presentes no *De architectura,* ou de que o texto de Vitrúvio estava de tal maneira mutilado, que se deveria seguir rigorosamente o estipulado no *De re aedificatoria*.

---

[298] Cf. Rodrigues, 1875, p. 158; Rodrigues, Sousa - Bonifácio, 1996; Silva - Calado, 2005; Maciel, 2006.

[299] Para uma comparação sistemática das terminologias de Alberti e de Vitrúvio, em relação aos entablamentos dos diversos sistemas de coluna, veja-se Morolli - Guzzon, 1994, pp. 64-75.

De re aedificatoria	Da Arte Edificatória
coronices	cornija
tignum (*)	trave
trabs	arquitrave
tabula	painel
undula	onda [gola direita]
gulula	gola [reversa]
frons	fronte
fascia	faixa
mutulus	mútulo
pavimentum	pavimento
pluteus	plúteo
fasceola	pequena faixa
tabula	painel
sulcus	sulco
superior fascia	faixa superior
regula	régua
clavicula	lingueta
media fascia	faixa intermédia
infima fascia	faixa inferio

(*) em Vitrúvio (IV, 2, 1; X, 6, 1) *tignum* comparece como prancha ou barrote.

Tabela 10 Terminologia do entablamento do género dórico.

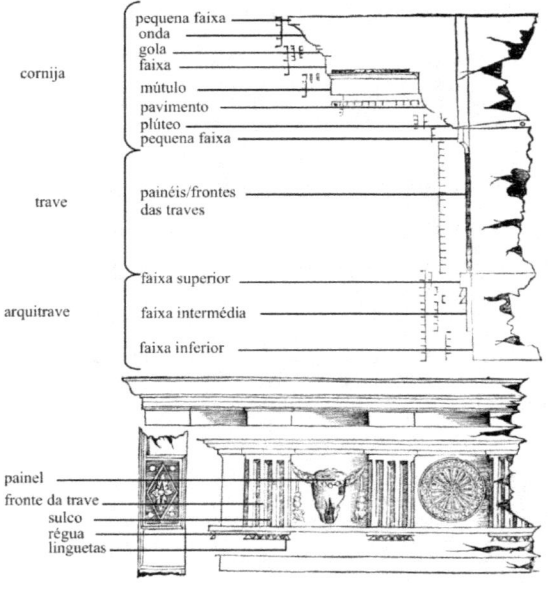

Fig. 25 Entablamento do género dórico: secção e alçado.

Repare-se, também, que as ilustrações de Bartoli sobre a sistematização da coluna são, por vezes, mais pormenorizadas do que as sugeridas, por Alberti, *verbis solis*. É o que sucede com a definição da cornija no entablamento dórico que "é formada por uma faixa e um cimácio de gola [*cimatio gugula*]" (Livro VII, cap. 9), enquanto no correspondente desenho de Bartoli (ver Fig. 25), podemos verificar que esta cornija é constituída por uma faixa, a que se sobrepõe uma gola [reversa] que, por sua vez, é rematada por uma onda [gola direita].

Dado que um cimácio de gola corresponde, na acepção de Alberti, a uma gola [reversa], visto que é formado por uma moldura meio-convexa na parte superior e meio-côncava na parte inferior, então vemos que Bartoli acrescenta uma onda ao estabelecido por Alberti, provavelmente devido à prática edificatória em vigor na Toscana na segunda metade do séc. XVI, que se pautava, no que respeita às ordens, pelo modelo de Vinhola para a ordem dórica com mútulos.

O entablamento jónico apresenta, para Alberti (Livro VII, cap. 9), maior liberdade compositiva quando comparado com os restantes, dado que "a arquitrave jónica consta de três faixas, além do cimácio [... mas] houve quem não atribuísse cimácio às faixas, e houve quem atribuísse; destes, alguns colocaram uma gola com um quinto da sua faixa, outros um cordão com um sétimo. Nas obras dos Antigos encontrarás, além disso, delineamentos transpostos ou compostos de vários estilos de obras, que não deves condenar inteiramente; mas, de entre todas, parece terem aprovado maximamente a arquitrave em que não existem mais que duas faixas; a qual eu julgo ser dórica, tirando as réguas e as cavilhas".

Para Vitrúvio (I, 2, 6) este género de recombinações é interditado, na medida em que "o decoro exprime-se segundo o costume", o que está de acordo com a organização tipológica do tratado para se estruturarem as ordens arquitectónicas.

Além disso, Alberti (Livro VII, cap. 9) também introduz o termo faixa régia (*fascia regia*), conhecida por friso ou zóoforo (*zoophorus*) na terminologia de Vitrúvio (III, 5, 10): "sobre a arquitrave colocaram as traves; mas as suas extremidades não eram visíveis como nos templos dóricos;

com efeito, cortaram-nas a prumo pelo corpo da arquitrave e cobriram-nas com um painel contínuo, a que chamo faixa régia".

O zoóforo era colocado entre a arquitrave e a cornija, com uma finalidade decorativa para servir de suporte a cabeças de animais, enquanto com a faixa régia, evitava-se um termo de origem grega, mas recusava-se a analogia edifício-corpo. Em compensação não se verificavam restrições nas temáticas compositivas, como pode ser visto no entablamento da fachada da igreja de Santo André em Mântua (ver Fig. 9 b).

De re aedificatoria	*Da Arte Edificatória*
coronices	cornija
tignum	trave
trabs	arquitrave
undula	onda
rudens	rudentura
mutulus	mútulo
canaliculus	aveto
nextrum	filete
tarnsversarium sedile	base transversal
gradus cum denticulis	ressalto com dentículos
funiculus	cordão
cimatium/gulula	cimácio/gola
fascia regia	faixa régia
suprema fascia	faixa superior
media fascia	faixa intermédia
ima fascia	faixa inferior

Tabela 11 Terminologia do entablamento do género jónico.

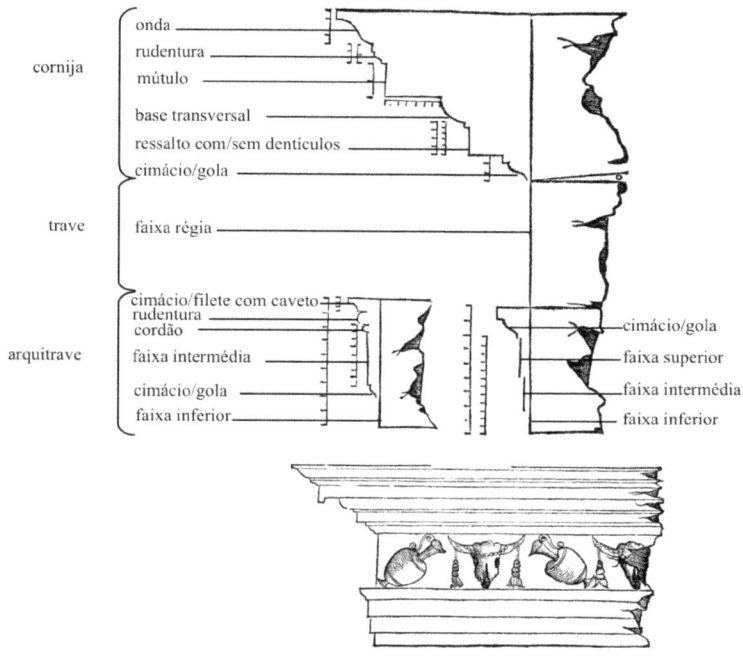

Fig. 26 Entablamento do género jónico: secção e alçado.

De re aedificatoria	Da Arte Edificatória
coronices	cornija
tignum	trave
trabs	arquitrave
undula	onda
rudens	rudentura
aurícula	orelha (*)
canaliculus	aveto
nextrum	filete
tarnsversarium sedile	base transversal
gradus cum denticulis	ressalto com dentículos
funiculus	cordão
cimatium/gulula	cimácio/gola
fascia regia	aixa régia
suprema fascia	faixa superior
media fascia	faixa intermédia
ima fascia	faixa inferior

(*) Bluteau (1712-28) define como modilhão a parte não portante da cornija, que tem a forma de um S às avessas e serve de ornato dos mútulos.

Tabela 12 Terminologia do entablamento do género coríntio.

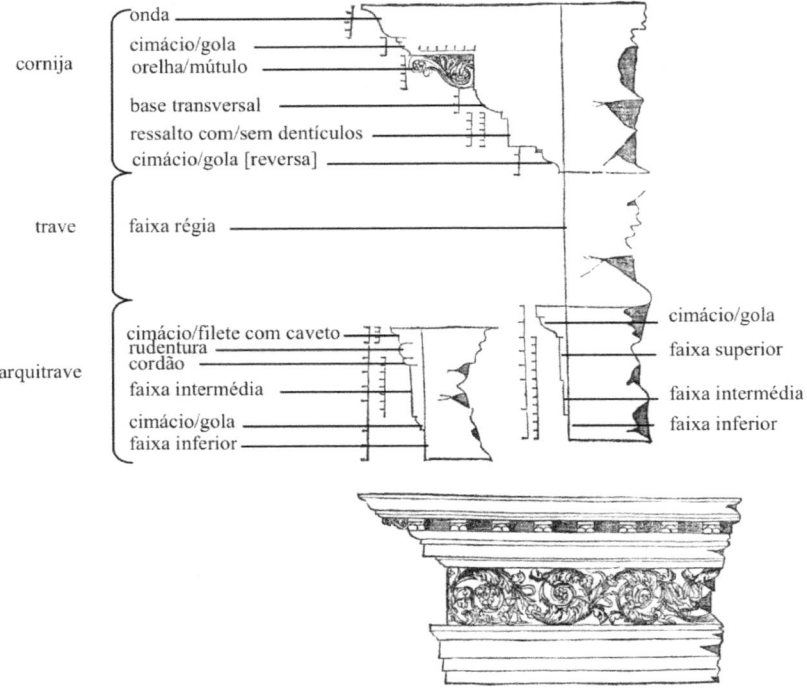

Fig. 27 Entablamento do género coríntio: secção e alçado.

Ainda em relação aos entablamentos e de acordo com Alberti (Livro VII, cap. 9), "os Coríntios nada acrescentaram às arquitraves e aos travejamentos, excepto, se é certa a minha interpretação, o facto de porem mútulos não cobertos nem cortados a prumo, como faziam os Dórios, mas lisos e traçados segundo o delineamento de uma onda; e deviam distar entre si tanto quanto se salientavam para fora da parede. No resto seguiram os Jónios".

Neste caso, Alberti perfilha Vitrúvio (IV, *Pre.*, 2), que refere que a ordem coríntia "segue o uso dórico, de acordo com a disposição dos tríglifos, dispondo mútulos nas cornijas, e gotas nos epistílios, segue as normas jónicas, distribuindo frisos ornados de baixo-relevos com dentículos e cornijas".

Consequentemente, a terminologia do sistema de coluna coríntio segue os dos sistemas dórico e jónico anteriormente apresentados por Alberti.

Fig. 28 Porta do género jónico com orelhas pendentes.

No entanto, ao observarmos a ilustração de Bartoli relativamente a este entablamento podemos verificar uma licença compositiva dado que os mútulos "lisos e traçados segundo o delineamento de uma onda" - conforme sucede no entablamento do último piso do palácio Rucellai em Florença - são substituídos por uma forma resultante da rotação de uma orelha (⚬ → ⚬⚬), característica das portas jónicas, onde o seu o comprimento pendia, na vertical, até ao nível superior do vão (cf. Livro VII, cap. 12).

Note-se, a este respeito, que a terminologia usada por Alberti para caracterizar as portas dórica, jónica e coríntia segue, escrupulosamente a do sistema de coluna anteriormente descrito.

Ao verificarmos, em vernáculo, os termos utilizados por Alberti para sistematizar a coluna, podemos constatar que todos se encontram registados no *Vocabulário Ortográfico da Língua Portuguesa*, elaborado por

J. M. Casteleiro *et alii* (2009), pelo que a terminologia albertiana, neste domínio, pode ser considerada fixada.

A lexicalização dos termos utilizados por Alberti, ao serem analisados e compreendidos como um todo de que fazem parte, mostram que Alberti afasta-se da terminologia de origem helenística em que se baseia o *De architectura*, o que coloca a questão da padronização de termos disciplinares, dada a existência de dois ou mais termos para designar, muitas vezes, o mesmo conceito ou objecto.

Esta questão põe em pauta a distinção entre a falsa e a real sinonímia dos termos utilizados por ambos autores. Dado que esta última somente ocorre quando os respectivos descritores são coincidentes e a linguagem se processa ao mesmo nível, não se pode considerar como necessário proceder à sua padronização, apesar de os termos utilizados por Vitrúvio serem, ainda hoje, generalizadamente aceites.

Na verdade, existe uma diferença fundamental entre o género de linguagem utilizada por estes autores. Como sugerimos anteriormente, o *De re aedificatoria* apresenta dimensões literárias que não estão presentes no *De architectura*, que se reporta muito mais a uma descrição/prescrição técnica, do que a uma comunicação negociada com o leitor.

Com efeito, na prosa "[...] da arte edificatória há que ter em conta tanto a disposição das matérias, como o ritmo ordenado que acompanha esta disposição, o que não quer dizer que a mesma não deixe de apresentar qualidades literárias para enaltecer, com emoção e harmonia, aquela arte, bem como exprimi-la de forma disciplinada" (Krüger-Santo, 2011, p. 16).

Não só esta dimensão está praticamente ausente do texto de Vitrúvio, como a terminologia albertiana se pauta por uma característica essencial: a transparência de conceitos, obtida por uma clara exposição dos assuntos a tratar, bem como pela frequente utilização da figura de estilo da prosopopeia, de acordo com o princípio da relação edifício-corpo, logo assumida no Prólogo de "que um edifício é um corpo que consta, como qualquer outro, de delineamento e matéria [...]".

Assim, no âmbito da cultura arquitectónica, que não se limita somente à transição do Renascimento, importa preservar a terminologia albertiana, bem como o correspondente léxico disciplinar que, de forma alguma correspondem a um capricho, mas a uma necessidade disciplinar, para reafirmar relações de imitação e de similaridade de propriedades, entre edifício e corpo, que possibilitam uma abordagem generativa e sistémica e não tipológica e casuística aos produtos da arquitectura.

AS ILUSTRAÇÕES *DA ARTE EDIFICATÓRIA*

As ilustrações que acompanham a edição *Da Arte Edificatória* em vernáculo são as que comparecem na tradução para "Lingua Fiorentina" de Cosimo Bartoli, publicada em 1550 em Florença, posteriormente reeditada em Veneza em 1565, por Francesco Franceschi.

Apesar da *editio princeps* do *De re aedificatoria* não apresentar gravuras, as opiniões emitidas por seus contemporâneos e passíveis de fornecerem pistas sobre a problemática de ilustrar o tratado de Alberti não são unânimes.

Com efeito, Filarete (Livro I, p. 10) no seu *Trattato di archittetura* é explícito no que se refere à *virtu* que Alberti mostrou nos desenhos e projectos da sua autoria mas que não chegaram até nós[300]: "Battista Alberti, homem do nosso tempo doutíssimo em muitas faculdades e nesta muito conhecedor, sobretudo no *disegno*, que é o fundamento e via de toda a arte que se faça com a mão; e disto entende muitíssimo e é muito sapiente em geometria e nas outras ciências"[301].

Vasari (*op. cit.*, p. 315), como vimos, nas *Vite* refere que, entre os artistas modernos, nenhum soube superar Leon Battista Alberti, *Architetto*

---

[300] Dos raros desenhos de arquitectura que se conhecem, passíveis de serem atribuídos a Alberti com alguma segurança pela identificação da caligrafia das legendas, é de mencionar o descrito por Burns (1978, p. 46), relativo à planta para um estabelecimento de banhos e inserido no álbum de desenhos coligido, com gravuras de várias proveniências, pelo arquitecto Muzio Oddi de Urbino no séc. XVII. Burns argumenta que é provável que o desenho tenha sido deixado por Alberti na sua passagem por Urbino, durante as suas visitas regulares a esta cidade.

[301] No original: "Battista Alberti, il quale a questi nostri tempi uomo dottissimo in più facultà è in questa molto perito, massime nel disegno, il quale è fondamento e via d'ogni arte che di mano si faccia, e questo lui intende ottimamente, e in geometria e d'altre scienzie è intendentissimo".

Fiorentino, na escrita "ainda que muitos tenham sido melhores do que ele na prática destas artes"[302] da arquitectura, da perspectiva e da pintura.

Mais recentemente, Fedeli (2002, p. 299) ao comentar o poder da imagem como interpretação dos manuscritos latinos reconhece que "l'iconografia può constituire un orientamento talora indispensabile della lettura: perché l'immagine non si limita a fornir un testo iconico corrispondente al testo scritto, ma nella maggior parte dei casi diviene vera e propria esegesi e orienta la lettura".

Se as ilustrações se podem revelar como uma verdadeira exegese e orientar a leitura de manuscritos latinos, Patetta (2004, p. 3), no entanto, adverte que os "disegni per il De re aedificatoria constituisce un irrisolto problema critico" e Morolli (1994, p. 9) reconhece que Alberti "non volle ilustrare il proprio trattato perché, da umanista, riponeva piena fiducia nell'attitudine della parola a potere comunicare [...] per il rinnovamento della 'res aedificatoria' ".

É de salientar que Alberti fornece indicações escritas precisas sobre o desenho como instrumento para o projecto, onde se descrevem diversos traçados e sistemas proporcionais que sugerem, para a sua compreensão, exemplos ilustrativos.

Assim, para Alberti (Livro IX, cap. 11) "De entre as artes liberais são estas as que são úteis, ou melhor as que são absolutamente necessárias ao arquitecto: a pintura e a matemática. Não me preocupa se é um especialista nas restantes". Além disso, o autor não sugere que o arquitecto seja como "Zêuxis[303] na pintura, ou Nicómaco[304] nos números, ou Arquimedes nos ângulos e nas linhas. Basta que ele conheça os elementos de pintura que nós escrevemos e tenha adquirido em matemática o saber que, em termos de ângulos, números e linhas em conjunto, foi concebido para fins práticos".

Contudo, para este autor "entre o desenho de um pintor e o de um arquitecto há esta diferença: aquele esforça-se por mostrar relevo com

---

[302] No texto original "anchorché infiniti ne siano stati più eccelenti di lui nella pratica", p. 302.

[303] Pintor grego, provavelmente da segunda metade do séc. v a. C., citado por Platão, por Plínio-o-Antigo, e por Quintiliano.

[304] Matemático grego neopitagórico e musicologista, nascido em Gerasa c. 60 d. C., autor de livros de aritmética e harmonia musical, traduzidos para latim no período medieval.

sombreados, linhas e ângulos reduzidos; o arquitecto, rejeitando os sombreados, num lado coloca o relevo obtido a partir do desenho da planta, e noutro lado apresenta a extensão e a forma de qualquer fachada e dos flancos, mediante linhas invariáveis e ângulos reais, como quem pretende que a sua obra não seja apreciada em perspectivas aparentes, mas sim observada em dimensões exactas e controladas" (Livro II, cap. 1).

Se bem que Alberti tenha sido, no *Quattrocento*, pioneiro em especificar os métodos de representação em projecção ortogonal, próprios ao projecto de arquitectura, bem como a representação em perspectiva inerente à pintura, é somente no *Cinquecento* que esta problemática fica clarificada.

Rafael Sanzio, na carta que escreve ao Papa Leão X, provavelmente redigida em 1519 (reproduzida em Golzio, 1936 e em Teodoro, 2005, XVIII, pp. 46 e 50) *i.e.*, passados mais de seis décadas da escrita do tratado por Alberti, precisa que os instrumentos de representação projectual do arquitecto são específicos e não se identificam com os do pintor: "perchè, secondo il mio giudicio, molti s'ingannno circa il disegnare le edificj; che in luogo di far quello che appartiene al Architettore, fanno quello che appartienne al Pittore, dirò qual modo mi pare che s'abbia a tenere, perchè si possamo intendere tutte le misure giustamente; e perchè si sappiano trovare tutti li membri degli edificj si divide in tre parti; delle quali la prima è la pianta, o voliamo dire disegno piano; la seconda è la parete di fuori, con il suoi ornamenti; la terza è la parete di dentro, pure con il suoi ornamenti [...] In somma, con questi tre modi si possono considerare minutamente tutte le parti di ogni edificio dentro, e fuori".

Por outras palavras, Rafael refere-se aos métodos de projecção ortogonal não só em planta e em alçado, à semelhança de Alberti (Livro II, cap. 1), como também em corte como sendo próprios do arquitecto[305].

Apesar de Alberti se ter referido aos primeiros dois métodos de projecção e de considerar que a introdução do desenho era imprescindível

---

[305] Sugerimos no capítulo anterior, sobre *A Terminologia da Sistematização da Coluna*, que Alberti ao apresentar o perfil das diversas molduras, por meio de letras, é um precursor do desenho de arquitectura em corte, aceite a partir de meados do séc. XVI.

para a execução controlada da obra, o que é inegável é que a *editio princeps* é editada sem gravuras.

No meio destas incertezas, uma certeza sobre a importância que Alberti dá, no Livro III, cap. 2, sobre a necessidade de se consultarem desenhos para se entender o projecto de fundações em edifícios e a implícita recusa em ilustrar, para o efeito, o tratado:

> "Não seria fácil explicar exactamente, só por palavras, de que modo se devem traçar os ângulos, porque o método de os determinar, deduzido da matemática, necessita ser exemplificado com desenhos; tema este alheio ao nosso propósito, do qual tratámos em outro lugar, nos Comentários às questões matemáticas. Tentarei, todavia, e esforçar-me-ei, na medida em que aqui for útil, por falar de tal modo que tu, se fores dotado de engenho, possas aprender por ti mesmo toda a matéria" [306].

Alberti conclui dizendo que "Os aspectos que talvez te pareçam mais obscuros, se quiseres dominá-los na perfeição, entendê-los-ás procurando-os nos referidos Comentários".

No entanto, estes *Commentarii rerum mathematicarum*, a que o autor explicitamente se refere, não foram ainda identificados e, de acordo com Grayson (1998 a) e Lefaivre (1997, p. 152), podem ser considerados como uma obra perdida.

É significativo que a primeira tradução do tratado em edição manuscrita, feita no *Cinquecento* por Damiano Pieti de Parma em 1538[307], apesar de estar incompleta ou inacabada, apresente ilustrações desenhadas à mão e que a versão seguinte, a de Pietro Lauro (1546, p. 3v), publicada em Veneza, não seja ilustrada, possivelmente por o seu tradutor não o considerar necessário, face à clareza do texto de Alberti, como aliás afirma no prefácio:

---

[306] Choay (1996, p. 136) argumenta, pelo facto de Alberti ter explicitamente referido que isso é "alheio aos nossos propósitos" (*res ab instituto aliena*), que devem ser utilizadas apenas palavras (*verbis solis*) e não ilustrações para se apresentar o tratado.

[307] De acordo com Borsi (1989, p. 248, n. 222), a Biblioteca Municipal de Reggio Emilia possui um manuscrito incompleto da edição de Damiano Pieti, com um frontispício do séc. XVIII, intitulado *Leo Battista Albertis Florentinus de Architettura*. Borsi (*op. cit.*, pp. 226-229, 231-233 e 237) apresenta nove páginas com ilustrações da edição de Pieti.

"descreverei agora as coisas maravilhosas relacionadas com as suas ideias e mostrarei que nem Vitrúvio nem outro arquitecto escreveu acerca da teoria e da prática da arquitectura com tanta clareza e tão bem como ele".

Desde essa data até hoje, a polémica está instalada sobre a pertinência de ilustrar ou não o texto de Alberti confirmando-se, assim, que a diversidade de interpretações é intrinsecamente endémica em relação à obra deste autor.

Registe-se, ainda, que esta questão subsiste mesmo em edições recentes. Com efeito, as impressões em fac-símile da tradução da *editio princeps* do *De re aedificatoria*, assistida por Francisco Lozano para Castelhano, re-editadas em pleno séc. XX, com o título *Los Diez Libros de Arquitectura*, são divergentes a este respeito.

A publicada pelos Colegios Oficiales de Aparejadores y Arquitectos Técnicos em 1975, em Oviedo, apresenta as ilustrações da edição veneziana de Francesco Franceschi de 1565, baseadas nas gravuras da edição florentina de Cosimo Bartoli de 1550, enquanto a editada pela Albatroz Ediciones, em 1977, em Valência, omite as referidas gravuras, em consonância com a edição castelhana de 1582 que, neste aspecto, segue fielmente a *editio princeps*.

Apesar de ambas edições, publicadas no séc. XX em Espanha, se referirem ao mesmo original impresso, conjectura-se que a primeira seria destinada a profissionais de arquitectura, na medida em que foi editada por um órgão de classe e, a segunda, a um público letrado, visto ter sido publicada por uma editora não especializada.

Em resumo, apesar de a *editio princeps* não apresentar ilustrações e de as interpretações sobre a sua inclusão serem divergentes, isso não anula a necessidade de as mesmas comparecerem na edição *Da Arte Edificatória* para vernáculo, não só devido à importância que Alberti dá aos conhecimentos de pintura e de matemática, como ao facto de não se ter identificado a obra de consulta suplementar a que o mesmo explicitamente se refere.

Dos textos disponíveis, das diversas edições do tratado, o primeiro que se apresenta sistematicamente "con la aggiunta de disegni" e, portanto, mais próxima da data de publicação da *editio princeps*, é a traduzida por Cosimo Bartoli com uma escrita "molto elegante e la sua traduzione del latino é attenta e precisa" (Patetta, *op. cit.*, p. 9).

A aceitação desta edição do tratado por Bartoli pode ser confirmada não só pelo frontispício desenhado por Giorgio Vasari (ver Fig. 29), como pela notícia desta tradução dada na primeira edição das suas *Vite*, também publicada em 1550. Com efeito, como relata Bryce (1983, p. 190), a superior qualidade da tradução quando comparada com a anterior de Pietro Lauro, bem como a utilização do vulgar em língua Florentina e a inclusão das ilustrações contribuíram decisivamente para o sucesso comercial desta edição.

Bartoli, após ter salientado o seu paciente trabalho sobre o texto refere de forma ambígua, na dedicatória a Cosimo I de Medicis[308], que "juntou plantas, cortes e alçados de vários edifícios descritos pelo seu autor, desenhados, em parte, a partir de como os descreve; em parte, ainda como pareceu que ele teria querido descrever alguns que não eram passíveis de fazer em desenho a partir dos seus escritos", para concluir que este processo está sujeito à crítica por tentar "tradurre un autore, che [...] è difficile [...] " (Bartoli, *op. cit.*, p. vi)[309].

Os desenhos de Bartoli não deixam de ser uma interpretação gráfica do tratado escrito por Alberti ou, por outras palavras, o texto do tratado apresenta-se como uma fonte inexaurível para possíveis representações das questões levantadas pelo seu autor.

No entanto, nas edições posteriores, tanto mais antigas (cf. a tradução para francês de Jean Martin, de 1553, e para inglês de James Leoni, de 1726 e 1765), como mais recentes (cf. a tradução para italiano de Orlandi, de 1966, bem como a tradução para inglês de Rykwert *et alii*, de 1988 ou, ainda, a tradução para espanhol de Núñez, de 1991)[310] que apresentam ilustrações, compareçam sempre com os desenhos da edição de Bartoli ou, então, com os seus aperfeiçoamentos.

---

[308] Cosimo I de Medicis (1519-1574), foi duque de Florença (1537-74) e grão-duque da Toscana (1569-74).

[309] De acordo com Borsi (*op. cit.*, p. 248), o sucesso imediato da edição de Bartoli obrigou Vasari a incluir Alberti nas suas *Vite* como uma das figuras mais proeminentes do cenário artístico do *Quattrocento* Florentino, apesar das reservas que colocou quanto à sua capacidade para a realização de obras de pintura, perspectiva e arquitectura.

[310] Na edição de Núñez (1991), as ilustrações de Bartoli não são colocadas conjuntamente com o corpo do tratado mas no Prólogo, elaborado por J. Riva, que cita Alberti (Livro II, cap. 2) sobre a introdução de desenhos como sendo uma "empresa ajena a nuestro propósito" (Riva, *op. cit.*, p. 51), ao contrário daquela edição em vulgar, onde se verifica a "fusão" do texto com imagens.

Fig. 29 Frontispício desenhado por Giorgio Vasari para *L'Architettura* (*De re aedificatoria*) *di Leon Battista Alberti tradotta in lingua fiorentina* [...] *con l'aggiunta de disegni*, editada em Florença por Lorenzo Torrentino e traduzida por Cosimo Bartoli, 1550[311].

De acordo com Carpo (2000, pp. 930-931; 2005), a edição francesa de Jean Martin (1553) apresenta dois terços das ilustrações a partir das xilogravuras da edição de Bartoli (1550), e as restantes a partir do *Terzo Libro* de Sérlio (1540 e 1544), bem como das edições francesa de Jean Martin (1547) e da veneziana de Fra Giocondo (1511) do tratado de Vitrúvio. Além disso, as edições inglesas de Leoni (1726 e 1765) apresentam vinte gravuras elaboradas pelo gravador francês Bernard Picart (1673-1733), que se baseou nos desenhos de Leoni, realizados, por sua vez, a partir das xilogravuras da edição de Bartoli (1550). A edição alemã de Theuer (1912) apresenta, de acordo com Portoghesi (1966, p. XLVIII), uma escrupulosa reconstrução gráfica das ilustrações de Bartoli, acaban-

---

[311] Fonte da ilustração: Patetta, 2004, p. 9, a partir do fólio 394 Orn, do *Gabinetto dei Disegni e delle Stampe*, Florença.

do Portoghesi (*op. cit.*, p. LVI), no entanto, por ilustrar o tratado com as gravuras originais da edição de 1550 de Bartoli.

É na continuidade desta aceitação que também apresentamos, na edição *Da Arte Edificatória* em vernáculo, as gravuras de Bartoli, sabendo que estamos perante um *problema crítico irresolúvel*, por podermos considerar, *in extremis*, o facto de o tratado tanto se apresentar, por um lado, "comme un moyen de defendre la valeur générative des règles et la méthode albertiennes contre le pouvoir réducteur de l'image" (Choay, 1996, p. 140) e, por outro, como se as ilustrações também fossem "previsti, e che non ci siano pervenuti soltanto per un motivo o un fatto, come si dice, contingente, che non conosciamo" (Patetta, 2005, p. 114).

É de assinalar, ainda neste contexto, que Alberti refere no Livro VI, cap. 7, uma descrição textual das máquinas de construção em estaleiro de obra, recusando-se a dar uma representação gráfica das mesmas, utilizando uma linguagem figurada, invocando, para o efeito, o poder divino de Mercúrio[312], que permitia fazer-se compreender "nullo signo manus, sed solis verbis" (sem fazer nenhum gesto com a mão, mas apenas com palavras)[313].

No seguimento desta argumentação, Choay (2000, p. 856) recusa a introdução de gravuras nas edições do tratado de Alberti e expõe, de forma enfática, que "c'est pourquoi je regretterai, au passage, qu'à la suite de Bartoli et de Jean Martin, nos contemporains (Orlandi ou Rykwert) continuent, dans leurs editións, à illustrer un livre don't l'auter, en toute conaissance de cause, banit l'illustration".

Além disso, noutro tratado, na *Descriptio urbis Romae*, o autor ao descrever o plano da cidade de Roma, por meio de um goniómetro horizontal, que introduz um sistema de coordenadas polares que indicam a direcção e a distância (*horizon* e *radius*), tanto dos monumentos, como das muralhas da cidade e do rio Tibre, a partir do Capitólio, não reproduz o correspondente mapa, mas sugere ao leitor que o desenhe a partir daquelas relações angulares registadas por escrito.

---

[312] Deus romano apresentado como mensageiro de Júpiter.

[313] De acordo com Alberti (Livro VI, cap. 7): "Dizem que Mercúrio era tido por divino principalmente porque, sem fazer nenhum gesto com a mão, mas apenas com palavras, de tal maneira exprimia o que dizia que era plenamente compreendido".

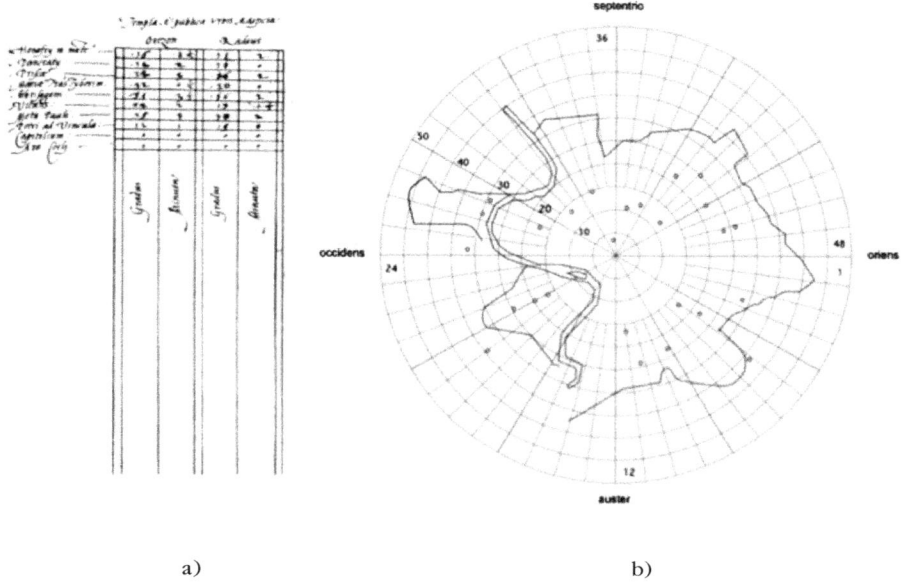

a) b)

Fig. 30 a) Fragmento da *Descriptio urbis Romae*[314], mostrando as coordenadas polares (horizonte) em relação às distâncias (raios) a partir do Capitólio em Roma; b) Reconstituição da planta de Roma mostrando as muralhas, o rio Tibre e a localização dos monumentos da cidade.

Carpo (1988) chega mesmo a argumentar que o mapa "perdido" de Roma, supostamente desenhado por Alberti, nunca chegou a existir porque o seu inventor, à semelhança de Ptolomeu, teve por objectivo mostrar que o conhecimento cartográfico poderia ser representado, de forma precisa, por meio de *tabula*, evitando-se, assim, as imprecisões resultantes das cópias de desenhos.

Também nos tratados *Della pittura* e *Della statua* de Alberti encontramos semelhante orientação para reduzir o grau de incerteza na prática artística, seja pela introdução do que veio a ser conhecido, em perspectiva, como a *costruzionne legittima* da pirâmide visual, seja pelo sistema de representação e medição proporcional do corpo humano realizado

---

[314] Fonte da Ilustração: Biblioteca Apostólica Vaticana, Chig. M. VII.149; cf. L. Bartolini, 1994, 431, *in* J. Rykwert - A. Angel, *Leon Battista Alberti. Catallogo della mostra Palazzo Te*. Milão: Olivetti e Electa.

com o *exempeda*, um instrumento de medição métrica que possibilitava a construção, à escala, dos respectivos contornos e proporções do corpo numa base rigorosamente antropométrica.

Estas constatações sugerem que Alberti, nestes tratados, procurou remover, pelo menos de forma parcial, a dimensão humana, mais subjectiva e aleatória, que poderia estar presente na produção tanto de obras de arte, como nos levantamentos da Antiguidade Romana. Se atendermos a que as primeiras edições *Da Arte Edificatória* foram elaboradas sob a forma manuscrita, podemos entender esta preocupação em minimizar a possível e quase certa adulteração, de cópia para cópia, na reprodução manual deste tratado.

No entanto, a partir de finais do séc. XV, a reprodução de gravuras em madeira facilitou a difusão de estampas xilográficas, conjuntamente com o advento do texto impresso, facilitado pela inserção da madeira gravada entre os caracteres tipográficos.

Da sua vasta obra escrita de cunho técnico, Alberti faz uma alusão favorável à invenção da imprensa no texto *De componendis cifris* (II) sobre criptografia, escrito por volta de 1466 (cf. Paoli, 2004, p. 51), ao referir-se ao inventor alemão que, com três ajudantes e em cem dias, conseguiu imprimir mais de duas centenas de exemplares a partir do original[315]. Este entusiasmo é compreensível na medida em que na época, como relata Richardson (1999, p. 3), apenas dez anos antes, o editor Vespasiano da Bisticci de Florença necessitou mais de quarenta copistas e de vinte e dois meses de trabalho para reproduzir duzentos manuscritos, encomendados por Cosimo Giovanni de Medicis, para a biblioteca de Badia di Fiesole.

Aquela alusão de Alberti, posterior em cerca de década e meia à feitura manuscrita *Da Arte Edificatória*, mostra uma adesão à reprodução

---

[315] Alberti refere-se a Johann Gutenberg de Mainz que, a partir de 1448, começou a imprimir livros com tipos móveis. A *editio princeps* do *De re aedificatoria*, publicada em 1485, foi impressa por Nicolai Laurentii Alamani, também conhecido como Niccolò Tedesco, em Florença. Trata-se de uma edição relativamente precoce na medida em que a primeira obra impressa nesta cidade deve-se a Bernardo Cennini que, cerca de 1472, deu à estampa os *Commentarii in Virgil opera* de Sérvio, *i.e.* somente dezasseis anos antes daquela *editio princeps*, que se apresenta com conteúdos atípicos em relação à produção livreira da época. Com efeito, no *Quattrocento*, "la stampa fiorentina è caratterizzata da una produzione prevalentemente in volgare, che privilegia i settori religioso e letterario (con un totale superiore all'82%) [...]" (Santoro, 2008, pp. 85-86).

mecânica de originais manuscritos, mas omitida por Poliziano (1485, p. 135) ao referir-se a Alberti na dedicatória, da *editio princeps*, a Lourenço de Medicis: "quando estava mesmo para editá-los, dedicando-os ao teu nome, chegou ao fim do seu destino".

Assim como a edição destes textos em letra impressa permitiu a sua difusão e uma certa uniformização de conceitos disciplinares também, mais recentemente, a edição electrónica sob a forma de hipertexto alterou substancialmente os modos de leitura destes tratados, ao abri-los a todas as ligações textuais e visuais permitidas, principalmente se atendermos às possibilidades, não sequenciais, de associação de conceitos bem como de imagens.

Isto certamente coloca um desafio maior ao leitor contemporâneo, na medida em que o texto de Alberti, pela multiplicação automatizada das suas entradas de leitura e pela possibilidade de se efectuarem pesquisas multicritérios, defronta-se com um campo semântico - hierarquizado pelas relações estabelecidas entre a *necessitas*, a *commoditas* e a *voluptas* - que carece de ser sempre reconstruído na presteza dos resultados obtidos[316].

Numa recente tese, Lefaivre (1997) sugere que a obra *Hypnerotomachia Poliphili*, que Pedraza (1981) traduziu para espanhol como *Sueño de Polifilo*, atribuída a Francesco Colonna e publicada anonimamente em 1499, foi elaborada por Alberti.

Lefaivre (*op. cit.*, p. 3) argumenta que esta obra foi concluída cerca de dezoito anos após a redacção manuscrita *Da Arte Edificatória*, pela combinação de dois géneros literários promovidos anteriormente por Alberti, a novela sobre o amor e o tratado de arquitectura.

Note-se que, no âmbito da discussão sobre a ilustração do tratado de arquitectura de Alberti, a obra *Poliphili* apresenta-se profusamente

---

[316] Para uma consulta, em formato de hipertexto da *editio princeps* de 1485 do tratado de Alberti, veja-se o endereço http://archimedes.mpiwg-berlin.mpg.de/; para a tradução assistida por Francisco Lozano de 1582, para castelhano, com o título *Los Diez Libros de Architectura de Leon Baptista Alberto traduzidos de Latin en Romance*, veja-se: http://www.udc.es/etsa/biblioteca/red/tratados/c.pdf/; para a edição de Anicio Bonucci de 1847, em italiano, e intitulada *Dell'Arte Edificatoria*, veja-se: http://books.google.it/books?id=6Yw HAAAAQAAJ&pg=PA193&dq/. Os outros tratados artísticos de Alberti - *Della pittura*, *De pictura* e *De statua* - estão disponíveis no sítio da *Scuola Normale Superiore di Pisa*, com endereço em http://fonti-sa.signum.sns.it/index.php. Consultas actualizadas em 22-12-2009..

ilustrada com 172 gravuras, consideradas por Pedraza (*op. cit.*, p. 41) de magníficas, que estão na base do êxito das suas sucessivas reedições, bem como da sua influência artística, mais conforme ao desenho do antigo, ao longo do séc. XVI.

Além disso, esta obra, apesar de apresentar ilustrações de monumentos e ruínas de edifícios clássicos, bem como de elementos arquitectónicos diversos, como sejam colunas, bases, entablamentos, com uma variedade de arquitraves, frisos, cornijas, molduras e ornamentos, é considerada pela crítica contemporânea, como uma fonte de inspiração, de forma alguma redutora, das capacidades imaginativas que devem estar presentes na criação arquitectónica.

Com efeito, Pérez-Gómez (2006, p. 42) argumenta que, nesta obra, "the architecture evokes what is missing; it is the engine of imagination. This recalls Aristotle's remarks about the function of imagination (phantasia). Phantasia is what prompts creatures to reach out for what they desire, to use metaphor to bring near what is far. The story must always distinguish between what is present and known and what is not. Orientation is the crucial role of architecture in the narrative of the Hypnerotomachia. The ideal is not in this world; the perfect garden/city/architecture remains otherworldy but provides a utopian vector for the imagination by construing the good life in our here and now".

Se bem que a tese de Lefaivre venha dar crédito à disseminação, noutro contexto, de gravuras numa obra que versa sobre o "engine of imagination" em arquitectura, a atribuição da sua autoria a Alberti "is highly controversial"[317], não sendo a mesma actualmente aceite, de forma generalizada, na comunidade que estuda a obra deste autor.

Ao contrário da tese defendida por Lefaivre (*op. cit.*), as obras de Blunt (1956) e Summerson (1963), no que se refere à teoria artística no Renascimento, consideram que tanto o *Poliphili* como o *De re aedificatoria* têm autorias diferentes, respectivamente Colonna e Alberti.

Blunt (*op. cit.*, p. 55) afirma que Alberti é intensamente racional e com espírito profundamente arqueológico, enquanto Colonna interpreta os conhe-

---

[317] Comunicação pessoal do Prof. Hans-Karl Lücke, Dezembro de 2004.

cimentos da Antiguidade de modo imaginativo, sem cuidado pela precisão dos pormenores. Summerson (*op. cit.*, p. 33) confirma que a primeira obra é inteiramente subjectiva e a segunda totalmente objectiva, se bem que em ambas também possam ser encontrados, respectivamente, traços de total objectividade como de inteira subjectividade, bem como a convicção de que, para ambos os autores, o Renascimento seria uma "idade de ouro".

Ainda hoje, a tese de Lefaivre sobre a autoria da obra *Poliphili* não apresenta unanimidade de opiniões, dado que se verifica, pela ausência de recensões credíveis, um silêncio para com os argumentos apresentados por aquela autora, apesar de esta obra ter sido publicada já em 1997 e numa editora de prestígio internacional.

Na verdade, a ética subjacente ao princípio da frugalidade de Alberti (Livro VI, cap. 1), ao referir-se aos monumentos da Antiguidade Romana: "não sem lágrimas via eu que esses monumentos iam sendo destruídos dia a dia; e que os construtores, que nestes tempos edificavam, se deleitavam mais com novos delírios dos seus disparates do que com os princípios mais que provados de obras reconhecidíssimas", contrasta com a *libido aedificandi* que percorre o *Poliphili*.

No entanto, Colonna (*op. cit.*, I, 7, p. 65), quando se refere à primazia mental na realização de uma obra: "Pensei que o habilíssimo artífice tinha tido presente a Ideia da sua natureza e a havia plasmado com suma perícia ao realizá-la", não deixa de ser um fiel intérprete do pensamento de Alberti (I, 1): "Assim sendo, segue-se que o delineamento será um traçado exacto e uniforme, mentalmente concebido [...]", o que não significa, necessariamente, que a escrita de ambas as obras se deva ao mesmo autor[318].

Podemos formular a hipótese de que se Alberti tivesse acesso a meios de reprodução simultânea de texto e de imagem, de forma mecânica, durante a elaboração manuscrita do seu tratado de arquitectura, então tê-lo-ia ilustrado, se bem que tenha, *in absentia* daqueles meios, expresso textualmente o contrário.

---

[318] Para um levantamento actualizado das relações entre a obra de Alberti e o *Poliphili* de Francesco Colonna veja-se o estudo de Nuovo, 2007.

Apesar destas incertezas, Alberti nunca colocou em causa, como referimos, a utilização de desenhos e de outros instrumentos auxiliares para a concepção do projecto de arquitectura ou para o levantamento de obras existentes[319].

É de notar que no período subsequente ao da publicação da *editio princeps*, a prática edificatória em Portugal ainda se regia por modelos onde o desenho e a concepção da obra eram feitos, predominantemente, pelo verbo escrito, à semelhança do que Alberti sugeriu para o seu tratado, mas não para a elaboração do projecto.

Carita (1999, pp. 174-177) mostra que as metodologias de projecto arquitectónico e urbano, para a Lisboa Manuelina (1495-1521), se baseavam, predominantemente, em indicações proporcionais e métricas rigorosas, mas escritas, que constituíam as provisões, os regimentos de obras e os alvarás régios que, em geral, eram acompanhados por desenhos designados por mostra e pintura. Neste caso, o primeiro desenho correspondia a uma sumária planta e o segundo, de origem mais antiga, de que se encontram referências no reinado de D. João II, dizia respeito a uma vista de exterior e de conjunto, também sucinta, como são os debuxos de fortalezas de Duarte d'Armas (1509/1510), levados a efeito, no reinado de D. Manuel I, para levantamento dos castelos raianos entre Castro Marim e Caminha.

Assim, nestes anos de transição e de diferentes contemporalidades para uma representação gráfica mais precisa do projecto, a prática da arquitectura "estrutura-se sobretudo, não numa forma idealizada fixa, um desenho rigoroso, mas num modelo metodológico, 'o regimento', capaz de fazer face às situações mais diversas sem perder as lógicas teóricas que o fundamentavam [... e...] que se afiguram com capacidades de maior adaptabilidade às circunstâncias do local" (Carita, *op. cit.*, 1999, p. 177).

---

[319] Apesar de no tempo de Alberti já estarem disponíveis, conforme relata Cennino Cennini (c. 1400), várias técnicas de impressão de imagens em roupas e têxteis, bem como da sua reprodução em livros, Carpo (2001, p. 226) adverte que "we cannot blame Alberti and most of his contemporaries for failing to recognize in this marginal technology what would soon become a major agent of cultural and social change. After all, not so long as ten years ago many intellectuals of our own day were persuaded that virtual images would remain confined to a niche market of home video-games, and that the Internet - witness the destiny of its unlucky French precursor, the Minitel - would basically develop into a global arena for electronic dating".

Para a concretização operativa do projecto, Alberti toma uma posição percursora, no âmbito da cultura arquitectónica pós-medieval, pois sugere que "é sempre de aprovar o antigo costume daqueles que melhor edificavam, de modo a que, antes de darmos início a seja o que for que exija despesa e canseira, ponderemos e examinemos, uma e outra vez, toda a obra e cada uma das dimensões de todas as partes, segundo as directivas dos mais entendidos, servindo-nos não só de um desenho e de um esboço, mas também de maquetes de madeira ou de qualquer outro material" (Livro II, cap. 1)[320].

Também, no estudo e análise das obras da Antiguidade, Alberti admite que "não cessava de explorar tudo, de observar atentamente, de medir, de fazer um esboço, até aprender e conhecer em profundidade o contributo de cada uma em engenho e arte" (Livro VI, cap. 1).

Por último, dirigindo-se ao arquitecto, a fim de que este acautele a realização de excessos, Alberti (Livro IX, cap. 10) também afirma que "Ninguém julgará que aplicou trabalho suficiente às letras, se não tiver lido e examinado todos os autores, mesmos os não bons, que tenham escrito na disciplina que frequenta. Assim, no seu caso, observará com a máxima diligência quantas obras houver, aprovadas pela opinião e pelo consenso dos homens, onde quer que se encontrem, fará um desenho, anotará as proporções, há-de querer, em sua casa, reduzi-las à escala e a maquetes".

Note-se que o uso de maquetes no *Quattrocento*, tanto para se entender, no espaço, uma proposta arquitectónica, como é o caso do lanternim de *Santa Maria del Fiore*, como para se aferir o seu efeito à escala natural, como sucedeu com a cornija do Palácio Farnese, vêm, no ocidente, de uma longa tradição disciplinar que remonta à Grécia antiga e pós-clássica e que continuou no período medieval.

Alberti reporta-se ao uso de maquetes como um mecanismo para conceber a obra como um modelo simplificado de uma realidade que se deseja construir e não como um meio para promover algo que não corresponde ao que se projecta, sugerindo, para isso, uma continuada reflexão e reelaboração do que foi representado em modelo à escala.

---

[320] Esta sugestão é repetida duas vezes no final do tratado (Livro IX, cap. 10).

Estas considerações, a que o autor se refere explicitamente no Livro II, caps. 1 e 2, bem como no Livro IX, cap. 8, não deixam de constituir uma primeira advertência, apresentada na literatura disciplinar, especialmente adequada face à "caixa de Pandora" dos métodos de representação e de expressão de projecto actualmente utilizados.

Além daquelas recomendações, Alberti na sua prática de projecto utilizou desenhos à escala na igreja de S. Sebastião, em Mântua, conforme atesta a carta dirigida ao seu patrono Ludovico Gonzaga, bem como a resposta deste último, existentes no Arquivo Estatal de Mântua[321]. Também a cópia realizada por Antonio Labacco[322], a partir de um desenho de Alberti da planta daquela igreja (ver Fig. 42 a), enviado ao arquitecto residente em obra, Luca Fancelli, atesta a produção de desenhos elaborados por aquele.

Em suma, o que Alberti sugere explicitamente no *De re aedificatoria* é que toda a ilustração seja banida do seu tratado, enquanto a utilização de meios de comunicação gráfica para projecto deve ser não só praticada, como incentivada no âmbito do inescapável ciclo de concepção, de representação e de construção da obra.

Se adoptássemos este *ostinato rigore* nas obras escritas de Alberti, no limite, também teríamos de manter o texto *Da Arte Edificatória* em latim renascentista, dado o purismo linguístico mostrado pelo seu autor ao criar, nesta língua, termos de arquitectura que já existiam em grego, apesar de ser, no *Quattrocento*, também um dos primeiros

---

[321] As trocas epistolares entre Alberti e Ludovico Gonzaga são reproduzidas em apêndice ao texto de Calzona (1994, pp. 272-275), bem como em Benigni, Cardini - Regoliosi (2007, pp. 273, 351). A este respeito é significativa a carta enviada por Zampetrus de Figino, engenheiro ao serviço de Ludovico Gonzaga, datada de 27 de Maio de 1460, sobre o andamento das obras da igreja de São Sebastião em Mântua: "[...] io mandai alla Signoria Vostra lo disegnio della detta chiesa e temo ch'io l'ò fallato nella testa dello porticho apreso alla schalla, zoe alle schalle, in quello disegnio per freza, ma di muro non è manco drama dell'ordine del spettabile messer Battista, [...] perché lo preditto messer Battista non ne dellibrò come perché per mollti modi si se fa all' antiga li seramenti d'ussi e io non voria fare cosa che si avesse a reffare per non essere fatta al piazere della Signoria Vostra alla quale sempre mi racomando" (cf. Calzona, 1994, p. 274). Esta missiva não só mostra a importância do desenho à escala para o andamento da obra, como a negociação entre o "spettabile messer Battista" e o duque de Mântua, mediada pelo seu engenheiro residente em estaleiro.

[322] Ver nota n.º 424.

defensores do vulgar, mas não no que se refere à língua em que é escrito este tratado[323].

Consequentemente, teríamos de recusar a *recensio* elaborada por Orlandi (1966) sobre a interpretação das relações entre os códices manuscritos existentes e aceitar a *editio princeps* como sendo a única fonte fidedigna, como se fosse equivalente a um *codice optimus*, sem ter a garantia de o ser, na medida em que aquela primeira edição impressa se baseou num códice pertencente a Lourenço de Medicis, copiado do arquétipo albertiano, mas que se apresenta, no entanto, com lacunas, erros e omissões que variam de códice para códice (cf. Fiaschi, 2001, pp. 267-284).

A fidedignidade dos manuscritos, sujeitos a adulterações da mais diversa ordem pelos copistas, tem sido uma questão de debate[324], sendo aceite que os editados em Florença, Roma, Urbino e Nápoles são os mais confiáveis (cf. Borsi, 1989, pp. 222-3, n. 5)[325].

É quase certo que o códice Plut. 89, sup., 113, da Biblioteca Laurenziana, tenha servido como antígrafo da *editio princeps*, conforme atestam os trabalhos paleográficos de Grayson (1998 a), de Orlandi (1966, pp. 1100-1013) e, principalmente, de Fiaschi (2001), se bem que esta primeira edição mostre variações lexicais, sintácticas e gramaticais, quando comparada com as dos outros códices. É significativo que

---

[323] Na edição de Bartoli (1550, p. 4), considerada por Orlandi (1966) pela sua precisão, aquele tradutor refere-se à dificuldade em transpor o tratado de Alberti para vulgar, não só devido à temática que aborda - a *res aedificatoria* - como também ao facto de "mediante I nomi non pur' latini antichi et approvati, ma nuovi et da lui stesso composti".

[324] Alberti (Livro VI, cap.1) refere-se ao mau estado em que lhe chegou o tratado de Vitrúvio como uma das razões que o levaram a concluir o *De re aedificatoria*: "a ponto de termos como único sobrevivente de tamanho naufrágio apenas Vitrúvio, autor sem dúvida competentíssimo, mas de tal modo danificado e mutilado pelo tempo, que em muitos passos são muitas as lacunas e em muitos outros são muitíssimos os aspectos que deixam a desejar".

[325] Os *codices* consultados por Orlandi (1966, p. LIV) foram o Vaticano Urbinate latino 264, o de Eton College, manuscrito 128, o Vaticano Ottoboniano latino 1424 e o Laurenziano, Plut. 89 sup. 113. As restantes versões manuscritas, sem ilustrações e de restrita circulação do tratado de Alberti, de que temos conhecimento, quase todas elaboradas no séc. xv, são as seguintes: Chicago, University of Chicago Library, Goodspeed Fund, 1; Florença, Biblioteca Riccardiana, Cod. 2520 (séc. xvi, trad. dos três primeiros livros); Modena, Biblioteca Estense, Cod. A. O.3.8. Lat. 419; Olomouc (Moravia), Biblioteca da Catedral, Cod. CO. 330; Reggio Emilia, Biblioteca Municipal, Cod. Mss. Vari, G3 (trad. de Damiano Pieti, 1538); Roma, Biblioteca Vaticana, Cod. Urb. Lat. 264; Veneza, Biblioteca Marciana, Cod. Lat. VIII. 125 (3717).

Poliziano (1485, p. 135), na Saudação a Lourenço de Medicis, assegure a autenticidade do manuscrito que serviu para publicação invocando Bernardo Alberti[326], que depois da cópia dos originais os reuniu num só volume para impressão.

A ocorrência de lacunas, na *editio princeps*, mostra a dificuldade em apresentar o texto de forma completa, o que levou Orlandi, na edição crítica publicada em 1966, a utilizar quatro códices em simultâneo para reconstituir o texto da forma mais integral e escrupulosa possível, sendo devidamente assinaladas as correcções, omissões, variantes, conjecturas e corrupções encontradas nestes manuscritos.

Estas variações entre os códices, no entanto, não podem ser imputadas ao autor do *De re aedificatoria*. Com efeito, Alberti, já no *Il libri della famiglia* (III, p. 91), num diálogo entre o jovem Lionardo Alberti e o patriarca Giannozzo, à semelhança do que ocorre na sua vasta produção de manuscritos, considerava um bom sinal os mercadores terem as mãos sujas de tinta (*avere le mani tinte d'inchiostro*), bem como uma caneta sempre à mão para anotar as transacções:

> "Giannozzo: [...] Dizia o senhor Benedetto Alberti, homem muito prudente não só nos negócios públicos mas também em todos os aspectos cívicos da vida privada, que era um bom sinal se um mercador tinha as mãos sujas de tinta.
> Lionardo: Não estou certo se entendo.
> Giannozzo: Ele considerava ser essencial para um mercador ou alguém de outro ofício, que fizesse negócios com um largo número de pessoas, que escrevesse sempre tudo, anotasse todos os contratos e entradas e saídas da loja e tivesse quase sempre a pena na sua mão [...]".

Este diálogo sugere que Alberti era cuidadoso na feitura e registo dos manuscritos que produziu ao longo da sua vida, como pode ser confir-

---

[326] Bernardo Alberti, primo em segundo grau por via paterna de Leon Battista, é quem apresenta a Lourenço de Medicis um exemplar manuscrito do *De re aedificatoria* (cf. Boschetto, 2000, p. 64).

mado no vasto espólio literário que deixou, nomeadamente na produção do *De re aedificatoria*, como mostra Fiaschi (*op. cit.*, pp. 267-284).

Neste contexto, a crítica textual de Orlandi (*op.cit.*), baseada em *codices plurimi*, aparece como plausível, na medida em que o trabalho realizado sobre os códices consultados permitiu reduzir indeterminações e lacunas existentes na *editio princeps* e dar maior credibilidade ao texto de Alberti reconstituído criticamente, pelo que a consulta recíproca e simultânea da edição de Orlandi e da *princeps* apresenta maior fidedignidade.

A transposição, de cópia para cópia, anteriormente à consolidação das línguas nacionais, teria de conviver, no tempo de Alberti, com a reprodução de uma caligrafia oriunda do período medieval, bem como, de forma progressiva, com a desenvolvida pelos humanistas, a *littera antiqua*.

Na qualidade de abreviador apostólico ao serviço dos Papas Eugénio IV (1431-1447), Nicolau V (1447-1455), Calisto III (1455-1458), Pio II (1458-1464) e Sisto IV (1471-1484), Alberti tinha um conhecimento de primeira mão sobre estes tipos de caligrafia e das implicações das possíveis adulterações do seu traçado, como nos chama a atenção Tristano (2005, p. 39): "pittura e scrittura presentano [...] strettissime analogie nei metodi di apprendimento, che passano attraverso una scomposizione e ricomposizione dei singoli elementi per giungere a formare una sequenza di 'segni' capaci di rendere un significato linguistico o visivo preciso, in base al rispetto di un insieme di regole".

A *littera antiqua*[327], inspirada na combinação harmoniosa das versais romanas e da minúscula carolina[328], foi introduzida por Petrarca e seus *discípulos*, cerca de 1450, com o objectivo de apresentar os textos da Antiguidade Clássica com uma aparência próxima do seu aspecto inicial. Naquele período também é adoptada a *chancelaresca*, com o aspecto de letra cursiva redonda que dará origem ao itálico, assumida primei-

---

[327] Designação genérica para a *littera romana*, que os países latinos designavam vulgarmente de letra redonda.

[328] Nascida no séc. VIII, perdurou até ao séc. XII, com formas arredondadas, hastes baixas e traçado simples e regular.

ramente pelo Vaticano e depois pelas chancelarias de Florença, Ferrara e Veneza (cf. Febvre - Martin, 2000, pp. 103-104).

A escrita da correspondência epistolar, como a que endereçou a Matteo de'Pasti (ver Fig. 4), mostra que o tipo de letra usado por Alberti é o de "[...] uma minúscula cursiva direita de base humanística, de pequena dimensão, com formas arredondadas, caracterizada por um curioso elemento de ligação *et*, e o de maiúscula é à antiga de tipo florentino", de características vincadamente originais, "acabando por ser o exemplo mais bem conseguido e racionalmente desenhado [...] de tradição toscana que se conhece" (Petrucci, 1994, p. 279 e 281).

Panofsky (1960, p. 108) evoca, na contemporaneidade, a aceitação desta letra "all'antica" promovida por Alberti: "Our own script and letter press derive from the Italian Renaissance types patterned in deliberate opposition to the Gothic upon Carolingian and twelfth century models which in turn had been evolved on a classical basis. Gothic script one might say symbolizes the transitoriness of the medieval renascences; our modern letter press, whether Roman or Italic, testifies to the enduring quality of the Italian Renaissance".

Os frisos do Sagrado Sepulcro que Alberti projectou para a família Rucellai, em Florença, bem como das fachadas do *Tempio Malatestiano*, em Rimini, e da igreja de *Santa Maria Novella*, em Florença, apresentam, nas incisões epigráficas, letras romanas maiúsculas geometricamente desenhadas que foram adoptadas, posteriormente, como modelo a ser seguido, tanto pelos copistas como pelos arquitectos do Renascimento (ver Fig. 31) (cf. Meiss, 1960, p. 98; Grafton, 1997, p. 65). Nestas inscrições Alberti reabilita a epigrafia romana do período imperial, onde as letras são desenhadas com serifas e os traços apresentam diferentes espessuras o que, associado a uma geometrização, feita por linhas e ângulos, baseada no círculo e no quadrado, contribuiu para a iniciação e difusão de um novo tipo de alfabeto cujas influências se fizeram sentir, tanto no seu tempo, nomeadamente no alfabeto apresentado em apêndice na obra *De Divina proportione* de Luca Pacioli, como, ainda hoje, nas fontes que têm por base o alfabeto romano restaurado[329].

---

[329] Conjuntamente com as epigrafias de Alberti, os trabalhos do antiquário Felice Feliciano, e do autor de trabalhos de caligrafia Damiano da Moyle, constituem,

ABCDEF
GHILMN
OPRSTV
XYZQ

Fig. 31 O alfabeto de Leon Battista Alberti, reconstituído a partir de incisões epigráficas do Santo Sepulcro da Capela Rucellai[330].

Luca Pacioli (1497), na obra *De Divina proportione* (cap. VIII, p. 121), declara que esteve hospedado em casa de Alberti, possivelmente no ano anterior ao seu falecimento, *i.e.* em 1471, o que dá fundamento à hipótese de ter aprendido com este o desenho de letras maiúsculas romanas que, posteriormente, incorporou como apêndice ao seu tratado: "el nostro compatriota Leonbatista del alberti Fiorentino con lo quale più e più mesi ne l'alma Roma al tempo del pontefice Paolo Bardo [Paulo II, 1464-71] da Vinegia in proprio domicilio con lui a sue spesi sempre ben tractato, homo certamente di grandissima perspicacità e doctrina in humanità e rethorica [...]".

---

no séc. xv, as primeiras abordagens ao desenho das letras do alfabeto romano. O primeiro escreveu em 1463 um tratado sobre a construção geométrica das letras maiúsculas romanas (*Alphabetum romanum*, Biblioteca Vaticana, *cod. Vaticanus Latinus 6852*), o segundo publicou em Parma, em 1480, o primeiro tratado impresso sobre estas letras, cuja autoria lhe é, em parte, atribuída (cf. Mardersteig, *op. cit.*, pp. 59-65).

[330] Fonte da ilustração: Mardersteig, 2005, p. 63.

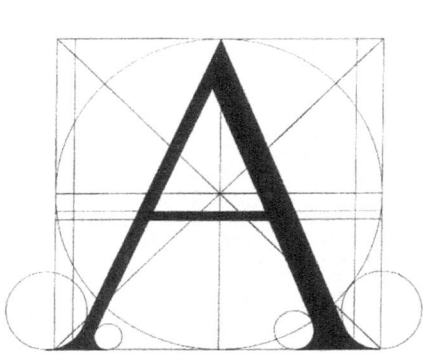 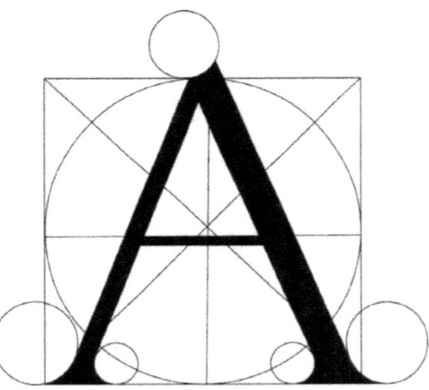

Fig. 32 Desenho da letra A dos alfabetos de Leon Battista Alberti e de Luca Pacioli, inscritos à base do quadrado e do círculo[331].

Assim, tanto o alfabeto geometrizado de Luca Pacioli tem, muito provavelmente, por origem o que está subjacente às inscrições epigráficas desenhadas por Alberti, como alguns arquitectos contemporâneos ainda utilizam, nos seus projectos, aquele alfabeto como sucede, nomeadamente, em algumas obras de Robert Venturi, Denise Scott Brown e Associados (cf. Brownlee, De Long - Hiesinger, 2001).

De igual modo ao que acontece com o acolhimento do desenho de letra de Alberti na contemporaneidade, é na recepção ao tratado que se joga a aceitação de uma edição ilustrada, tendo em atenção a sua apropriação pelo público leitor, desde a *editio princeps* até à actualidade.

Francesco di Giorgio Martini (1439-1502), contemporâneo de Alberti e autor do *Trattato di architettura*, escrito em vulgar cerca de 1485 e publicado em Turim em 1841, profusamente ilustrado, dirige-se criticamente, tanto a Vitrúvio como a Alberti, pela ausência de ilustrações nos tratados precedentes destes autores, sugerindo que, para se construir o discurso em arquitectura, tanto o texto como as ilustrações, por si sós, não são suficientes para traduzir o verbo em desenho nem este naquele[332]. Com efeito,

---

[331] Fonte das ilustrações: © Olivetti/Alberti Group, *in* Tavernor, 1998, p. 118; L. Pacioli, *De Divina Proportione*, Veneza: Paganino dei Paganini, 1509.

[332] Günther (1988, pp. 26-27) sugere que, pelas dificuldades interpretativas do latim bem como pela ausência de ilustrações, tanto Francesco di Giorgio Martini, como Filarete e Giuliano da Sangallo não tiveram um completo entendimento do tratado de Alberti.

Martini (Livro VI, cap. 4, *in* Fusco, 1968, p. 354) refere que "ma quando tali autori concordassero la scrittura col disegno, molto più apertamente si potrebbe giudicare, vedendo il segno col significato: e cosi ogni oscurità sarebbe tolta via"[333].

Podemos constatar que existe, a este respeito, uma certa ambiguidade, uma pluralidade de vozes no tratado de Alberti, na medida em que são dadas diferentes respostas para idêntica questão (*sem* [fazer] *nenhum sinal com a mão*; *traçar os ângulos não é fácil de explicar com clareza usando somente palavras*) e, por outro, que são também levantadas problemáticas semelhantes sobre questões diferentes (*o desenho de um pintor e o de um arquitecto*; *não ser um Zêuxis com os pincéis*).

Lembremo-nos que Alberti é um autor camaleónico[334] na maneira como adapta as suas teses ao contexto onde se inserem. Já o poeta contemporâneo Cristoforo Landino (1974, p. 120) tinha notado a notável *varietas* nas obras de Alberti, i.e. a sua enorme versatilidade: "come nuovo camaleonte sempre quello colore piglia il quale è nella cosa della quale scrive"[335].

Com efeito, se contrapusermos, àquela invocação a Mercúrio, as citações que fizemos, no início destas considerações sobre as ilustrações do *De re aedificatoria*, nomeadamente sobre a pintura e as matemáticas, como saberes imprescindíveis na formação do arquitecto ou, ainda, à sugestão para se consultarem os *Commentarii rerum mathematicarum*, como complemento gráfico às explicações textuais contidas no tratado, constatamos esta adaptação ao contexto, essa admirável capacidade metafórica de mudar

---

[333] Fazer com que a compreensão do texto seja a menos obscura possível encontra-se já sugerido em Cícero (*Or.*, 237): *sed ne in maximis quidem rebus quiquam adhuc inveni firmius* [...] *cum ipsum illud verum in occult lateret* (mas não encontrei todavia nada mais consistente [...] do que aquilo que me pareceu mais próximo da verdade, já que a verdade mesma está oculta na sombra). Cf. trad. esp. de E. S. Salor, 2001, p.147.

[334] Alberti nos *I libri della famiglia* (IV) chega a afirmar "[...] noi imitaremo el camaleonte, animale quale dicono a ogni prossimo colore sé varia ad assimigliarlo".

[335] Landino inclui numa das suas obras, as *Disputationes Camalduenses* (1472-1473), um diálogo entre Alberti e Lourenço de Medicis sobre as vantagens da vida activa sobre a contemplativa. O retrato neoplatónico de Alberti feito por Landino foi, no entanto, repudiado por Garin (1975, p. 172) como sendo uma interpretação mistificadora da sua obra, nomeadamente por Alberti representar nas *Disputationes* a vida contemplativa, face à vida activa advogada por Lourenço.

de cor conforme o ambiente, bem como de alongar e projectar a língua para atingir os seus objectivos.

Para um público leitor do séc. XXI em língua portuguesa, distanciado da edição original mais de cinco séculos e exposto a uma prática edificatória contemporânea que, na sua génese conceptual é, em quase tudo, idêntica há que se praticava nos finais do *Quattrocento* mas que, na sua concretização é, em quase tudo, diversa, admitimos que as xilogravuras de Bartoli são um factor de entendimento da obra de Alberti e não conduzem, necessariamente, a um desvirtuamento das suas ideias, desde que estejamos conscientes dos factores de exclusão como de realce, presentes nas gravuras daquela edição ilustrada.

É de assinalar que Bruni (1995, p. 212), ao reconhecer o estilo individual de cada autor, sugere que o tradutor deve adaptar-se a cada situação específica: *cum singulis fere scriptoribus sua quaedam ac propria sit dicendi figura*; [...] *bonus interpres in singulis traducendis ita se conformabit* (quase todos os escritores apresentam um certo estilo próprio para escrever [...] o bom tradutor ajustar-se-á em cada tradução)[336].

Também Heidegger (1975, 54: 17-18), noutro contexto, sugere que a tarefa do tradutor moderno, que regressa aos textos da Antiguidade de forma genuína, é de, primeiramente, se traduzir a si mesmo para a língua de origem. Do mesmo modo que o tradutor deve ser traduzido, entendemos que as gravuras de Bartoli ajudam o leitor a aperceber-se do contexto no qual foi, inicialmente, lido o tratado e, de forma consequente, a transpor-se para aquela época.

É neste sentido que Patetta (2005, p. 114) nos chama a atenção de que seria muito difícil, para um leitor de hoje, entender, sem termos as ilustrações que acompanham o texto de Alberti desde o séc. XVI, algumas das construções geométricas descritas no tratado, como é o adelgaçamento das colunas ou a feitura das suas caneluras, bem como dos capitéis e dos correspondentes entablamentos, que ocupam diversas páginas do tratado e são desenvolvidas com muito maior aprofundamento do que na exposição feita por Vitrúvio sobre estes temas.

---

[336] Cf. trad. de M. P. González, 1995, p. 213.

Mesmo admitindo que Alberti não quis, intencionalmente, ilustrar o seu tratado para, de uma forma mais flexível, promover o *rinnovamento della 'res aedificatoria'*, à semelhança da recusa do ordenamento tipológico, como também da refutação da cidade ideal do Renascimento, a contaminação que, eventualmente, as gravuras de Bartoli poderiam suscitar actualmente, para a prática da arte edificatória foi, em grande parte, passados mais de quatro séculos e meio desde a primeira edição traduzida para o vulgar, esbatida pelo tempo.

Por outro lado, pelo maior distanciamento que apresentam para um leitor contemporâneo, contribuem para uma leitura interpretativa da arte edificatória do *Quattrocento*, alargando o entendimento disciplinar sobre este período e, em particular, sobre a interpretação gráfica do tratado, o que não nos inibe, de forma alguma, de elaborar uma leitura crítica sobre as leituras que se fizeram sobre a sua obra ou, se quisermos e nas palavras de Heidegger (*ibidem*), de nos traduzirmos para a língua de origem.

Por outras palavras, o texto de Alberti corresponde, por um lado e predominantemente, à compreensão/interpretação dos significados disciplinares e literários que a obra suscita e as gravuras de Bartoli, por outro, a um modelo simplificado que (re)apresenta uma possível interpretação daqueles significados, sabendo-se que ambos, texto e gravuras, estão intimamente relacionados de forma consequente na edição impressa e ilustrada em vulgar.

A problemática de ilustrar ou não o tratado de Alberti remete o leitor para os limites das relações entre palavra escrita e imagem, anteriormente abordadas no *Della pittura* (III, 53), ao comparar a criatividade artística com a descrição de Luciano sobre uma pintura alegórica de Apeles, que serve de tema para se compor a *istoria* a ser representada na tela. A conclusão é que, se esta história agradou como foi narrada, então "quanto prazer e alegria não deve ter havido em vê-la pintada pela mão de Apeles".

Para Alberti, o poder criativo da pintura dá lugar ao poder da eloquência das palavras, chegando mesmo a advogar que "cada pintor conheça intimamente os poetas, os retóricos e outros igualmente conhecedores das letras [pois] originarão novas invenções ou, pelo menos, ajudarão a compor a *istoria* através da qual o pintor seguramente adquirirá muita admiração e renome para a sua pintura" (*Della pittura*, III, 54). Alberti chega mesmo a sugerir que o método de composição em pintura siga o das palavras para que, da mesma maneira que ensinamos as sílabas, e a colocar conjuntamente todas as palavras (cf. *Della pittura*, III, 55), os aprendizes possam também seguir esta regra na pintura.

Também, na mesma década em que é publicada a *editio princeps* do *De re aedificatoria*, Leonardo da Vinci (1995, pp. 55 e 65)[337] adverte que tanto na pintura como na poesia, "podem mostrar-se muitos e virtuosos costumes". No entanto, Leonardo remata a disputa entre o poeta e o pintor de forma inversa à sugerida por Alberti: "tendo concluído que a poesia é para os cegos o supremo grau de conhecimento e que a pintura o é para os surdos, diremos que tanto mais prevalece a pintura sobre a poesia, na medida em que a pintura serve a um maior e mais nobre sentido".

Esta problemática é evocativa do *dictum* de Horácio (*Ars poetica*, 361) *ut pictura poesis* (como na pintura, assim na poesia) que, no panorama da primeira metade do *Quattrocento*, pode ser transposto para: "como na poesia, assim na pintura", o que sugere alguma forma de contaminação verbal nas artes do desenho[338].

O tratado de Alberti foi elaborado precisamente no processo de mutação desta paráfrase, naquele *dictum*, o que levanta, na cultura do *Quattrocento*, a questão, anteriormente ao advento da imprensa, da relação entre eloquência e imagem.

Uma interpretação esclarecedora é fornecida por Carpo (2007, p. 58) ao analisar a transmissão e a reprodução de imagens na obra de Alberti: "la tradizionale diffidenza della cultura classica (ma anche medievale e scolastica) nei confronti dell'immagine, cosi come il primato umanistico della parola, proprio di un'epoca - l'età dell'eloquenza' che considerava la retorica come la prima fra le discipline, sono probabilmente indissociabili

---

[337] O *Trattato della Pittura* foi a única colecção de notas citada ainda em vida de Leonardo. Estima-se que aquele tratado tenha sido iniciado na década de 1480, na medida em que, em 1498, Luca Pacioli refere, na Introdução ao *De Divina proportione*, ilustrada por Leonardo, que este "acabara com grande diligência um livro admirável sobre a proporção e o movimento dos homens".

[338] Cf. o *dictum* da *Rhetorica ad Herenium* (IV, 39): *Poema loquens pictura, pictura tacitum poema debet esse* (Um poema deve ser uma pintura que fala, e uma pintura um poema silencioso), frequentemente citado no Renascimento, sumariza a ideia, como tópico recorrente, de *paragone* (confrontação) entre as artes. Cf. trad. esp. de S. Núñez, 1997, p. 270.

dalle condizioni materiali che determinavano la trasmissibilità relativa della parola e dell'immagine prima dell'invenzione della stampa: l'immagine, difficile da riprodurre, sovente deformata ed inattendibile, non poteva competere ad armi con le lettere. Non sorprenderà che in questo contesto l'immagine fosse spesso considerata una scrittura di seconda classe - letteratura per gli illetterati, o peggio: una finzione o un'impostura".

A passagem dessa escrita de *segunda* para *primeira classe* somente se verifica após a *editio princeps* do *De re aedificatoria* ter visto a estampa, como é atestado pela introdução de profusas ilustrações nos tratados de arquitectura subsequentes, bem como na defesa de Leonardo da superioridade da pintura sobre a palavra escrita em verso.

Neste contexto, já era possível, com as novas tecnologias de impressão, garantir a precisão de ilustrações reproduzidas mecanicamente, bem como ultrapassar o deslumbramento originado pela redescoberta dos grandes tratados de retórica da Antiguidade Clássica.

No entanto, Alberti, em relação ao processo de composição da *res aedificatoria*, afirma que gostaria, como vimos anteriormente e à semelhança do que advoga para a pintura, que se "procedesse como se faz nos estudos das letras" (Livro IX, cap. 10), o que não anula a necessidade, para um leitor contemporâneo, de a edição do tratado em vernáculo ser ilustrada.

Neste caso, pode-se dizer que as gravuras de Bartoli sugerem uma leitura adivinhatória na medida em que clarificam o significado do texto, no seio das suas variadas interpretações, como uma possível, mas não única, *intentio lectoris* face à permanência da obra de Alberti.

Na medida em que a edição de Bartoli ainda faz parte do primeiro agrupamento de edições do tratado que vai, como vimos, desde a *editio princeps* de 1485, em latim, até à de 1582, em castelhano, podemos sugerir a plausibilidade de "fusão de horizontes" (*horizontverschmelzung*), pela harmonização das gravuras com o texto, criando uma unidade tratadística dentro das limitações anteriormente referidas.

Como vimos, Choay (2006, p. 14) chega a propor a restauração do texto de Alberti para o livrar das "ilustrações parasitárias" que acompanham regularmente as edições do tratado, desde a versão italiana de Bartoli até hoje, argumentando que o autor voluntariamente elimina toda a forma de ilustração sugerindo, ao invés destes editores, uma "separação de horizontes" entre texto e imagem.

Também, Morolli (2006, p. 332-333) chega mesmo, ao referir-se ao tratado de Alberti como *Un'architettura di parole*, pela substituição da imagem pela escrita alfabética: "non desegni, ma lettere, non figure, ma termini scritti per esteso, non numeri in cifre, ma il loro nomi in caratteri alfabetici", com a finalidade de, somente por palavras, "conseguire belleza e perinità di vita, *concinnitas* e *perhennitas*".

Aliás, é o próprio Alberti que, ao fazer a invocação a Mercúrio (Livro VI, cap. 7), sobre a utilização exclusiva de palavras e não de imagens sugere que "Eu, embora duvide poder conseguir o mesmo efeito, todavia tentaremos, na medida das nossas forças. Na verdade optei por falar destes aspectos, não como matemático mas como operário e não mais do que o estritamente necessário".

Neste passo, para reforçar a sua capacidade de persuasão somente por meio de palavras, Alberti não estabelece a concordância entre o sujeito e o verbo, dado que salta da primeira pessoa do singular *ego* (Eu), para a primeira do plural *conabimur* (tentaremos), o que sugere uma dualidade. Por uma lado, não abdica do *Eu* tratadístico e, por outro, fala como operário.

Alberti afirma, neste passo, o uso da palavra, segundo o procedimento usual de comunicação em estaleiro - *a bocca* - no quadro do primeiro Renascimento, mas logo alterado pela generalização da representação visual na comunicação à obra, eloquentemente testemunhada pela introdução de gravuras que todos os tratados subsequentes apresentaram. É neste contexto que é pertinente falar de "fusão de horizontes", entre a palavra escrita e a correspondente imagem interpretativa.

O conceito de "fusão de horizontes" deve-se a Gadamer (1960) que sugere, no âmbito dos estudos sobre *Verdade e Método*, uma articulação activa entre a tradição cultural e o seu intérprete, distinta da elaborada pelo perito ou por uma autoridade, de forma a questionar aquela tradição e a esclarecer criticamente a mesma, de forma a distinguir-se de um completo entendimento, que as gravuras de Bartoli não procuram alcançar em relação ao tratado.

Bartoli (1503-1572) usou predominantemente a terceira edição não ilustrada do *De re aedificatoria*, publicada em Estrasburgo em 1541, para traduzir e editar o tratado de Alberti, que foi impresso por Lorenzo Torrentino em 1550, com dedicatória a Cosimo I de Medicis, Duque de Florença e de Siena, e com folha de rosto desenhada por Giorgio Vasari (ver Fig. 29).

Na dedicatória Bartoli refere-se às lacunas e erros que estão presentes naquela edição, resultante dos métodos pouco sistemáticos utilizados por Alberti para elaborar a composição e a revisão da edição manuscrita (cf. Bryce, 1983, p. 186).

Quanto às gravuras não é possível assegurar a sua autoria por Bartoli, estando este, contudo, consciente de eventuais críticas, conforme sugere na dedicatória a Cosimo I de Medicis. Somente com a edição alemã de 1912, de Theuer, é que se produz uma nova reconstituição gráfica dos modelos apresentados por Bartoli e com a edição de Orlandi - Portoghesi de 1966, é que surge uma nova versão escrupulosamente editada do tratado de Alberti mas, novamente, com os desenhos originais da edição de Bartoli.

Assinale-se, ainda, que Vasari nas suas *Vite* não apresenta nenhuma entrada explícita para Cosimo Bartoli, mas faz uma referência ao facto de este ter oferecido a Cosimo I de Medicis um livro sobre animais profusamente ilustrado. Vasari (*op. cit.*, p. 489), seguidamente, refere-se a Bartoli como "grande amigo meu e de muitos outros artistas, amante de todas as artes" (*mio amicissimo et di tutti I nostri artefici, come quello che sempre è dilettato, et ancora si diletta di tale mesterio*), sugerindo que Bartoli seria mais um *conaisseur* do que um artista praticante, o que está em conformidade com as comparações entre as gravuras da edição de Bartoli e o desenho de arquitectura no séc. XVI, nomeadamente com as ilustrações dos *I Quattro Libri dell'Archittectura* de Andrea Palladio, publicado em 1570, que se apresentam com muito maior fidedignidade em relação à letra do texto. Esta problemática coloca em aberto a autoria das gravuras da edição de 1550 do tratado de Alberti.

Não nos podemos esquecer, assim, que aquelas gravuras correspondem ao agrupamento das edições encomiásticas e, como tal, susceptíveis não só de ilustrarem como de enaltecerem o texto de Alberti e que, possivelmente, apresentariam outra contribuição se tivessem sido elaboradas nos períodos subsequentes de reflexão crítica ou de revisão em evolução.

Apesar de, a partir do primeiro quartel séc. XVI, os arquitectos italianos desenharem alçados simultaneamente com elementos perspécticos, somente alguns autores, como Andrea Palladio (1508-1580), Rafael Sanzio (1483-1520) e Daniele Barbaro (1514-1570) utilizaram exclusivamente projecções ortogonais (cf. Ackerman, 2002, p. 301), o que sugere que as gravuras presentes na edição de Bartoli vêm a estampa num período de intensa experimentação de métodos de representação, tanto nos tratados como na comunicação à obra. Assim, a escolha daquelas gravuras desenhadas, predominantemente, em sistema de projecção ortogonal para figurarem no tratado de Alberti é, por isso, intencional.

A este respeito, Saalman (1959, p. 89) nota que a tradução de Bartoli omite um passo crucial quando Alberti se refere à diferença entre o desenho de um pintor e o de um arquitecto (Livro II, cap. 1), já anteriormente citada. Com efeito, Bartoli (*op. cit.*, p. 36) suprime, logo após se referir a que "lo Architettore non fi curando delle ombre, fa rifaltare in fuora I rilieui mediante il disegno della pianta" (o arquitecto, rejeitando os sombreados, num lado coloca o relevo obtido a partir do desenho da planta), a seguinte passagem: *spatia vero et figuras frontis cuisque et laterum alibi constantibus lineis atque veris angulis docet* (e noutro lado apresenta a extensão e a forma de qualquer fachada e dos flancos, mediante linhas invariáveis e ângulos reais)[339]. Isto sugere que Bartoli acabará por apresentar, como podemos constatar na edição em vernáculo do tratado, desenhos em planta e alçados das fachadas principais, mas não alçados laterais ou de tardoz nas ilustrações que insere no tratado.

Em sentido vitruviano (I, 2, 2), Bartoli representa a *ichnographia*, *i.e.*, as plantas dos edifícios, a sua *orthographia* principal, *i.e.*, os alçados da fachada bem como, em alguns casos, a sua *scaenographia*, *i.e.*, a sua perspectiva, mas nunca a *orthographia* secundária, *i.e.* as projecções ortogonais laterais e de tardoz.

---

[339] Ver Orlandi, *op. cit.*, p. 98 e 99.

Por paradoxal que pareça, os desenhos dos tratados coevos de Vinhola e de Filippo Terzi sobre as ordens arquitectónicas estão mais de acordo com o que Alberti sugere no *De re aedificatoria* do que algumas representações gráficas de Bartoli, como se verifica na junção de pilastras e colunas a superfícies parietais (Livro VI, cap. 12) e na representação perspéctica dos capitéis coríntio e itálico (Livro VII, cap. 8)[340], na medida em que aqueles se restringem, exclusivamente, à *ichnographia* e à *orthographia* e este apresenta, igualmente, desenhos em *scaenographia*.

Isto sugere que as ilustrações que Bartoli (1550) inseriu na edição em vulgar do *De re aedificatoria* levantam uma problemática que se reporta aos alvores da cultura ocidental, na medida em que se configuram como reproduções de imagens mentais, geralmente apresentadas a duas dimensões e intimamente ligadas ao sentido da visão.

Desde Platão que se entende a imagem como uma forma subalterna de representação, como um estorvo ao pensamento. Com efeito, Platão (*Resp.*, 598c) afirma que "a arte de imitar está bem longe da verdade, e se executa tudo, ao que parece, é pelo facto de atingir apenas uma porção de cada coisa, que não passa de uma aparição"[341].

Se, por um lado, a questão das imagens mentais remete para o *eidos* (essência) platónico, por outro, Alberti (Livro IX, cap. 5), ao discursar sobre quais as razões porque prefere um corpo belo a outro, refere que "Não é uma opinião, mas sim um princípio inato no espírito, que fará com que possas emitir um juízo acerca da beleza", o que aponta, neste caso, para uma concepção de imagem mental da beleza.

Um dos conceitos da retórica antiga, como uma forma de descrição verbal de obras de arte, associada àquela faculdade inata da mente, é a *Ekphrasis* (écfrase), onde *ek* se refere a fora e *phrasis* a frase, isto é, esta figura de estilo reporta-se a uma descrição fora da frase. Por outras palavras, a écfrase é um lugar particularmente produtivo, eficaz e polimórfico do discurso literário para descrever obras de arte. Filóstrato

---

[340] Ver Figs. 19 e 20.
[341] Trad. de M. H. R. Pereira, 1996, p. 457.

e Luciano adoptaram aquela figura para descrever pinturas em obras que tinham por título *Eikones* (imagens ou quadros) e Plínio-o-Antigo refere-se, na *História Natural*, aos autores gregos que delinearam plantas coloridas.

A este respeito Plínio-o-Antigo (XXV, 4, 8) declara que "As ilustrações são propensas ao engano, especialmente quando é necessário um grande número de tintas para imitar com sucesso a natureza; além disso, a diversidade de copistas e os seus comparativos graus de perícia, aumentam consideravelmente os riscos de se perder a semelhança com os originais"[342].

Além disso, Plínio-o-Antigo (XXV, 4, 9) remata este pensamento sugerindo, à semelhança de Alberti, uma descrição exclusivamente verbal: "Por isso é que outros escritores se limitavam a uma descrição verbal das plantas"[343]. Na verdade, Alberti descreve, de forma exclusivamente ecfrástica, não só o interior da catedral de Florença no primeiro livro do *Profugiorum ab aerumna libri III* como, no *De re aedificatoria*, compara a escrita do tratado com a resolução construtiva do edificado (Alberti, Livro II, cap. 13).

No entanto, a síntese humanística entre *technê* e *praxis*, no tempo de Alberti, anteriormente à introdução da imprensa, também foi cultivada de forma inaugural e diversa por outros autores, nomeadamente por Roberto Valturio (1405-1475) que escreveu, cerca de 1450, o *De re militari libri XII*, que se tornou no tratado de arte militar mais disseminado no séc. XV (cf. Long, 1997).

---

[342] Cf. trad. ingl. de J. Bostock - H.T. Riley, 1855.
[343] *Idem.*

Fig. 33 Navio de guerra *in De re militari libri XII* de Roberto Valturio
(Livro XI, cap. V, p. 257), edição de 1535[344].

Este manuscrito, que acabou por ser impresso em 1472 em Verona, é provavelmente o mais belo livro ilustrado produzido em meados do *Quattrocento*, com 82 gravuras de máquinas e apetrechos militares, muitas delas aguareladas no *papyrus style*[345] e com indiscutível valor técnico e científico. As gravuras deste tratado foram atribuídas inicialmente a Matteo de'Pasti (cf. Hind, 1963, II, p. 411) mas, actualmente, imputam-se ao miniaturista e desenhador Giovanni Bettini da Fano, activo na corte de Sigismondo Malatesta, com o objectivo de difundir a imagem deste patrono como senhor de "armas e da técnica" (cf. Nicolini, 2006, p. 116).

---

[344] Fonte da ilustração: *Cornell University Library, Digital Publishing System*. Consultado em 12-12-2008: http://digital.library.cornell.edu/k/kmoddl/toc_valturio1.html.

[345] O *papyrus style* nos códices é caracterizado, quase sempre, por: a) a localização das ilustrações ser determinada e subordinada ao texto; b) as ilustrações serem colocadas entre as margens laterais do texto; c) se verificar a ausência de relação formal dos temas representados para se compor um sistema decorativo; d) se constatar a ausência de molduras e de paisagens para enquadrar as ilustrações (cf. Weitzmann, 1947, pp. 52-53).

Roberto Valturio, à semelhança de Alberti, foi abreviador apostólico ao serviço do Papa Nicolau IV, tendo posteriormente regressado a Rimini onde ficou ao serviço dos Malatesta. Esta afinidade de percursos profissionais bem como de cronologias na feitura e publicação de ambos os tratados mostram, no entanto, profundas divergências quanto à pertinência em os ilustrar apesar de Alberti se referir àquele autor, na carta que escreve a Matteo de'Pasti (ver Fig. 4) para que o recomendasse "ao magnífico Roberto".

Valturio dedicou-se, após a elaboração do manuscrito original, à divulgação do seu tratado no *scriptorium* de Sigismondo Malatesta, sendo conhecidas 22 cópias, dedicadas a diversos patronos ilustres. A *editio princeps* de 1472, soberbamente impressa com 82 ilustrações (ver Fig. 33), é considerada inaugural na cultura ocidental, pela maneira como a tipografia se articula, pela primeira vez, com a xilogravura.

Com efeito, o texto impresso, que apresenta as primeiras gravuras de que se tem conhecimento num tratado técnico, não é substancialmente diferente da versão manuscrita de Valturio.

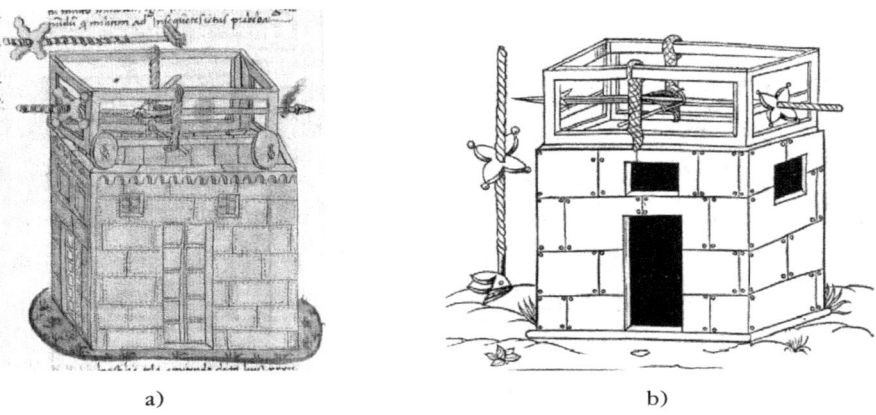

a)   b)

Fig. 34 a) Catapulta do manuscrito do *De re militari libri XII* de Roberto Valturio (Livro X, cap. 4, fl. 071v2), datado de 1466; b) O mesmo desenho em versão impressa em Paris, datado de 1535 (Livro X, cap. 4, p. 224)[346].

---

[346] Fontes das ilustrações, consultadas em 12-12-2008: a) *The Archimedes Project, Database Machine Drawings*: http://dmd.mpiwgberlin.mpg.de/author/dmd/database/page?id=val071v2&part=main&index =1&number=2&foundcount=24; b) *Cornell University Library, Digital Publishing System*: http://historical.library.cornell.edu/kmoddl/index.html.

Nos exemplos da Fig. 34, podemos verificar que ambas as ilustrações, apresentam uma catapulta de assédio em perspectiva aproximadamente axonométrica. Apesar de esta gravura, na versão impressa, se apresentar espelhada, *i.e.* como uma forma axialmente simétrica em relação à desenhada no manuscrito, isso não indica que estejamos em presença de dois instrumentos de guerra distintos, nem que estes não possam ser seguidos por idêntico relato textual[347].

Se bem que a obra de Valturio somente fosse impressa em 1472, *i.e.* no ano em que se finda a vida de Alberti, as técnicas de reprodução manual de gravuras em manuscritos já estavam disponíveis a partir de cerca de 1450, pelo menos no círculo de Sigismondo Malatesta em Rimini, desde que orientadas por desenhadores competentes, como é o caso de Giovanni Bettini da Fano.

Sabendo-se que Alberti foi o autor do templo Malatestiano em Rimini, cujas obras não concluídas se processaram de 1454 a 1461 (cf. Paoli, 2004, p. 112), e teve aquele *condottiero maldito* (cf. Garcia - Fuertes, 1984) como patrono, as questões que se levantam, neste contexto, são porque é que este autor insistiu numa versão *verbis solis* do *De re aedificatoria* e, consequentemente, em que medida, as gravuras inseridas na edição para toscano de Cosimo Bartoli, publicadas em 1550, ao adulterarem aquela intenção de Alberti, são ainda admissíveis nos dias de hoje?

As gravuras de Bartoli surgem com uma leveza e ingenuidade interpretativa, quase que inacabadas, diferenciando-se substancialmente do desenho rigoroso apresentado por Vinhola na *Regola delle cinque ordini d'architettura*, publicada possivelmente em 1562 ou 1563, isto é, somente 12 ou 13 anos após a primeira tradução do tratado de Alberti

---

[347] Valturio (*De re militari libri,* XII, X, 4) refere, de acordo com Vitrúvio, que as proporções da catapulta são estimadas segundo a razão do peso de tudo que é catapultado, bem como em função do comprimento das flechas lançadas. A descrição de Vitrúvio (X, 10, 1-6; 11, 1-9; 12, 1-2), no entanto, é tecnicamente mais precisa, não só sob o ponto de vista da sua fábrica, como do seu manejo, o que sugere que as ilustrações de Valturio, tanto na versão manuscrita, como na impressa, são adequadas face à maior indeterminação daquelas especificações.

para toscano, a qual se tornou, a partir de então, uma obra de referência para o desenho de arquitectura clássica[348].

Note-se que Vinhola (*op. cit.*, III), na nota dedicada *Ai lettori*, ao referir-se à harmonia presente nos sistemas proporcionais, sugere uma analogia musical: "ogni nostro senzo si compiaccia in questa proporzione [...] como ben provano li musici nella lor scienza sensatamente", o que faz com que os desenhos apresentados nesta obra sejam apropriados para uma comparação com os inseridos na edição de 1550 do tratado de Alberti.

Na segunda metade do *Cinquecento*, a *Regola* destinava-se, aparentemente, a um público iniciado, enquanto a tradução do tratado de Alberti tinha por objectivo promover a sua difusão junto de um público mais vasto, que se exprimia em vulgar e não era necessariamente perito na arte edificatória.

Refere Vinhola, no comentário à estampa III do seu tratado, "o meu propósito foi ser compreendido unicamente por quem já tem certos conhecimentos da arte, por isso não escrevi o nome de partes específicas destas cinco ordens supondo que são conhecidos".

No entanto, apesar da intenção expressa pelo seu autor, a *Regola*, à semelhança da tradução de Bartoli para toscano do tratado de Alberti, também teve um sucesso editorial sem precedentes, dado pela simplicidade e clareza com que são tratados graficamente os sistemas proporcionais das ordens arquitectónicas, em conformidade com o que relata Barbaro[349] "a proposito del trattato di Piero della Francesca - buona anche per 'gli idioti' (vale a dire per i non specialisti)" (Casotti, 1985, p. 501).

Das seis partes de que consta a arquitectura para Vitrúvio (I, 2, 1), *i.e.* da *ordinatio*, da *dispositio*, da *eurythmia*, da *symmetria*, do *decor* e da *distributio* (ordenação, disposição, euritmia, proporcionalidade, conveniência e distribuição) Vinhola somente desenvolve, em

---

[348] Casotti (1985, pp. 527-577), ao fazer o levantamento, não definitivo, da *Regola* de Vinhola apura que, entre 1562 e 1974, foi editada, pelo menos, 514 vezes.

[349] *In* D. Barbaro, *La pratica della perspectiva*, Veneza, 1558, *Introduzione*.

32 estampas, as questões relativas à *symmetria* das cinco ordens de arquitectura.

Com efeito, na sua *Regola,* Vinhola não deu, em geral, indicações verbais de como desenhar as ordens de arquitectura mas anotações proporcionais cotadas, por vezes sob a forma de proporções matemáticas, colocadas junto às ilustrações, expressas tanto por números inteiros como por fracções numéricas.

As descrições do *De re aedificatoria* sobre a sistematização da coluna, para um leitor da segunda metade do *Quattrocento*, inserido numa cultura arquitectónica de raízes essencialmente clássicas, não necessitariam, para Alberti, de desenhos nem da manipulação de fracções algébricas, na medida em que se reportavam a procedimentos mentais que podiam ser resolvidos, no âmbito daquela cultura, unicamente com régua e compasso e, quase sempre, por números inteiros.

O delineamento de Alberti (Livro VII, cap. 7) da base da coluna feita pelos Dórios, cuja altura é idêntica ao semidiâmetro do respectivo fuste, exemplifica este processo: "Dividiram a altura da base em três partes, das quais atribuíram uma parte à altura do plinto. A altura total da base era, pois, o triplo da altura do plinto, e a largura do plinto era também o triplo da altura da base. Excluído o plinto, dividiram o que restava da altura na base em quatro partes, das quais destinaram a de cima ao toro superior. A altura que fica no meio, entre o toro por cima e o plinto por baixo, dividiram-na ainda em duas partes, das quais atribuíram a inferior ao toro inferior e vazaram a superior para a escócia que está comprimida entre ambos os toros. A escócia consta de um canal vazado e de dois filetes que rodeiam os bordos do canal. Ao filete deram a sétima parte e vazaram o resto".

Assim, as gravuras de Bartoli apresentam uma orientação meramente ilustrativa, não regularizada ou cotada numericamente como as de Vinhola, onde o sistema de modulação é indicativo das instruções estabelecidas por Alberti. Repare-se, para o efeito, na gravura que apresenta a base da coluna dórica na edição traduzida por Bartoli (Livro VII, cap. 9 - ver Fig. 20) e compare-se com o desenho da base e do pedestal da mesma coluna de acordo com Vinhola (ver Fig. 35).

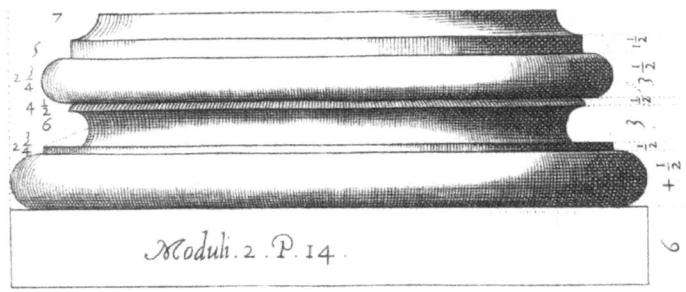

Fig. 35 Representação da base da coluna dórica de acordo com Vinhola, *in Regola delli Cinque Ordini d'Architettura* (c. 1562-63, estampa XXX, pormenor)[350].

Neste último caso, podemos verificar que todo o sistema se relaciona, entre si, por múltiplos e submúltiplos do módulo base, num sistema coerente onde, associado à precisão e rigor do desenho, se manifesta uma intencional sistematização das relações modulares dos elementos arquitectónicos presentes e que são rigorosamente cotados, tanto por números inteiros como por fracções, como sucede com o dimensionamento da largura do plinto, dado por 2 módulos e 14 partes[351].

No entanto, na correspondente gravura de Bartoli, que apresenta também a base da coluna dórica (Livro VII, cap. 9, ver Fig. 20), tal não sucede. Em Bartoli a modulação sistematiza todo o desenho, comparecendo a mesma associada a linhas métricas que têm por finalidade cotar graficamente as suas partes constituintes, enquanto em Vinhola se apresenta o produto final de forma ilustrada e digitalizada.

---

[350] Vitrúvio (III, 5, 2) designou esta base de ática (*atticurges*), como sendo a primeira desenvolvida pelos Atenienses, e Vinhola (c. 1562-63, XXX) refere que ela é indiferentemente usada com as ordens coríntia, compósita, jónica e dórica.

[351] A largura do plinto da base dórica, de acordo com Vinhola, é de 2 módulos e 14 partes, em que cada parte é definida como sendo 1/18 do módulo x a ser previamente definido. Assim, a expressão geral para estimar a largura do plinto é de $2 \cdot x + 14 \cdot x /18$. Se estipularmos x = ½ *braccia* florentina (29, 18 cm), a largura do plinto será dada por 1 7/18 *braccia*, ou seja 1, 38(8) *braccia*, ou seja, aproximadamente 81, 05 cm em notação decimal, o que significa que, na época de Vinhola, este procedimento seria evitado na medida em que a casa decimal ainda não era conhecida. Assim, os arquitectos usariam a régua e o compasso para, iterativamente, estimarem a largura daquele plinto, sujeita a eventuais erros de cálculo, dada a quantidade de transposições de medidas que eram necessárias para se desenhar aquele elemento arquitectónico à escala (cf. Carpo, 2003, p. 456).

Em resumo, para Bartoli a descrição da base dórica é elaborada unicamente por meio de operações geométricas, que correspondem fielmente à descrição de Alberti da base daquela coluna, não sendo necessária a manipulação de fracções numéricas nem, consequentemente, o conhecimento do ponto decimal para se estabelecerem aquelas proporções, ao contrário do que sugerem as ilustrações da *Regola* de Vinhola[352].

Também na representação da voluta do capitel jónico, elaborada por Bartoli (Livro VII, cap. 8, ver Fig. 22), podemos notar a indicação de uma escala gráfica uniforme para sistematizar a sua modulação por números inteiros. Neste caso, a descrição de Alberti do capitel jónico simplifica e clarifica a dada por Vitrúvio (III, 5, 5-8). Com efeito, para este último autor a construção geométrica da espiral daquela voluta é mais complexa pois é descrita por quartos de círculo com centros variáveis, enquanto a de Alberti fixa os centros dos semicírculos em dois pontos (o superior e o inferior) do umbigo do caracol. No entanto, em textos e tratados posteriores (cf. Salviati, 1552; Vinhola, 1562; Palladio, 1570 e Scamozzi, 1615), a construção da espiral por quadrantes e não por semicírculos foi mais difundida, provavelmente devido às transições geométricas das linhas curvas serem mais suaves[353].

Se repararmos na Fig. 36, que apresenta o desenho da voluta do capitel jónico elaborado por Vinhola, podemos notar a introdução de uma figura auxiliar, em forma de quadrado circunscrito por uma circunferência, no canto superior esquerdo da gravura e onde está indicada uma numeração, não sequencial, para se fazer girar, sucessivamente em quartos de círculo, o compasso a partir do olho daquela voluta.

Neste caso, dá-se uma inversão de procedimentos em Vinhola, em relação à descrição da base da ordem dórica, na medida em que este

---

[352] Se bem que as proporções utilizadas por Vinhola sejam apresentadas como fracções aritméticas (do tipo 3 ½), o ponto decimal, que facilitou substancialmente os cálculos numéricos, veio a ser introduzido numa tabela de senos somente em 1592, por G. Magini, e finalmente popularizada por J. Napier em 1617 (cf. Dantzig, 1970, p. 223; Boyer, 1974, p. 223).

[353] Para uma descrição dos diversos métodos geométricos de construção das espirais da volutas jónicas veja-se o estudo de Andrey - Mirko (2004).

fornece um método, descrito verbalmente, para a construção geométrica da voluta jónica[354], enquanto Bartoli não apresenta qualquer construção geométrica auxiliar, na medida em que a descrição da voluta deste capitel, por Alberti, se apoia unicamente em dois pontos fixos do umbigo do caracol, para fazer girar o compasso em semicírculos.

Fig. 36 Representação da voluta do capitel jónico de acordo com Vinhola, *in Regola delli Cinque Ordini d'Architettura,* c. 1562-63, Estampa XX, pormenor.

Assim, os desenhos de Bartoli apresentam-se sempre como produtos concluídos, dado que o delineamento do sistema da coluna é descrito, por Alberti, *verbis solis,* enquanto na *Regola* de Vinhola se nota um nomadismo, para as ordens arquitectónicas, entre a preponderância de uma simples

---

[354] "Tirato il cateto di questa prima voluta et un'altra línea in squadro che passi per il centro dell'occhio, si divide il detto occhio nel modo segnato di sopra nella figura A, e si comincia poi al primo punto segnato I, e si gira col compasso una quarta di circolo, dipoi al punto segnato 2 si gira l'altra quarta e così procedendo si fa i tre giri compitamente" (Vinhola, c. 1562-63, III).

representação e o seu delineamento, o que nos leva a qualificar este texto mais como um manual do que como um tratado de arquitectura[355].

Mesmo no canhenho de desenhos do arquitecto e engenheiro italiano Filippo Terzi (1578), conhecido por *Estudos sobre embadometria, estereometria e as ordens de arquitectura*, escrito 28 anos após a edição impressa em toscano do tratado de Alberti, podemos encontrar também, neste "pequeno manual", uma intencionalidade de precisão que está ausente nos desenhos editados por Bartoli[356].

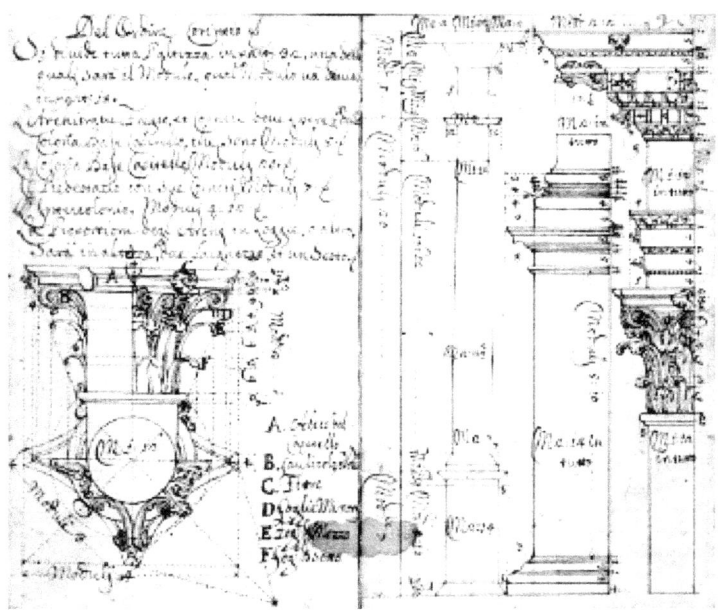

Fig. 37 Desenhos da ordem coríntia de Filippo Terzi (1578), *in Estudos sobre embadometria, estereometria e as ordens de arquitectura*,[357].

---

[355] Choay (1996, p. 48) classifica a *Regola* de Vinhola como um falso tratado de arquitectura na medida em que "offrent la forme la plus dépouillée du traité des ordres, prototype indéfiniment repris, simplifié ou corrigé, jusqu'au XIX siècle, paradigme et paragon de la littérature architecturalle pendant la période classique, où le concept d'architecture en vient à être réduit à celui de style, voire d'écriture".

[356] Gomes (2001, p. 206) refere-se ao canhenho de Filippo Terzi como "o primeiro conjunto de desenhos arquitectónicos feito em Portugal em que o assunto principal são as cinco ordens".

[357] Fonte da ilustração: Manuscrito il., Cod. 12888-13292, f. 8v.-9, Lisboa, Biblioteca Nacional.

Se compararmos a representação da ordem coríntia desenhada por Terzi (ver Fig. 37)[358] com a proposta por Bartoli (ver Livro VII, cap. 7, ver Figs. 22 e 26), podemos verificar que os desenhos de Terzi apresentam indicações precisas para se compor esta ordem. Assim, é possível discernir não só a modulação adoptada, como linhas auxiliares de construção e, ainda, anotações escritas para interpretar as partes de que se compõe esta ordem, enquanto nos desenhos de Bartoli prepondera o esquematismo de um corte e de uma planta do capitel, bem como uma representação em perspectiva, expressivamente desenhada em claro/escuro, mas pouco elucidativa da sua construção geométrica. Como se os desenhos de Bartoli servissem apenas para ilustrar conceitos desenvolvidos no tratado de Alberti e não tivessem o propósito de orientar o traçado do sistema da coluna, ao contrário das ilustrações de Vinhola e de Terzi[359], onde as linhas auxiliares determinam, de forma exacta, a posição relativa dos elementos constitutivos das respectivas ordens de arquitectura.

A este respeito, as observações elaboradas por Fréart de Chambray (1650, p. 22) sobre os desenhos dos perfis das ordens, nas edições ilustradas do *De re aedificatoria,* ainda hoje são pertinentes, apesar de esse autor não os atribuir a Cosimo Bartoli mas a Alberti, quando se refere à sua negligência para "os desenhar correctamente e com mais arte, dado que era pintor e isto poderia ter contribuído de forma notável para a recomendação e mérito da sua obra".

Na verdade, a fidelidade interpretativa dos desenhos de Bartoli deixa, por vezes, muito a desejar, como sucede na representação do capitel coríntio, onde ocorre uma subdivisão tripartida composta por duas faixas de folhagem e uma de caulículos, *i.e.* de hastes ou talos de acanto, que suportam as volutas e que correspondem à descrição deste capitel feita por Vitrúvio, mas não à sistematização proposta por Alberti.

---

[358] Na descrição *Sobre a Ordem Coríntia,* do pequeno manual de Terzi, "Divide-se toda a altura em 32 partes, uma das quais será o módulo, o qual módulo vai dividido em 18 partes / A arquitrave friso e cornija deve ser ¼ da coluna base e capitel, que são 5 módulos / A coluna, base e capitel 20 módulos / O pedestal com suas cornijas 7 módulos / O intercolúnio 4:12 módulos / A proporção dos arcos das loggias será em altura, duas larguras, e um sexto", o que corresponde integralmente, à excepção das medidas do seu pedestal, à feita por Vinhola na *Regola delli Cinque Ordini d'Architettura.*

[359] No verso do fólio 11 do canhenho de Terzi é referido o seu modelo de referência: "Esta cornija serviu muitas vezes a Vignola para encerramento de fachadas [...]".

Com efeito, Vitrúvio (III, 1, 12) afirma que "não considerando a espessura do ábaco, divida-se o restante em três partes, dando-se uma à folha inferior; a folha média tenha uma altura de duas dessas partes; os caulículos deverão apresentar esta mesma altura, deles brotando para diante folhas em que se apoiarão as volutas que, nascidas dos caulículos, se alongarão até às extremidades dos ângulos".

No entanto, para Alberti (Livro VII, cap. 8), a descrição do mesmo capitel não é coincidente: "um filete e um cordão revestem o vaso, e entre ambos brotam duas séries de folhas; a cada série são atribuídas oito folhas. O comprimento das folhas da primeira série é de dois módulos; as da segunda série elevam-se igualmente à altura de dois módulos; os restantes módulos são atribuídos aos caulículos que emergem das folhas e sobem até à altura do vaso".

Em suma, se para Vitrúvio o capitel coríntio é composto por três séries de folhas de acanto, que suportam as volutas nascidas dos caulículos, para Alberti somente se registam duas séries daquelas folhas e os caulículos transformam-se, por enrolamento, nas próprias volutas do capitel (ver Fig. 38). Assim, Bartoli introduz uma imprecisão interpretativa, na verdade uma "regressão vitruviana", ao representar o capitel coríntio no tratado de Alberti, como se este correspondesse à descrição apresentada no *De architectura*[360].

Fig. 38 Representação do capitel coríntio de Vitrúvio (à esquerda) e de Alberti (à direita)[361].

---

[360] Situação inversa verifica-se nos *I dieci libri dell'architettura di M. Vitruvio, tradotti et commentati* por Daniele Barbaro (1567), que apresenta ilustrações desenhadas por Palladio, na representação do fórum e da basílica segundo Vitrúvio (V, 1), que correspondem às reconstituições feitas por Alberti (Livro VII, cap. 5). Cf. Bierman *et alii* (2003, p. 104).

[361] Fonte da ilustração: adaptado de Morolli - Guzzon, 1994, p. 47.

Também para o género dórico de Alberti, Fréart de Chambray (*op. cit.*, p. 29) critica o seu desenho do capitel como sendo conseguido no deplorável gosto gótico, apesar de quanto ao resto ser "de uma grande e nobre maneira [...] pois] a sua arquitrave e friso são regulares e todo o entablamento apresenta uma proporção exacta com a coluna, dado que tem de altura quatro módulos e a coluna dezasseis. As modenaturas da base são extremamente belas de forma que, em todo o desenho, não há mais nada a dizer que não seja sobre o capitel, que pode ser facilmente substituído [...]".

Por último, sobre o género jónico Fréart de Chambray (*op. cit.*, p. 49) lembra que este foi tratado de forma muito diversa pelos antigos sendo, por isso, de difícil decisão por qual deles optar. No entanto, sugere que "para se obter uma maior regularidade, seria de cortar os dentículos na platibanda do desenho de L. B. Alberti", propondo, assim, uma acção correctiva sobre o seu traçado.

Em síntese, estes comentários de Fréart de Chambray dirigem-se às ilustrações apresentadas no tratado de Alberti, como à sua sistematização das ordens arquitectónicas. Mostram tanto a alteração de gosto que ocorre a partir da instauração da "querelle" entre antigos e modernos, como a "regressão vitruviana" introduzida por Cosimo Bartoli na ilustração do capitel coríntio. Assim, levar em linha de conta as formas de representação dos desenhos de Bartoli é, ainda hoje e conforme sugerido por Fréart de Chambray, essencial para se fazer uma adequada leitura do tratado de Alberti, possivelmente ilustrado por aquele tradutor.

Apesar destas observações, as ilustrações de Bartoli são admissíveis para se entender a sistematização da coluna, principalmente se atendermos a que os sistemas de numeração modernos, que se difundiram a partir do séc. XVI com a numeração indo-arábica, o uso do zero e da casa decimal, não foram disseminados pelos arquitectos (cf. Carpo, 2003, p. 458), na medida em que privilegiaram, durante o *Quattrocento* e o *Cinquecento*, mais os sistemas de construção geométrica, descritos verbalmente por Alberti, do que os de natureza mais analítica sugeridos por Vinhola.

Talvez se possa dizer que as ilustrações inseridas por Bartoli (1550) no tratado não se reportam ao *eidos* platónico, defendido por Alberti, mas à mimese aristotélica (*Poet.*, 1448 b, 5-8), na medida em que este declara que "o imitar é congénito ao homem (e nisso difere dos outros viventes, pois de todos, é ele o mais imitador e, por imitação aprende as primeiras noções), e os homens se comprazem no imitado"[362], o que não deixa de ser também evocativo da relação de Alberti (Livro VI, cap. 1) com a Antiguidade Romana: "Onde quer que existisse uma obra antiga em que brilhasse uma centelha de valor, imediatamente me punha a compulsá-la para ver se com ela podia aprender alguma coisa. Por isso, não cessava de explorar tudo, de observar atentamente, de medir, de fazer um esboço, até aprender e conhecer em profundidade o contributo de cada um em engenho e arte; e deste modo suavizava o trabalho com o desejo e o prazer de aprender".

E é exactamente este *desejo e prazer de aprender* que a obra conjunta de Alberti-Bartoli nos proporciona ainda hoje.

No entanto, o rigor que o delineamento arquitectónico devia apresentar é, para Alberti, essencial para o estudo dos sistemas proporcionais, baseado nas analogias com as consonâncias musicais, apresentadas no Livro IX, caps. 5 e 6, do tratado. Assim, as especificações de Alberti sobre o desenho de um arquitecto podem ser entendidas como preventivas, pois ocorrem num período onde quase todos os arquitectos italianos tinham formação nas artes figurativas o que, possivelmente, os induziria a conceber os edifícios mais em termos de massa do que a delineá-los somente a partir daquelas relações proporcionais (cf. Ackerman, 2002, p. 61).

É também significativo que, na edição de Bartoli e de forma correspondente, a distribuição de gravuras, com maior projecção, ocorra nos Livros VI, VII e VIII, isto é, com os relacionados com a *voluptas,* onde comparecem 52 ilustrações de um total de 60, e que as restantes 8 gravuras se distribuam pelos Livros II, III, IV e X.

O reduzido número de estampas nos Livros dedicados à *necessitas* e à *commoditas* sugere uma leitura do tratado feita por Bartoli, onde se dá maior destaque às questões relacionadas com a beleza, em consonância com a subordinação hierarquizada e intransitiva das dimensões disciplinares proposta

---

[362] Trad. de E. de Sousa, 2000, pp. 106-107.

por Alberti[363], mas não certamente com as preocupações manifestadas por este autor quando se refere a aspectos mais técnicos da arte edificatória, como é o caso dos desenhos das paredes de fundação sobre os quais sugere a consulta de uma obra complementar para maior esclarecimento.

Se é certo que Choay (1996) mostrou que Alberti teoriza por regras, *i.e.* pelo conjunto de princípios que regulam o edificado, onde a dimensão textual se substitui à representação gráfica de exemplos particulares, e não por modelos, *i.e.* por representações simplificadas desse mundo, então podemos considerar que os modelos de Bartoli se apresentam como uma ordem muito especial de regras, não sobre o edificado, mas sobre a forma de apresentação da teorização sobre esse edificado.

Como vimos, as ilustrações de Bartoli omitem as vistas ortogonais, laterais e de tardoz, dos edifícios que representam, bem como se referem, predominantemente, às temáticas relacionadas com a *voluptas*, e ainda fazem, em alguns casos, recurso à *scaenographia*, introduzindo um desequilíbrio intencional na leitura que faz do tratado, conformando-se, assim, num conjunto de regras de apresentação da teoria desenvolvida por Alberti.

Também Fréart de Chambray (*op. cit.*) já tinha chamado, como vimos, a atenção, em meados do séc. XVII, para a imprecisão das ilustrações introduzidas por Bartoli na edição de 1550, nomeadamente da relativa ao capitel coríntio, que está mais de acordo com o ordenamento Vitruviano.

Assim, ao interpretarmos o contexto no qual as gravuras de Bartoli se inserem, consuma-se a tarefa de transposição para a "língua de origem" sugerida por Heidegger (*op. cit.*), o que nos permite elaborar uma leitura crítica sobre a sua pertinência, originalidade e disciplinaridade para ilustrar o texto de Alberti. Além disso, como mostramos, no capítulo sobre *A Terminologia da Sistematização da Coluna,* as gravuras que acompanham a edição florentina de 1550, bem como a veneziana de 1565, são pertinentes para ilustrar a transposição de vocábulos para vernáculo

---

[363] Registe-se que a edição ilustrada do tratado de Vitrúvio elaborada por Perrault (1673), intitulada *Les dix Livres d' Architecture*, mostra uma distribuição muito mais uniforme de gravuras pelos dez Livros, de acordo com a não hierarquização das dimensões disciplinares adoptada por aquele autor.

pelo que, ainda hoje, não perderam a sua vitalidade não sendo, por isso, parasitárias em relação ao texto de Alberti.

Deste modo, as edições do tratado, que apresentam estas gravuras, talvez pudessem ser, mais adequadamente, designadas por Alberti/Bartoli e não somente pelo nome do primeiro. No entanto, a exclusiva autoria do tratado a Alberti tem vindo a ser feita em qualquer das edições anteriormente citadas, como sucede inclusive na própria edição de Bartoli.

Como contra-argumento, e para finalizar, se o texto de Alberti apresenta um valor generativo, consistente e estruturado, ao suscitar três mudanças de horizonte ao longo da sua recepção, será que pode suportar uma interpretação ilustrativa, como a de Cosimo Bartoli, inserida na edição em vernáculo do tratado de Alberti?

Faz-se, consequentemente, uma sugestão ao leitor para verificar se este desafio se cumpre, isto é, para aferir, se as gravuras contribuem para que o entendimento do tratado seja *facilem*, *expeditissimus* e *apertissimus* (Livro I, cap. 1), como certamente desejaria o seu autor ao afirmar que não seria simples de o fazer somente por palavras (*verbis solis,* Livro III, cap. 2), apesar de explicitamente declarar que a intenção de o ilustrar é alheia ao seu propósito (*res ab instituto aliena*, Livro III, cap. 2).

De his hactenus.

BELEZA E SISTEMAS PROPORCIONAIS

O pensamento estético da Antiguidade Greco-Romana está presente em toda a história da cultura europeia, principalmente a partir da transição do Renascimento e, em particular, na obra de Alberti, com constantes invocações, sob a forma implícita da *docta ignorantia*[364], tanto a Platão como a Aristóteles (cf. Michel, 2002, p. 379).

Contudo, não é a Platão que Alberti se reporta para definir o que é a temática central da sua teoria artística, a concinidade, na medida em que as relações entre a *necessitas*, a *commoditas* e a *voluptas* não sugerem que todo o útil seja belo, no sentido de a eficiência corresponder, quase que integralmente, ao sentido de beleza[365].

Logo no Prólogo do seu tratado, Alberti refere que "se encontrarmos algum saber que, por um lado, seja tal que de modo nenhum possamos passar sem ele, e que, por outro, proporcione por si mesmo uma utilidade associada ao prazer e à dignidade, não devemos, na minha

---

[364] Nicolau de Cusa (1981, I, 26) publicou em 1440 o livro *De docta ignorantia* onde afirma que "a verdade precisa é incompreensível no seio da escuridão da nossa ignorância" (cf. trad. ingl. de J. Hopkins, 1981, p. 46) e daí que os limites do conhecimento necessitem de ser ultrapassados de forma imaginativa, com a finalidade de esbater a fronteira entre conhecimento e ignorância. Assim, para Nicolau de Cusa, bem como para os autores do *Quattrocento*, ser-se douto era sinónimo de ter consciência da sua própria ignorância. Alberti ao propor que o arquitecto deixe de ser entendido somente como um praticante de um saber mecânico para passar a ser o que sabe edificar uma coisa mental (*in animo ac mente*), revê-se no poder lógico e criativo da mente, sugerido por Cusa (1988, p. 466), para ultrapassar aqueles limites: "[...] *la mente è ciò da cui è il termine e la misura di tutte le cose. Ritengo che la mente si chiami così dal misurare* [...] *la mente sussistente in sé è infinita, o è l'immagine dell'infinito*".

[365] "[...] quando falamos nuns belos olhos, não nos referimos, obviamente, a olhos que, embora belos de aparência, são destituídos de visão: referimo-nos, sim, àqueles que são capazes e têm préstimo para ver" (*Pl.*, *Hip. Ma.*, 295 c 3-6). Trad. de M. T. S. de Azevedo, 2000, p. 83.

opinião, excluir desse número a arquitectura". Este sentido de associação não implica numa identificação mas antes numa subordinação da utilidade à beleza.

Se bem que Platão (*Phlb.*, 51 b 9-c7; 64 e 6-7) explore a relação entre o prazer e o bem, afirme que as coisas "não são belas em relação a outras coisas, mas pela sua própria natureza"[366], sugira que "a medida e a simetria transformam-se, em qualquer parte, em beleza e virtude", e se refira, ainda, a séries de números platónicos (*Ti*, 35 C, 36), o que abre as portas para os sistemas proporcionais utilizados pelo autor do *De re aedificatoria*, é em relação aos textos de Aristóteles que podemos encontrar uma afiliação, mais imediata, com a concinidade albertiana.

Aristóteles (*Poet.*, 1450b, 34; 1451a)[367], ao descrever a estrutura do mito trágico, refere-se ao conceito de beleza nos seguintes termos: "além disso, o belo - ser vivente ou o que quer que se componha de partes - não só deve ter essas partes ordenadas, mas também uma grandeza que não seja qualquer. Porque o belo consiste na grandeza e na ordem, e portanto, um organismo vivente pequeníssimo não pode ser belo (pois a visão é confusa quando se olha por tempo quase imperceptível); e também não seria belo grandíssimo (porque faltaria a visão do conjunto, escapando à vista dos espectadores a unidade e a totalidade [...]). Pelo que, tal como corpos e organismos viventes devem possuir uma grandeza, e esta

---

[366] Cf. trad. esp. de M. Á. Durán - F. Lisi, 1992.

[367] A *Poética* de Aristóteles foi traduzida para latim por Giorgio Valla em 1498, a partir de manuscritos que estavam disponíveis nas bibliotecas e arquivos de Paris, Florença e Roma. Se bem que aquela edição somente veja a estampa após o falecimento de Alberti, os códices *Estensis* e *Riccardianus*, escritos em grego, já estavam acessíveis a partir, respectivamente, do séc. XII e XIV (cf. Sousa, 2000, pp. 15-16). Sabendo-se que Alberti possuía "una rara conoscenza degli scrittori greci" (Mancini, 1882, pp. 44-45), atestada pelos termos e expressões gregas que utilizou, principalmente na sua obra literária (cf. Bertolini, 1998), é muito provável que tivesse conhecimento, em primeira mão, daquele texto do Estagirita na medida em que manteve, desde cedo, relações de amizade com Lionello d'Este, príncipe de Ferrara de 1441 a 1450, a quem dedicou a peça *Philodoxeos* (Mancini. *op. cit.*, p. 189). Apesar de Alberti não fazer qualquer referência explícita à *Poética* (cf. Cardini *et alii*, 2005, pp. 425-226), Tigerstedt (1968, p. 11) informa que Ângelo Poliziano possuía uma cópia da versão grega daquela obra, ainda hoje preservada na Biblioteca Laurenziana e com anotações marginais feitas pelo próprio Poliziano (cf. Rebortello, 1548), o que sugere, dadas as relações deste com Alberti, que aquela obra possivelmente seria acessível ao autor do *De re aedificatoria*.

bem perceptível como um todo, assim também os mitos devem ter uma extensão bem apreensível pela memória"[368].

Aristóteles na *Metafísica* (XIII, 1078b)[369], ao referir-se ao bem e ao belo associado às formas matemáticas, clarifica que: "O bem e o belo diferem um do outro: o primeiro reside sempre nas acções, enquanto o belo encontra-se igualmente nas coisas imóveis. Incorrem em erro os que pretendem que as ciências matemáticas não se ocupam do belo, nem do bem. Do belo é a que se referem mais e o belo é o que mostram. Não são as principais formas de beleza a ordem, a simetria[370] e a delimitação? Isto é o que mostram primeiramente as ciências matemáticas. E dado que estes princípios, isto é, a ordem e a delimitação, são evidentemente, sob um certo ponto de vista, causas de uma multiplicidade de coisas, as matemáticas deveriam considerar-se como causa do que falamos: numa palavra, do belo"[371].

O entendimento dos conceitos de *numerus*, de *collocatio* e de *finitio*, utilizados por Alberti para caracterizar a concinidade, pode ser descrito, de forma correspondente, como partes, partes ordenadas e por uma grandeza perceptível como um todo, ou ainda, de forma mais precisa, pela simetria, pela ordem, e pela delimitação. É a articulação destes três atributos que confere à concinidade um certo poder em relação à beleza e que Alberti conceptualmente transpõe, de forma inovadora, para a arte edificatória.

Esta transferência de conceitos pode ser entendida como se fosse um "cruzar de vozes" onde ecoam, no texto de Alberti, as palavras de Aristóteles, assumindo estas uma função de validação daquele autor.

Este modelo de correspondência, central nas ideias estéticas de Alberti, não deixa de (re)apresentar um lastro literário, cujas origens se situam nos alvores da cultura ocidental[372]. Talvez se possa, agora, entender melhor, face

---

[368] Trad. de E. de Sousa, 2000, pp. 113-114.

[369] Esta obra de Aristóteles já tinha sido comentada anteriormente por Teofrasto (c. 372-284 a.C.), Alexandre de Afrodísias (fl. 200), Averróis (1126-1198) e Santo Tomás de Aquino (1225-1274).

[370] Entenda-se simetria como equivalente a proporção.

[371] Aristóteles, ao rematar esta frase, afirma que "abordará explicitamente este assunto noutra parte" mas, se o fez, contudo essa parte não chegou até hoje. Cf. trad. esp. de T. Calvo, 1994, p. 363.

[372] É também neste sentido que Fernando Pessoa (1916 ?, pp. 217-8) se refere às três leis que regem a objectivação da obra de arte: "1.º. Um objecto que tem de ser limitado, distinto dos outros objectos. 2.º. Um objecto é composto de partes formando um todo [...

a estas procedências literárias dos conceitos estéticos presentes no *De re aedificatoria*, o facto de o seu autor procurar exprimir-se *verbis solis*, i.e. sem recurso a ilustrações intercaladas no texto do tratado, na medida em que os antigos, a que sistematicamente se refere, também não o faziam.

Estes modelos literários, em que Alberti se apoiou, contudo não fornecem pistas para se avaliarem os valores plásticos e arquitectónicos necessários à *res aedificatoria*, dado que estes solicitam uma capacidade inata da mente para se emitir um juízo não discursivo acerca da beleza (ver Prólogo, Livro II, cap. 1, Livro IV, cap. 2)[373].

Subjacente a esta interpretação encontra-se, por um lado, a doutrina platónica da anamnese (cf. *Pl.*, *Men.*, 81c), isto é, da rememoração das recordações, quer como acto, quer como narrativa e, por outro, o critério de verdade admitida pelos estóicos, que reside numa concepção inata de conceitos gerais ou universais (cf. *Diog.*,VII, 54).

Por outras palavras, esta forma de representação, designada cataléptica, ou é resultante do acto do intelecto que apreende o objecto, ou da acção do objecto que se imprime no intelecto.

Assim, para Alberti, o modelo literário oriundo da *Poética* de Aristóteles, que corresponde a uma representação não compreensiva do real, dado que se revela insuficiente para proceder à apreciação da *res aedificatoria*, é confrontado por uma antecipação, que é resultante de uma concepção inata de raízes platónicas que se baseia, em parte, na noção de *numerus* e da qual derivam os sistemas proporcionais, baseados em consonâncias musicais.

O aparente paradoxo, presente na teoria arquitectónica de Alberti, é de como a partir de uma concepção inatista se constrói o processo criativo em arquitectura.

---

que ...] só o pode ser em virtude da harmonização das partes na formação desse todo. 3.º. [...] Cada objecto é real na proporção em que em que pode ser observado em diferenças grandes por o maior número possível de pessoas".

[373] Somente a partir da configuração das letras do alfabeto, que não deixam de ser definidas como um conjunto finito de linhas num referencial cartesiano, é que Alberti estabelece um vínculo entre aquilo que está na base de uma forma discursiva de pensamento, com uma essencialmente não discursiva e, mesmo assim, para, explicitamente, se subtrair a apresentar ilustrações na versão manuscrita do tratado, chegando para o efeito, a invocar Mercúrio, o eloquente mensageiro de Júpiter, que se sabia expressar plenamente apenas com palavras (Livro VI, cap. 7).

Como expusemos anteriormente[374], Alberti (Livro IX, cap. 9), ao referir-se à disposição e composição dos ornamentos em obra, sintetiza, no sistema ornamental de raiz clássica, como se organiza este processo, onde todos os seus elementos deverão ser dimensionados, ligados e ajustados pelos *lineamenta*, por meio de uma correspondência entre uma fenomenologia do desejo com uma ontologia do tempo. Como se a proposta albertiana expusesse a efemeridade de um saber fundado sobre a evanescência de uma experiência sensível, onde prevalece a resolução da difícil tarefa do todo, subordinada ao primado da *summa voluptas*.

Assim, o que Alberti propõe é que, a partir de uma capacidade humana inata, que permite apreciar a beleza e sistematizá-la por meio de proporções numéricas, se processe a "reflexão em acção" (Schön, 1985) que conduz à concepção da obra[375]: "Gostaria que, a partir desses modelos, revisses duas, três, quatro, sete, dez vezes, ora interrompendo ora retomando, todas as partes da futura obra, até não haver em toda ela, desde as mais profundas raízes até à telha mais alta, nada nem escondido nem à vista, nem grande nem pequeno, que não tenhas pensado muito contigo mesmo e durante muito tempo, que não tenhas determinado bem e destinado a que coisas, em que lugares, ordem e proporção convém ou é melhor juntá-lo ou delimitá-lo" (Livro IX, cap.8).

Este é, certamente, um dos maiores legados da cultura arquitectónica do Renascimento de que, ainda hoje, usufruímos plenamente.

Note-se, a este respeito, que os termos centrais à definição de concinidade utilizados por Alberti (*necessitas, commoditas e voluptas*), não devem ser tomados como sinónimos dos sugeridos por Vitrúvio (*firmitas,*

---

[374] Cf. o capítulo, nesta edição, sobre *As Dimensões Literárias Da Arte Edificatória*.

[375] Esta problemática, no que se refere à controvérsia inatismo-construtivismo, não é exclusiva das áreas das artes e da arquitectura, mas está também presente na investigação recente sobre os processos cognitivos na aprendizagem da aritmética (um dos alicerces dos sistemas proporcionais em Alberti), como sugere Ferreira (2003, p. 86), ao analisar as estratégias de problemas de estrutura aditiva em crianças de 5/6 anos de idade, onde assinala que "[...] podemos aceitar que as crianças, muito antes de compreenderem a noção de conservação das quantidades numéricas, são capazes de resolver problemas que incluem transformações numéricas, de pequenas quantidades. No entanto, levanta-se a questão se essas capacidades são de natureza inata, ou se o processo de desenvolvimento do conhecimento numérico se baseia numa construção demorada e complexa, essencialmente de natureza ontogenética".

utilitas e *venustas*), apesar de apresentarem algumas semelhanças, mais aparentes que reais.

O conceito de necessidade em Alberti engloba os relativos à solidez, a *firmitas* vitruviana, bem como os relacionados com as necessidades humanas; o de comodidade inclui o de utilidade ou uso "para benefício da humanidade" (Livro IV, cap. 1), a que corresponde aproximadamente a *utilitas* vitruviana, enquanto o de *voluptas* (prazer) não coincide com o de *venustas* (beleza) mas dela emana.

Alberti alude a uma relação hierarquizada e intransitiva entre estes termos: das necessidades materiais, para a formulação de desejos até ao prazer nascido da beleza, não assumida no tratado de Vitrúvio, querendo com isto significar o todo ordenado de que fazem parte.

Também, na literatura romana, aqueles termos apresentam-se com significados afins dos sugeridos, tanto por Vitrúvio como por Alberti, o que sugere alguma forma de apropriação transdisciplinar, para além das conotações de raiz filosófica a que já aludimos.

Cícero, no *Tratado da República*, refere-se à *commoditas*, à *utilitas* e à *voluptas*. O primeiro termo é usado no sentido de especificar os benefícios das trocas comerciais, entre as colónias gregas e a metrópole, por via marítima (*Cic.*, *op. cit.*, II, 9). O segundo comparece com o significado de interesse, de utilidade e de vantagem, nomeadamente quando faz o elogio da boa localização da cidade de Roma junto ao rio e perto do mar (*Cic.*, *op. cit.*, II, 10). O terceiro refere-se ao prazer, designadamente ao prazer do corpo (*Cic.*, *op. cit.*, VI, 29).

É em relação à *voluptas* que Alberti (Prólogo) atribui o sentido de *summa voluptas* (maior prazer) proporcionado pela arte edificatória: *Siquid vero bene diffinitum recteque absolutum sit, quis id non spectet cum summa voluptate atque hilaritate?* (Se, porém, está bem concebido e bem executado, quem é que o não observa com o maior prazer e alegria?).

Neste caso, Alberti refere-se à *voluptas* como uma forma de sedução que não deixa de ter como referência a obra de Séneca (*Ep.*, LXXVI, 28): "[... um homem] corajoso e justo, quando prevê o que pode resultar da sua morte - a liberdade da pátria, a salvação de todos aqueles em cujo benefício arrisca a vida - sente-se possuído do máximo prazer e como que saboreia os perigos em que incorre"[376].

Esta dualidade entre uma certa volúpia e o risco que lhe é inerente é também sugerida por Alberti (Livro II, cap.1) em relação à arte edificatória: "assim como uma obra bem planeada é causa de glória para todos aqueles que para ela contribuíram com o seu engenho, trabalho e esforço, assim também, se houver algum aspecto em que a concepção, por parte do autor, ou a perícia, por parte do executor, deixem a desejar, muito grande será o dano causado ao seu prestígio e reputação".

A relação entre volúpia e risco não é, contudo, completamente livre, mas mediada pelo equilíbrio das categorias opostas de variedade e unidade. "Quello che prima dà voluttà nella istoria viene dalla copia e varietà delle cose. Come ne' cibi e nella musica sempre la novità e abondanza tanto piace quanto sia differente dalle cose antique e consuete, così l'animo si diletta d'ogni copia e varietà. Perquesto in pittura la copia e varietà piace" (*Della pittura*, II, 40).

Ao dar início à temática central da arte edificatória, Alberti (Livro I, cap. 1) define que esta, no seu todo, compõe-se de delineamento e construção, e sugere a forma de estabelecer o equilíbrio entre unidade e variedade: "Toda a função e razão de ser do delineamento resume-se em encontrar um processo, exacto e perfeito, de ajustar e unir entre si linhas e ângulos, afim de que, por meio daquelas e destes, se possa delimitar e definir a forma do edifício. Ora é função e objectivo do delineamento prescrever aos edifícios e às suas partes uma localização adequada e proporção exacta, uma escala conveniente e uma distribuição agradável[377], de tal modo que a conformação de todo o edifício assente unicamente no próprio delineamento."

A concepção dos *lineamenta* de Alberti apresenta afinidades com o neoplatonismo renascentista, nomeadamente com Nicolau de Cusa (*De docta*

---

[376] Trad. de J. A. S. Campos, 1991, pp. 319-320.

[377] A "proporção é exacta" no sentido de se chegar, adequadamente, a um processo racional que exprima a sua necessidade, como acontece com o conceito de *numerus* (Livro IX, cap. 5) e a "distribuição conveniente" sugere uma funcionalidade não meramente prática mas que implica, também, uma correspondência com exigências sociais. Cf. Portoghesi, 1966, p. 18, n. 3 e 4.

ignorantia, 1440), que propõe que a natureza do conhecimento seja modelado pelo conhecimento matemático, com Pico della Mirandola (*Oratio de dignitate hominis*, 1486), que discursa sobre a unidade de cada criatura singular e sobre a sua união para formarem um todo e, também, com Marsilio Ficino (*Theologia Platonica*, 1482), que não só estabelece os princípios da actividade humana movidos pela procura da perfeição e da verdade, como traduz os diálogos de Platão, as *Enéadas* de Plotino e, ainda, outras obras de autores gregos antigos.

Plotino (I, 6, 3) formula a seguinte questão: "com que fundamento o arquitecto, quando se depara com uma casa, afirma que esta corresponde à sua ideia de casa e que esta é bela? Não será que a casa que está na sua fronte, para além das pedras, é a ideia gravada na massa exterior do material, o indivisível manifestado na diversidade?"[378].

Igualmente Ficino (*Commentarium in Convivium Platonis, De Amore*, V, 5), ao referir-se à qualidade imaterial da beleza (*pulchritudo est incorporea*), relata que: "se perguntarmos como a forma de um corpo se assemelha à forma e ao raciocínio da alma e da inteligência, consideremos, peço-vos, a obra de um arquitecto. Primeiramente, o arquitecto concebe no espírito a ideia e o raciocínio, por assim dizer, do seu edifício. Depois, como a imaginou, realiza-a na medida dos seus meios. Quem negará que a casa seja um corpo e, ao mesmo tempo, seja semelhante à ideia incorporal do arquitecto, à semelhança da qual aquela foi construída? Acrescentaria ainda: segundo uma ordem incorporal e não segundo a matéria é que se deve apreciá-la como semelhante ao próprio arquitecto. Suprime então, se puderes, a matéria - podes fazê-lo em pensamento - e conserva a ordem: não ficará nada, nem do corpo nem da matéria. Mas a ordem dada pelo construtor será absolutamente idêntica ao que nele permanecer. Faz a mesma coisa com qualquer outro corpo humano: encontrarás que a sua forma, de acordo com a razão da alma, é simples e estrangeira à matéria"[379].

Se bem que Ficino entenda perfeitamente que o arquitecto é o próprio instrumento do projecto (*porro propter incorporalem ordinem quendam*

---

[378] Cf. trad. ingl. de S. MacKenna, 1991, p. 48.
[379] Cf. trad. fr. de P. Laurens, 2002, p. 104.

potius quam propter materiam est architecto similis iudicanda - "segundo uma ordem incorporal e não segundo a matéria é que se deve apreciá-la como semelhante ao próprio arquitecto")[380] e que as ideias de Plotino apresentem afinidades com a concinidade de Alberti, as posições daqueles não são inteiramente coincidentes com as do autor *Da Arte Edificatória*.

Com efeito, para Plotino, no tratado *Do Belo* (*Enneadi*), a beleza transcende a *symmetria,* isto é, a relação das partes entre si e destas com o todo, na medida em que pode ser encontrada tanto em objectos compostos, ou seja, inter-relacionáveis, como também nos simples. Por outras palavras, a beleza não assenta apenas na distinção das suas partes, nem nas relações que se estabelecem entre estas.

Igualmente, para Ficino (*Op. cit.*, V, 3) a beleza não consiste somente na procura por um todo que apresente harmonia ou concinidade, dada pelas relações proporcionais recíprocas estabelecidas entre as suas partes ordenadas e destas com o todo, conforme sugere Alberti (Livro IX, cap. 5), mas também, no esplendor das coisas simples: "alguns, por seu lado, sustentam que a beleza é a disposição precisa de todos os membros, por outras palavras, é a comensurabilidade e a proporção com uma certa suavidade de cores. Não aceitamos esta opinião porque ao considerar-se a disposição das partes somente em objectos compostos, não poderia ser bela nenhuma coisa simples. Por outro lado, designamos belas as cores puras, a luz, uma voz isolada, o resplendor do ouro, e o brilho da prata, o saber da alma, todas elas simples: e a nós estas deleitam-nos profundamente conquanto são realmente belas"[381].

Afirma, a este respeito, Cancro (1978, p. 196) que "a componente hermético-platónica é evidente na concepção albertiana do ser, mas, em vez de falarmos de neoplatonismo, é caso para aludirmos ao próprio e verdadeiro platonismo". É neste sentido que Cancro justifica que "em Alberti em vez de Deus é melhor falar do divino e a própria arquitectura sacra, mais do que o reconhecimento da tradição cristã, é uma revitalização de uma sapiência antiga que, de algum modo, recorda a 'pia filosofia'

---

[380] *Idem*.

[381] Cf. trad. fr. de P. Laurens, 2002, p. 94.

de Ficino", principalmente "Quando digo Amor, compreenda-se desejo de beleza: pois isso acontece com todos os filósofos sobre a definição de Amor" (Ficino, *Op. cit*, I, 4)[382].

Alberti (*Momus*, III, 16) revela um panteísmo cósmico ao debater a origem do universo uma vez que este "[...] não foi feito por mão alguma, já que não se podem encontrar arquitectos capazes de uma obra tão imensa: de facto, este mundo é imortal e eterno, e dado que se podem observar muitos aspectos que parecem partes do divino, então toda essa máquina em movimento é deus"[383], o que sugere a perfeição da sua criação e, consequentemente, a ligação a uma sapiência antiga.

Essa sapiência define-se e caracteriza-se, também, como sendo a da arte edificatória, onde o "l'hommo copula mundi" da propaganda humanística se transforma nos *lineamenta copula mundi* do edificado que edifica.

Este sentido de religiosidade, *i.e.*, de uma *religio*[384] associada a um *religare* (cf. *Lact., Div.*, VI, 28, 2)[385], de re-ligação a uma sapiência antiga, essencialmente de natureza platónica, que está na base da cultura clássica, transformada por Plotino (I, 6, 2) ao expressar que "a beleza do corpo deriva da sua participação numa razão vinda dos deuses"[386], apesar de contribuir para a definição da concinidade da obra de arquitectura, não sugere pistas de como, a partir do delineamento, assenta toda a conformação do edificado.

As palavras de Alberti sobre a dimensão do tempo criador, face ao tempo natural, apresentam uma polaridade de concepções, que dão, no entanto, indicações de como o processo de reflexão em acção, subjacente aos *lineamenta*, se concretiza.

---

[382] *Idem*, p. 14.

[383] Cf. trad. ingl. de S. Knight, 2003, p. 215.

[384] Alberti na peça *Religio* (*in Intercenales*), apresentada sob a forma de diálogo, reporta-se não a Deus mas aos deuses: "Não sabes que tudo está preenchido pelos deuses?" (cf. trad. ingl. de D. Marsh, 1987, p. 19), o que é evocativo da citação de Cícero (*Leg.*, II, 11, 26) sobre Tales: *omnia* [...] *deorum esse plena*, cuja origem se encontra em Diógenes Laércio (I, 27).

[385] Lactâncio (IV, 28, 2), considerado na cultura do Renascimento como o Cícero cristão, afirma que *Hoc vinculo pietatis obstricti Deo et religati sumus* (Estamos ligados e unidos a Deus por este laço de piedade). Cf. trad. ingl. de W. Fletcher, 1886, p. 131.

[386] Cf. trad. ingl. de S. MacKenna, 1991, p. 48.

Ao primeiro, exposto no Livro IX, cap. 9, Alberti sugere que se "procedesse como se faz nos estudos das letras [...] Assim, no seu caso, observará com a máxima diligência quantas obras houver, aprovadas pela opinião e pelo consenso dos homens, onde quer que se encontrem, fará um desenho, anotará as proporções, há-de querer, em sua casa, reduzi-las à escala e a maquetes; e examinará e voltará a examinar a ordem, os lugares, os géneros e as proporções de cada uma das coisas que usaram sobretudo aqueles que construíram as obras mais grandiosas e mais imponentes [...]".

Em relação ao segundo, no Livro X, cap. 1, Alberti ao descrever a deterioração física do edificado, devido à acção destrutiva do tempo na natureza, cita "os ditados: 'tudo é vencido pelo tempo'; 'insidiosos e extremamente poderosos são os tormentos da idade'; e 'os corpos não podem opor-se às leis da natureza, sem suportarem a velhice'; de tal modo que alguns consideram o próprio céu mortal porque é um corpo"[387].

Esta contraposição entre o tempo positivo e o negativo, entre o tempo criador e o destrutivo percorre, de forma esclarecedora, a sua obra literária.

Num passo do Livro III (pp. 178-179) dos *I libri della famiglia*, apresentado sob a forma de diálogo entre membros da sua família, Alberti refere-se explicitamente ao tempo como próprio ao género humano, mais "nosso" do que as nossas mãos e os nossos olhos:

> "Giannozzo: Para ser breve, direi que existem três coisas que o homem pode dizer que lhe são próprias [... :] a alma e o corpo.
>
> Lionardo: E qual é a terceira?
>
> Giannozzo: Ah ! Uma coisa preciosíssima. Nem estas mãos e estes olhos são tão meus.
>
> Lionardo: Maravilhoso ! Mas o que é então?

---

[387] A consciência da passagem do tempo já está registada desde o poema fundador da cultura ocidental de Homero (*Il.*, VI, 146-149), como nas referências que Platão (*Ti.*, 37d) faz à "imagem móvel da eternidade", bem como em Aristóteles (*Ph.*, VII, 219b 1) que identifica aquele com a parte mensurável do movimento. Séneca (*Brev.*, XV, 4), ao referir-se à passagem do tempo, também afirma, à semelhança de Alberti, que "não há nada que a passagem do tempo não derrube e remova" (*nihil non longa demolitur vetustas et movet*). Trad. de J. Pinheiro, 2005, p. 30.

Giannozzo: Não se pode limitá-la nem diminuí-la; de modo algum pode deixar de ser tua, desde que queiras que seja tua.

Lionardo: E sob a minha vontade pode ser de outro?

Giannozzo: Se quiseres pode não ser tua. O tempo, meu caro Lionardo, o tempo, meus meninos"[388].

Para Alberti é a utilização e o controle do tempo, segundo a própria vontade, que possibilita o domínio de tudo o que se desejar: "Quem sabe não perder tempo sabe fazer quase tudo, e quem sabe aproveitar o tempo será senhor de tudo o que quiser".

É a este tempo criador - essa *cosa preziosissima*[389] - que Alberti retorna ao referir-se ao processo de concepção em arquitectura: "Por fim, quando o aspecto da obra e o projecto te agradarem inteiramente, a ti e a outros peritos, de tal maneira que não se apresente nenhum ponto em que tenhas hesitação, nenhum aspecto em que possas decidir-te por melhor opção, aconselho-te a que não te apresses, levado pelo desejo de edificar, a dar início à obra, como fazem as pessoas irreflectidas e precipitadas; mas, se me deres ouvidos, aguardarás algum tempo até que a aprovação recente do teu engenho arrefeça, disposto a examinar tudo mais uma vez: ser--te-á então permitido analisar ponderadamente o projecto, já não levado pelo apego à tua invenção, mas sim movido pelos argumentos da razão. Grande é o contributo que o tempo traz à execução de todas as obras, fazendo com que repares e reflictas atentamente naquilo que te escapara, por mais perspicaz que sejas" (Livro II, cap. 1).

Este entendimento circular do tempo criador na concepção em arquitectura, que percorre o *De re aedificatoria,* que possui "ser" e se apresenta

---

[388] Esta concepção do tempo é evocativa de Séneca (*Ep.*, I, 1): "Nada nos pertence, Lucílio, só o tempo é mesmo nosso". Trad. de J. A. S. Campos, 1991, p. 1.

[389] Este sentido de o tempo ser um bem precioso está presente na cultura romana. Séneca (*Brev.*, VIII) ao discursar sobre a natureza do tempo, refere-se igualmente ao "mais precioso bem da vida" - *re omnium pretiosissima luditur* (trad. de J. Pinheiro, 2005, p. 19) e Virgílio (*G.*, III, 284) alude à irreversibilidade do escoar do tempo: "foge o irreparável tempo" (*fugit irreparabile tempus* - Cf. trad. it. de Tosi, 1991, §530), reapresentada por Dante (*Purgatório*, 4, 9), em relação a quem tem o espírito absorvido por algo que o consome inteiramente, como é o caso de Alberti: "*vassene'l tempo e l'uom non se n'avvede*".

com existência, sugere igualmente uma estrutura de possibilidades de muitas ordens, à semelhança do tempo autêntico de Heidegger, onde a presença do passado e do futuro se manifesta no presente.

Na verdade, Heidegger estabelece uma distinção entre o tempo autêntico e o inautêntico, onde o primeiro é aquele pelo qual o Ser-aqui projecta a sua própria possibilidade privilegiada - o que já foi, de modo que as suas escolhas são escolhas do já escolhido - e o segundo, onde o Tempo se torna uma sucessão infinita de instantes como um apresentar-se do futuro do que já foi no passado (cf. Heidegger, 1993, § 79-81). Assim, aquela abordagem circular advogada por Alberti, já sugerida por Séneca (*Brev.*, XV, 5), onde a combinação de todos os tempos (passado, presente e futuro) num só, está na origem de uma vida longa (*longam illi vitam facit omnium temporum in unum conlatio*)[390], apresenta inegável interesse disciplinar.

Com efeito, o tempo da elaboração do projecto e da execução da obra é reconduzido não mais a uma estrutura inevitável, como sucede com a ordem causal utilizada em muitos estudos históricos, mas à organização de possibilidades de muitas configurações dada pela presença simultânea do passado, que "registámos a partir da observação das obras dos antigos" (Livro II, cap. 4), e do futuro, na medida em que é "legítimo projectar mentalmente todas as formas, independentemente de qualquer matéria" (Livro I, cap. 1), na concepção do presente.

Assim, a hegemonia do futuro na concepção da arquitectura não constitui somente uma alternativa diferente à do passado, mas dá também a possibilidade de não ocultar, no presente, outras deliberações e de entender estas na sua natureza disciplinar específica. Esse é o tempo criador da arquitectura, o da reflexão em acção, distinto do tempo cronológico e linear da sucessão de instantes e oposto ao tempo destrutivo.

Ao rematar o discurso, nos *I libri della famiglia* (III, p. 188), sobre as três coisas que são próprias ao homem, Alberti declara que adoptou "o espírito e o corpo e o tempo que são unicamente bons. Tentei preservá-los adequadamente e não os desperdiçar. Nisto despendi muito

---

[390] Cf. trad. de J. Pinheiro, 2005, p. 31.

cuidado e procurei ser tão escrupuloso e operativo quanto podia, pois parece-me que estas são as coisas mais preciosas que existem, e que são muito mais próprias de mim do que qualquer outra".

Por outras palavras, Alberti está intensamente atento à substância do tempo, simultaneamente cotejado pelo espírito e pelo corpo que são unicamente bons. De forma análoga, podemos dizer que, para Alberti, o que é próprio da arquitectura são três coisas: o delineamento (o *espírito*), a matéria (o *corpo*) e o tempo criador (a *cosa preziosissima*).

Assim, se para Heidegger *ser é tempo,* para Alberti a arte edificatória é tempo criador, na medida em que este se converte em desejo pelo delineamento que, ao conformar a matéria, aspira a que aquele desejo se realize na plenitude da obra construída. Deste modo, desde Alberti, arquitectura é tempo e tempo é desejo, desejo esse que aspira a um desejo de plenitude.

Esse desejo de plenitude é orientado, como vimos, de forma integral e coordenada pelo *numerus*, pela *finitio* e pela *collocatio*, invocados, em relação à cultura clássica, sob a forma implícita da *docta ignorantia*.

A noção de *numerus,* em particular, será conformadora das consonâncias musicais, de origem Greco-Medieval, que Alberti, no Livro IX, cap. 5, utiliza para estabelecer os sistemas proporcionais na arte edificatória.

No entanto, esta noção para a cultura grega não coincide com a do sistema numérico decimal utilizado actualmente, dado que naquela não existem números no sentido abstracto do termo.

Com efeito, os números em grego são equivalentes a palavras e vice-versa, na medida em que alfa (α) é um, beta (β) é dois, e assim sucessivamente. O próprio conceito grego de número - *arithmos* - relaciona-se com o de contar, com o de coisas contadas, mas não com as dimensões simbólicas e práticas de como aquele conceito foi posteriormente entendido na modernidade[391].

---

[391] Estas dimensões inovadoras são desenvolvidas nos *Diálogos sobre as duas Novas Ciências* de Galileu, onde a matemática é pensada como uma "arte" para resolver problemas práticos de física, bem como por Descartes nas *Regras (para a direcção do espírito) que pressupõem o cálculo simbólico sob a forma de álgebra contemporânea* (cf. Klein, 1968, p. 292, n. 306; p. 197).

Assim, em grego a noção de *arithmos* está sempre relacionada com uma multiplicidade de objectos perceptíveis - são 6 homens, 6 casas, 6 cidades, 6 navios - mas não o número 6 em geral. Euclides (VII, 1) define o número como a "multiplicidade composta de unidades", o que significa que o número está nas coisas contadas, como aliás sugere Platão (*Resp.*,VII, 525d) ao afirmar, literalmente, que os números têm "corpos visíveis e tangíveis", bem como Aristóteles (*Ph.*, 221 b, 14) ao sustentar que "estar presente em número é ser algum número de um objecto dado" ou, ainda, que "um número ou é aquilo que foi contado ou o que pode contar-se" (*Arist.*, *op. cit.*, 223a, 24).

No entanto, apesar de o Estagirista admitir que o número não é separado das coisas sensíveis, as suas propriedades podem ser estudadas como se o fossem: "ainda que os objectos matemáticos não existam de forma separada, quando são pensados é como se existissem separados" (*Arist.*, *de An.*, 431b 15).

Alberti emprega ambas as noções de número sugeridas por Aristóteles, como se fossem as duas faces de uma mesma moeda. Por um lado (Livro IX, caps. 5-6), sugere sistemas proporcionais baseados em analogias musicais, isto é, em sonoridades perceptíveis, por outro, transpõe os números inteiros utilizados no sistema proporcional da fachada da igreja de *Santa Maria Novella*, em Florença, para reproduzir, de forma criptográfica, o seu nome em latim: LEO BAPTISTA ALBERTVS (cf. March, *op. cit.*, pp. 193-194).

Além disso, as propriedades místicas atribuídas aos numerais, a que os humanistas do *Quattrocento* aludem, também estão presentes desde a Antiguidade Clássica. Virgílio (*Ecl.*, VIII, 75) já se referia ao temor supersticioso que os Romanos experimentavam em relação aos números pares, como às propriedades mágicas atribuídas, desde a Antiguidade Grega, aos ímpares: "a divindade se compraz com o número ímpar" (*numero deus impare gaudet*)[392].

Alberti (Livro IX, cap. 5) aceita ambos os tipos de numerais e discorre sobre as suas propriedades místicas. Para um olhar ocidental contemporâneo,

---

[392] Cf. trad. de J. P. Mendes, 1997, p. 288.

na medida em que perdemos a capacidade de dialogar com os mitos da Antiguidade Clássica, é difícil de compreender a personificação ou divinização dos numerais, como sucedia entre os antigos[393]. Estes símbolos não só eram susceptíveis de revelar uma modalidade do real, que não era evidente no plano da experiência imediata, como apresentavam a capacidade de exprimir simultaneamente vários significados, nomeadamente os relacionados com as quantidades e qualidades numéricas como foram definidos, na Antiguidade Clássica, por Nicómaco de Gerasa, que estabeleceu uma estreita relação com as noções de proporção aritmética e geométrica.

Para Nicómaco (*Ar.*, II, 23, 4) a "proporção [aritmética] partilha em iguais quantidades nas suas diferenças, mas em desiguais qualidades; por esse motivo é aritmética. Se, ao contrário, partilha de similar qualidade, mas não de quantidade, será geométrica em vez de aritmética"[394]. Assim, por exemplo, os números 4, 8 e 12 partilham das mesmas diferenças de 8-4 = 4 e 12-8 = 4, mas apresentam diferentes *rationes* de 8/4 = 2 e 12/8 = 3/2. Enquanto os números 4, 8 e 16 mostram diferenças desiguais de 8-4 = 4 e 16-8 = 8, mas apresentam idênticas *rationes* de 8/4=2 e 16/8 = 2. Consequentemente, uma diferença é quantitativa, enquanto uma *ratio* é qualitativa, o que significa que ambas as séries de números anteriormente citados tanto representam quantidades como apresentam qualidades.

Aristóteles (*Cat.*, VI e VIII), ao analisar a predicação e a sua relação com os géneros de ser, dedica dois livros a estas duas categorias. Assim, afirma (*op. cit.*, VI, 4b): "sobre o quantificado, por seu lado, ele é quer discreto, quer contínuo. Por outro lado, é constituído quer por partes relacionadas umas com as outras pela sua posição, quer por partes que não têm posição. São quantidades discretas, por exemplo, o número e o discurso; quantidades contínuas, a linha, o plano, o corpo e ainda, à parte destes, o tempo e o lugar"[395].

No seguimento desta argumentação, Aristóteles (*op. cit.*, VI, 5b) esclarece que " [...] da quantidade nada é contrário. De facto, no que diz

---

[393] Para uma breve referência ao conceito de número entre os Gregos veja-se Klein, *op. cit.*.
[394] Cf. trad. ingl. de M. L. D'Ooge, 1960, p. 184.
[395] Trad. de A. Monteiro, 2002, p. 56.

respeito às quantidades determinadas, é claro que nada lhes é contrário, por exemplo, a de dois cúbitos, ou a de três cúbitos [...]"[396].

Por outro lado, Aristóteles (*op. cit.*, VIII, 8b) dá o nome de "qualidade àquilo segundo a qual algumas coisas são ditas de tal maneira; mas a qualidade é das coisas que se dizem em muitas acepções"[397]. Uma dessas qualidades "é a figura e a forma[398] externa de cada coisa, e também, para além destas, o rectilíneo e a curvatura, de tudo o que lhes é semelhante [...]; assim, pelo facto de ser triangular, ou quadrangular uma coisa é dita qualificada, assim como pelo facto de ser direita ou curva"[399].

Da mesma maneira, quando sugere que os copistas façam, por extenso, a transcrição de números relacionados com a modulação das ordens arquitectónicas para evitarem erros, Alberti (Livro VII, caps. 6 e 9), está em consonância com a categoria da quantidade do Estagirita. Quando se refere à forma do edificado ou das suas partes, à sua geometria de linhas e ângulos, é concordante, em princípio e em parte, com a categoria de qualidade predicada por Aristóteles.

No painel de discussão sobre a qualidade do número, realizado a partir de uma questão posta em 2002 por Robert Tavernor na *Nexus Network Journal*, Lionel March desenvolve, em paralelo, uma conclusão semelhante, na medida em que sugere que "from an Aristotelian perspective, in giving shape to an architectural work, Alberti is engaged in qualitative decisions, but in dimensioning the work he is acting quantitatively"[400].

Assim, o conceito de delineamento engloba tanto uma coisa mental elaborada por uma imaginação e um intelecto cultos, sendo por isso uma qualidade, como a sua representação gráfica rigorosa é uma quantidade, na medida em que é realizada por meio de um traçado preciso

---

[396] *Idem*, p. 59.

[397] *Idem*, p. 70.

[398] Monteiro, *op. cit.*, p. 74, n. 104, esclarece que os conceitos de *figura* e *forma* são "noções vizinhas", mas que esta última se refere, predominantemente, a "contornos exteriores do objecto", isto é, próximo ao conceito de *finitio* de Alberti.

[399] *Idem*, VIII, 10a, p. 74

[400] Para uma discussão sobre a qualidade do número em Alberti veja-se a *Nexus Network Journal* na www em http://www.emis.de/journals/NNJ/Query03-Quality.html. Consulta em 10 de Dezembro de 2004.

e uniforme, de maneira a dar às suas partes uma localização adequada, uma proporção exacta e uma escala apropriada. Esta dualidade entre qualidade/quantidade pode ser entendida, em Alberti, como duas faces de uma mesma moeda, na verdade inseparáveis.

Nestas qualidades, como vimos, Alberti também inclui a capacidade de aceitar a personificação ou a divinização dos numerais, em conformidade com a apreciação de Aristóteles (*op. cit.*, VIII, 10b) sobre "as coisas que são qualificadas admitem o mais e o menos"[401], o que abre as portas para uma relação ordinal de numerais que apresentem qualidades.

Talvez por isso, a numeração romana não é formada por um conjunto de símbolos para se efectuarem operações aritméticas, mas por letras do alfabeto, com o objectivo de assinalar e ajudar a memorizar o sistema de numeração que, até à Baixa Idade Média, necessitou de ábacos de argolas, que deslizavam em hastes fixas, para se executarem os cálculos[402]. Com a revolução científica, iniciada por Galileu, de relacionar matemática e fenómenos físicos, dissipou-se a predicação qualitativa dos numerais. Além disso, a progressiva abolição do latim como língua científica, que ocorreu a partir do Iluminismo, também contribuiu para dificultar o entendimento das qualidades numéricas.

Para explicitar esta dicotomia, na condição contemporânea, em situações sociais fortemente institucionalizadas, basta citar o que sucede em alguns estabelecimentos de ensino e das forças armadas, onde os agentes humanos interiorizam valores e normas com a participação de outros igualmente institucionalizados. Estes agentes tendem a arranjar mecanismos de identificação e nomeação próprios, que vão para além do nome de baptismo, como sejam as alcunhas e/ou a atribuição de um numeral.

Nestes casos, as formas de interacção social, condicionadas pelos mesmos padrões de valores e de interesses comummente partilhados, como sucede com a numeração atribuída aos seus agentes, que os identificam ao longo da sua permanência na instituição e mesmo para além dela, não os despersonaliza mas, ao invés, são os numerais que

---

[401] Monteiro, *op. cit.*, VI, 10b, p. 76.
[402] Cf. Ifrah, 1994, I, p. 455.

são personificados, sendo-lhes atribuída, em consequência, uma *personalidade* específica.

Em suma, os números, tanto nestas instituições contemporâneas, como no tempo de Alberti, não só representam quantidades como anunciam qualidades.

Contudo, entre a perfeição quantitativa dos números inteiros e o estabelecimento de medidas proporcionais, baseadas em consonâncias musicais, verifica-se um espaço de mediação qualitativo que Alberti soube explorar para os adequar à arte edificatória, como sucede com os números perfeitos.

Um número inteiro diz-se perfeito quando é idêntico à soma de todos os seus divisores. Assim, 6 = 1+2+3, 28 = 1+2+4+14 e 496 = 1+2+4+8+16+ 31+62+124+248 são os três primeiros números perfeitos.

Euclides (IX, 36) postulou que, "se vários números, começando pela unidade, se dispuserem em proporção duplicada [em potências de dois] e o conjunto de todos eles [a sua soma] for um número primo, o produto deste conjunto pelo último será um número perfeito"[403].

Por outras palavras, se $1+2+2^2+...+2^{n-1}$ for um número primo, então o produto $(1+2+2^2+...+2^{n-1}).2^{n-1}$ é um número perfeito. O número 10 era igualmente considerado por Aristóteles (*Metaph.*, I, 5, 1986a)[404] perfeito, apesar de este utilizar outro critério para o definir, na medida em que o seu quadrado deveria corresponder à soma dos cubos dos quatro primeiros inteiros ($10^2 = 1^3+2^3+3^3+4^3$).

Por dedução, mostra-se que o somatório de *n* números cúbicos ($1^3+2^3+3^3+...+n^3$) é igual a $[½\ n(n+1)]^2$ (cf. Gullberg, 1997, p. 294). Assim, os números 1, 3, 6, 10, 15, 21, 28, ... , também podem, segundo esta definição, ser considerados números perfeitos. Contudo, o número 10 não é idêntico à soma dos seus divisores, *i.e.* 10 ≠ 1+2+5 e, consequentemente, não é um número perfeito na acepção de Euclides. Entre os números menores ou iguais a 10, somente o 6 satisfaz, simultaneamente, os critérios de Aristóteles e de Euclides, para número perfeito. No entanto, para Vitrúvio (Livro III, 1, 6), o número 10 é considerado perfeito, o que

---

[403] Cf. Urbaneja, 2001, p. 104.

[404] Uma das primeiras referências conhecidas aos números perfeitos encontra-se em Platão, *Tht.*, 204b-c.

significa que outros critérios, que não os exclusivamente matemáticos, foram adoptados para a sua aceitação. Para Vitrúvio (III, 1, 5), a ideia de número perfeito surge a partir das proporções dos membros do corpo humano de onde se retira "o sistema de medidas que parece necessário em todas as obras, como o dedo, o palmo, o pé, o côvado, que dividiram com relação a um número perfeito, que os Gregos dizem *teleon*. Os Antigos instituíram esse número perfeito, que se diz dez; depois a partir das mãos, encontraram o número de dedos, e a partir do palmo instituíram o pé".

Assim, desde Vitrúvio que se tem a ideia que o número perfeito, oriundo exclusivamente da área da matemática, pode não coincidir com os da arquitectura, na medida em que estes surgiram a partir da percepção das proporções do corpo humano (cf. Vitrúvio, III, 1, 9) e não a partir de deduções que lhes são exteriores.

A procura da concinidade, compreendida num propósito amplo de harmonia universal, é o objectivo final da arte edificatória, que Alberti procura sistematizar através das considerações que faz sobre a perfeição dos números, bem como sobre as relações que estabelece entre as harmonias musicais e os sistemas proporcionais em arquitectura.

As harmonias musicais são definidas por Alberti (Livro IX, cap. 5), na tradição pitagórica, a partir das distâncias entre os sons, segundo o princípio da consonância: "Dizemos que a harmonia é uma consonância agradável aos ouvidos. Os sons dividem-se em graves e agudos. Um som grave ressoa a partir da corda mais comprida, e os agudos a partir das cordas mais curtas. As várias diferenças destes sons produzem as várias harmonias que os Antigos, tendo em conta a comparação entre as cordas consoantes, reuniram num conjunto de números fixos".

Para os pitagóricos a simplicidade da proporção é considerada como grau de consonância. Assim, a oitava com uma proporção de 1/2, a quinta com 2/3 e a quarta com 3/4 são consideradas consonantes. Os restantes intervalos musicais, bem como as suas combinações, deduzem-se destes três primeiros.

Consequentemente, "Se acrescentarmos a uma corda todo o seu comprimento, obtenho o dobro (dupla), ela passará a soar a um intervalo de oitava (diapason) abaixo (mais grave) em relação à corda original (dó'-dó).

Inversamente, se dividirmos uma corda em duas partes iguais, cada uma dessas partes soará uma oitava acima (mais agudo) em relação à corda original (dó'-dó''). Desta forma a dupla ou diapason corresponde a uma proporção de 1:2" (Santo, 2011, p. 598, n. 1761).

De forma semelhante são estabelecidas as comparações entre o comprimento de uma corda e a altura de um som, para as restantes consonâncias, o que permite estabelecer uma quantificação aritmética das relações entre dois ou mais sons e, assim, transformar uma proporção harmónica numa aritmética e vice-versa.

As consonâncias referidas por Alberti são as seguintes[405]:

diapason (ou consonância dupla) representa um intervalo de oitava, isto é, de ½ (■□);
diapente (ou sesquiáltera) representa um intervalo de quinta, isto é de 2/3 (■■□);
diatessaron (ou sesquitércia) representa um intervalo de quarta, ou seja de ¾ (■■■□). A partir destas consonâncias formam-se as restantes:
diapason-diapente (consonância tripla) representa um intervalo de uma oitava mais quinta ou uma 12ª, isto é, (1/2)(2/3) = 1/3 (■□□);
tom (sesquioitavo) representa um intervalo pelo qual a quinta é maior que a quarta, ou seja, (2/3)/(3/4) = 8/9 (■■■■■■■■□);
disdiapason (quadrápula) representa uma dupla oitava, isto é, (1/2)(1/2) = ¼ (■□□□).

Os intervalos correspondentes ao diapason (1/2), ao diapente (2/3), ao diatesseron (3/4) e ao disdiapson (1/4) derivam de razões formadas com os números 1, 2, 3 e 4, cuja soma dá o número perfeito 10, designados de *tetractys* pitagórica, a partir dos quais, como veremos, derivam as restantes consonâncias.

---

[405] Na terminologia utilizada por Alberti *sesqui* refere-se à palavra latina que significa um e meio, *pente* à palavra grega que significa cinco e *dia* corresponde ao elemento de formação de palavras gregas e que traduz a ideia de passagem, de intervalo ou de separação.

Em resumo, teremos assim as seguintes relações:

Termos Aritméticos	Termos Musicais	Relações Numéricas
sesquiáltera	diapente	2 : 3
sesquitércia	diatesseron	3 : 4
dupla	diapason	1 : 2
tripla	diapason-diapente	1 : 3
quádrupla	disdiapason	1 : 4
sesquioitavo	tom	8 : 9

Tabela 13 Relações entre termos aritméticos, musicais e numéricos.

As implicações destas correspondências para a arte edificatória são clarificadas por Alberti (Livro IX, cap. 5): "Os arquitectos usam todos estes números de forma extremamente adequada; não só tomam dois de cada vez, como para dispor o foro, as praças e as áreas ao ar livre, onde se consideram apenas duas dimensões, a da largura e a do comprimento; mas também usam três de cada vez como na disposição das salas públicas, do senado, da cúria e outros espaços do mesmo género, onde comparam entre si o comprimento e a largura e querem que a ambas as medidas corresponda a altura de acordo com a harmonia".

Relativamente às duas dimensões, Alberti faz corresponder às proporções de áreas pequenas, médias e grandes as consonâncias musicais, começando pelo quadrado e fazendo variar as dimensões dos lados de acordo com estas harmonias.

Para as áreas pequenas Alberti faz corresponder, além do quadrado (□), a Sesquiáltera e a Sesquitércia, a que correspondem, respectivamente, as proporções de 2/3 (■■□) e 3/4 (■■■□), que equivalem, em termos musicais à quinta e à quarta perfeitas.

Para as áreas médias faz, também, corresponder a dupla, que corresponde à proporção de 1/2 (■□) e, em termos musicais, a uma oitava. Além disso, também sugere a sesquiáltera duplicada e a sesquitércia duplicada para este tipo de áreas. A primeira corresponde à soma de duas sesquiálteras ou quintas, isto é, (2/3)(2/3) = 4/9 (■■■■□□□□□), e a segunda à soma de duas sesquitércias ou quartas, ou seja, (3/4)(3/4) = 9/16 (■■■■■■■■■□□□□□□□).

Finalmente, para as áreas grandes Alberti faz corresponder a tripla, a dupla sesquitércia e a quádrupla. A primeira refere-se à junção de uma dupla com uma sesquiáltera, o que equivale, em termos musicais, a uma oitava mais uma quinta perfeita, isto é, a (1/2)(2/3) = 1/3 (■□□). A dupla sesquitércia corresponde à soma de uma dupla com uma sesquitércia, o que equivale, em termos musicais, a uma oitava mais uma quarta perfeita, isto é, a (1/2)(3/4) = 3/8 (■■■□□□□□). Por último, a quádrupla corresponde a soma de duas oitavas, o que equivale, em termos musicais, a duas oitavas, isto é, a (1/2)(1/2) = 1/4 (■□□□).

Note-se que, neste sistema proporcional, as *rationes* compostas por outras harmónicas mais simples, revelam a partição do edificado em componentes cujas dimensões são consonantes com os intervalos da escala musical. Assim, a edificatória, à semelhança da música, era vista como um símbolo visível de uma ordem universal, como se fosse a manifestação da harmonia do cosmos.

Neste sentido, um elemento construtivo, seja uma parede, um piso ou uma abertura, que apresente as proporções de 1/2, a que equivale musicalmente uma oitava, é composta de duas *rationes*, dado que 1/2 = (2/3)(3/4), a que corresponde uma experiência espacial em uníssono com a ordem matemática do cosmos. Do mesmo modo que harmonias musicais governavam o movimento dos planetas, que produziam a música das esferas, não perceptível, também na edificatória se estabelecia um sistema de proporções não visível, cuja validade cósmica não era posta em causa.

Alberti segue escrupulosamente esta tradição, ao propor a analogia edifício-corpo fazendo intervir, quando necessário, a *mediocritas* - mediedade - para apurar sistemas proporcionais.

Assim, para Alberti (Livro IX, cap. 5) o fuste da coluna jónica apresenta proporções de diâmetro-altura de 1/8, dado que fica entre as medidas dos fustes da coluna dórica (1/6) e da coríntia (1/10) ou compósita (1/10), ou seja, situa-se entre proporções que se baseiam, na acepção de Vitrúvio, em números perfeitos. Esta concepção de mediedade ou da *mediocritas* é uma inovação que Alberti introduz ao referir-se aos sistemas proporcionais em arquitectura e cuja problemática pode ser resumida a estabelecer não só, como vimos, relações harmónicas entre duas dimensões ou, ainda, dadas duas medidas, estimar uma terceira, consonante e harmónica com as anteriores.

O conceito de mediocritas - meio-termo, moderação, média, mediania, mediedade[406] - a que Alberti se refere, já se encontra explicitado na cultura clássica, tanto pré-socrática, como em Platão, e em Aristóteles e, ainda, em Horácio, com o objectivo de se evitar qualquer excesso, de forma a se promover a integração harmoniosa de vários factores.

Para Platão (*Ti.*, 31 b), o criador na formação do mundo convoca dois elementos primordiais, o fogo e a terra, garantindo o primeiro a visibilidade e o segundo a tangibilidade do corpóreo, necessários à sua origem.

No entanto, Platão (*Ti.*, 31 b, c) argumenta que "nada pode tornar-se visível separado do fogo, nem tangível sem algo sólido, nem sólido sem terra. Foi por isso que, quando começou a constituir o corpo do universo, o deus o fez a partir do fogo e da terra. Mas não é possível que apenas duas coisas sejam constituídas de forma bela, sem uma terceira; porque é necessário introduzir entre ambas um elo que as ligue; e o mais belo dos elos é aquele que produz a maior unidade em si próprio e nos termos que une; e é a proporção matemática que por natureza leva a cabo este efeito da forma mais bela". Assim, dado que a proporção regula o mundo, o "deus colocou no meio, entre o fogo e a terra, a água e o ar, tendo introduzido entre eles, na medida do possível, a mesma proporção, de tal maneira que o fogo estivesse para o ar como o ar está para a água, e que o ar estivesse para a água como a água para a terra, produzindo assim um céu visível e tangível" (Platão, *Ti.*, 32 b)[407].

Para Aristóteles (*Eth. Nic.*, II, 1106 b 5), a virtude ou aretê moral consiste num hábito de tomar as decisões conforme as regras, de forma tal que se adopte o termo médio entre dois extremos. Não se trata de uma média matemática, na medida em que em ética não existem regras precisas. Há antes que adquirir-se experiência e deixar-se guiar por alguém que seja mais prudente: "Assim, todo aquele que percebe de alguma coisa evita tanto o

---

[406] "Une *médiété* comporte *trois termes*, mais *tels* qu'avec *deux d'entre eux et deux de leurs différences* on peut constituer *deux* rapports égaux" (Michel, 1949, p. 143, n. 1).

[407] Cf. trad. de M. J. Figueiredo, 2004, p. 70.

excesso como o defeito, mas procura saber onde está o meio para o poder escolher. O meio procurado não é o meio absoluto da coisa em si, mas o meio da coisa relativamente a cada um. Então todo o saber numa determinada área opera correctamente, se tiver em vista o meio e conduzir até aí todos os seus resultados (donde se costuma dizer dos trabalhos bem acabados que não se podia tirar nem acrescentar nada, uma vez que o excesso e o defeito destroem o bem, mas o meio conserva-o)"[408], o que é ainda evocativo do conceito de beleza sugerido por Alberti (Livro IX, cap. 5).

De modo semelhante, Horácio (*Carm.*, II, 10)[409] descreve em verso também aquele meio termo para advogar um estilo de vida que evite a pobreza degradante ou a opulência escandalosa:

> "Quem 'scolhe a regra de ouro mediana
> é que evita afinal, com segurança,
> tanto horror da sórdida choupana
> como o palácio cuja luz nos cansa".

Se bem que para estes autores esta 'mediania dourada' seja uma disposição para decidir o adequado termo médio, conforme o critério que seguiria o homem prudente, Alberti sugere, no entanto, um compromisso, na medida em que propõe três médias (aritmética, geométrica e musical), ficando a cargo do arquitecto a escolha de qual é a mais conveniente[410], conforme explicita: "Os arquitectos usam todos estes números de forma extremamente adequada" (Livro IX, cap. 5), "[...] não de modo confuso e desordenado, mas em correspondência recíproca com a harmonia musical" (Livro, IX, cap. 6).

Neste sentido, a resolução final de Alberti tanto apresenta afiliações a Aristóteles, pois sugere que o arquitecto se deixe guiar por alguém que

---

[408] Cf. trad. de A. C. Caeiro, 2004, p. 51.

[409] Trad. de Mourão-Ferreira, *in* Pereira (2000, p. 198).

[410] A difusão dos três tipos de mediedades na cultura do Renascimento italiano deve-se não só ao tratado de Alberti, como aos Comentários ao *Timeu* de Platão, feitos por Marsilio Ficino (1576, II, p. 1454): *Item comparationem eiusmodi esse triplicem, scilicet arithmeticam, geometricam, harmonicam* [...] (cf. Wittkower, 1973, p. 110).

seja mais prudente, ele próprio, como platónicas pelo poder criador dessa qualidade inata da mente, essa *ratio inata*, que todos os seres humanos possuem para aceder à beleza, como sucede ao referir-se ao conceito de *concinnitas* (cf. Livro IX, cap. 5).

Porfírio[411], no séc. III, ao citar os filósofos pré-socráticos afirma que: "Muitos são aqueles que entre os Antigos, partilham esta opinião [de que um intervalo é uma relação]: "Em música, existem três mediedades: aritmética, geométrica e subcontrária, também chamada de harmónica. Falamos em média aritmética, quando três termos mantêm entre si uma proporção segundo um dado excesso e o excesso do primeiro em relação ao segundo é idêntico ao segundo em relação ao terceiro"[412]. Assim, os termos, a, b, e c estão em mediedade aritmética se c-b = b-a, o que significa que b é a média aritmética dos termos a e c, isto é, b = (a+c)/2.

"Falamos de média geométrica, quando a relação entre os três termos é tal que o primeiro está para o segundo, assim como o segundo está para o terceiro; neste caso, o intervalo entre os dois maiores termos é igual ao dos dois menores" (Porfírio, *op. cit.*). Assim, os termos a, b, e c estão em mediedade geométrica se a/b = b/c, o que significa que b é a média geométrica dos termos a e c, isto é, b = $\sqrt{ac}$ [413].

---

[411] Porfírio de Tires (234-c. 305) faz um "Comentário sobre as Harmónicas de Ptolemeu", em que atribui a Arquitas de Tarento (428–347 a. C.) os passos citados sobre as mediedades, considerados como sendo as primeiras referências às médias aritmética, geométrica e harmónica. Cf. Huffman, 2005, pp. 162-181.

[412] Cf. trad. al. de I. Düring, 1934, p. 92; ed. e trad. fr. de J.-P. Dumont, D. Delattre, J.-L. Poirier, 1988, p. 535.

[413] Esta média geométrica também é referida tanto por Platão (*Ti.*, 32 a): "Sempre que, de três números, sejam inteiros ou em potência, o do meio é de tal modo que está para o último como o primeiro está para ele, e, da mesma maneira, como o último está para o do meio, o do meio está para o primeiro, de tal modo que o do meio se torna primeiro e último [...]"(Trad. de M. J. Figueiredo, 2004, p. 70); como por Aristóteles (*Eth. Nic.*, 1133a7): "A retribuição proporcional actua por conjugação diagonal. Por exemplo, seja A um construtor, seja B um sapateiro, seja C uma casa e D um sapato: O construtor deve, portanto, poder receber junto do sapateiro o trabalho que realiza, bem como ao primeiro é devida a retribuição pela parte do seu trabalho. Se, portanto, em primeiro lugar, for estabelecida a igualdade proporcional, assim também haverá uma retribuição recíproca, e o resultado será o mencionado. Se não for o caso, então nem a igualdade é proporcional, nem a troca se mantém. Ora nada impede que o trabalho de um seja mais valioso que o trabalho de outro. Nessa altura o equilíbrio tem de ser procurado" (Trad. de A. C. Caeiro, 2004, p. 117).

Por último, "Falamos de uma média subcontrária, a que chamamos de harmónica, quando a relação entre os três termos é a seguinte: o primeiro termo ultrapassa o segundo de uma fracção de si mesmo e a média excede o terceiro na mesma fracção do terceiro. Numa tal proporção, o intervalo dos termos maiores é o maior, e o dos mais pequenos é o menor" (Porfírio, *op. cit.*). Assim, os termos a, b e c estão em mediedade harmónica se a ultrapassar b por uma fracção de si mesmo, isto é, (a-b) = a/n. Além disso, se b ultrapassa c por uma fracção deste, isto é, se (b-c) = c/m, onde m e n são números inteiros naturais, então para que a fracção de a seja a mesma que a de c, isso implica que n = m. Consequentemente, se dividirmos a primeira pela segunda expressão, obteremos (a-b)/(b-c) = a/c[414].

Assim, para Alberti a *mediocritas* como medida de excelência é obtida pela média entre três números a < b < c, que correspondem a três progressões (das dez propostas por Nicómaco de Gerasa, *Harm.*, VIII, e por Boécio, *Arith.*, II, 51-52)[415] susceptíveis de serem escolhidas de acordo com os critérios procedentes da mente do arquitecto[416].

Deste modo, para estimar um termo médio (b) entre dois extremos (a,c), aquele pode optar entre a média aritmética, dada por (b-a)/(c-b) = a/a, a geométrica, expressa por (b-a)/(c-b) = a/b = b/c, e a harmónica ou musical aferida por (b-a)/(c-b) = a/c. Consequentemente, a média aritmética de a e c será estimada, como vimos, por b = (a+c)/2, a geométrica por b = $\sqrt{ac}$ e a harmónica por b = 2ac/(a+c).

---

[414] Repare-se que se a > b > c, então a/b > b/c.

[415] Dados dois números *a* < *c*, pode-se intercalar uma infinidade de médias b_n entre os mesmos. A expressão genérica $b_n = \sqrt[n]{(a^n+c^n)/2}$ representa todos os tipos de médias de acordo com os distintos valores de n. Assim, se n = 1 temos a média aritmética, se n→0 a geométrica e se n = -1 a harmónica (cf. S. V. Gillén *in* Boécio, *Mus.*, Apêndice 9, pp. 200-221).

[416] Os Pitagóricos (cf. *Nicom.*, *op. cit.*) resumem todas as possíveis consonâncias às *rationes* das potências de 2 e 3 e estabelecem as harmonias musicais em relação à sequência dos quatro primeiros números inteiros que representam a revelação da ordem divina, enquanto Boécio (*Mus.*, I, 32) desenvolve no tratado *De Institutione Musica* o princípio de que: *Eodem atque modo auris afficitur sonis vel oculus aspectu, quo animi iudicium numeris vel continua qualitate* (o ouvido é afectado pelos sons da mesma maneira que a visão é por impressões ópticas, assim também o juízo da mente é afectado pelos números ou pela qualidade contínua) ou seja, é afectado tanto por quantidades discretas como contínuas, *i.e.* por todas as relações numéricas conhecidas. Cf. trad. esp. de S. V. Gillén, 2005, p. 60.

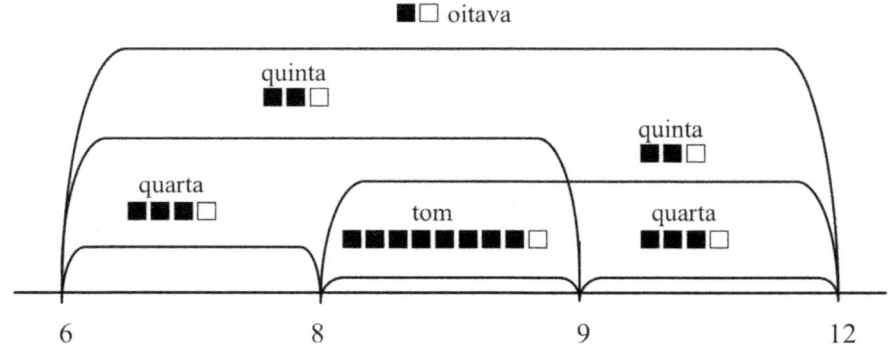

Fig. 39 As proporções numéricas na teoria dos intervalos.

Dados os números 6 e 12 que, na relação 6/12 = 1/2, correspondem a uma oitava, podemos verificar que a média aritmética será 9, o que significa que o intervalo será subdividido em dois: o menor corresponde musicalmente a uma quarta (3/4), na parte grave, e o maior a uma quinta (2/3), na parte aguda. De forma correspondente, a média harmónica será 8, onde a parte menor equivale a uma quarta (3/4), na parte aguda, e a maior a uma quinta (2/3) na parte grave (ver Fig. 39).

Se dividíssemos a oitava numa proporção equivalente à geométrica, o resultado seriam intervalos dissonantes dado que, ao contrário das médias aritmética e harmónica, não se trata de obter a diferença entre o termo médio e cada um dos extremos, mas estimar as diferenças relativas. Isto é, na proporção geométrica o termo *a* está para *b*, assim como *b* para *c* e não, como sucede na média aritmética, onde o termo *b* excede o *a* na mesma quantidade que *c* excede o *b* ou, como na harmónica, onde o termo *b* excede o *a* por uma fracção de *c* em relação a *b*, de forma a ser idêntico à relação dos extremos, isto é a *a/c*.

Assim se, em vez de uma oitava, tomarmos como exemplo duas oitavas na proporção de 12/3, resultam dois intervalos iguais de uma oitava (3/6 e 6/12) e obteremos como termo médio 6.

Este sistema proporcional de Alberti pode ser generalizado a partir das séries platónicas 1, 2, 4, 8 e 1, 3, 9, 27 referidas por Platão no *Timeu* (35 C, 36) como a "alma do mundo", constituídas pelos quadrados e cubos dos três primeiros números naturais e onde os intervalos na primeira série são duplos e na segunda são triplos.

Estes números inteiros ao serem dispostos numa tabela indefinidamente extensível e a duas entradas apresentam, nas casas adjacentes, aquelas três mediedades ou médias (ver Tabela 13)[417].

1	3	9
2	6	18
4	12	36
8	24	72
16	48	144

Tabela 14 Séries de números inteiros que geram médias aritméticas, harmónicas e geométricas.

Assim, um número inteiro desta tabela corresponde à média aritmética entre os dois números situados na parte inferior da coluna da esquerda ou à direita na linha superior: por exemplo, 6 é a média aritmética de 8 e 4 bem como de 3 e 9. Do mesmo modo, cada número corresponde à média geométrica dos números que o antecedem e sucedem, tanto em linha como em coluna: assim, 6 é a média geométrica de 2 e 18 bem como de 3 e 12.

Finalmente, cada número corresponde à média musical de dois números dispostos na parte superior da coluna da direita ou à esquerda na linha inferior: deste modo, 12 é a média musical de 9 e 18 bem como de 8 e 24.

O que este conjunto de números inteiros mostra é a notável variedade de proporções que podem ser obtidas pela aplicação daquelas médias, o que significa que o arquitecto deverá fazer um ponderado juízo sobre qual o critério a aplicar, à semelhança do desenvolvido por Alberti no tratado.

A última destas médias, a musical, também é designada por *harmónica* na medida em que os acordes musicais se revêem nela como resultado de uma harmonia universal.

No entanto, nem todas as proporções geradas por aquela média resultam numa consonância musical. Somente com o trabalho de Francesco Giorgi, *De harmonia mundi*, publicado em 1515 em Veneza, foi possível

---

[417] Cf. Padovan, 1999, p. 108.

estimar médias aritméticas e harmónicas como números inteiros a partir das séries platónicas já referidas.

Como esclarece Wittkower (1973, p. 112), "pela aplicação da teoria das médias às *rationes* da escala musical grega, esta teve a sua *raison d'être* matemática, na medida em que as progressões geométricas representam oitavas [1/2], e as médias 'harmónicas' e aritméticas determinam os intervalos da quarta [3/4] e da quinta [2/3], bem como do tom [8/9]". Isto dá uma pista para entender porque é que o inovador sistema proporcional sugerido por Alberti não é nem sistemático nem completo[418].

A este respeito, as conclusões do estudo de Zanoncelli (2007, p. 116) sobre as fontes musicais no pensamento de Alberti, analisadas exclusivamente sob o ponto de vista da musicologia, são críticas: "A beleza e a elegância da estrutura da escala platónico-pitagórica não são acessíveis a Alberti, que não conhece o fundamental do procedimento matemático gerador constituído pela mediedade, assim como ignora a importância das classes de relações. Recolhe, como vimos, noções desagregadas que procura aglutinar, mas as suas competências musicais não lhe permitem chegar a uma construção especulativa congruente e não contraditória, nem sob o plano técnico-musical, nem sob o ponto de vista filosófico".

Estas conclusões sugerem que Alberti não pensa exclusivamente como filósofo, nem como músico ou mesmo musicólogo, mas como arquitecto, na medida em que conjuga complexidade e contradição para sugerir sistemas proporcionais, baseados em consonâncias musicais, originadas a partir de questões colocadas no âmbito disciplinar. Além disso, Alberti (Livro IX, cap. 6) também afirma que "Na definição das medidas há proporções inatas que não se podem determinar de forma alguma por meio dos números, mas se conseguem representar mediante raízes e potências", o que abre a possibilidade de se utilizarem números que são designados, na terminologia actual, de irracionais para se estabelecer aquele dimensionamento.

---

[418] A leitura de Wittkower (*op. cit.*), da transposição das consonâncias musicais Greco-Medievais para o sistema proporcional da arte edificatória, que se baseia na imutabilidade formal da obra quando esta atinge a perfeição, acabou por informar o discurso da modernidade que rejeita, à semelhança do sistema *Beaux-Arts,* a relação projecto/obra em tempo longo (cf. Drexler, 1977). Ver nota n.º 41.

Com efeito, além dos sistemas proporcionais baseados em números inteiros, sejam oriundos das analogias musicais ou dos números perfeitos, Alberti (Livro IX, cap. 6) também se refere às proporções a partir das *correspondia inatae*, definidas a partir de um cubo unitário, em que as faces apresentam uma diagonal idêntica a $\sqrt{2}$, o cubo uma diagonal igual a $\sqrt{3}$ e, para um rectângulo de lados iguais a $\sqrt{3}$ e 1, uma diagonal idêntica a $\sqrt{4} = 2$[419] (ver Fig. 40).

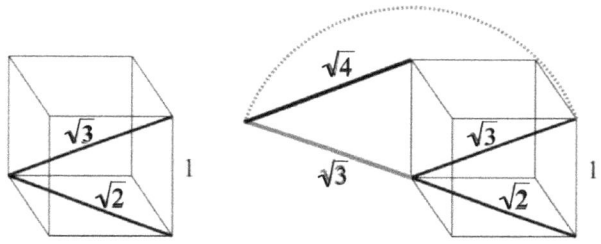

Fig. 40 Geração de $\sqrt{2}$, $\sqrt{3}$ e $\sqrt{4}$ a partir de um cubo unitário.

Assim, a leitura dos sistemas proporcionais em Alberti, conforme sugerida por Wittkower (*op. cit.*), de que se baseiam, quase que exclusivamente, em relações numéricas de inteiros, é algo redutora dado que este somente enfatiza uma das possíveis dimensões para se definir o sistema proporcional albertiano que oferece, no entanto, a possibilidade, em aberto, de lidar com a extensão geométrica e a incomensurabilidade dos não inteiros.

Com efeito, Wittkower (*op. cit.*, p. 161) afirma que "where Alberti talks about his own (apparently geometrically determined) designs of buildings, he is sadly aware of his erros and of the necessity to adjust them by correct numbers. And where he discusses proportions, 'which are not derived from numbers, but from their roots and powers'[420], he immediately translates his

---

[419] As proporções de $\sqrt{2}$: $\sqrt{1}$ e $\sqrt{4}$: $\sqrt{3}$, conhecidas por *ad quadratum* e *ad triangulam*, comuns na idade média, foram utilizadas no sistema proporcional da catedral de Milão. Cf. Ackerman, 1991, p. 221.

[420] Livro IX, cap. 6.

examples into rational figures, with the only exception of the diagonal of the square ($\sqrt{2}$) 'which cannot be expressed by numbers' ".

No entanto, se repararmos nas relações dimensionais das capelas laterais, intercaladas com tramos rematados por pilastras, da igreja de Santo André em Mântua (ver Fig. 41), podemos verificar que apresentam uma sequência rítmica de: 3 8 3 17 1/3 3 8 3 17 1/3 3 8 3, de acordo com o levantamento, medido em *braccia* de Mântua[421], feito por Tavernor (1985, p. 25, n. 3).

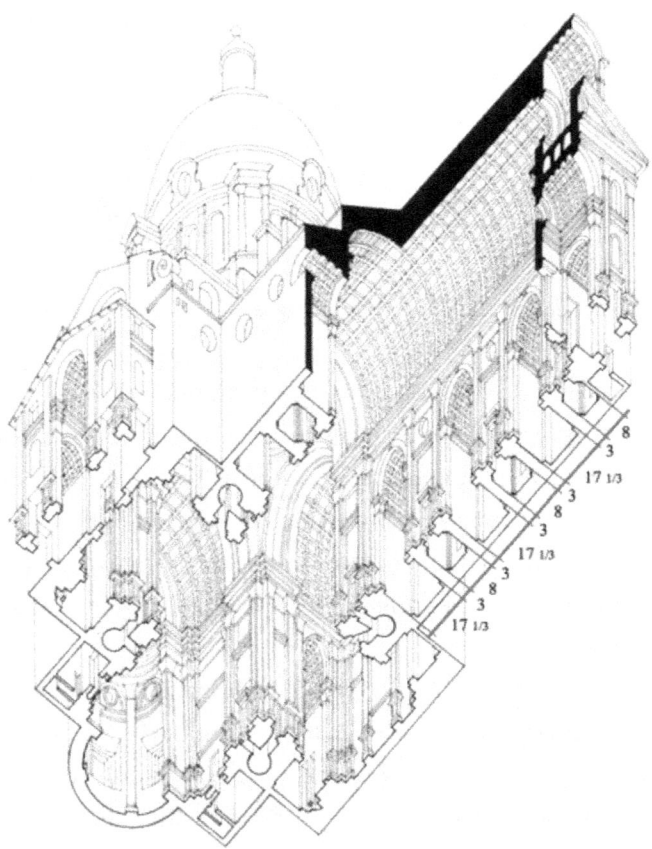

Fig. 41 Axonometria em corte da igreja de Santo André em Mântua, cotada em *braccia* de Mântua[422].

---

[421] O *braccio* mantuano é equivalente a 467 mm.
[422] Fonte da ilustração: adaptada de F. Borsi, 1989, p. 171.

Baseado nestas medições, March (1996, p. 61) mostrou que as relações entre cheios (14 = 3 + 8 + 3) e vazios (17 1/3) *i.e.*, entre aqueles tramos e as capelas laterais, verificam-se na proporção de 14 : 17 1/3, que corresponde ao *ratio* de 21 : 26, considerado um substituto da relação de $\sqrt{2} : \sqrt{3}$. Isto sugere, à semelhança do que Alberti indica no tratado, que as *correspondentia inatae*, ou as suas aproximações, também são contempladas no estabelecimento das proporções da organização espacial do interior desta igreja.

Esta *duplexidade*[423] sugere que dois modos de compreensão estão presentes, dado que os sistemas proporcionais baseados em números inteiros, como sucede no *ratio* de 3/8 para os elementos estruturais que estabelecem a separação das capelas laterais, se complementam com os de base geométrica, onde é admissível manipular os não inteiros, como ocorre na proporção de $\sqrt{2} : \sqrt{3}$ para a relação entre aqueles tramos e estes vazios.

Assim, o sistema proporcional concebido por Alberti, quando posto em confronto com as obras do próprio autor, necessita de uma ponderação.

Estas constatações têm de ser recebidas, no entanto, de forma cautelosa, dado que não chegaram até nós os desenhos originais das obras concebidas por Alberti, o que significa que é praticamente impossível estimar as suas medidas exactas, principalmente devido às alterações a que estas obras estiveram sujeitas ao longo dos tempos, sejam estas originadas tanto pela "negligência e a incúria dos homens", como pelo "tempo pertinaz, destruidor das coisas" (Livro X, cap. 1).

A documentação ainda mais fidedigna a este respeito, refere-se a um esboço feito por Antonio Labacco[424] da igreja de São Sebastião em Mântua, elaborado possivelmente entre 1526-1527 antes do término das obras.

---

[423] Steinberg (2001, pp. 56-7), ao estudar a *Última Ceia* de Leonardo da Vinci, designa a combinação de relações proporcionais baseadas, simultaneamente, em números inteiros e irracionais por "duplexity".

[424] Arquitecto (1495-1597) que trabalhou com António Sangalho na maquete da basílica de S. Pedro em Roma, e autor do *Libro appartenente all'architettura* (1558), que reproduz edifícios clássicos de Roma.

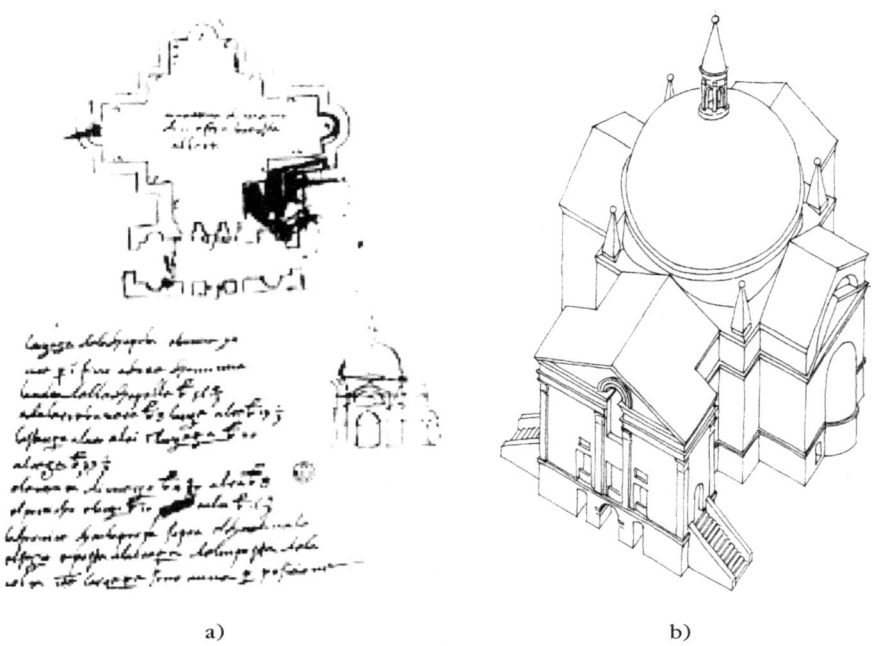

a)　　　　　　　　　　　　　　b)

Fig. 42 a) Esboço de Antonio Labacco[425] da Igreja de São Sebastião em Mântua, realizado possivelmente no início do séc. XVI, mostrando, com anotações, a planta superior cotada e um alçado lateral[426]; b) Reconstituição da mesma igreja de acordo com Calzona - Ghirardini (1994, fl. 25).

Labacco refere "A mantova di mano - di mesere batista alberti", isto é, reporta que se trata possivelmente de uma cópia de um desenho de Alberti. O esboço apresentado é muito sumário, mas permite estimar as principais medidas desta igreja que estão cotadas em *braccia* de Mântua[427].

---

[425] Fonte da ilustração: *Galleria degli Uffizi, Gabinetto Disegni e Stampe*, 1779^A. Labacco é o autor do *Libro D'Antonio Labacco Appartenente All'Architettvra, Nel Qval Si Figvrano Alcvne Notabili Antiqvita Di Roma*, publicado em 1559, onde se apresenta uma colecção de ilustrações sobre os monumentos da antiguidade romana, pautada pelo rigor do levantamento efectuado, que foi *misurato minutamente, & non accresciuto, ne diminuito lacuna cosa* (*in* prefácio *Ali Lettori*).

[426] Transcrição das anotações de Antonio Labacco: "A mantova di mano - di mesere batista alberti - largeza de la cupula e bracia 34 - cioè per in fino a dove comincia - la volta delle capelle bracia 56 2/3 - e de le tre lunete bracia 8 large alte bracia 13 1/3 - la stanza a lato alti in largeza bracia 20 - alteza bracia 33 1/3 - e l'entrata di mezo bracia 4 4/5 alta bracia 8 - el pórtico è largo bracia 10 e alto bracia 16 2/3 - la coronice che (?) a la porta sopra el cardianle – el s ... è posta a l'alteza de l'imposta de la volta - item largeza sono a una per posicione".

[427] O *braccio* mantuano é equivalente a 467 mm.

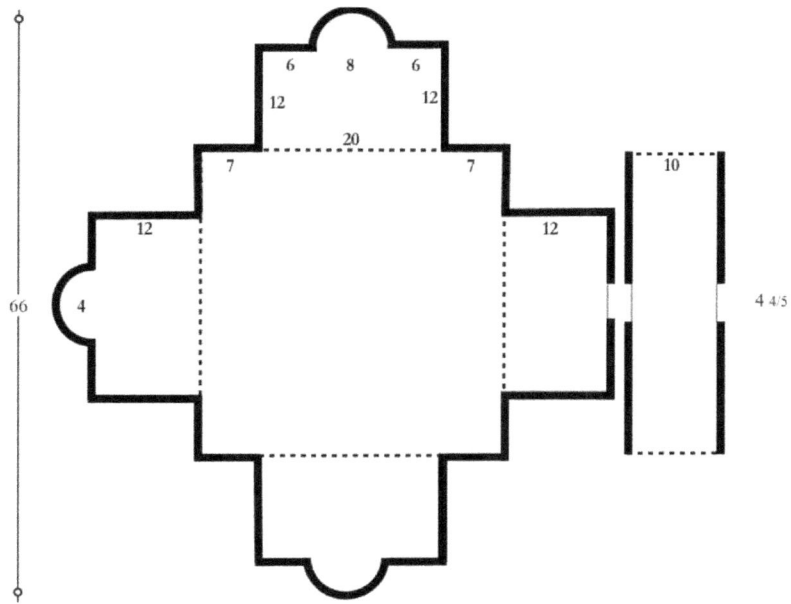

Fig. 43 Igreja de São Sebastião em Mântua. Planta esquemática segundo as anotações dimensionais de Antonio Labacco, cotadas em *braccia* de Mântua[428].

Calzona - Ghirardini (1994, figs. 34 e 35), baseados neste esboço de Labacco, fazem uma apresentação esquemática, tanto em planta como em corte, desta igreja (ver Figs. 42 e 43).

Primeiramente, se observarmos a planta central desta igreja podemos constatar que, o seu espaço interno centrífugo, apresenta uma figura geométrica em forma de quadrado com 34 *braccia* de lado, as capelas laterais que irradiam deste espaço, inscrevem-se numa planta rectangular com proporções de 4/5 (12/20 *braccia*), as absides semi-circulares, que irradiam deste último espaço, inscrevem-se numa figura rectangular com proporções de 1/2 (4/8 *braccia*) e, por último a galilé, apresenta-se também com uma forma rectangular com proporções de 5/17 (10/34 *braccia*). Assim, somente o espaço central e as absides se conformam directamente

---

[428] Fonte da ilustração: adaptada de Calzona - Ghirardini, 1994, il. 1.

ao sistema proporcional concebido por Alberti. Com efeito, a proporção de 4/5 das capelas, como de 5/17 da galilé não se revêem neste sistema.

Apesar disso, a proporção de 4/5 ainda é dedutível, a partir do sistema de consonâncias, dado que em termos musicais corresponde a uma terceira maior, derivável a partir da divisão de uma quinta.

Simplesmente, isto somente foi descoberto por Zarlino[429] no séc. XVI, onde aquele intervalo musical pode ser dividido a partir da média aritmética dos números 4 e 6, de que resulta uma terceira maior (4/5) e uma terceira menor (5/6), bem como a partir da média harmónica para os números 10, 12 e 15, de que resultam as *rationes* para a terceira menor e a terceira maior.

Alberti (Livro IX, cap. 6) ao rematar o capítulo em que apresenta as mediedades refere qual a sua aplicação predominante: "Os arquitectos descobriram muitos aspectos importantíssimos, tanto acerca do edifício como um todo, como acerca das partes da obra, que seria longo prosseguir. Mas serviram-se das mediedades principalmente para elevar a medida da altura".

Se observarmos o corte esquemático da igreja de São Sebastião em Mântua, com as medidas em *braccia* dadas pelo levantamento de Labacco (ver Figs. 41 a e 43), podemos verificar que nenhuma das alturas pode ser estimada a partir das mediedades anteriormente descritas, sejam de natureza aritmética, harmónica ou geométrica.

Com efeito, as medidas dadas em planta correspondem à série de números 4, 4 4/5, 6, 7, 8, 10, 12, 20, 34 e 66 que não geram, a partir daquelas mediedades, quaisquer das alturas dadas no levantamento esquemático de Labacco.

No entanto, Tavernor (1998, p. 142) mostrou que a relação entre as medidas em planta dos espaços desta igreja, com as suas dimensões verticais, não se processa por mediedades mas pelas *rationes* entre os números perfeitos 6 e 10 (■■■■■■□□□□), como sucede nos seguintes casos: porta de entrada 4 4/5 : 8; absides 8 : 13 1/3; abóbada da galilé 10: 16 2/3; capelas 20 : 33 1/3; cúpula 34: 56 2/3.

---

[429] Zarlino, 1558, II, cap. 39, p. 122.

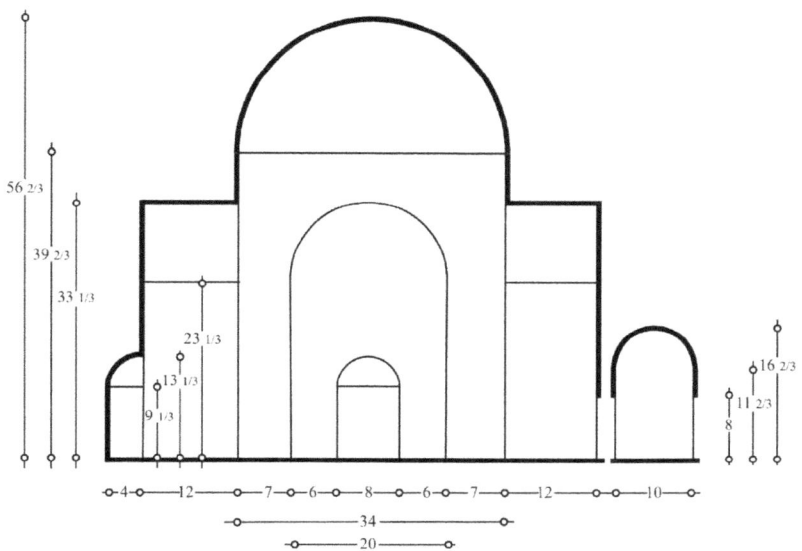

Fig. 44 Igreja de São Sebastião em Mântua. Corte longitudinal esquemático, segundo as anotações dimensionais de Antonio Labacco, cotadas em *braccia* de Mântua[430].

Vejamos agora, para estes espaços, as respectivas relações bidimensionais em planta onde, entre parêntesis, comparecem os correspondentes pés direitos: absides 4 : 8 (13 1/3) ; abóbada da galilé 10 : 34 (16 2/3); capelas 12: 20 (33 1/3); cúpula 34: 34 (56 2/3).

Espaços	a : c	(a+c)/2	$\sqrt{ac}$	2ac/(a+c)
absides	4 : 8	6	-	-
galilé	10 : 34	22	-	-
capelas	12 : 20	16	-	15
cúpula	4 : 34	34	34	34

Tabela 15 Pés direitos dos espaços internos da igreja de São Sebastião em Mântua, obtidos a partir das medidas em planta apresentadas por Antonio Labacco.

Dado que as médias aritméticas, geométricas e harmónicas, entre as progressões de números inteiros a > b > c, correspondem, respectivamente a (a+c)/2, b = $\sqrt{ac}$ e b = 2ac/(a+c) então teremos,

---

[430] Fonte da ilustração: adaptada de Calzona - Ghirardini, 1994, il. 1.

a partir daquelas relações dimensionais em planta, as correspondências em altura, conforme indicado na Tabela 15, onde foram rejeitados, a fim de se alcançarem consonâncias musicais, números não inteiros.

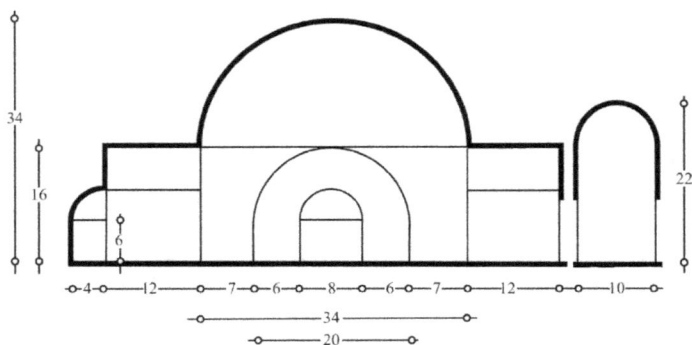

Fig. 45 Aplicação das mediedades aritméticas às dimensões em planta, apresentadas por Antonio Labacco, cotadas em *braccia* mantuanas.

Assim, se em vez das dimensões dos pés direitos dos espaços interiores da igreja de São Sebastião, em Mântua, apresentados por Antonio Labacco, utilizássemos as mediedades aritméticas, resultantes das dimensões em planta, obteríamos uma configuração em corte muito diferente da anterior (ver Figs. 43 e 44)[431].

Com efeito, não só as proporções gerais da igreja não se mostram visualmente consonantes, dado que o seu perfil foi subdimensionado em altura, como a abóbada da galilé se apresenta com um desmesurado pé direito em relação às alturas das capelas e da cúpula. Isto sugere que a aplicação das mediedades não é um processo automático e que o dimensionamento dos espaços interiores desta igreja, de forma a resultarem configurações proporcionadas e harmónicas,

---

[431] Das restantes mediedades somente a altura da abobada das capelas apresenta uma consonância harmónica (15 *braccia*), muito próxima da mediedade aritmética (16 *braccia*), não sendo, por isso, necessário refazer-se, para efeitos ilustrativos, o desenho apresentado na Fig. 45.

necessita de uma ponderada mediação para se alcançar a concinidade global da obra.

Alberti (Livro IX, cap. 10) é explicito acerca destes conflitos inerentes à passagem do delineamento, para a sua concretização em obra: "Acerca de mim declaro o seguinte: com muitíssima frequência me ocorreram à mente muitas ideias de obras, que nesse momento me mereciam toda a minha aprovação; ao reduzi-las a linhas, dava-me conta de erros precisamente naquela parte que mais me tinha agradado e que bem precisavam de correcção".

No meio destas constatações, sobressai a originalidade da planta central da igreja de São Sebastião em Mântua, apesar das semelhanças formais com a igreja de *Santa Maria degli Angeli* em Florença, de Fillipo Brunelleschi (c. 1434), que apresenta uma articulação de múltiplos de *braccia* florentinas, também nas proporções de 6, 10 e 16 (cf. Tavernor, *op. cit.*, p. 145)[432].

Cabe citar, a este propósito, a tribuna da basílica da *Santíssima Annunziata*, em Florença, atribuída, em parte, a Alberti e, em parte, a Michelozzo, que tem como referência o templo de Minerva Médica, em Roma (c. 250 d.C.), que se apresenta com uma planta decagonal (cf. Tavernor, 1998, pp. 147-159).

Piero del Tovaglia (1424-1487), responsável pela construção do projecto de Alberti para aquela tribuna, numa carta a Ludovico Gonzaga, datada de 27 de Abril de 1471, mostra a sua perplexidade, no âmbito da cultura arquitectónica da segunda metade do *Quattrocento*, perante a planta centralizada daquela igreja, mas assumida no tratado de Alberti: "*Messer* Battista continua a dizer que será o mais belo edifício jamais construído, e que os outros não o podem entender dado que não estão acostumados a ver tais coisas, mas quando o virem edifica-

---

[432] De acordo com Vitrúvio (Livro III, 1, 8), o conceito de número perfeito entre os Romanos incluía, para além dos números 6 e 10, também o 16, considerado "perfeitíssimo", dado que era resultante da soma dos anteriores. Assim, estabeleceram o módulo do pé, que está na base do sistema de medidas romano, que apresenta dezasseis dedos, como o denário de bronze, que tem o mesmo número de asses.

do, dirão que é muito mais belo do que uma planta cruciforme" (cf. Brown, 1981, p. 103).

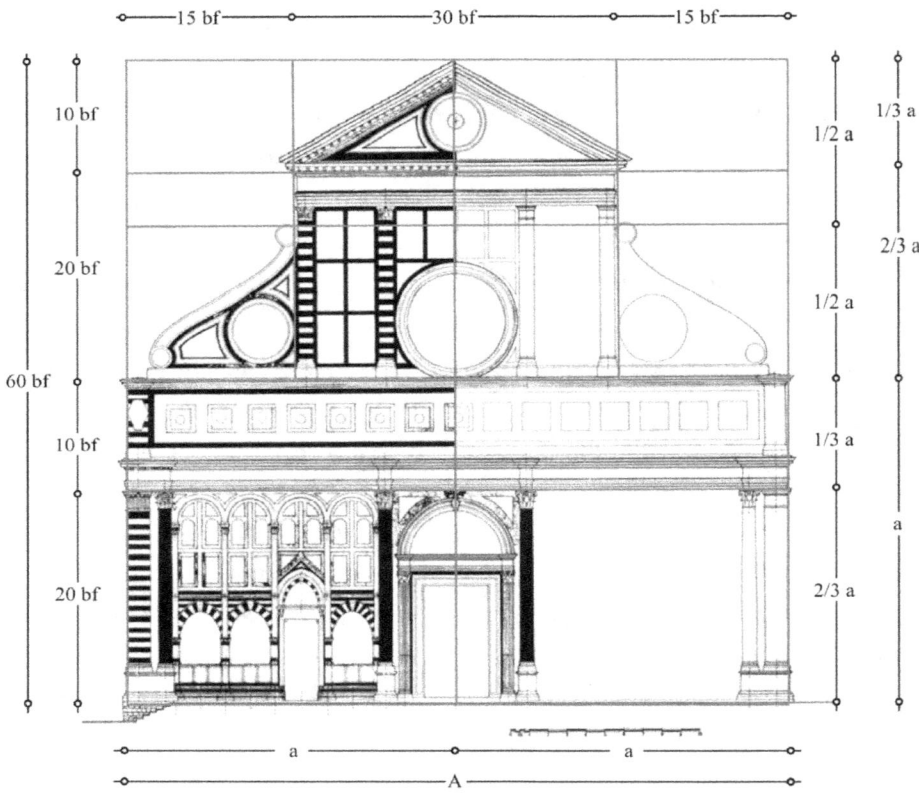

Fig. 46 Alçado da igreja de Santa Maria Novella, em Florença, onde A= lado do quadrado (60 *braccia* florentinas)[433]; a = ½ A (30 b.f.)[434].

Esta perplexidade também é compartilhada pelo cardeal Francesco Gonzaga, filho do patrono da obra de São Sebastião em Mântua, Ludovico Gonzaga que, em carta datada de 16/26 de Março de 1473, ao visitar esta igreja, faz um comentário nos seguintes termos: "[...] quello edifício sul garbo antiquo non molto dissimile da quelle viso fantástico de meser

---

[433] O *braccio* florentino (bf) é equivalente a 583, 6 mm.
[434] Fonte da ilustração: adaptada de Borsi (1989, p. 67) e de Scalzo (1999, p. 276).

Baptista di Alberti, io per ancho non intendeva se l'haveva a reussire in chiesa o moschea o synagoga"[435], o que sugere o profundo impacto que toda a sua concepção teve no seu tempo.

Estas possibilidades, como mostrámos para a igreja de São Sebastião em Mântua, indicam que Alberti sugere, apesar de apresentar uma doutrina aparentemente fechada, um livre arbítrio para o arquitecto tomar as suas decisões sobre os sistemas proporcionais.

De modo semelhante, se repararmos na fachada da igreja de *Santa Maria Novella*, em Florença (ver Fig. 46), podemos constatar que esta se aproxima, em parte, dos exteriores góticos das igrejas de *San Miniato al Monte*, bem como do baptistério de *San Giovanni* em Florença (cf. Scalzo, 1999, pp. 267-269; ver Fig. 15).

Esta intervenção de Alberti não pode ser entendida, no entanto, como resultante de um medievalismo tardio, mas como o resultado de um desejo para harmonizar o soco e a parte inferior do alçado principal daquela igreja, iniciada por construtores medievais que seguiram a tradição gótica florentina, com a sua intervenção que se pauta, nas correspondentes proporções que se inscrevem num quadrado, como mostraram Wittkower (1949, pp. 46-47) e Scalzo (1999, p. 276), por harmonias proporcionais baseadas em consonâncias musicais (na oitava, na diapason-diapente e na diapente), onde toda a fachada é geometricamente construída por progressivas aplicações das *rationes* de 1/2, 1/3 e 2/3 e "la parte superiore della facciata, dunque, suggerisce l'immagine de um tiempietto classico" (Scalzo, *op. cit.*, p. 278). É neste sentido, que podemos dizer que, para Alberti, a concinidade da obra prevalece sobre uma suposta unidade estilística do seu tempo[436].

A finalidade é alcançar a concinidade, a harmonia, em parte baseada em conceitos neoplatónicos, que gravitam à volta do conceito de número, mas que são todavia inconclusivos, até serem integralmente implementados, por meio do delineamento, em obra.

---

[435] "[...] aquele edifício ao modo antigo, não muito diferente daquela fantástica visão do Senhor Battista Alberti, não posso dizer que seja parecido com uma igreja, uma mesquita, ou uma sinagoga". Cf. Tavernor, *op. cit.*, p. 236, n. 90.

[436] Conforme expusemos *in* Krüger, 2011, pp. 27-34.

Livre arbítrio e criatividade, bem como vida activa e contemplativa são as dimensões abordadas na obra literária de Alberti, principalmente naquelas que são apresentadas sob a forma de diálogos socráticos, como são os *I libri della famiglia* (*Os livros da família*), o *Theogenius* (*Teogénio*), o *Profugiorum ab aerumna libri III* (*Da tranquilidade da alma*) e o *De iciarchia* (*Do governo da família*), que anunciam pontos de vista e de abordagens divergentes sem chegarem, necessariamente, à resolução das situações ou dos conflitos em presença.

A arte é a força que reconcilia números perfeitos, analogias musicais e as *correspondentia inatae*, onde a escrita do tratado e a obra mutuamente se desobedecem como resultado da confrontação entre ideia e matéria, o que ilustra o poder do humano face aos caprichos do *fatum* e da *fortuna* que, como vimos, para os humanistas do Renascimento "possui em si imagens das coisas divinas sobre as quais depende", como "também possui as razões e os modelos das coisas inferiores que, num certo sentido, faz gerar" (Ficino, 1482, I, 2)[437].

Se bem que estivesse ao serviço dos príncipes das pequenas *signorias* absolutistas que dominaram, em meados do *Quattrocento*, o cenário político italiano, Alberti (Livro IX, cap. 11) faz, no entanto, uma advertência aos promitentes arquitectos destes patronos para "que confiem em ti espontaneamente aqueles que manifestem vontade de utilizar o teu discernimento".

Alberti não confunde rigor com rigidez de pensamento, dado que um dos objectivos da *ars aedificatoria* é o de suscitar a variedade (*varietas*) da obra, utilizando para o efeito conceitos que dão espaço para a sua interpretação, quando colocados em contexto, como sucede quando se refere às comparações entre um edifício e um corpo, onde utiliza noções que dão margem a interpretação: "Mas, assim como num ser vivo, a cabeça, o pé, e qualquer outro membro devem ter relação com os restantes membros e com todo o resto do corpo, assim também num edifício, e muito em especial num templo, todas as partes do corpo devem ser conformadas de modo a que se correspondam entre si, e assim, tomada qualquer uma

---

[437] Cf. Kristeller, 1943, p. 119.

delas, por essa mesma sejam dimensionadas convenientemente todas as restantes partes." (Livro VII, cap. 5).

Assim, a obra deve ser organizada num todo coerente, convenientemente dimensionado, ficando ao critério do projectista a sua interpretação precisa em contexto, à semelhança do que se verifica na procura da beleza.

Consequentemente, a beleza para Alberti não é pré-definida, nem imposta do exterior, mas resultante da procura da sua "[...] concinidade, em proporção exacta, de todas as partes no conjunto a que pertencem, de tal modo que nada possa ser adicionado ou subtraído, ou transformado sem que mereça reprovação" (Livro VI, cap. 2)[438].

Esta concepção de beleza encontra-se plenamente enraizada na Antiguidade Clássica, nomeadamente em Aristóteles (*Eth. Nic.*, II, 1106 b 10) que, de forma conclusiva, refere que "[...] todo o saber numa determinada área opera correctamente, se tiver em vista o meio e conduzir até aí todos os seus resultados (donde se costuma dizer dos trabalhos bem acabados que não se podia tirar nem acrescentar nada, uma vez que o excesso e o defeito destroem o bem, mas o meio conserva-o [...]" (Trad. de A. C. Caeiro, 2004), o que sugere a imutabilidade formal da obra quando se atinge a perfeição[439].

Ao rematar o Livro X sobre o restauro de obras, Alberti alude a este propósito central da *res aedificatoria*: "E não desprezemos a elegância da obra"[440].

A sistematização desta ordem imutável de perfeição do edificado, seja feita por meio de consonâncias musicais, seja por números perfeitos, seja por *correspondentia inatae*[441], é para Alberti um processo sujeito a

---

[438] Alberti no *Momus* apresenta, nesta obra satírica escrita por altura da elaboração do *De re aedificatoria*, uma idêntica definição de beleza quando ao dirigir-se a Júpiter se refere à construção de um mundo melhor: "Não vejo razão, após ter dispendido toda a vossa atenção e capacidade intelectual no seu aperfeiçoamento, que imagine que possa modificá-lo, excepto provavelmente para o pior" (cf. trad. ingl. de S. Knight, 2003, pp. 190-191).

[439] Cícero (*Or.*, III, 29) também se refere de forma análoga a esta temática.

[440] *Et operis etiam elegantiam non negligamus.*

[441] No tempo de Alberti não se designavam estes números, cuja existência é tradicionalmente atribuída a Pitágoras, de irracionais, pelo que a forma correcta de os nomear é de "correspondências inatas".

erros, a que só um método de trabalho, baseado numa intensa reflexão em acção na concepção da obra, pode dar uma resposta:

"Acerca de mim declaro o seguinte [...] quando examinei de novo os desenhos e comecei a pô-los em proporção, descobri a minha negligência e censurei-a; finalmente, ao fazê-los à escala e em maquete, sucedeu-me, às vezes, revendo cada um deles, que me apercebi de que me tinha enganado nas contas" (Livro IX, cap. 10).

Vejamos como estas preocupações se manifestam numa obra capital de Le Corbusier, a *Villa* Stein em Garches, construída em 1927 e que foi objecto de um estudo seminal de Rowe (1976), que mostrou que a geometria subjacente à organização em planta apresentava notáveis afinidades proporcionais com a *Villa* Foscari, em Malcontenta di Mira, no Venetto, de Palladio, construída em 1550-1560.

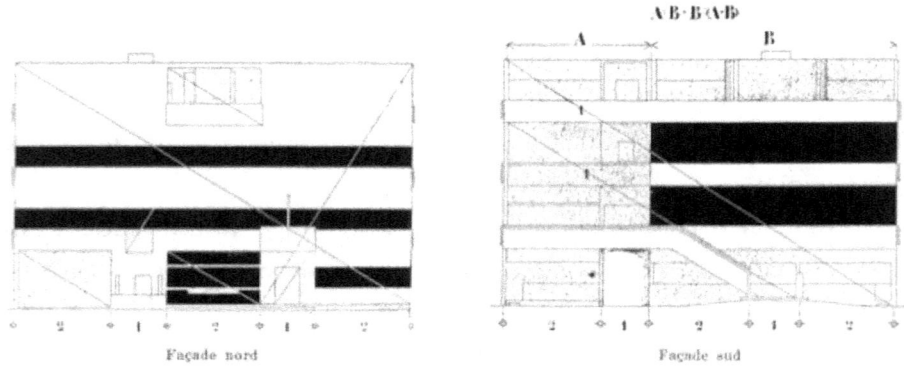

Fig. 47 Alçados principal e de tardoz da *Villa* Stein em Graches de Le Corbusier, com a indicação dos traçados reguladores e da secção áurea utilizados na sua composição.

Os alçados da *Villa* Stein (ver Fig. 47) mostram os traçados reguladores utilizados por Le Corbusier-Jeanneret (1929, p. 144), bem como dão a indicação da utilização da secção áurea para a geração global das medidas modulares da largura da fachada, isto é, da relação $A/B = B/(A+B)$, onde $A = 3$ e $B = 5$ referem-se a múltiplos de módulos de 2,5 m, de acordo com as especificações indicadas pelo seu autor: "La maison est intièrement supportée par des poteaux disposes à equidistance de 5 m et 2 m 5 sans souci du plan intérieur".

Trata-se de uma aproximação dado que, neste caso, A/B ≠ B/(A+B), o que sugere que a *Villa* Stein apresenta um sistema proporcional que, a rigor, não se baseia na secção áurea mas noutro sistema de relações proporcionais.

Sem alterar as relações proporcionais entre a modulação estabelecida por Le Corbusier (ver Fig. 48), dupliquemos estas medidas (ver Fig. 49) e vejamos como as consonâncias musicais, os números perfeitos e as correspondências inatas estão presentes nas relações dimensionais em planta da *Villa* Stein em Garches.

Repare-se que, ao fazermos esta duplicação, não modificámos as relações proporcionais entre a modulação pré-estabelecida por Le Corbusier e obtivemos uma organização em planta que se pauta somente por números inteiros. De facto reproduzimos a chamada *tetractys* pitagórica com os números 1, 2, 3 e 4, considerados consonantes, tanto na Grécia Antiga como na Idade Média, e na qual se baseia, em parte, o sistema proporcional sugerido por Alberti.

Representemos estas proporções por uma relação A/B, onde A e B se referem agora tanto às modulações ortogonais horizontais, como verticais, da planta com dimensões duplicadas (ver Fig. 49).

Assim, para as áreas pequenas, o quadrado apresenta uma relação proporcional de $1/1 = ((3+1)/4)$, o que significa que temos o uníssono em moderna notação musical; para uma sesquiáltera 2/3, uma quinta perfeita e para uma sesquitércia 3/4, uma quarta perfeita. Para as áreas médias, temos uma dupla $1/2 = (2/(3+1))$, que corresponde a uma oitava; para uma sesquiáltera duplicada $(2/3)(2/3) = 4/9$, duas quintas e para uma sesquitércia duplicada $(3/4)(3/4) = 9/16$, duas quartas. Para as áreas grandes, temos uma tripla $(1/2)(2/3) = 1/3$, que corresponde a uma oitava mais uma quinta perfeita; para uma dupla sesquitércia $(1/2)(3/4) = 3/8$, uma oitava mais uma quarta perfeita e, por último, para a quádrupla $(1/2)(1/2) = 1/4$, duas oitavas. Também os números perfeitos estão representados na organização modular da *Villa* Stein, dado que $(4+2)/(1+3+3+3) = 6/10$, bem como, de forma aproximada, as correspondências inatas também estão igualmente subjacentes visto que tanto $(4+2+4+2+4)/(1+3+3+3+1) = 16/11 = 1, 45 \approx \sqrt{2}$, como $(2+4+2+4)/(3+3+1) = 12/7 = 1,71 \approx \sqrt{3}$.

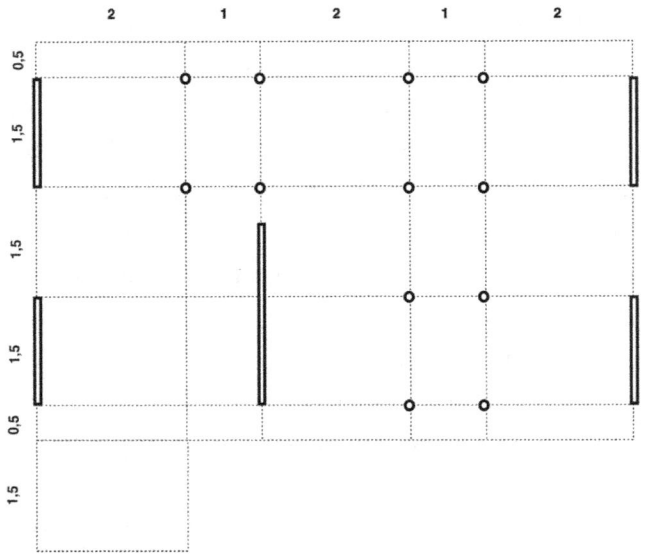

Fig. 48 Planta da *Villa* Stein em Graches de acordo com a modulação proposta por Le Corbusier[442].

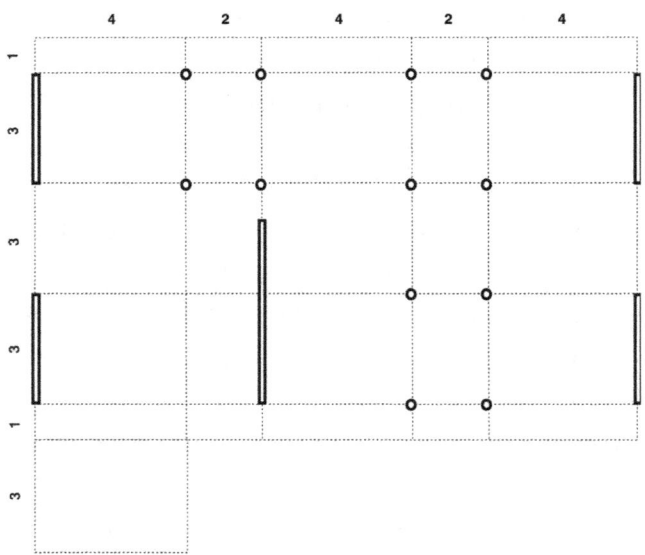

Fig. 49 Planta da *Villa* Stein em Graches com modulação duplicada da proposta por Le Corbusier.

---

[442] Cf. Le Corbusier-Jeanneret, 1929, pp. 142-143; Rowe, 1976, p. 5, Fig. 1.

Mesmo no Modulor (2010), as relações que se estabelecem entre a série azul e a vermelha, apesar de se basearem na secção áurea estão vinculadas, em termos de notação musical, por uma oitava dado que qualquer termo da primeira série corresponde a um termo da segunda na proporção de 1/2.

Le Corbusier ao afirmar que "La mathématique apporte ici des vérités réconfortantes: on ne quitte son ouvrage qu'avec la certitude d'être arrivé à la chose exacte" (Le Corbusier-Jeanneret, 1929, p. 144), não deixa de sugerir que as relações subjacentes ao sistema proporcional utilizado na *Villa* Stein estão implicitamente vinculadas à harmonia cósmica anteriormente delineada por Alberti, como uma fénix que renasce das próprias cinzas, o que sugere a contemporaneidade do sistema proporcional concebido por Alberti para a arte edificatória.

Assim, se o discurso de Alberti sobre a arte edificatória indica que a transposição das consonâncias musicais Greco-Medievais à arquitectura tem por objectivo a procura da concinidade, entendida esta num amplo sentido de harmonia universal, a sua tácita utilização por Le Corbusier mostra, analogamente, a tensão entre "presentificare il passato e infuturare il presente" (Rogers, 1961, p. 1).

Numa recente recepção ao ensaio de Rowe (*op. cit.*), Sherer (2004, p. 20) esclarece: "In his famous essay of 1947, 'The Mathematics of the Ideal Villa,' Colin Rowe first proposed a striking formal comparison between Le Corbusier and Palladio which, despite the passage of over half a century, still shapes perceptions of both".

O que procurámos mostrar neste estudo é que as afiliações de Le Corbusier aos cânones clássicos da proporção são anteriores a Palladio, dado que os sistemas harmónicos sugeridos por Alberti se revêm nas proporções da *Villa* Stein. Esta relação entre o código clássico e o moderno, pode ser entendida como um sistema que admite permanências, tão decisivas como as inovações que procuram ser introduzidas, e que acabam por moldar a *forma* dos novos objectos da arquitectura, para além das suas codificações estilísticas, como uma *mémoire involontaire* inerente à arquitectura (cf. Tafuri, 1987, p. 214)[443], que conduz a um re-

---

[443] Tafuri invoca a ideia de Marcel Proust (2003-5) da "mémoire involontaire" que permite reviver o passado, distinta da "mémoire volontaire" que restitui esse passado. Esta

torno ao clássico em pleno modernismo, sob a égide de *la recherche de l'invariant* (Jeanneret-Ozenfant, 1918, p. 93).

A arquitectura não deixa, assim, de ser uma arte, mas uma arte muito especial, uma arte disciplinada, onde a transmissão de conhecimento se realiza de forma implícita e a sua aceitação, quer seja manifesta ou não, se processa também de forma convergente.

a)   b)

Fig. 50 a) Disco solar flamejante do frontão da igreja de *Santa Maria Novella*, em Florença, de autoria de Alberti[444], executado com incrustações de mármore branco e verde[445]; b) Cabeças de Apolo e da Medusa de autoria de Le Corbusier[446].

última é uma memória da inteligência, que permite fazer uma apreciação lógica e selectiva de factos passados, enquanto a primeira possibilita sentir o imediatismo desse passado e, consequentemente, revivê-lo como se estivesse presente. Assim, esta *busca involuntária* termina com uma vitória sobre o tempo, na medida em que os factos passados são selectivamente transpostos para um plano de permanências que se concretizam, na obra de Le Corbusier, na *recherche de l'invariant* e, consequentemente, no *tempo reencontrado*.

[444] Para uma recensão sobre as fontes documentais, relativamente à autoria da fachada da igreja de *Santa Maria Novella* (1458-1470), em Florença, veja-se Paoli (2010, pp. 246-7), que mostra como se atribuiu a sua concepção a Alberti e a execução em obra a Giovanni di Bertino (? – c. 1471), ambas encomendadas pela congregação da *Arte del Cambio*, sob a orientação e financiamento de Giovanni Rucellai (1403-82)

[445] O disco solar flamejante do frontão da igreja de *Santa Maria Novella*, em Florença, realizado com incrustações de mármore branco de Carrara e verde de Prato, mostra, no centro, a figura de Jesus em menino (ver Fig. 50 a). Este disco solar é o emblema do *Quartiere di Santa Maria Novella*, o *Sol Invictus,* também reverenciado na antiguidade Romana e que, após a reforma administrativa da cidade em 1343, representava o símbolo da Eucaristia, o sacramento instituído por Jesus na última ceia. Ver nota n.º 145.

[446] Fonte da ilustração: Le Corbusier, 1946, p. 145; Pierrefeu – Le Corbusier, 1942.

Esta convergência não é, contudo, mecânica mas negociada, conforme sugere o desenho das cabeças de Apolo e da Medusa, elaborado por Le Corbusier e inserido tanto no final do livro *La Maison des Hommes*, como no Vol. 4 – 1938/46 da *Oeuvre Complète*. Uma representando a irracionalidade e as trevas, a outra o sol resplandecente da razão, cujas raízes se encontram no *Sol Invictus* do disco solar flamejante do frontão da igreja de *Santa Maria Novella*, em Florença, de autoria de Alberti (ver Figs. 50 a e b).

Com efeito, a única fronte daquele disco solar[447] metamorfoseia-se em duas meia-faces opósitas[448], os raios flamejantes transformam-se nas serpentes que coroam a cabeça da Medusa e os feixes de raios solares que irradiam da figura de Jesus convertem-se nos raios luminosos que emanam da cabeça de Apolo[449]. Esta negociação está presente na *Villa* Stein que, a rigor, não apresenta um sistema proporcional fundamentado na secção áurea, como sugere Le Corbusier, mas noutro, assente tanto em harmonias musicais, como em números perfeitos.

Na mitologia grega, enquanto os olhares da Medusa tinham o poder de petrificar quem a contemplava, Apolo era considerado o deus da harmonia e da perfeição, identificado com o sol e a luz da verdade. Analogamente, nem a secção áurea petrifica o nosso entendimento sobre o sistema proporcional da *Villa* Stein, nem este deixa de ser harmónico e perfeito.

Assim, se compreende o título "Transcender le raisonnable !"[450], sob o qual comparecem as cabeças de Apolo e da Medusa no magistral desenho de Le Corbusier, bem como a sua afiliação ao disco solar flamejante da igreja de *Santa Maria Novella*, em Florença, de Alberti.

---

[447] Hatfield (2004, pp. 107-8, n. 133), conjectura que o disco solar do frontão terá sido feito em data posterior a 1470, dado que no séc. XVII um símbolo similar foi colocado no piso térreo, em frente à igreja, e as incrustações vizinhas àquele disco foram realizadas em mármore dourado.

[448] A obra escrita de Alberti apresenta-se, de acordo com vários autores e à semelhança das cabeças da de Apolo e da Medusa de Le Corbusier, como uma *doppia faccia,* que tanto se caracteriza por uma imaculada racionalidade, como por uma marcada anti-racionalidade. Cf. Jarzombek, *op. cit.*; Garin, *op. cit.*; Grayson, *op. cit.*. Ver, nesta edição, pp. 113-114.

[449] Cf. o diálogo, descrito por Alberti (*Momus*, III, 54), que se estabelece entre Júpiter e Apolo. Ver, nesta edição, p. 43.

[450] Cf. Pierrefeu – Le Corbusier, *ibidem*.

Esta é a unidade cultural que nos evidencia a surpreendente actualidade do mundo de Alberti[451] como ponto de partida e de fundamento de possibilidades futuras e estas, por seu lado, como resultantes de uma capacidade, em limites determináveis e de forma simultânea, de conservação e mudança daquele mundo.

---

[451] De igual modo mostrámos, em Krüger (2011, pp. 109-115), que dos seis descritores da edificatória sugeridos por Alberti (Livro I, cap. 1) para ordenar o discurso disciplinar: a *regio*, a *area*, a *partitio*, a *paries*, o *tectum* e a *apertio* (a região, a área, a compartimentação, a parede, a cobertura e a abertura), os cinco últimos revêem-se, em oposição, aos "Les 5 Points d'une Architecture Nouvelle", desenvolvidos por Le Corbusier-Jeanneret: *les pilotis, le plan libre, la façade libre, les toits-jardins* e *la fenêtre en longueur*. Cf. Oechslin, 1987, pp. 82-93.

Considerações Finais

O *De re aedificatoria,* considerado como o tratado que abre as portas da modernidade em arquitectura, pela forma como subordina a materialidade da construção e da comodidade que proporciona, à sua graciosidade e encanto (*gratia* e *amoenitas*) mostra que, apesar de Alberti não cessar de explorar, observar, medir e esboçar atentamente as obras do passado, que a sua abordagem é, essencialmente, arquitectónica e não arqueológica, na medida em que se apresenta com um desígnio projectual, com um *propositum,* que não se limita a descrever o mundo, mas a transformá-lo.

Para isso, em muito contribuiu a forma de enunciação do tratado, que Choay (1996) designou de *Eu* tratadístico, a partir do qual e no presente se realiza a inserção do discurso disciplinar no mundo.

"Quanto a mim, proclamarei que é arquitecto [...]" exemplifica a enunciação discursiva utilizada por Alberti, característica da "interacção verbal, que supõe sempre um *eu* e um *tu*, e uma referência organizada a partir do *aqui* e do *agora da* enunciação" (Reis - Lopes, 2000, p. 123).

Além disso, a alteração do formato de apresentação do tratado de Vitrúvio, em rolos (*volumina*), para a do tratado de Alberti, em cadernos (*codices*), possibilitou uma leitura mais sequencial do texto e a libertação de uma das mãos facilitou, em simultâneo, a sua leitura bem como a escrita de anotações, abrindo caminho para a hermenêutica da tratadística do Renascimento.

Daniele Barbaro (1567, *Intr.*, pp. 6-7), autor da tradução de Vitrúvio para italiano, ilustrada por Andrea Palladio, ao comentar este tratado não utiliza o *eu* tratadístico, como pode ser aferido nas definições que dá de arquitectura e de arquitecto: "Architettura è nome che dal greco derriva et è di due voci composto. La prima significa principale e capo, la seconda da fabbro o artefice. E chi volesse bene esprimere volgarmente la forza del detto nome, direbbe capomaestra. E però dice Platone che lo architetto non fa mestieri alcuno, ma è soprastante a quelli che gli fanno. Là dove potremo dire l'architetto non esser fabro, non maestro di legname, non muratore, non separatamente certo e determinato artefice, ma capo, soprastante e regolatore di tutti gli artefici, [...]".

Este plano da enunciação utilizado por Barbaro, "representa o grau zero da enunciação: nela, apenas se utiliza a terceira pessoa, de modo a eliminar ou dissimular a presença do sujeito da enunciação" (Reis - Lopes, *ibidem*). Além disso, neste plano, o da história, utilizam-se apenas alguns tempos verbais, que são diferentes dos usados no plano do discurso.

Esta distinção entre o plano da história e o do discurso, exposta inicialmente por Benveniste (1974, pp. 82 *sqq*.), sugere uma diferença fundamental entre a enunciação utilizada nos textos de história de arquitectura e de áreas científicas afins, quando confrontada com a presente nos de teoria da arquitectura.

Assim, num texto de história de arquitectura, apesar de se poder utilizar o *presente histórico*, o seu modo de enunciação, ao eliminar ou dissimular a presença do sujeito, não permite que se transforme num discurso. Por outras palavras, a história *não faz* teoria e vice-versa.

Encontramos aqui a razão pela qual a enunciação histórica em arquitectura se centra, mas não de forma exclusiva, em escolas, movimentos e tendências, e a de teoria da arquitectura, como Alberti apresenta no seu tratado, predominantemente em conceitos, autores e obras.

É neste sentido, que se pode dizer que para a teoria toda a arquitectura é contemporânea e para a história é passado, isto é, para a teoria é a coexistência simultânea de diferentes dimensões e não a sucessão de sistemas que interessa, o que não significa que não deixem de ocorrer fertilizações entre ambas disciplinas.

Se bem que o termo *historia*, em latim, se refira simultaneamente a acontecimentos (*res gestae*), como aos seus relatos (*narrationes*), para Alberti este vocábulo apresenta um significado polissémico, não só relacionado com a descrição do passado, mas também como uma forma de retórica, que acaba por ter um efeito moral persuasivo[452].

A primeira acepção manifesta-se numa carta que endereça ao seu amigo Leonardo Dati[453], onde relata a dificuldade, face à credibilidade das fontes, em escrever uma obra sobre a vida de São Potito, o jovem mártir de Nápoles:

> "Fiquei um pouco preocupado, pois, como você, temia que os académicos pudessem duvidar de que esta história de Potito fosse uma fábula infantil e inventada. Pois sabia aquilo que os homens letrados normalmente procuram numa história: esperam um relato completo do evento em questão, os lugares, os tempos e as qualidades dos intervenientes. E constatei que os antigos deram relatos claros e completos dos actos dos apóstolos, das vidas dos papas e de outros mártires. Mas tomei conhecimento que esta história de Potito foi transmitida de forma tão descuidada, que facilmente se podia inferir que pessoas ignorantes a produziram, em vez de estudiosas e de grande conhecimento" (Alberti, 1954, pp. 86-87)[454].

Na outra face da mesma moeda, Alberti (II, 33, p. 58) propõe, no tratado *Della pittura*, que a "grandissima opera del pittore sarà l'istoria", querendo com isto significar que a pintura deve gravitar à volta de temas antigos, de forma a serem retratados com eloquência e a expressarem emoções.

Neste caso, a pintura é uma forma de retórica, o que se estende, *ipsis verbis*, também à escultura: "pelo contrário aos nossos latinos agradou-lhes exprimir, esculpindo a história, os feitos dos seus mais ilustres heróis. Daí as colunas, daí os arcos triunfais, daí os pórticos cheios de história, pintada ou esculpida" (Livro VIII, cap. 4).

---

[452] Para uma discussão sobre os conceitos de *historia* e *istoria* em Alberti veja-se Grafton, 1999.

[453] Leonardo Dati (ca. 1408 - 1472), clérigo humanista e bispo de Massa em 1472, compôs poemas líricos, éclogas e uma peça teatral. Participou no *Certame Coronário*, organizado por Alberti e Piero de Medicis em 1441 em Florença e, como Alberti, expressou-se em *metrica barbara* ao emular, em vulgar, a métrica quantitativa da poesia grega e latina.

[454] Cf. trad. it. de C. Grayson, 1954, pp. 86-87.

Assim, o termo *historia* não só se refere aos eventos passados, como à descrição destes, mas também a algo que tem um propósito moral, como a retórica na pintura, como um saber igualmente prescritivo.

Alberti (Livro VI, cap. 3), neste contexto, clarifica o que entende por teoria, tanto no que se reporta às suas dimensões globais como locais: "Por conseguinte dos exemplos dos Antigos, das advertências dos especialistas e da prática assídua nasceu o conhecimento perfeitíssimo de como realizar estas obras admiráveis, ao passo que do conhecimento foram extraídas as regras ditadas pela experiência [...] Destas regras umas compreendem em geral a beleza e os ornamentos de todo o edifício; outras aplicam-se singularmente a cada uma das partes. As primeiras são retiradas do interior da filosofia e utilizadas para orientar e configurar os processos e o método desta arte; as segundas, por sua vez, extraídas do conhecimento que acabámos de referir e, por assim dizer, talhadas segundo a norma da filosofia, produziram o encadeamento da arte".

Assim, Alberti sugere que dos exemplos do passado e de uma prática contemporânea nascem as regras que conformam, no presente, os *processos e o método desta arte*, isto é, a sua teoria, onde o acto de enunciação do seu tratado pode ser entendido como sendo composto pelo *dictum* (o que é dito) e pelo *modus* (a maneira de o dizer) que se reportam, respectivamente, ao conteúdo semântico do que é enunciado, bem como ao seu conteúdo pragmático.

A este propósito Benveniste (1974, p. 82), que defende o primado da enunciação, refere que na relação entre o *dictum* e o *modus,* a auto-referência da enunciação precede a designação de um referente, por outras palavras, "la référence fait partie intégrante de l'énoncé".

Neste sentido, podemos dizer que a vasta obra literária de Alberti se constitui, também, como parte integrante da teoria da arquitectura desenvolvida no *De re aedificatoria* dado que esta vem, quase sempre, acompanhada de uma mudança, que consiste em seleccionar uma qualidade ou atributo disciplinar, tendo em vista um deslocamento ou precisão de significados.

É o que sucede no *Momus* (Livro IV), onde é descrito o plano para um mundo novo e Alberti (1443-50) discorre sobre a diminuta importância que deve ser dada aos filósofos para opinarem sobre a arte da edificação. Na verdade, Júpiter, aconselhado por aqueles e acompanhado pelos deuses do Olimpo, aspira à unificação entre o divino e o terreno, onde as correspondências entre discursos e significados são totais e as contingências entre o ser e a sua imagem são abolidas.

Como nos relata Jarzombek (1989, p. 164) :

> "Os deuses, maravilhados, passam a residir nas estátuas colocadas num sumptuoso teatro construído em sua honra para celebrar a suposta unificação; a partir do ponto privilegiado das suas estátuas, os deuses testemunham os 'ritos de purificação'. [...] No início tudo vai bem [...] mas, quando, as ninfas do vento tentam entrar no teatro para participar nas festividades o edifício colapsa no meio de um imenso turbilhão de vento e destruição. Devido à tempestade, que danificou muitas das estátuas e causou ferimentos nos deuses, estes retiram-se, precipitada e ignobilmente, para os céus".

Júpiter, ao comentar este desastre, considera-se culpado pela sua incompetência em criar um mundo melhor, culpado pelo colapso do sumptuoso teatro, "como um idiota ou débil mental pois que, ao planificar o modelo do mundo novo, em vez de se dirigir aos construtores desta obra excepcional dirigiu-se aos filósofos" (Alberti, *op. cit.*, IV, 9)[455].

Vidler (2008, pp. 3-4), neste âmbito, sustenta que Alberti estabeleceu uma tradição disciplinar que se prolongou praticamente até meados do séc. XIX, dado que a história da arquitectura era da responsabilidade, praticamente exclusiva, dos arquitectos e que, a partir dessa altura, passou também a ser compartilhada pelos historiadores, com os trabalhos pioneiros de James Fergusson, Jacob Burckhardt, Heinrich Wölfflin, Wilhelm Worringer, August Schmarsow e Paul Frankl.

Assim, naquele período antecedente, ocorre um deslocamento de significados, dado que as funções dos literatos ainda não são dominantes, uma vez que a escrita da história da arquitectura é uma atribuição praticamente exclusiva dos arquitectos.

---

[455] Trad. ingl. de S. Knight, 2003, p. 281.

Além disso, para Alberti a sua teoria somente faz sentido se o acto criativo que a *res aedificatoria* solicita vier acompanhada de uma ética do construir. Repare-se que conceito de *officium* (função), utilizado por Alberti (Livro IX, cap. 5) em relação aos edifícios, é aplicado, na Antiguidade Clássica, aos seres humanos, na medida em que se refere a dever, como sucede na obra de Cícero *De officiis* (*Dos deveres*), o que somente é compreensível na medida em que o autor está empenhado em mostrar que as formas edificadas, como os seres humanos, conforme sugere Onians (1971, pp. 100-1), podem ser sujeitas a regras de moralidade.

Para quem estivesse a par da cultura religiosa do *Quattrocento*, como é o caso de Alberti, que obtém, a partir de 1431, o canonicato de *San Martino* em Gangalandi, próximo de Florença, o conceito de *aedificatio* no sentido de espiritualmente edificante, como vem descrito na Bíblia Sagrada (1 Cor., 5, 1; Ef., 2, 20), seria, muito naturalmente, também um tema conhecido.

As alusões e citações bíblicas no *De re aedificatoria* são diversificadas, como sejam as relativas à lei que impõe aos Hebreus a unidade do templo e do altar para impedir a proliferação destes nos lugares de culto (Livro VII, cap. 5), bem como à procura de veios aquíferos no deserto realizada por Moisés (Livro X, cap. 6) ou, ainda, sobre o ritual de purificação das águas (Livro X, cap. 8) ao tratar de questões de hidráulica (cf. Morresi, 2007).

Seguramente, a menção bíblica mais pertinente à teoria artística de Alberti, refere-se à definição de *concinnitas,* formada pelos operadores do *numerus*, da *finitio* e da *collocatio* (Livro IX, cap. 5), conforme vem explicitada na Vulgata (Sb., 11, 20): *Sed omnia in mensura, et numero, et pondere disposuisti* (Tu, porém, regulaste tudo com medida, número e peso). Esta alusão bíblica é evocativa da definição de arquitecto dada por Alberti (Prólogo): "Quanto a mim, proclamarei que é arquitecto aquele que, com um método seguro e perfeito, saiba não apenas projectar em teoria, mas também realizar na prática todas as obras que, mediante a deslocação dos pesos e a reunião e conjunção dos corpos, se adaptam da forma mais bela às mais importantes necessidades do homem".

Isto sugere que o arquitecto, para Alberti, apresenta, como assinala Morresi (*op. cit.*, p. 515), uma sabedoria análoga à do Deus criador, como é referido na bíblia sobre a origem da sabedoria: "O Senhor criou-me, como primícias das Suas obras, desde o princípio, antes que criasse coisa alguma; [...] Quando assentou os fundamentos da Terra, Eu estava com Ele como Arquitecto, e era o Seu encanto, todos os dias, brincando continuamente em Sua presença; Brincava sobre a superfície da Terra, e as minhas delícias são estar junto dos Seres humanos" (Pv., 8, 22-31).

Assim, esta sapiência antiga e cristã, de considerar Deus como arquitecto, acompanha a definição dada por Alberti, no sentido de o acto de criação sugerir uma dimensão espiritual interventiva, regulada pela ponderada articulação do *numerus*, da *finitio* e da *collocatio*, que se adaptam *da forma mais bela às mais importantes necessidades do homem*, o que sugere que o conceito de *aedificatio* é entendido também como espiritualmente edificante.

Ao Alberti cristão, prudente e esperançoso, pode-se contrapor um Alberti laico, panteísta e pessimista, revelado na sua obra literária, mas que se mostra de forma quase imperceptível no seu tratado[456].

Na peça satírica *Fatum et Fortuna,* Alberti (*Intercenales*, I, p. 26) contradiz o que sugere naquele texto inaugural: "cessa, ó homem, cessa de procurar os segredos dos deuses de forma mais aprofundada daquela que é permitida aos mortais"[457].

De forma aparentemente contraditória, o *De re aedificatoria* assenta, escrupulosamente, no *dictum* de Séneca (*Ep.*, 65, 12), de que "a causa que procuramos apenas pode ser esta: a razão criadora, que o mesmo é dizer, a divindade" (*ratio scilicet faciens, id est deus*)[458].

Se para Vitrúvio o arquitecto dá forma à matéria para se produzir o edifício, para Alberti esta já tem uma forma dada pela natureza, cabendo ao arquitecto *re-formá-la* para que possa conferir dignidade à obra: "Aquilo que agrada nas coisas mais belas e mais ornamentadas ou provém da invenção e dos raciocínios do engenho ou [...] é implantado pela natureza nas próprias coisas. Pertencerá ao engenho a escolha,

---

[456] Não partilhamos desta leitura que atribui uma dupla personalidade (*doppia faccia*) a Alberti, como mostrámos, nesta edição, no capítulo sobre *As Dimensões Literárias Da Arte Edificatória*.

[457] Cf. trad. ingl. de D. Marsh, 1987, p. 29.

[458] Trad. de J. A. S. Campos, 1991, p. 232.

a distribuição, a disposição e outras acções do mesmo teor que à obra possam conferir dignidade" (Livro IV, cap. 4).

Assim, o acto criativo, conforme concebido no *De re aedificatoria*, esconjura a descrença num futuro adaptado *da forma mais bela às mais importantes necessidades do homem*.

Esta procura tem, no entanto, contornos precisos, como assinalou Tafuri (1995, p. 76) ao referir-se aos limites da *technê* em Alberti: "Somente um humanista capaz de mover-se livremente entre vários saberes podia determinar a necessidade da *technê* conhecer as suas próprias limitações. A *hybris*[459], que pertence à promessa prometeica de fazer parte de um todo, é controlável por uma maiêutica do limite. [...] Consequentemente, a arquitectura como manifestação de ética [...] Uma ética, diga-se, que não espera prémios no futuro mas que se satisfaz a si mesma". Uma ética do edificado que edifica, que segue o "culto do limite e da *mediocritas*" (Tafuri, *ibidem*).

Mas uma ética que está sujeita a regras que se manifestam, desde logo, na organização tripartida, hierarquizada e intransitiva das partes que mutuamente se conformam para definir a concinidade: o *numerus*, a *finitio* e a *collocatio*, a que não será alheia a formação de jurista que explicitamente perpassa na elaboração do tratado.

Com efeito, o tratado introduz, de forma abrangente e sistemática, uma ética alicerçada em termos jurídicos, de natureza mais consuetudinária, o *mores maiorum*, na tradição de uma confirmada moralidade, para delinear o que se entende por arte edificatória, nomeadamente em relação ao facto de: a) associar a basílica, onde se administrava a justiça, à religião (VII; 1); b) fundamentar-se na opinião de jurisconsultos para tomar decisões (VII, 1); c) nada deixar de forma "a que não prescreva como que a sua lei e a sua medida" (IX, 9); d) dar início à exposição, seguindo a ordem natural dos assuntos (II, 4); e) cada solução tomar por norma orientadora "o saber de pessoas experientes e o conselho daqueles que estão dispostos a proceder a uma apreciação recta e sincera" (III, 2); f) preconizar que "todos têm direito à cidade e a todos os serviços

---

[459] Tudo o que excede a medida.

públicos que dela fazem parte (IV, 2); g) aceitar que "graças às leis e aos costumes dos antepassados, é possível fazer bom uso dos bens" (IV, 2).

Em particular, Alberti também se refere a casos específicos, de natureza doutrinária, como sucede na citação à Lei Agrária (cf. Livro VIII, cap. 1), promulgada em 133 a. C. por Tibério Graco, que estipulava a distribuição de terras públicas - *ager publicus* - pela plebe, ou à Lei das XII Tábuas (Livro IV, cap. 5), que contém as primeiras normas escritas de direito público, do direito privado e do direito processual, elaboradas cerca de 450 a. C., e de que nos chegaram alguns fragmentos reconstituídos por jurisconsultos notáveis.

Alberti alude à primeira lei para justificar o domínio da propriedade privada na base do culto dos antepassados e, à segunda, para especificar a largura das vias de comunicação.

A Lei das XII Tábuas (*Lex Duodecim Tabularum*)[460], a primeira lei do *Ius Romanum*[461], determina que as vias tenham oito (e não doze) pés de largura; o que Alberti afirma é que os *Antigos* (*veteres*) determinaram, a partir da referida lei, que "as vias tivessem doze pés de largura".

As soluções encontradas nas traduções, para italiano, de Orlandi (1966, p. 302): "Le Dodici Tavole dispongono che le strade siano larghe dodici piedi nei tratti in linea retta [...]"); para francês, de Caye - Choay (2004, p. 204: "La loi des Douze Tables prescrit de donner à la voie douze pieds de large quand elle est rectiligne [...]") e para inglês, de Rykwert, Leach - Tavernor (1988, p. 105: "it is laid down in the Twelve Tables that roads, where straight, must be twelve feet wide [...]"), omitem a palavra *Antigos* que está colocada no parágrafo anterior e à qual a frase de Alberti, sobre a Lei das XII Tábuas, se refere como sendo o sujeito da oração: *Et adverti assuesse veteres ponere, ut essent cubitos nusquam minus octo* (E tenho

---

[460] Séneca (*Brev.*, XIII) refere que as Tábuas da Lei também se chamavam códices porque na Antiguidade uma estrutura que ligava diversas placas de madeira designava-se por *caudex*.

[461] Cícero (*de Orat.*, I, 195) ao referir-se à Lei das XII Tábuas, após quatro séculos da sua promulgação, proclama a excelência do Direito Romano: "Podem indignar-se à vontade, mas direi o que sinto: as bibliotecas de todos filósofos, ultrapassa-as, por Hércules, em meu entender, um só livrinho, o das Doze Tábuas, fonte e cabeça das nossas leis, pelo peso da sua autoridade e pela riqueza da sua utilidade". Cf. trad. esp. de J. J. Iso, 2002, p. 166.

verificado que os Antigos costumavam fazer com que não tivessem em nenhum ponto menos de oito côvados de largo).

Assim, de acordo com a fidelidade à letra da escrita de Alberti, no parágrafo seguinte deve ler-se: *Ex lege duodecim tabularum viam sic finiunt, ut quae in porrectum sit, latitudinem habeat pedes duodecim* [...] (A partir da Lei das doze tábuas [os Antigos] determinam que uma via em linha recta tenha doze pés de largura [...]).

Com efeito, Alberti tem diante de si o texto de Gaio, *Digesta* VIII, 3, 8: *Viae latitudo ex lege XII tabularum in porrectum octo pedes habet, in anfractum, id est ubi flexum est, sedecim* [462](De acordo com a Lei das XII Tábuas, as vias devem ter oito pés de largura; nos cruzamentos, onde exista uma curva, dezasseis pés)[463]. Mas, o facto de alterar a medida de oito para doze pés, sugere que Alberti teve a intenção de corrigir, com os dados da observação no terreno, o artigo 6º da *Tabula VII*. Repare-se que, posteriormente a Cícero ter feito o elogio da Lei das XII Tábuas, Tito Lívio (III, 34, 6) declara: "Quando pareceu que as leis tivessem sido emendadas suficientemente em todos os artigos segundo as críticas movidas pela opinião pública, as dez tábuas foram votadas e aprovadas nos comícios centuriais. Ainda hoje, neste imenso acumular de leis que se sobrepuseram umas às outras, elas constituem a fonte de todo o direito público e privado"[464].

Isto não só reafirma a autoridade das dez tábuas iniciais como a possibilidade de as complementar com outras duas: "Após a sua rectificação, notava-se que ainda faltavam duas tábuas; se fossem agrupadas, o corpo, como assim pode ser chamado, do direito Romano ficaria completo. À medida que as eleições se aproximavam, esta impressão

---

[462] O texto original da Lei das XII Tábuas perdeu-se mas foi citado nos *Digesta*, uma vasta colecção de excertos de obras de jurisconsultos notáveis, publicada em 533 d. C.. Para uma consulta da Lei das XII Tábuas em língua portuguesa veja-se Carrilho, 2008.

[463] A exigência de as vias terem o dobro da largura nos cruzamentos deve-se ao facto de os veículos romanos de quatro rodas terem, pelo menos na altura de promulgação da lei, entre 451 e 449 a.C., dois eixos de rodagem fixos (cf. Bekker-Nielsen, 2004, p. 92).

[464] Cf. trad. ingl. de D. Spillan, 1896, p. 221.

criava o desejo de designar os decênviros[465] para um segundo ano" (Tito Lívio, III, 34, 7)[466].

Assim, no direito romano inicial, a alteração da lei estaria sujeita ao formalismo da decisão de uma comissão de magistrados, enquanto na proposta de Alberti a mesma é objecto de *jurisprudentia* ou doutrina, à semelhança do que é proposto na "Lei das Citações" (*Lex Citationum*) de 426 d.C., promulgada por Valentiniano III em Ravena. Esta Lei declarava como vinculativas as obras de alguns juristas romanos consagrados e que, mais tarde, admitiram o aditamento de pareceres de outros jurisconsultos. Consequentemente, aquela *interpretatio* revela a formação de jurista de Alberti, na medida em que tomou por base a Lei das XII Tábuas e, com um sentido prático das necessidades que o seu tempo ia impondo para o alargamento das vias, alterou-a sugerindo a criação de novo direito, o que não deixa de ser conformador de uma intenção de delinear a configuração da *res aedificatoria,* a partir de prescrições regulamentares.

Com efeito, no tratado *De iure* (*Do direito*), escrito em 1437, Alberti procura fundar uma ciência do direito apoiando-se na razão, segundo uma abordagem filosófica e não exclusivamente de acordo com preceitos anteriores.

Alberti (2000, 3, p. 175) sintetiza aquela forma de interpretar: "[...] para nos assegurarmos do conhecimento dos bens e dos males, será útil que compreendamos que a inteligência das coisas se adquire em parte pelo conhecimento dos seus efeitos e das suas consequências [...]"[467].

Esta abordagem *solo ingenio commentetur* (explicada somente pela inteligência, Alberti, *idem*, 1, p. 165), não faz referência às doutrinas naturalistas da escola tomista, nem às doutrinas legalistas do nominalismo do direito romano, mas procura hierarquizar os bens e os males de forma a evitar os piores destes e a aceitar os melhores daqueles (cf. Caye, 2000, p. 198).

Com efeito, ao rematar este tratado sobre direito, Alberti (2000, 28, p. 189 e 191) sintetiza esta forma de hierarquização: "[...] que em toda

---

[465] Comissão de dez magistrados nomeada no ano de 451-450 a. C. para redigir a Lei das XII Tábuas.

[466] Cf. trad. ingl. de D. Spillan, 1896, p. 221.

[467] Cf. trad. fr. de P. Caye, 2000, p. 174.

a investigação do direito os bens sejam preferidos aos males e os males excluídos. Que na comparação entre os bens, os mais importantes e duráveis, os bens dotados de eficácia, conhecidos, evidentes e procurados pela maioria, os bens verdadeiramente possuídos e não de forma aparente, sejam assim colocados em primeiro plano, a fim de afirmar a nossa vontade de sempre defender e conservar a virtude e a felicidade, e de guardar com a mais elevada religião e a mais profunda fé, a amizade comum e o descanso de nossos amigos"[468].

Assim, Alberti, ao alterar a largura de oito para doze pés das vias, não fez mais do que excluir o que reputava ser um mal e optar pelo bem, de acordo com os princípios que já tinha advogado no *De iure*. Por último, note-se que o conceito subjacente a esta abordagem, oriundo da *metrética* grega, seja esta mensurável ou de natureza ontológica-axiológica[469], que é a hierarquização dos bens e dos males segundo a razão para a formulação e a aplicação, neste caso, do direito, também está presente no *De re aedificatoria* nas relações de subordinação intransitiva que se estabelecem entre a *necessitas*, a *commoditas* e a *summa voluptas*.

Esta abordagem não deixa de estar de acordo com o conceito de *justa medida*, sugerido por Platão (*Plt.*, 284e), dado que "ao preservarem a 'justa medida', as artes realizam apenas obras boas e belas", como na definição de direito como "a arte do justo e do bem"[470] de Celso[471] (cf. *Ulp., Dig.*, I, 1, 1), da mesma maneira que para Alberti a *res aedificatoria* é a arte da proporção e da beleza.

Apesar destas afiliações da *res aedificatoria* ao justo e ao bem, bem como à proporção e à beleza, o tratado de Alberti esteve sujeito, na Península Ibérica, à censura explícita das autoridades eclesiásticas.

---

[468] *Idem*, p. 190.

[469] Cf. *Pl., Plt.*, 283, e: "[...] o que ultrapassa a esfera da 'justa medida' e é por ela ultrapassado - tanto ao nível do discurso como dos actos - não havemos de afirmar que, na realidade, se torna naquilo que, na nossa perspectiva, distingue em especial os bons dos maus ?" (trad. de C. I. L. Soares, 2008, p. 113).

[470] *Ius est ars boni et aequi*.

[471] Iuuentius Celsus é o jurisconsulto romano do séc. II d.C. cujos escritos foram recolhidos em 39 livros no *Digesta*, dos quais restam 144 excertos.

O conflito entre as raízes clássicas da cultura e a sensualidade pagã face aos perigos que pesavam sobre a Europa cristã e a sua religião, foi um tema recorrente entre os humanistas do séc. xv. Alberti refere-se, também, a esta temática em *Della tranquillità dell'animo* (*Profugiorum ab aerumna libri III*), em *De iciarchia*, bem como no Livro IV, cap. 13 e Livro VII, cap. 13 do *De re aedificatoria*. Em particular no *Momus*, o deus grego da discórdia e da crítica, o enredo da relação entre, por um lado, a piedade e a virtude cristã e, por outro, a vida material e a quotidiana, desenvolve-se na Grécia antiga para se evitar qualquer confronto directo com a fé cristã.

Neste caso, Alberti (II, 79) é incisivo ao sublinhar as vicissitudes humanas perante os desígnios dos deuses: "Mas de tempos a tempos acontece que duvido porque chamamos aos deuses celestes 'pais' e 'santíssimos' "[472].

Apesar de remeter estas questões para outra obra, o Livro VII do tratado é aquele que esteve mais sujeito à acção censória do Santo Ofício, na medida em que se reporta ao domínio do sagrado. No exemplar de *Los Diez Libros de Architectura* de Leon Baptista Alberto, que corresponde à tradução para castelhano, assistida por Francisco Lozano (1582, p. 221), existente na secção de reservados do acervo da Biblioteca do Departamento de Matemática da Faculdade de Ciências e Tecnologia da Universidade de Coimbra, encontra-se rasurado o seguinte trecho:

> Succedieron estos tiēpos enlos quales pluguiesse a Dios que se leuantasse algun hombre graue (cō paz delos pontifices)que tuuiesse por bien emendarlos. Los quales como por causa de cōseruar la dignidad apenas vna vez enel año se dexā ver al pueblo, lo hizieron todo tan lleno de altares, no digo mas, sino affirmo, que acerca delos hombres ninguna cosa se puede hallar ni pensar que sea mas digna o sancta, q̃ el sacrificio. Y creo que no aura ningun sabio que quiera que las cosas dignas se hagan viles con la mucha abundācia.

(Seguiram-se os nossos tempos, que oxalá nenhum homem sério, sem ofensa para os bispos, considerasse dignos de serem censurados: como, para salvaguardar a sua dignidade, eles concedem ao povo a possibili-

---

[472] Cf. trad. ingl. de S. Knight, 2003, p. 159.

dade de os verem apenas nas calendas do princípio do ano, a tal ponto encheram tudo de altares e às vezes <...> não digo mais. Isto afirmo: entre os mortais, nada se pode encontrar e nem sequer imaginar, que seja mais condigno e mais santo do que o sacrifício. Eu, porém, julgo que não é tido por sensato ninguém que queira que as coisas mais dignas se banalizem, postas à disposição com excessiva facilidade)[473].

Esta rasura mostra que as críticas formuladas por Alberti à hierarquia da Igreja, bem como ao excessivo número de altares nos templos, foram, no âmbito da cultura da contra-reforma na Península Ibérica, susceptíveis de censura explícita. A rejeição daquela exagerada quantidade de altares pode ser entendida como uma aceitação tácita da cultura religiosa do classicismo, que dedicava cada templo a um deus maior (*optimus et maximus deus*) e não disseminava altares aos deuses menores que, no âmbito da cultura do *Quattrocento*, eram destinados aos santos.

Com efeito, em 1563 é publicado, pelo Concílio Ecuménico de Trento, reunido na sua XXV sessão de 3 e 4 de Dezembro, o decreto acerca *Da invocaçaõ, e Relíquias dos Santos, e das Sagradas Imagens*, onde é prescrito que se "[...] instruaõ diligentemente os Fiéis primeiramente da intercessaõ dos Santos, sua invocaçaõ, veneraçaõ das Reliquias, e legitimo uso das Imagens; e lhes ensinem que os Santos, que reinaõ juntamente com Christo, offerecem a Deos pelos homens as suas orações" (Reycend, 1781, II, pp. 347-349).

O articulado daquele decreto irá ter profundas implicações na arquitectura sacra, bem como na censura de textos que se referem aos espaços e às práticas religiosas de então. Trata-se de um "privilège rare", segundo Carpo (2000, p. 944), que um tratado de arquitectura, como o *De re aedificatoria*, tenha sido colocado no *Index expurgatorius librorum* da Inquisição espanhola bem como da portuguesa[474]. Este *raro privilégio* contribuiu para dificultar a difusão do tratado em território nacional, que não viu nenhuma edição impressa em

---

[473] A transposição para vernáculo segue o texto em latim e não a tradução assistida por Francisco Lozano.

[474] Cf., nesta edição, o capítulo sobre *A Composição de um Livro de Architectura*.

vernáculo e teve acesso à edição em castelhano de 1582 assistida por Lozano[475].

Repare-se, ainda, que se trata de uma dupla censura, na medida em que a lacuna "<···>", omitida na citação da tradução assistida por Lozano, mas que se verifica, no original em latim, antes da frase *non dico plus* (*no digo mas* - não digo mais), sugere que Alberti se expressa nas entrelinhas, dado que não remata este assunto com a frase *de his hactenus* (e baste o que fica dito), frequentemente utilizada no tratado quando o autor tem por finalidade concluir um pensamento.

Apesar daquela censura inquisitorial ao tratado de Alberti, este texto foi também objecto de críticas favoráveis durante a contra-reforma. Entre nós, citem-se as referências abonatórias a Alberti feitas no *Tractado De Architectura* (1631) de Mateus do Couto-o-Velho, que chegou a ser arquitecto do tribunal do Santo Ofício em 1634 (cf. Bonifácio, 1989, pp. 142-143) e, em Itália, as apropriações e censuras feitas por um anónimo jesuíta siciliano, elaboradas nos finais do séc. XVI, no seu *Libro di Architettura*, onde são também incluídas as experiências dos estaleiros de obras desta companhia (cf. Aricò, 2007).

À semelhança do que Galileu Galilei afirmou sobre a música das esferas, *que teve de renegar, em 1633 e perante a Inquisição, a teoria do heliocentrismo,* também podemos contrapor, no âmbito da cultura arquitectónica da contra-reforma, tanto na península Itálica, como na Ibérica, o *dictum* de Alberti: *quae scribimus ea nos non nobis sed humanitati scribimus* (o que escrevemos, não o escrevemos para nós mas para a humanidade)[476].

---

[475] Em Portugal a acção da Inquisição também exerce aquele *raro privilégio* sobre a edição de 1639 d'*Os Lusíadas,* publicada em Madrid, ao proibir a sua circulação, dado que nela se continham "muitas cousas indecentes à pureza de nossa Religião Católica, escandalosas e ofensivas às orelhas dos fiéis cristãos, explicando o autor muitos lugares da Sagrada Escritura aplicando-os com pouca piedade e cousas profanas, falando imodestamente na Santíssima Trindade, no Spirito divino, nos Sacramentos da Santa Madre Igreja e na Virgem Santíssima, Nossa Senhora, apropriando-lhe figuras torpes e lascivas e fábulas profanas" (A.N.T.T., *Inquisição de Lisboa*, proc. n.º 10537).

[476] Saudação a Giovanni Andrea Bussi (1417-1475), bispo de Aléria na Córsega e editor de textos clássicos, in *De statua*, p. 2. Cf. trad. it. de G. Mancini, 1882, p. 137.

Este propósito de vida já pode ser encontrado em Cícero (*Off.*, I, 22)[477]: "como Platão modelarmente escreveu, não nascemos unicamente para nosso próprio proveito - com efeito, reclama a pátria parte da nossa existência, e os amigos, outra - e como é aliás agrado dos Estóicos, tudo aquilo que pela terra é produzido para uso dos homens é criado. São os homens criados em prol da causa humana - a fim de que possam eles próprios prestar serviços uns aos outros".

No Livro II dos *I libri della famiglia,* Alberti coloca na boca de um dos personagens o mesmo preceito moral, mas não o atribuí a Cícero: "Platão, numa carta a Árquias de Tarento, declara que os homens nasceram para servir os seus iguais", provavelmente para conferir maior credibilidade à citação.

Esta coincidência de citações mostra a importância dada por Alberti aos princípios pelos quais se pautou, *i.e.*, de uma vida de serviço público, patente ao longo do *De re aedificatoria* (Livro I, caps. 1, 3 e 10; Livro II, cap. 1; Livro VI, cap. 3), que se apoia no legado dos antepassados, mas com uma ressalva: de deixar uma marca durável, no sentido de *scribere* em latim significar, também, imprimir ou registar.

Assim, o *De re aedificatoria* não deixa de ser um registo deste propósito de vida, logo anunciado na abertura do Livro I, cap. 1, sobre a intenção de "escrever sobre o delineamento dos edifícios", mas também de mostrar que a arte edificatória tem outro propósito inescusável, para que a vida seja vivida de uma forma agradável e feliz, *i.e.* para o *bene e beato vivere.*

---

[477] Trad. de C. H. Gomes, 2000, pp. 22-23.

Anexos

ABREVIATURAS[478]

AUTORES E OBRAS ANTIGAS

Arist.	ARISTÓTELES
Cat.	*Categoriae* [Categorias]
Eth. Nic.	*Ethica Nicomachea* [Ética a Nicómaco]
Metaph.	*Metaphysica* [Metafísica]
Ph.	*Physica* [Física]
Poet.	*Poetica* [Poética]
Rh.	*Rhetorica* [Retórica]
Boet.	BOÉCIO [*Anicius Manlius Seuerinus Boetius*]
Arith.	*De Institutione Arithmetica* [Instituição Aritmética]
Mus.	*De Institutione Musica* [Tratado de Música]
Caes.	CÉSAR [*Caius Iulius Caesar*]
Gal.	*De Bello Gallico* [A Guerra das Gálias]
Cat.	CATÃO-O-CENSOR (ou Catão-o-Antigo) [*Marcus Porcius Cato*]
Agr.	*De Agri Cultura* [Da Agricultura]
Cels.	CELSO [*Aulus Cornelius Celsus*]

---

[478] As abreviaturas utilizadas nesta edição referem-se ao nome do autor e ao título da obra, seguidos do número do livro, em letra romana, e do capítulo e das suas subdivisões em numeração árabe. As excepções referem-se a citações de Alberti, que comparecem somente com a anotação do Livro e do capítulo (cap.) quando se cita o *De re aedificatoria,* bem como de Vitrúvio, cujo nome se apresenta por extenso mas sem a indicação do título do tratado *De architectura.* Em relação aos restantes casos também se omite o título do trabalho, desde que na respectiva entrada exista e/ou somente esteja registada uma obra por autor e não se originem ambiguidades.

Cic.	CÍCERO [*Marcus Tullius Cicero*]
Brut.	*Brutus* [Bruto]
Inv.	*De Inuentione* [Da Invenção Retórica]
Off.	*De Officiis* [Dos Deveres]
Opt. Gen.	*De Optimo Genere Oratorum* [Do Melhor Género de Oradores]
Div.	*De Diuinatione* [Da Adivinhação]
Leg.	*De Legibus* [As Leis]
N. D.	*De Natura Deorum* [A Natureza dos deuses]
Or.	*Orator* [O Orador]
de Orat.	*De Oratore* [Do orador]
Rep.	*De Republica* [A República]
Tusc.	*Tusculanae Disputationes* [Tusculanas]
Diog.	DIÓGENES LAÉRCIO
Euc.	EUCLIDES
Lact.	LACTÂNCIO [*Lucius Caelius (Caecilius?) Firmianus Lactantius*]
Div.	*Diuinae Institutiones* [Instituições Divinas]
Liv.	TITO LÍVIO [*Titus Livius*]
Nicom.	NICÓMACO DE GERASA
Ar.	*Arithmetica Introductio* [Introdução à Aritmética]
Harm.	*Harmonicum Enchiridium* [Manual de Harmonia]
Pl.	PLATÃO
Symp.	*Symposium* [O Banquete]
Hp.Mai.	*Hippias maior* [Hípias Maior]
Men.	*Ménon* [Ménon]
Leg.	*Leges* [As Leis]
Phlb.	*Philebus* [Filebo]
Plt.	*Politicus* [O Politico]
Resp.	*Respublica* [República]
Tht.	*Theaetetus* [Teeteto]
Ti.	*Timaeus* [Timeu]

Plin.	PLÍNIO-O-ANTIGO [*Caius Plinius Secundus*]
Nat.	*Naturalis Historia* [História Natural]
Plot.	PLOTINO
Plut.	PLUTARCO
Per.	*Pericles* [Péricles]
Quint.	QUINTILIANO [*Marcus Fabius Quintilianus*]
Inst.	*Institutio Oratoria* [Instituição oratória]
Sen.	SÉNECA [*Lucius Annaeus Seneca*]
Ep.	*Epistulae ad Lucilium* [Cartas a Lucílio]
Brev.	*De Breuitate uitae* [Da Brevidade da Vida]
Suet.	SUETÓNIO [*Caius Suetonius Tranquillus*]
Aug.	*Augustus* [Augusto]
Ter.	TERÊNCIO [*Publius Terentius Afer*]
Eu.	*Eunuchus* [O Eunuco]
Ulp.	ULPIANO [*Domitius Vlpianus*]
Dig.	Digesta [*Digesto*]
Var.	VARRÃO [*Marcus Terentius Varro*]
R.	*Res Rusticae* [Trabalhos do Campo]
Verg.	VIRGÍLIO [*Publius Vergilius Maro*]
Ecl.	*Eclogae* [Éclogas / Bucólicas]
G.	*Geórgica*[Geórgicas]

Bibliografia de Autores Antigos

Anónimo ou Pseudo-Cícero (1997) *Retorica a Herenio*. Intr., trad. esp. e notas de S. Núñez. Rev. de J. M.ª Núñez González. Madrid: Editorial Gredos.

Aristóteles (1994) *Metafísica*. Intr., trad. esp. e notas de T. Calvo. Madrid: Editorial Gredos.

Aristóteles (1995) *Física*. Intr., trad. esp. e notas de G. R. de Echandía, rev. de A. B. Pajares. Madrid: Editorial Gredos.

Aristóteles (1998) *Retórica*. Trad. port. e notas de M. A. Júnior, P. F. Alberto - A. do N. Pena. Lisboa: Imprensa Nacional-Casa da Moeda.

Aristóteles (2000) *Poética*. Trad. port., pref., intr., comentários e apêndices de E. de Sousa. Lisboa: Imprensa Nacional-Casa da Moeda.

Aristóteles (2002) *As Categorias*. Trad. port., análise e comentários de A. Monteiro. Lisboa: Lisboa Editora S.A..

Aristóteles (2004) *Ética a Nicómaco*. Trad. port. e notas de A. C. Caeiro. Lisboa: Quetzal Editores.

Aristóteles (2005) *Física*. Trad. esp. e notas de U. S. Osmanczic e Intr. de A. M. López. México: Universidad Nacional Autónoma de México.

Boécio (1995) *Institution arithmétique*. Ed. e trad. fr. de J. Y. Guillaumin. Paris: Les Belles Lettres.

Boécio (2005) *Tratado de Musica*. Intr., trad. esp., notas e apêndices de S. V. Gillén. Madrid: Ediciones Clásicas.

Cassiodoro (1961) *Institutiones*. Ed. de R.A.B. Mynors. Oxford: Clarendon Press.

Catão (1975) *L'Agriculture*. Ed. e trad. fr. de G. Serbat. Paris: Les Belles Lettres.

César, J. (1996) *Guerra de las Galias*. Livros V-VII. Trad. esp. de V. G. Yebra e H. E. Sobrinho. Madrid: Editorial Gredos.

Cícero, M. T. (1948) *Livro dos Ofícios de Marco Tullio Ciceram: o qual tornou em linguagem o Infante D. Pedro / Marco Tullio Ciceram*; trad. port. do Infante D. Pedro; pref. de J. M. Piel. Coimbra : Acta Universitatis Conimbrigensis.

Cícero, M. T. (1949) *De inventione. De optimo genere oratorum. Topica*. Trad. ingl. de H. M. Hubbell. Londres: Loeb Classical Library.

Cícero, M.T. (1987) *Brutus*. Intr., trad. port. e notas de J. S. M. Fernandes. Tese de Mestrado em Literatura Latina. Lisboa: Faculdade de Letras da Universidade de Lisboa.

Cícero. M.T. (1997) *La Invención Retórica*. Trad. esp., intr. e notas de S. Núñez. Madrid: Editorial Gredos.

Cícero, M. T. (2000) *Dos Deveres (De Officiis)*. Trad. port. de C. H. Gomes. Lisboa: Edições 70.

Cícero, M. T. (2001) *El Orador*. Intr., trad. esp. e notas de E. S. Salor. Madrid: Alianza Editorial.

Cícero, M. T. (2002) *Sobre el Orador*. Trad. esp., intr. e notas de J. Javier Iso. Madrid: Editorial Gredos.

Cícero, M.T. (2004) *Da Natureza dos Deuses*. Intr., trad. port. e notas de P. B. Falcão. Lisboa: Nova Vega.

Cícero, M. T. (2008) *Tratado da República*. Trad. port. de F. Oliveira. Lisboa: Círculo de Leitores.

Diógenes Laércio (1988) *Vidas e Doutrinas dos Filósofos mais Ilustres*. Trad. e notas port. de M. da G. Kury. Brasília: Universidade de Brasília.

Diógenes Laércio (2007) *Vidas de los Filósofos Ilustres*. Trad. esp., intr. e notas de C. G. Gual. Madrid: Alianza Editorial.

Euclides (1852) *Elementos*. Trad. port. de J. A. Brunelli. Coimbra: Imprensa da Universidade de Coimbra.

Horácio (2001) *Arte Poética*. Trad. port. de R. M. R. Fernandes. Mem Martins: Editorial Inquérito.

Isidoro de Sevilha (1981-1986) *Etymologiarum sive originum libri* XX. Ed. de M. W. Lindsay. Oxford: Oxford University Press.

Lactâncio (1886) "The divine institutes". In *Fathers of the Third and Fourth Centuries: Lactantius, Venantius, Asterius, Victorinus, Dionysius, Apostolic Teaching and Constitutions, Homily and Liturgies*. Org. de A. Roberts-J. Donaldson, trad. ingl. de W. Fletcher. Edimburgo: T&T Clark.

Lactâncio, C. F. (1941) *Divinarum institutionum libri VII*. Sources Chrétiennes. Paris: Éditions de Cerf.

Nicómaco de Gerasa (1960) *Introduction to Arithmetic*. Trad. ingl. de M. L. D'Ooge. Winnipeg: St. John's College Press.

Nicómaco de Gerasa (1994) *The Manual of Harmonics of Nicomachus the Pythagorean*. Trad. ing. e comentários de F. R. Levin. Grand Rapids: Phanes Press.

Platão (1985) *Teeteto ou da Ciência*. Trad., pref. e notas de F. Melro. Mem Martins: Inquérito.

Platão (1992) *Diálogos Vol. VI: Filebo. Timeo. Critias*. Intr., trad. esp. e notas de M. Á. Durán - F. Lisi, rev. M. L. Salvá. Madrid: Editorial Gredos.

Platão (1992) *Ménon*. Trad. port. e notas de E. R. Gomes, intr. de J. T. Santos. Lisboa: Edições Colibri.

Platão (1996) *República*. Trad. port. de M. H. R. Pereira. Lisboa: Fundação Calouste Gulbenkian.

Platão (2000) *Hípias Maior*. Trad. port., intr. e notas de M. T. S. de Azevedo. Lisboa: Edições 70.

Platão (2001) *O Banquete*. Trad. port., intr. e notas de M. T. S. de Azevedo. Lisboa: Edições 70.

Platão (2002) *Leyes*. Trad. esp., intr. e notas de J. M. Pábon - M. Fernández Galiano. Madrid: Alianza Editorial.

Platão (2004) *Timeu*. Intr. de J. T. dos Santos e trad. port. de M. J. Figueiredo. Lisboa: Instituto Piaget.

Platão (2006) *Leis*. Vol. I. Livros I-III. Intr., trad. port. e notas de C. H. Gomes. Lisboa: Edições 70.

Platão (2008) *O Político*. Trad. port., intr. e notas de C. I. L. Soares. Lisboa: Círculo de Leitores.

Plauto (1978) *Comédias: O cabo, Caruncho, Os Menecmos, Os prisioneiros, O Soldado Fanfarrão*. Selecção, intr. e notas de J. Bruna. São Paulo: Cultrix, 1978.

Plínio-o-Antigo (1855) *The Natural History*. Trad. ingl. e ed. de J. Bostock - H.T. Riley. Londres: Taylor and Francis.

Plotino (1991) *The Enneads*. Trad. ing. de S. MacKenna, intr. e notas de J. Dillon. Londres: Penguin Books.

Plutarco (1938-41) *Vidas Paralelas*. (Lícurgo, Cícero, Demóstenes, Lisandro, Pelópidas, Péricles, Sólon, Valério Poplícola). Trad. port. de A. Lobo Vilela. Lisboa: Edições Inquérito.

Plutarco (1916) *The Parallel Lives. Pericles*. Vol. 3. Trad. ingl. por B. Perrin. Loeb Classical Library edition. Londres: Harvard University Press.

Porfírio (1932) *Porphyrios Kommentar zur Harmonielehre des Ptolemaios*. Ed. de I. Düring. Göteborg: Elander. *Ptolemaios Und Porphyrios über Die Musik*. Ed. e trad. al. de I. Düring, 1934. Göteborg: Elander.

Quintiliano (1975-1980) *Institution oratoire*. Ed. e trad. fr. de J. Cousin. Paris: Les Belles-Lettres.

Quintiliano (2006) *Institutes of Oratory*. Ed. Lee Honeycutt. Trad. J. S. Watson. http://honeyl.public.iastate.edu/quintilian/. Consultado em 12-11-2009.

Rabano Mauro (1844-1904) *De universo*. In *Patrologia cursus completus, series latina*, vol. 111, col. 19-614, ed. J. P. Migne. Paris, 1844-1864.

Séneca (1991) *Cartas a Lucílio*. Trad. port. de J. A. S. Campos. Lisboa: Fundação Calouste Gulbenkian.

Séneca (2005) *Da Brevidade da Vida*. Trad. port. J. Pinheiro. Carcavelos: Coisas de Ler Edições.

Suetónio (1975) *Os Doze Césares*. Trad. de J. G. Simões. Lisboa: Editorial Presença.

Terêncio (1996) *O Eunuco*. Intr., trad. port. e notas de A. P. Couto. Lisboa: Edições 70.

Tito Lívio (1896) *The History of Rome by Titus Livius [Ab urba condita librí]*. Vol. I, Livros, I-XX. Trad. ingl., notas e ilustrações por D. Spillan. Nova Iorque: Haper & Brothers Publishers.

Ulpiano (1979) *Digeste. In Corpus juris civilis*. Ed. de H. Hulot *et al*. Reimpressão da edição de 1803, Metz: Behmer et Lamort. Aalen: Reprint Scientia Verlag.

Varrão (1990) *De lingua Latina*. Int., trad. esp. e notas de M.-A. M. Casquero. Edição bilingue. Barcelona: Antrophos; Madrid: Ministerio de Educación y Ciência.

Varrão (1994) *L'Économie rurale*. Livro I. Ed. e trad. fr. de J. Heurgon. Paris: Les Belles Lettres. Ed. e trad. fr. (Livros II e III) de C. Guiraud. Paris: Les Belles Lettres.

Virgílio (1990) *Bucólicas. Geórgicas. Apéndice Virgiliano*. Intr., trad. esp. e notas de T. A. Recio - A. Soler, intr. de J. L. Vidal e rev. de J. González, J. L. Moralejo - E. del Barrio. Madrid: Editorial Gredos.

Vitrúvio (1582) *Marco Vitruvio Pollión, De Architectura*. Trad. cast. de M. de Urrea. Alcalá de Henaes: Juan Gracián.

Vitrúvio (1673) *Les dix Livres d' Architecture*. Trad. fr. de C. Perrault. Reimpresso em 1965. Paris: Les Libraries Associés.

Vitrúvio, M.P. (2006) *Tratado de Arquitectura*. Trad. port., intr. e notas de M. J. Maciel. Lisboa: IST Press

REFERÊNCIAS BIBLIOGRÁFICAS

OBRAS DE ALBERTI

Alberti, L.B. (1428-1432) *De Commodis literarum atquae incommodis. Avantages et inconvénients des lettres.* Trad. franc. de C. Carraud - R. Lenoir, prefácio de G. Tognon, apresentação e notas de C. Carraud, 2004. Grenoble: Éditions Jérôme Millon.

Alberti, L.B. (1434) *I libri della famiglia.* Org. de R. Romano, A. Tenenti e F. Furlan, 1994. Roma: Nuova Universale Einaudi. Disponível na www no endereço: http://www.liberliber.it/biblioteca/a/alberti/index.htm. Consulta actualizada em 12-12-2009.

Alberti, L.B. (1430/1440) *Intercenales. Dinner Pieces.* Trad. ingl. de D. Marsh, 1987. Binghamton: Centre for Medieval and Early Renaissance Studies, State University of New York.

Alberti, L.B. (1437) *Momus.* Trad. ingl. de S. Knight. Texto em latim editado por V. Brown - S. Knight, 2003. Londres: Harvard University Press.

Alberti, L.B. (1437) *Momo o del Príncipe.* Trad. esp. de P. M. Reinón, edição e intr. de F. Jarauta, 2002. Co-edição do Consejo General de la Arquitectura Técnica de España, Presidencia Región de Murcia e Caja de Ahorros del Mediterraneo: Valencia.

Alberti, L.B. (1440) *Grammatica della lingua toscana. Opere Volgari,* Vol III, Colecção "Scrittori d' Italia", org. de C. Grayson, 1973. Bari: Laterza. Disponível na www no endereço: http://www.liberliber.it/biblioteca/a/alberti/index.htm. Consulta actualizada em 12-12-2009.

Alberti, L.B. (1441/1442) *Profugiorum ab aerumna libri III. Della tranquilità dell'animo.* Org. de G. Ponte, 1988. Génova: Casa Editrice Tilgher. Disponível na www no endereço: http://www.liberliber.it/biblioteca/a/alberti/index.htm. Consulta actualizada em 12--12-2009.

Alberti, L.B. (1441-1444) *De pictura.* Org. de C. Grayson, 1980. Bari: Laterza. Disponível na www no endereço consultado em 12-12-2009: http://www.liberliber.it/biblioteca/a/alberti/index.htm.

Alberti, L.B. (1450) *Descriptio urbis Romae.* Edição crítica, tradução e comentário de M. Furno e M. Carpo, 2000. Paris: Droz.

Alberti, L.B. (c.1450) *Ludi rerum mathematicarum.* Trad. fr. de P. Souffrin com o título *Divertissements Mathématiques*, 2002. Paris: Seuil.

L. B. Alberti (1468-1470?) *De iciarchia. In Opere Volgari,* vol II, org. C. Grayson, 1966. Bari: Laterza.

Alberti, L.B. (1485) *De re aedificatoria.* Edição fac-símile da *editio princeps*. Editada por Hans-Karl Lücke em 1975. München: Prestel Verlag.

Alberti, L.B. (1485) *L'Architettura di Leon Batista Alberti*. Tradução do *De re aedificatoria* para a língua Florentina de Cosimo Bartoli. Veneza, 1565. Fac-símile editado por Arnaldo Forni Editore, 1985.

Alberti, L.B. (1485) *De Re Aedificatoria ó Los Diez Libros de Arquitectura*. Madrid: Alonso Gomez, 1582. Fac-símiles da tradução para castelhano do *De re aedificatoria* assistida por F. Lozano. Oviedo: Colegios Oficiales de Aparejadores y Arquitectos Técnicos, 1975. Valência: Albatroz Ediciones, 1977.

Alberti, L.B. (1485) *L'Architettura - De Re Aedificatoria*. Intr. e notas de P. Porthoguesi, edição de texto em latim e tradução para italiano de G. Orlandi, intr. e notas de P. Portoghesi, 1966. Milão: Il Polifilio.

Alberti, L.B. (1485) *On the Art of Building*. Tradução do *De re aedificatoria* para inglês de Rykwert, J., Leach, N. e Tavernor, R., 1988. Cambridge, Massachusetts: MIT Press.

Alberti, L.B. (1485) *L'Art D'Edifier*. Tradução do *De re aedificatoria* para francês de P. Caye - F. Choay, 2004. Paris: Éditions du Seuil.

L. B. Alberti (1954) *Opuscoli inediti di Leon Battista Alberti*. "Musca", "Vita S. Potiti", ed. C. Grayson. Florença.

Alberti, L. B. (1960-1973) *Uxoria (Proemium ad Petrum de Medicis)*. In *Opere Vulgari*, II, org. de C. Grayson. Bari: Laterza, pp. 302-5.

Alberti, L. B. (1970) Sobre a Família. Livro I. Trad. e notícia biográfica de C. Conti. São Paulo: *Editorial Grijaldo e USP.*

Alberti, L. B. (1973) *Gramatica della lingua toscana*. In *Opere Vulgari*, III, org. de C. Grayson. Bari: Laterza.

Alberti, L.B. (1977) *Philodoxeos fabula*. Ed. da primeira versão in *Rinascimento*, s. II, XVII.

Alberti, L. B. (1992) Da Pintura. Trad. de A. da S. Mendonça. Campinas, SP: Editora da Unicamp.

Alberti, L.B. (2000) *De iure (Du droit)*. Apresentação de F. Furlan e ed. crítica de C. Grayson. Trad. fr. de P. Caye. Albertiana. Vol. III, pp. 157-191.

Alberti, L. B. (2006) Matemática Lúdica. Trad. de A. Telles, apresentação de P. Souffrn. Rio de Janeiro: Jorge Zahar Editor.

Alberti, L.B. (2011) *Da Arte Edificatória*. Trad. port. de A. M. E. Santo e intr., notas e revisão disciplinar de M. J. T. Krüger. Lisboa: Fundação Calouste Gulbenkian.

REFERÊNCIAS CRÍTICAS E LITERÁRIAS

AA.VV. (1726) *Diccionario de la lengua castellana, en que se explica el verdadero sentido de las voces, su naturaleza y calidad, con las phrases o modos de hablar, los proverbios o refranes, y otras cosas convenientes al uso de la lengua* [...]. *Compuesto por la Real Academia Española. Tomo primero. Que contiene las letras A.B.* Madrid: Imprenta de Francisco del Hierro.

Abreu, S. M. (2008) "André de Resende ou o novo Alberti: espaço literário e imaginário moderno na recuperação antiquária da *urbs* romana de Évora séc. XVI". Comunicação apresentada ao VII Congresso Internacional da Associação Portuguesa de Estudos Clássicos: *Espaços e Paisagens, Antiguidade Clássica e Heranças Contemporâneas*. Évora: Universidade de Évora.

Ackerman, J. S. (1991) *Distance points: Essays in Theory and Renaissance Art and Architecture*. Cambridge, Massachusetts: MIT Press.

Ackerman, J. S. (2002) *Origins, Imitation, Conventions. Representation in the Visual Arts*. Cambridge, Massachusetts: MIT Press.

Alighieri, D. (1982) *De Vulgari Eloquentia*. Madrid: Universidad Complutense.

Alighieri, D. (1995) *Divina Comédia*. Ed. bilingue. Trad. de V. G. Moura. Venda Nova: Bertrand.

Agostinho, Santo (1890) *St. Augustin's City of God and Christian Doctrine*. Ed. por P. Schaff, trad. ingl. de J. F. Straw. Nova Iorque: The Christian Literature Publishing Co..

Agostinho, Santo (1991) *De doctrina christiana*. Trad. port. de N. A. Oliveira, 1991. São Paulo: Edições Paulinas S.A..

Aguiar e Silva, V. M. de (2000) *Teoria da Literatura*. Coimbra: Livraria Almedina.

Adam, J. M. (1990) *Eléments de linguistique textuelle*. Liège: Madraga.

Almeida, I. (2005) "*Aulegrafia*: 'rascunho da vida cortesã', 'largo discurso da cortesania vulgar' ": *Península. Revista de Estudos Ibéricos*, 2, pp. 201-218.

Andrade, F. de P. de (1613) *Crónica do Mui Alto e Muito Poderoso Rei Destes Reinos de Portugal, D. João, III Deste Nome*. Lisboa.

Andrey, D. - Mirko, G. (2004) "Geometric Methods of the 1500s for Laying Out the Ionic Volute": *Nexus Network Journal*, vol. 6, 2, pp. 31-48.

Anninger, A. (1988) "Sebastiano Serlio's Books of Architecture and Their Influence on Portuguese Art in the Second Half of the Sixteen Century": *Colóquio Sobre o Livro Antigo*. Lisboa, 23-25 de Maio. V Centenário do Livro Impresso em Portugal, 1487-1987. 1992. Lisboa: Biblioteca Nacional.

Anstey, T. (2003) "Authorship and Authority in L.B. Alberti's De re aedificatoria": *Nordisk Arkitekturforskning*, 4, pp. 19-25.

Anstey, T. (2007) "Architeture and Rhetoric: Persuasion, Context, Action". *In* T. Anstey, K. Griller – R. Hughes, eds., *Architecture and Authorship*. Londres: Black Dog Publishing, pp. 18-21.

Aquino, Santo Tomás de (1955) *Commentarium S. Thomae in Aristotelis libros Peri hermeneias et Posteriorum analyticorum - expositio*. Turim/Roma: Marietti Editori.

Aquino, Santo Tomás de (2002) *Comentario de los Analíticos Posteriores de Aristóteles*. Trad. esp., estudo preliminar e notas de A. Mallea-M. Daneri-Rebok. Pamplona: Ediciones Universidad de Navarra, S. A..

Arcaute, A. R. de (1936) *Juan de Herrera*. Edição de 1977. Madrid: Instituto Juan de Herrera, Escuela Técnica Superior de Arquitectura.

Aricò, N. (2007) *Libro di Architettura*. 2 vols. Messina: Edizione GBM.

Assumpção, T. L. d'(1895) *Diccionario dos termos d'Architectura, suas definiçõese noções historicas, com um indice remissivo dos termos correspondentes em francez*. Lisboa: José Bastos.

Baldi, B. (1824) *Vita e fatti di Federigo di Montefeltro Duca di Urbino*. Roma: Perego Salvioni.

Baldi, B. (1859) *Cronica de' matematici. In Versi e Prosi di Bernardino Baldi*. Org. e notas de Da Filippo - Filippo-Luigi Polidori. Florença: Felice le Monier.

Barata, J. da G. P. (1965) "O 'Livro Primeiro de Architectura Naval' de João Baptista Lavanha. Estudo e transcrição do mais notável manuscrito de construção naval portuguesa do século XVI e princípio do XVII": *Ethnos*, vol. IV, pp. 221-298.

Barbacci, A. (1956) *Il restauro dei monumenti in Itália*. Roma: Istituto Poligrafico dello Stato.

Barbaro, D. (1567) *I dieci libri dell'architettura di M. Vitruvio, tradotti et commentati*. Veneza. 1ª ed. em 1556; 2ª ed. em 1567. Edição fac-símile com intr. de M. Tafuri e estudo de M. Morresi, 1997. Milão: Il Polifilo.

Baron, H. (1928) "Praemissio ... ad evidentiam novae translationis Politicorum Aristoteles" in *Leonardo Bruni: Humanistisch-philosophische Schriften*, ed. de H. Baron. Leipzig: Teubner, pp. 81-96.

Baron, H. (1966) *The Crisis in the Early Italian Renaissance*. Princeton, New Jersey: Princeton University Press.

Baron, H. (1988) 'Leon Battista Alberti as an Heir and Critic of Florentine Civic Humanism", *in* H. Baron, *In Search of Florentine Civic Humanism: Essays on the Transition from Medieval to Modern Thought*, Vol. I. Princeton, New Jersey: Princeton University Press, pp. 258-278.

Barros, J. (1532) *Ropica Pnefma*. Fac-símile da edição de 1532. Leitura modernizada, notas e estudos de I. S. Révah., 1983. Reimpressão, Vol. I. Lisboa: Instituto Nacional de Investigação Científica.

Barros, J. (1917) *Diálogo em Louvor da nossa Liguagem*. Coimbra: Edição de Luciano Pereira da Silva.

Barros, J. (1988) *Ásia. Década II*. Nota Prévia de L. F. L. Cintra. Fac-símile da ed. de 1932 da Imprensa da Universidade de Coimbra. Lisboa: Imprensa Nacional-Casa da Moeda.

Bartoli C. (1550) *L'architettura di Leon Battista Alberti tradotta in lingua fiorentina ... con l'aggiunta de disegni*. Florença: Lorenzo Torrentino.

Battelli, G. (1934) "La corrispondenza del Poliziano col Re Don Giovanni II de Portugalo": *Giornale storico della letteratura italiana*, vol. 103/4, pp. 285-6.

Baudelaire, C. (1993) *O Pintor da Vida Moderna*. Trad. de T. Cruz. Lisboa: Vega.

Begliomini, L. A. (1972) "Note sull'opera dell' Alberti: il 'Momus' e il 'De Re Aedificatoria'": *Rinascimento*, vol. XII, p. 280.

Bekker-Nielsen, T. (2004) *The Roads of Ancient Cyprus*. Copenhague: Museum Tusculanum Press.

Benigni, P., Cardini, R. - Regoliosi, M. (2007) *Corpus Epistolare e documentário di Leon Battista Alberti*. Florença: Edizioni Polistampa.

Benveniste, E. (1974) *Problèmes de linguistique générale*. Vol. 2. Paris: Gallimard.

Bertolini, L. (1996) "Servi Albertiani": *Studi linguistici italiani*, vol. XXII, pp. 223-230.

Bertolini, L. (1998) *Grecus Sapor. Tramiti di presenze greche in Leon Battista Alberti*. Roma: Bulzoni Editore.

Bertolini, L. (2004) *Leon Battista Alberti. Censimento dei Manoscriti*. 2 Volumes. Florença: Edizioni Polistampa.

Bierman, V. *et alii* (2003) *Teoria da arquitectura. Do Renascimento aos Nossos Dias*. Trad. port. de M. do R. P. Boléo, pref. de B. Evers e intr. de C. Thoenes. Tashen: Köln.

Biffi, M. (2007) *"La Terminologia Tecnica Dell'Alberti Tra Latino e Volgare"* in R. Cardini - M. Regoliosi org., *Alberti e la Cultura del Quattrocento*,. Florença: Edizioni Polistampa, pp. 655-682.

Blondel, J. F. (1754) *Discours sur la nécessité de l'étude de l'architecture*. Paris. Reimpressão em 1973. Genebra: Avertissement.

Bloom, H. (1997a) *The Anxiety of Influence: A Theory of Poetry*. 2.ª ed.. Oxford, Nova Iorque: Oxford University Press.

Bloom, H. (1997b) *O Cânone Ocidental*. Trad., intr. e notas de M. F. Martins. Lisboa: Círculo de Leitores.

Blunt, A. (1956) *Teoría de las artes en Italia 1450-1600*. Trad. esp. de J. L. C. Cremada, 2003. Madrid: Cátedra.

Bluteau, R. (1712-28) *Vocabulario Portuguez e Latino*. Coimbra, Lisboa, Colégio das Artes, Pascoal da Sylva, Joseph Antonio da Sylva, Patriarcal Officina da Musica.

Boccaccio, G. (2006) *Decameron*. Trad. port. de U. T. Rodrigues. Lisboa: Relógio D'Água.

Bonifácio, H. M. P. (1989) "Mateus do Couto (tio)", *in* J. F. Pereira (dir.) e P. Pereira (coord.), *Dicionário da Arte Barroca em Portugal*,. Lisboa: Editorial Presença, pp. 142-143.

Borsi, F. (1989) *Leon Battista Alberti, The Complete Works*. Trad. ital. de R. F. Carpanini da edição de 1986, Electa, Milão. Londres e Milão: Faber and Faber/Electa.

Boschetto, L. (2000) *Leon Battista Alberti e Firenze*. Florença: Leo S. Olschki.

Boyer, C. B. (1974) *História da Matemática*. Trad. port. de E. F. Gomide. São Paulo: Editora Edgard Blücher.

Bracciali, S. - Succi, C. (2006) "Palazzo Rucellai: restauro como Atto Conoscitivo. 2 Il cantiere di restauro degli interni", *in* S. Bracciali org., *Restaurare Leon Battista Alberti-Il Caso di Palazzo Rucellai*. Florença: Libreria Editrice Fiorentina, pp. 58-78.

Brand, P. - Pertile, L. (1996) *The Cambridge History of Italian Literature*. Cambridge: Cambridge University Press.

Brown, B. L. (1981) *The patronage and building history of the tribuna of SS. Annunziata in Florence. A reappraisal in the light of new documentation*. Mitteilungen des kunsthistorischen Institutes in Florenz, XXV, pp. 59-142.

Brownlee, D. B., De Long, D. G. - Hiesinger, K. B. (2001) *Out of the Ordinary. Robert Venturi, Denise Scott Brown and Associates. Architecture, Urbanism, Design*. Philadelphia: Philadelphia Museum of Art e Yale University Press.

Bruni, L. (1917) *Le Vite di Dante*. Org. de G. L. Passerini. Florença: Sanzoni.

Bruni, L. (1995) "De interpretatione recta", *in* M. P. González, *Leonardo Bruni y su tratado de interpretatione recta*. Texto latino e trad. esp. de M. P. González. Cuadernos de Filologia Clásica-Estudios Latinos, 8. Madrid: Servicio de Publicaciones-Universidad Complutense, pp. 193-233.

Bruni, L. (1996) *Opere letterarie e politiche*. Ed. de Paolo Viti. Turim: UTET.

Bryce, J. (1983) *Cosimo Bartoli (1503-1572). The Career of a Florentine Polymath*. Genebra: Librairie Droz S.A..

Buescu, A.I. (2005) *D. João III*. Lisboa: Círculo de Leitores.

Burckhardt, J. (1991) *A Cultura do Renascimento em Itália*. 1ª edição em 1860. Trad. port. da edição de 1869 por V. L. Sarmento e F. A. Corrêa. Brasília: Editora Universidade de Brasília.

Burns, H. (1978) "A Drawing by L. B. Alberti": *Architectural Design*, vol. 49, 5-6. pp. 45 -56.

Bustamante, A. - Marías, F. (1985) "La révolution classique: de Vitruve à l'Escurial": *Revue de l'Art*, Vol. 70, 1, pp. 29-40.

Bustamante, A. - Marías, F. (1987) "Francisco de Mora y la Arquitectura Portuguesa" *in* P. Dias, coord., *II Simpósio Luso-Espanhol de História de Arte sobre "As Relações Artísticas Entre Portugal e Espanha na Época dos Descobrimentos*. Coimbra: Livraria Minerva. pp. 277-318.

Caldwell, D. (2000) *"The Paragone between Word and Image in Impresa Literature": Journal of the Warburg and Courtauld Institutes*, vol. 63, pp. 277-286.

Callebat, L. - Fleury, P. (1995) *Dictionaire des termes techniques du De architectura de Vitruve*. Hildesheim: Olms-Weidmann.

Calzona, A. (1994) "Ludovico Gonzaga, Leon Battista Alberti, Luca Fancelli e il problema della cripta di San Sebastiano", *in* J. Rykwert - A. Angel, *Leon Battista Alberti. Catallogo della mostra Palazzo Te*. Milão: Olivetti e Electa, pp. 252-275.

Calzona, A., - Ghirardini, L. V. (1994) *Il San Sebastiano di Leon Battista Alberti*. Florença: Leo S. Olshki.

Camões, L. V. (1996) *Os Lusíadas*. Ed. org. por E. P. Ramos. Porto: Porto Editora.

Cancro, C. (1978) *Filosofia ed Architettura in Leon Battista Alberti*. Nápoles: Morano Editore.

Cardini, R. (2008) "Alberti Scrittore e Umanista" *in* Benigni *et alii*, *La Vita e il Mondo di Leon Battista Alberti. Atti dei Convegni internazionali del Comitato Nazionale VI centenario della nascita di Leon Battista Alberti*. Ingenium n.º 11. Florença: Leo S. Olschki, pp. 23-40.

Cardini, R., Bertolini, L. - Regoliosi, M. (2005) *Leon Battista Alberti. La Biblioteca di un Umanista*. Florença: Mandragora.

Cardoso, J. (1569-70) *Dictionarium latinolusitanicum & vice versa lusitanicolatinum cum adagiorum fere omnium iuxta seriem alphabeticam perutili expositione*. Coimbra: Edição João de Barreira.

Carita, H. (1999) *Lisboa Manuelina e a Formação de Modelos Urbanísticos da Época Moderna (1495-1521)*. Lisboa: Livros Horizonte.

Carpo, M. (1988) "Discriptio urbis Romae: Ekfrasis geografica e cultura visuale all'alba della rivoluzione tipografica": *Alberiana*, vol. I, pp. 121-142.

Carpo, M. (2000) "La Traduction Française du De Re Aedificatoria (1553). Alberti, Martin, Serlio et L'Echec d'un Classicisme Vulgaire" *in* F. Furlan, P. Laures - S. Matton, *Leon Battista Alberti. Actes du Congrès International de Paris*, 10-15 de Abril de 1995. Paris: J. Vrin, pp. 923-964.

Carpo, C. (2001) "How Do You Imitate a Building That You Have Never Seen? Printed Images, Ancient Models, and Handmade Drawings in Renaissance Architectural Theory": *Zeitschrift für Kunstgeschichte*, 64 Bd., H. 2., pp. 223-233.

Carpo, M. (2003) "Drawing with Numbers: Geometry and Numeracy in Early Modern Architectural Design": *The Journal of the Society of Architectural Historians*, vol. 62, 4, pp. 448-469.

Carpo, M. (2007) "Riproducibilità e Transmissione dell'Imagine Tecnico-scientífica nell'Opera dell'Alberti e nelle sue Fonti", Parte I e II, *in* A. Calzona *et alii*, org., *Leon Battista Alberti, Teórico delle Arti e Gli Impegni Civili del 'De re aedificatoria'*, Ingenium n° 9. Florença: Leo S. Olschki, pp. 47-84.

Carpo, M. (2011) *The Alphabet and the Algorithm (Writing Architecture)*. Cambridge, Massachusetts: MIT Press.

Carreter, F.L. (1998) *Diccionario de Términos Filológicos*. Madrid: Editorial Gredos.

Carrière, J.-C. (2007) *Entrevista a Einstein*. Trad. port. de J. E. Espadeiro e rev. de M. C. N. de Jesus. Lisboa: Quetzal Editores.

Carrilho, F. (2008) *A Lei das XII Tábuas*. Coimbra: Almedina.

Carvalho, A. de (1962) *D. João V e a Arte do seu Tempo*. 2 vols. Lisboa: A. de Carvalho [D.L. 1960].

Carvalho, J. de (2003) "Anotações ao 'De Crepvscvlis'", *in* M. A. P. de Meneses, *Actualização do texto latino e da tradução de Pedro Nunes-Obras, publicada em 1943 pela Academia de Ciências de Lisboa*, vol. 2. Lisboa: Academia de Ciências de Lisboa e Fundação Calouste Gulbenkian, pp. 283-374.

Casotti, M. W. (1985) "Giacomo Barozzi da Vignola. Regola delli cinque ordini d'architettura" *in* E. Bassi *et alii*, org., *Pietro Cataneo - Giacomo Barozzi da Vignola. Con l'aggiunta di altri scritti di architettura del Cinquecento di Alvise Cornaro, Francesco Giorgi, Claudio Tolomei, Giangiorgio Trissino, Giorgio Vasari*. Milão: Edizione Il Polifilo, pp. 499-577.

Casteleiro, J. M. *et alii* (2001) *Dicionário da Língua Portuguesa Contemporânea*. Lisboa: Academia das Ciências de Lisboa e Editorial Verbo.

Casteleiro, J. M. *et alii* (2009) *Vocabulário Ortográfico da Língua Portuguesa*. Porto: Porto Editora.

Castiglione B. (1968) *Il Cortegiano* [1528]. 2ª ed. de G. Ghianassi. Florença: Sansoni.

Castro, I. (2006) *Introdução à História do Português*. Lisboa: Edições Colibri.

Cennini, C. (c. 1400) *Il libro dell'Arte*. Carlo - Gaetano Milanesi eds.. Florença: Le Monnier, 1859.

Certau, M. de (1980) "L'Invention du Quotidien" *in* L. Giard, ed., *Arts de faire*, I. Paris: Gallimard, pp. 253-254.

Cesare, M. A. di (1986) "Cristoforo Landino on the Name and Nature of Poetry: the Critic as a Hero": *The Chaucer Review*, 21, 2, pp. 155-181.

Charaudeau, P. (1992) *Grammaire du sens et de l'expression*. Paris: Hachette.

Chartier, R. (1997) *A Ordem dos Livros*. Trad. fr. de L. Graça. Lisboa: Vega.

Chastel, A. (1975) *Marsile Ficin et L'Art*. Genebra: Librairie E. Droz.

Choay, F. (1996) *La Règle et le Modèle*. Paris: Seuil.

Choay, F. (2000) "Le De Re Aedificatoria Comme Métaphore du Fondement" *in* F. Furlan, P. Laures - S. Matton, *Leon Battista Alberti. Actes du Congrès International de Paris*, 10-15 de Abril de 1995. Paris: J. Vrin, pp. 851-861.

Choay, F. (2004) *Introduction. In L'Art d'Édifier*. Trad. fr. do *De re aedificatoria* por P. Caye - F. Choay. Paris: Seuil. Pp. 9-39.

Choay, F. (2006) "Le De re aedificatoria et l'institutionnalisation de la societe. Patrimoine: quel enjeu de société? L'évolution du concept de patrimoine" *in* F. Choay - M. Paoli, ed., *Alberti - humaniste, architecte*. Paris: École Nationale Supérieure des Beaux-Arts, Musée du Louvre Éditions, pp. 93-109.

Churchill, W. (1982) "A Reconstrução da Câmara dos Comuns": *Humanidades*. Outubro/Dezembro, vol I, 1, pp. 54-57.

Conceição, M. T. (2008) *Da Cidade e Fortificação em Textos Portugueses (1540-1640)*. Dissertação de Doutoramento em Arquitectura. Coimbra: Faculdade de Ciências e Tecnologia da Universidade de Coimbra.

Coroleu, A. (1994) "El Momo de Leon Battista Alberti: Una contribución al estudio de la fortuna de Luciano en España": *Cuadernos de Filologia Clásica-Estudios Latinos*, 7. Madrid: Servicio de Publicaciones-Universidad Complutense, pp. 177-183.

Corominas, J. (2003) *Breve Diccionario Etimológico de la Lengua Castellana*. Madrid: Editorial Gredos.

Correa, A. B. (1993) *Figuras, modelos e imágenes en los tratadistas españoles*. Madrid: Alianza Forma.

Correia, J. E. H. (2002) *Arquitectura Portuguesa. Renascimento, Maneirismo, Estilo Chão*. 2ª ed.. Lisboa: Editorial Presença.

Cunha, C. - Cintra, L. (2000) *Nova Gramática do Português Contemporâneo*. Lisboa: Edições João Sá da Costa.

Cusa, N. (1981) *Nicholas of Cusa on Learned Ignorance* [*De Docta Ignorantia*]. Trad. ingl. e intr. por J. Hopkins. Minneapolis: The Arthur J. Banning Press.

Cusa, N. de (1988) *Idiota: De sapientia I-II, De mente, De staticis experimentis, in Nicolaus Cusanus, Scritti filosofici*, org. de G. Santinello. Milão: Rusconi.

D'Agostino, M. H. S. (2004) "João Baptista Lavanha, Vitrúvio e o Renascimento". *In* Luiz Marques (org.), *A Constituição da Tradição Clássica*. I Simpósio sobre a Tradição Clássica, 11-13 de Setembro de 2002, Campinas, São Paulo. São Paulo: Editora Hedra Ltda. Pp. 289-311.

Damásio, A. (1994) *O Erro de Descartes. Emoção, Razão e Cérebro Humano*. Mem Martins: Publicações Europa-América Lda.

Damásio, A. (1999) *O Sentimento de Si. O Corpo, a Emoção e a Neurobiologia da Consciência*. Mem Martins: Publicações Europa-América Lda.

Damásio, A. (2003) *Ao Encontro de Espinosa. As Emoções Sociais e Neurologia do Sentir*. Mem Martins: Publicações Europa-América Lda.

Dantzig, T. (1970) *Número: A Linguagem da Ciência*. Trad. port. de S. G. de Paula. Rio de Janeiro: Zahar Editores.

Da Vinci, L. (1995) *Tratado de Pintura*. Ed. e trad. esp. de A. G. García. Madrid: Akal Ediciones.

Da Vinci, L. (2006) *Cuadernos*. Trad. esp. de N. Caminero. Barcelona: Equipo de Edición S. L..

Deleuze, G. - Guattari, F. (1990) *Qu'est-ce que la philosophie?*. Paris: Ed. Minuit. *O Que é a Filosofia?*. Trad. port. de M. Barahona - A. Guerreiro, 1992. Lisboa: Ed. Presença.

Deswarte, S. (1981) "Francisco de Hollanda et les Études Vitruviennes en Italie" *in* Instituto de História da Arte da Universidade de Coimbra, org., *A Introdução da Arte da Renascença na Península Ibérica*. Actas do Simpósio Internacional, 1980. Coimbra: Epatur, pp. 227-280.

Deswarte, S. (1992) *Ideias e Imagens em Portugal na Época dos Descobrimentos*. Lisboa: Difel.

Dias, J. J. A. *et alii* (1998) *Nova História de Portugal. Do Renascimento à Crise Dinástica*. Lisboa: Editorial Presença.

Drexler, A. (1977) *The Architecture of the École des Beaux-Arts*. Nova Iorque: Martin Secker & Warburg Ltd..

Dumont, J.-P., Delattre, D. - Poirier, J.-L. (1988) *Les Présocratiques*, Paris: Gallimard.

Earle, T. F. (1992) "'Nosso Edefício de Escritura': A Linguagem da Arquitectura na Ásia de João de Barros", *Humanitas*, vol. 44, pp. 281-290.

Eco, U. (2005) *Dizer Quase a Mesma Coisa. Sobre a Tradução*. Trad. port. de J. C. Barreiros. Lisboa: Difel.

Eisenmann, P. (1989) "Architecture as a Second Language: The Texts of Between". *In Restructuring Architectural Theory*, org. de M. Diani - C. Ingraham. Evaston, Ill.: Northwestern University Press, pp. 69-73.

Ernout, A. - Meillet, A. (1951) *Dictionnaire Etymologique de la Langue Latine. Histoire des Mots*. Tomos I e II. Paris: Librairie C. Klincksieck.

Estaço, G. (1625) "Trattado da linhagem dos Estaços, naturaes d'Evora ....". Compilado conjuntamente com "Varias antiguidades de Portugal". Página de rosto ornamentada. 52 p.: il..Texto em duas colunas, com notas marginais. Lisboa: Pedro Craesbeeck.

Febvre, L. - Martin, H.-J. (2000) *O Aparecimento do Livro*. Trad. port. de H.T. e Castro. Lisboa: Fundação Calouste Gulbenkian.

Fedeli, P. (2002) "L'immagine come interpretazione nei manoscritti latini": *Euphrosyne*, vol. 30, pp. 297-316.

Feo, M. (1994) "'Litterae' e 'litteratura' nel medioevo e nell'umanesimo", *in* S. Rhoda *et alii* ed., *Acta Conventus Neo-Latini Hafniensis. Proceedings of the Eighth International Congress of Neo-Latin Studies*. Nova Iorque: Binghamton, pp. 21-41.

Ferreira, F. L. (1732) *Notícias da vida de André de Resende*. Publicadas, anotadas e aditadas por A. B. Freire, 1916. Lisboa: Arquivo Histórico Português.

Ferreira, M. da C. R. (2003) *Análise das Estratégias de Resolução de Problemas de Estrutura Aditiva em Crianças de 5-6 anos de Idade*. Tese de Doutoramento apresentada na Faculdade de Psicologia e de Ciências da Educação da Universidade de Coimbra. Coimbra.

Fiaschi, S. (2001) "*Una copia di tipografia finora sconosciuta: il Laurenziano Plut. 89 sup. 113 e l' 'editio princeps' del 'De re aedificatoria'* ": *Rinascimento*, vol 41, s. II, pp. 267-284.

Ficino, M. (1482) *Theologia Platonica*. Trad. fr. de R. Marcel, 3 vols., 1965-1970. Paris: Les Belles Lettres.

Ficino, M. (1561) *Commentarium in Convivium Platonis. De Amore*. Edição bilingue *in* "Marsile Ficin - Commentaire sur le Banquet de Platon, de L'Amour". Trad. fr. anotada por P. Laurens, 2002. Paris: Les Belles Lettres.

Field, A. (1988) *The Origins of Platonic Academy of Florence*. Princeton: Princeton University Press.

Figueiredo, F. de (1932) *A Épica Portuguesa no Seculo XVI*. Gaia: Edições Pátria.

Filarete - António Averlino dito o Filarete (1462-64) *Trattato di architettura*. Transcrito por A. M. Finoli e L. Grassi, intr. e notas por L. Grassi. Reeditado em 1972. Milão: Il Polifilo.

Folena, G. (1973) *'Volgarizzare' e 'tradurre': idea e terminologia della traduzione dal medioevo italiano e romanzo all'umanesimo europeo. La traduzione: saggi et studi*. Trieste: Lint.

Fontana, V. - Morachiello, P. (1975) Vitruvio e Raffaello. Il "De Architectura" di Vitruvio nella traduzione inedita di Fabio Calvo Ravennate. Roma: Officina Edizioni.

Foucault, M. (1981) *As Palavras e as Coisas*. Trad. port. de S. T. Muchail. São Paulo: Martins Fontes.

Fréart de Chambray, R. (1650) *Parallèle de l'architecture antique et de la moderne: avec un recueil des dix principaux auters qui ont écrit des cinq Ordres; savoir, Palladio, et*

Scamozzi, Serlio et Vignola, D. Barbaro et Cataneo, L. B. Alberti et Viola, Bullant et Lorme, comparez entre eux [...]. Paris. Consulta na edição da BNF em 04-06-2007: http://gallica.bnf.fr/ark:/12148/bpt6k856532.

Furlan, F. (2003) *Studia Albertiana. Lectures et Lecteurs de L. B. Alberti*. Torino: Nino Aragno Editore e Paris: J. Vrin.

Fusco, R. (1968) *Il Codice dell'Architettura - Antologia di Trattatisti*. Nápoles: Edizioni Scientifiche Italiane.

Gadamer, H. G. (1960) *Wahrheit und Method*. Trad. ingl. de G. Barden - J. Cumming, *Truth and Method*, 1975. Londres: Sheed and Ward.

García, E. R. - Fuertes, A. M. G. (1984) "Segismundo Malatesta, el condottiero maldito": *Historia*, vol. 16, 102, pp. 79-84.

Garin, E. (1951) "Le traduzioni umanistiche di Aristotele nel secolo XV": *Atti e Memorie dell' Accademia Fiorentina di Scienze Morali "La Colombaria"*, vol. 16, pp. 57-104.

Garin, E. (1972) "Il Pensiero di L. B. Alberti nella Cultura del Rinascimento": *Convegno Internazionale Indetto nel V Centenario di Leon Battista Alberti*. Roma: Accademia Nazionale dei Lincei, pp. 21-41.

Garin, E. (1975) *Rinascite e rivoluzioni: Momenti culturali dal XIV al XVII secolo*. Bari: Laterza.

Geymüller, H. von - Stegman, C. (1885-1908) *Die Architektur der Renaissance in Toskana*. Munique: Brückmann.

Gilson, É. (2006) *O Espírito da Filosofia Medieval*. Trad. port. de E. Brandão. São Paulo: Martins Fontes.

Giorgio, F. (2008) *De harmonia mundi*. Pref. C. Vasoli. Florença: La Finestra editrice.

Golzio, V. (1936) *Raffaello: Nei Documenti, Nelle Testimonianze dei Contemporanei e Nella Letteratura del Suo Secolo*. Cidade do Vaticano: Arti Grafiche Panetto & Petrelli - Spoleto.

Gomes, P. V. (2001) *Arquitectura, Religião e Política em Portugal no séc. XVII. A Planta Centralizada*. Porto: FAUP.

González, M. P. (1995) "Leonardo Bruni y su tratado de interpretatione recta. Cuadernos de Filologia Clásica": *Estudios latinos*, 8. Servicio de Publicaciones. UCM. Madrid, pp. 193-233.

Goodland, R.-Webb, M. (1987) *The Management of Cultural Property in World Bank-Assisted Projects. Archaeological, Historical, Religious, and Natural Unique Sites*. World Bank Technical Paper Number 62. Washington.

Gorni, G. (1972) "Storia del Certame Coronario": *Rinascimento*, vol. 12, pp. 135-181.

Grafton, A. (1991) *Defenders of the Text. The Tradition of Scholarship in an Age of Science, 1450-1800*. Cambridge, Massachusetts: Harvard University Press.

Grafton, A. (1997) *Commerce with the Classics*. Ann Harbor: The University of Michigan Press.

Grafton, A. (1999) "Historia and Istoria. Alberti's Terminology in Context": *I Tatti Studies: Essays in the Renaissance*, Vol. 8, (1999), pp. 37-68.

Grafton, A. (2000) *Leon Battista Alberti Master Builder of the Italian Renaissance*. Nova Iorque: Hill and Wang.

Grassi, G., Patetta, L. *et alii* (2005) *Leon Battista Architetto*. Org. de G. Grassi - L. Patetta. Florença: Banca CR.

Grayson, C. (1954*)* "La Prima Edizione del 'Philodoxeos'": *Rinascimento*, vol. 5, 1, pp. 291-293.

Grayson, C. (1963) "Leon Battista Alberti and the Beginnings of Italian Grammar": *Proceedings of the British Academy*, 49, pp. 219-311.

Grayson, C. (1979) "Leon Battista Alberti Architect": *Architectural Design*, XLIX, 5-6, pp. 7-17.

Grayson, C. (1998a) "The Composition of L. B. Alberti's "Decem libri de re aedificatoria", *in* P. Claut, org., *Cecil Grayson - Studi su Leon Battista Alberti*, Ingenium n° 1. Florença: Leo S. Olschki, pp. 173-192.

Grayson, C. (1998b) "Il Prosatore Latino e Volgare" *in* P. Claut, org., *Cecil Grayson - Studi su Leon Battista Alberti*. Ingenium n° 1. Florença: Leo S. Olschki. 1998. pp. 325-341.

Grayson, C. (1998c) "An Autograph Letter from Leon Battista Alberti to Matteo de'Pasti - November 18, 1454", *in* P. Claut, org., *Cecil Grayson - Studi su Leon Battista Alberti*. Ingenium n° 1. Florença: Leo S. Olschki. 1998. pp. 157-167.

Gros, P. (1996) *L'architecture romaine. 1. Les monuments publics*. Paris: Picard.

Guerri, D. (1926) *Il commento del Boccaccio a Dante*. Bari: Laterza.

Gullberg, J. (1997) *Mathematics: From the Birth of Numbers*. Nova Iorque: W. W. Norton & Company.

Günther, H. (1988) *Das Studium der antiken Architektur in den Zeichnungen der Hochrenaissance*. Tübingen: E. Wasmuth Verlag.

Hatfield, R. (2004) "The Funding of the Façade of Santa Maria Novela": *Journal of the Warburg and Courtauld Institutes*, Vol. 67, pp. 81-128.

Haupt, A. (1890) *Baukunst der Renaissance in Portugal*. Trad. port. M. Morgado, *A Arquitectura do Renascimento em Portugal*, 1986. Lisboa: Editorial Presença.

Hegel, G.W.F. (1993) *Estética*. Trad. port. de A. Ribeiro - O. Vitorino. Lisboa: Guimarães Editores.

Heidegger, M. (1975) *Gesamtausgabe*. Frankfurt a. M.: Vittorio Klostermann.

Heidegger, M. (1977) *The Question Concerning Technology and Other Essays*. Trad. ingl. e intr. de W. Lovitt. Nova Iorque: Harper Torchbooks.

Heidegger, M. (1993) *El Ser y el Tiempo*. Trad. esp. de J. Gaos. Madrid: Fondo de Cultura Económica, S.A. de C.V..

Higuera, M. Á. A.-Z., Varea, C. L. - Aberasturi, A. C. (2003) *Biografia de Juan de Herrera*. Santander: Fundación Obra Pía Juan de Herrera.

Hind, A. M. (1963) *History of the Woodcut, with a Detailed Survey of Work Done in the Fifteenth Century*. Vol II. Nova Iorque: Dover.

Holanda, F. (1955) *Diálogos de Roma - Da Pintura Antiga*. Pref. de M. Mendes. Lisboa: Livraria Sá da Costa-Editora.

Holanda, F. (1984a) *Da Fábrica que Falece à Cidade de Lisboa*. Ed. crítica de J. de Vasconcellos, Porto 1879. Lisboa: Livros Horizonte.

Hope, C. (1992) "The Early History of the Tempio Malatestiano": Journal of the Warburg and Courtauld Institutes, LV, pp. 51-154.

Hosftadter, D. R. (1979) *Gödel, Escher, Bach: An Eternal Golden Braid. Methaphorical Fugue on Minds and Machines in the Spirit of Lewis Carrol*. Harmondsworth, Middlesex: Penguin Books.

Houaiss, A., - Villar, M. de S. (2002) *Dicionário Houaiss da Língua Portuguesa*. Lisboa: Círculo de Leitores. 6 Vols.

Hoven, R. (2006) *Lexique de la Prose Latine de la Renaissance - Dictionary of Renaissance Latin from Prose Sources: Deuxième Edition Revue et Considerablement Augmentée*. Colaboração de L. Grailet, rev. de K. Renard-Jadoul e trad. para ingl. de C. Mass. Leiden: Brill Academic Publishers.

Ifrah, G. (1994) *Histoire Universelle des Chiffres. L'Intelligence des Hommes Racontée par les Nombres et le Calcul*. 2 vols. Paris: Robert Laffont.

Iser, W. (1994) "On Translatability": *Surfaces*, vol. 4, pp. 5-13.

Iser, W. (2000) *The Range of Interpretation*. Nova Iorque: Columbia University Press.

Isidoro de Sevilha, Santo (1911) *The Etymologies*. Trad. ingl. de W. M. Lindsay. Oxford: Oxford University Press.

Jakobson, R. (1963) *Essais de Linguistique Générale*. Paris: Editions de Minuit.

Jarzombek, M. (1989) *Leon Battista Alberti. His Literary and Aesthetic Theories*. Cambridge, Massachusetts: MIT Press.

Jauss, H.R. (1978) *Pour une esthétique de la recéption*. Trad. fr. de Cl. Maillard. Paris: Editions de Minuit.

Jeanneret, C. E. - Ozenfant, A. (1918) *Après le Cubisme*. Ed. de 1999. Paris: Altamira.

Kant, I. (1998) *Crítica da Faculdade do Juízo*. Trad. e notas de A. Marques e V. Rohden. Lisboa: Imprensa Nacional- Casa da Moeda.

Klein, J. (1968) *Greek Mathematical Thought and the Origins of Algebra*. Cambridge, Mass.: MIT Press.

Koselleck, R. (2004) *Futures Past*. Trad. ingl. e intr. de K. Tribe. Nova Iorque: Columbia University Press.

Kostof, S. (1977) *The Architect. Chapters in the History of the Profession*. N.Y.: Oxford Univeristy Press.

Krautheimer, R. (1995) "Alberti et Vitruve", *in* R. Krautheimer, *Ideologie de L'Art Antiqúe*. Trad. fr. de A. Girord. Paris: Gérard Monfort Éditeur, pp. 89-100.

Kraeling, C. (1938) *Gerasa. City of Decapolis*. New Haven, Connecticut: American Schools of Oriental Research.

Kristeller, P. O. (1943) *The philosophy of Marsilio Ficino*. Trad. ingl. de V. Conant. Nova Iorque: Columbia University Press.

Kristeller, P. O. (1973) *Supplementum Finicianum. Marsilii Ficini Florentini philosophi Platonici Opuscula inedita et dispersa*, 2 vols, 1937-45, reeditado em 1973. Florença: Olshki.

Kristeller, P. O. (1990) "The Modern System of the Arts", *in* P. O. Kristeller, *Renaissance Thought and the Arts,* Princeton: Princeton University Press, pp. 163-227.

Krüger, M. (2005) *Leslie Martin e a Escola de Cambridge*. Coimbra: Editorial do Departamento de Arquitectura da Faculdade de Ciências e Tecnologia da Universiadde de Coimbra.

Krüger, M. J. T (2011) *Introdução*. In *Da Arte Edificatória*, ed. port. do *De re aedificatoria*, pp. 17-129. Lisboa: Fundação Calouste Gulbenkian.

Krüger, M. J. T. - Santo, A. M. do E. (2011) *Nota Prévia*. In *Da Arte Edificatória*, ed. port. do *De re aedificatoria*, pp. 15-16. Lisboa: Fundação Calouste Gulbenkian.

Kubler, G. (1988) *A Arquitectura Portuguesa Chã - Entre as Especiarias e os Diamantes (1521-1706)*. Trad. port. de J. H. P. da Silva e pref. de J. E. H. Correia.. Lisboa: Vega.

Labacco, A. (1559) *Libro D'Antonio Labacco Appartenente All'Architettvra, Nel Qval Si Figvrano Alcvne Notabili Antiqvita Di Roma*. Roma: Casa Nostra.

Landino, C. (1482) *Comento sopra la Comedia*. Ed. org. de P. Procaccioli, 2001, 4 vols.. Roma: Editore Salerno.

Landino, C. (1974) *Scritti critici e teorici*. 2 vols. Ed. R. De Cardini. Roma: Bulzoni.

Landino, C. (1980) *Disputationes Camaldulenses*. Florença: ed. P. Lohe.

Lang, S. (1965) "De lineamentis: L. B. Alberti's Use of a Technical Term": *Journal of the Warburg and Courtauld Institutes*, vol. 28. pp. 331-335.

Langer, S. (1979) *Philosophy in a New Key. A Study in the Symbolism of Reason, Rite, and Art*. Cambridge, Massachusets: Harvard University Press.

Laugier, M. - A. (1999) *Ensayo sobre la arquitectura*. Ed. de L. M. Rubio; trad. esp. de M. V. Martínez - L. M. Rubio. Madrid: Akal Editores.

Laurens, P. (2002) *Marsile Ficin - Commentaire sur le Banquet de Platon, de L'Amour*. Edição bilingue e trad. fr. anotada. Paris: Les Belles Lettres.

Le Corbusier (1946) *Oeuvre Complète*. Vol. 4, 1938-46. Ed. de W. Boesiger, 11ª reimpressão, 1999. Basel, Boston, Berlin: Birkhäuser Publishers.

Le Corbusier (2010) *O Modulor*. Trad. pref. e notas de M. Sequeira, revisão de L. B. Coelho. Lisboa: Orfeu Negro.

Le Corbusier- Jeanneret, P. (1929) *Oeuvre Complète*. Vol. 1. 1910-1929. Ed. de W. Boesiger, O. Storonov, 15ª reimpressão, 1999. Basel, Boston, Berlin: Birkhäuser Publishers.

Le Corbusier-Saugnier (1923) *Vers une Architecture*. Paris: Les Editions G. Crès.[479]

Lefaivre, L. (1997) *Leon Battista Alberti's Hypnerotomachia Poliphili. Re-cognizong the Architectural Body in the Early Italian Renaissance*. Cambridge, Massachusetts: MIT Press.

Long, P. O. (1997) "Power, Patronage, and the Authorship of Ars: From Mechanical Know--How to Mechanical Knowledge in the Last Scribal Age": *Isis*, vol. 88, 1, pp. 1-41.

Lot, F. (2008) *O Fim do Mundo Antigo e o Princípio da Idade Média*. Trad. fr. de E. Godinho e rev. de L. A. Ferreira. Lisboa: Edições 70.

Lourenço, A. C., Soromenho, M. - Mendes, F. S. (1997) *"Filipe II en Lisboa: Moldear la Ciudad a la Imagen del Rey"*, in P. B. Pereira, org., *Juan de Herrera, Arquitecto Real*. Barcelona: Lunwerg Editores, pp. 125-156.

Lozano, F. (1582)[480] *De Re Aedificatoria ó Los Diez Libros de Arquitectura de Leon Baptista Alberto, traduzido de Latim em Romance*. Madrid: Alonso Gómez. Fac-símiles da *editio princeps*. Oviedo: Colegios Oficiales de Aparejadores y Arquitectos Técnicos, 1975; Valência: Albatroz Ediciones, 1977.

Lücke, H.-K. (1975) *Faksimile da editio princeps* do *De Re aedificatoria* de Leon Battista Alberti. München: Prestel Verlag.

Lücke, H.-K(1975, 1976 e 1979) *Index Verborum* do *De Re aedificatoria* de Leon Battista Alberti. Vols. I, II e III. München: Prestel Verlag.

Lücke, H.-K. (2007) "Space and Time in Leon Battista Alberti's Concept of Perfect Building. Observations in Historical Context" *in* A. Calzona, F. P. Fiore, A. Tenenti - C. Vasolini, org., *Leon Battista Alberti-Teorico delle Arti e Gli Impegni Civili del "De Re Aedificatoria"*. Mântua: Leo S. Olschki, pp. 651-665.

Lugon-Moulin, S. (2005) *Naissance et mort de l'artiste. Recherche sur les Vies de Vasari*.Tese de Doutoramento apresentada na Faculdade de Letras da Universidade de Friburgo, Suíça., Friburgo.

Machado, A.M. - Pageux, D.-H. (1988) *Da Literatura Comparada à Teoria da Literatura*. Lisboa: Edições 70.

---

[479] Somente a 1ª edição desta obra assinala os nomes de Le Corbusier-Saugnier como autores. Nas restantes edições comparece unicamente o nome de Le Corbusier.

[480] A autoria desta tradução é, incorrectamente, atribuída a Francisco Lozano e deve ser imputada ao cosmógrafo real Rodrigo Zamorano.

Maingueneau, D. - Cossutta, F. (1995) "L'analyse des discours constituants": *Langages*, vol. 117, pp. 265-276.

Mancini, G. (1882) *Vita di Leon Battista Alberti*. Fac-símile da edição de G. S. Sanzoni, Florença, publicada por Elibron Classics, 2003.

Mandosio, J.-M. (2000) "La Classification des Sciences et des Arts Chez Alberti", *in* F. Furlan, P. Laures - S. Matton, *Leon Battista Alberti. Actes du Congrès International de Paris*, 10-15 de Abril de 1995. Paris: J. Vrin, pp. 643-704.

Manetti, A. (1970) *The Life of Brunelleschi*. Ed. de H. Saalman e trad. ingl. de C. Engass. Londres: University Park.

Maraschio, N. (2007) "Il Plurilinguismo Italiano Quattrocentesco e L'Alberti", *in* R. Cardini - M. Regoliosi, org., *Alberti e la Cultura del Quattrocento*. Florença: Edizioni Polistampa, pp. 611-628.

March, L. (1972) "Modern Movement to Vitruvius: themes of education and research": *RIBA Journal*. March, pp. 101-109.

March, L. (1996) "Renaissance mathematicas and architectural proportion in Alberti's De re aedificatoria": *arq*, II, pp. 54-65.

Mardersteig, G. (1959) "Leone Battista Alberti e la rinascita del carattere lapidario romano nel Quattrocento": *Italia medioevale e umanistica*, vol. 2, pp. 285-307. Trad. ingl. de J. Mosley: *Typography Papers*, 6, 2005, pp. 49-65.

Martin, A. von (1963) *Sociology of the Renaissance*. Trad. ingl. de W. L. Luetkens, intr. de W. K Ferguson. Nova Iorque, Evanston: Harper & Row, Publishers, Inc..

Martin, H. G. - Delmas, B. (1988) *Histoire et pouvoirs de l'écrit*. Paris: Librairie Académique Perrin.

Martini, F. di G. (c. 1485) *Trattato di architettura*. Apres. de L. Firpo, intr., transcrição e notas de P. C. Marani. Edição fac-símile, 1994, 3 vols. Florença: Giunti Gruppo Editoriale.

Martins, O. (1998) *Os Filhos de D. João I*. Intr. de M. das G. Moreira de Sá. Lisboa: Editora Ulisseia.

Martinez-Almoyna, J. - Vieira de Lemos, A. (1968) *La Lengua Española en la Literatura Portuguesa*. Madrid: IMNASA.

Mateus do Couto-o-Velho (1631) *Tractado De Architectura que leo o Mestre Archi.º Mateus do Couto o Velho* [Manuscrito]. Cod. 851-1500. Lisboa: Biblioteca Nacional, 2001.

McLaughlin, M. M. (1995) *Literary Imitation in the Italian Renaissance. The Theory and Practice of Literary Imitation in Italy from Dante to Bembo*. Oxford: Clarendon Press.

McLaughlin, M. M. (2007) "Alberti e le Opere Rectoriche di Cicerone", *in* R. Cardini - M. Regoliosi, org., *Alberti e la Tradizione. Per lo "Smontaggio" dei "Mosaici" Albertiani*. Florença: Edizioni Polistampa, pp. 181-210.

Medeiros, W. de S., Costa, J. P. da, Meneses, M. P., Domingues, G. de P. (2000) *Algumas Obras de André de Resende,* vol. I (1531-1551). Com um estudo de M. C. de Matos. Évora: Edições da Távola Redonda.

Meiss, M. (1960) "Towards a More Comprehensive Renaissance Palaeography": *The Art Bulletin*, vol. 42, 2, pp. 97-112.

Memmo, A. - Lodoli, C. (1834) *Elementi dell'Architettura Lodoliana ossia L'Arte del Fabbricare con solidità scientifica e con eleganza non capricciosa. Libri Due. Edizione Correta ed Accresciuta dall'Autore Nobile Andrea Memmo*. Zara Fratelli Battara.

Menéndez y Pelayo, M. (1940) *Historia de las Ideias Estéticas en España*. Ed. revista por E. S. Reyes, vol. II. Santander: Aldus.

Mendes, J. P. (1997) *Construção e Arte das Bucólicas de Virgílio*. Coimbra: Livraria Almedina.

Michel, A. (2002) "Alberti et L'Esthétique des Anciens. In Leon Battista Alberti", *in* F. Furlan, P. Laures - S. Matton, *Leon Battista Alberti, Actes du Congrès International de Paris*, 10-15 de Abril de 1995. Paris: J. Vrin, pp. 379-387.

Michel, P.-H. (1949) "Les médiétés": *Revue d'histoire des sciences et de leurs applications*. Vol. 2, 2-2, pp. 139-178.

Milizia, F. (1847) *Principii di Archittetura Civile*. Ilustrada por G. Antolini, 2ª ed. por L. Masieri. Milão: Serafino Majocchi.

Mirandola, G. P. della (1486) *Discurso sobre a Dignidade do Homem*. Trad. port. de M. de L. S. Ganho. Edição Bilingue, 2001. Lisboa: Edições 70.

Monçon, F. (1571) *Libro primero del Espejo del principe christiano compuesto y nueuamente reuisto y muy e[m]mendado con nueua composicion y mucha addicion por el doctor Frãcisco de Monçon cuya leccion es muy prouechosa a todo genero de personas discretas aunque sean predicadores y cortesanos por las muchas y sabias sentencias y muy famosos y illustres exemplos que se ponen [...]*. 2ª Ed. Lisboa: Antonio Gonçaluez.

Monllor, R. M. G. (2000) "Notas Sobre la Formación del Léxico Técnico de la Arquitectura y de la Construcción en Español: El Caso de los Diez Libros de Arquitectura de Leon Battista Alberti", *in* Y. A. Santana ed. e R. M. Q. Domínguez coord., *Homenaje a Alfonso Armas Ayala*, Tomo I. Las Palmas: Ediciones del Cabildo de Gran Canaria, pp. 437-452.

Montefeltro, F. da (1949) "Lettera 87 - a Cristoforo Landino", in *Lettere di Stato e Arte* (1470--1480). Ed. por P. Alarti, p. 120. Roma: Edizioni di Storia e Letteratura.

Morales, A. J. (1995) "El cosmógrafo Rodrigo Zamorano, Traductor de Alberti al español": *Annali di Architettura*, 7, pp. 141-146.

Moreira de Sá, A. (1956) "Oração que fez Francisco de Melo nas cortes que se fizerão na cidade d'Evora nas varandas aos xx dias de Junho de 1535", *in* André de Resende, *Oração de Sapiência (Oratio pro Rostris)*, trad. de M. P. de Meneses e intr. e notas de A. Moreira de Sá. Lisboa: Instituto de Alta Cultura, pp. 154-7.

Moreira de Sá, A. (1983) *Índices dos Livros Proibidos em Portugal no séc. XVI*. Lisboa: Inst. Nac. Investigação Científica.

Moreira, R. (1983) *Arquitectura. XVII Exposição de Arte, Ciência e Cultura. Arte Antiga 1*. Lisboa: Comissão Nacional para as Comemorações dos Descobrimentos Portugueses.

Moreira, R. (1987) "A Escola de Arquitectura do Paço da Ribeira e a Academia de Matemáticas de Madrid", *in* P. Dias, *II Simpósio Luso-Espanhol de História de Arte sobre "As Relações Artísticas Entre Portugal e Espanha na Época dos Descobrimentos"*. Coimbra: Livraria Minerva. pp. 65-77.

Moreira, R. (1991) *A Arquitectura do Renascimento no sul de Portugal. A encomenda régia entre o Moderno e o Romano*. Dissertação de Doutoramento. Lisboa: FCSH-UNL.

Moreira, R. (1995) "Arquitectura: Renascimento e Classicismo", *in* P. Pereira, ed., *História da Arte Portuguesa*, vol. II. Lisboa: Círculo de Leitores, pp. 302-375.

Morolli, G. (1994) "Presentazione" *in* G. Morolli - M. Guzzon, *Leon Battista Alberti: il nomi e le figure*. Florença: Alinea Editrice, pp. 9-13.

Morolli, G. (2006) "Un'architettura di parole", *in* C. Acidini - G. Morolli, org., *L'Uomo del Rinascimento, Leon Battista Alberti e le arti a Firenze tra ragione e belleza*. Florença: Mandragora/Machietto Editore, pp. 328-335.

Morolli, G. - Guzzon, M. (1994) *Leon Battista Alberti: il nomi e le figure*. Florença: Alinea Editrice.

Morresi, M. (2007) "Fonti bibliche nel De re aedificatoria" *in* A. Calzona, F. P. Fiore, A. Tenenti - C. Vasolini, *Leon Battista Alberti-Teorico delle Arti e Gli Impegni Civili del "De Re Aedificatoria"*. Mântua: Leo S. Olschki, pp. 471-515.

Moura, V. G. (1995) *Divina Comédia de Dante Alighieri*. Trad. port. e notas. Venda Nova: Bertrand.

Murphy, J. J. (2001) *Rhetoric in the Middle Ages*. Berkeley: University of California Press.

Myer, M., Carrilho, M. M. - Timmermans, B. (2002) *História da Retórica*. Lisboa: Temas e Debates.

Nardi, L. (1813) *Descrizione Antiquario – Architettonica con Rami dell' Arco di Augusto, Ponte di Tibério e Tiempo Malatestiano di Rimino*. Rimini: Stamperia Marsoner e Grandi.

Nascimento, A. A. (2002) "Les Classiques de toujours pour les temps nouveaux: une réflexion nécessaire": *Euphrosyne* 30, pp. 317-324.

Nicolini, S. (2006) "Aspetti dell'illustrazione: tra tecnica e Umanesimo", *in* P. del Bianco, org., R. *Valturio, De re militari. Saggi critici*. Rimini: Guaraldi; Milão: Y Press, pp. 115-126.

Nunes, P. (2003) *De Crepvscvlis*. Vol. II. Trad. port. de M. A. P. de Meneses, publicada em 1943 pela Academia de Ciências de Lisboa. Lisboa: Academia de Ciências de Lisboa e Fundação Calouste Gulbenkian.

Núñez, J. F. (1991) Trad. esp. do *De re aedificatoria* de L. B. Alberti. Madrid: Ediciones Akal, S.A..

Nuovo, I. (2007) "Alberti e Il *Polifilo* di Francesco Colonna", *in* R. Cardini - M. Regoliosi, org., *Alberti e la Cultura del Quattrocento*. Florença: Edizioni Polistampa, pp. 785-825.

Oechslin, W. (1987) "Les Cinq Points d'une Architecture Nouvelle". Trad. fr. de W. Wang. *Assemblage*, 4, pp. 82-93.

Oliveira, F. de (1536) *A Gramática da Linguagem Portuguesa*. Edição Crítica, Semidiplomática e Anastática de A. Torres e Carlos Assunção com Estudo Introdutório de E. Coseriu, 2000. Lisboa: Academia de Ciências de Lisboa.

Oliveira, M. M. P. A. de (2004) *Arquitectura Portuguesa do tempo dos Descobrimentos. Assento de Prática e Conselho cerca de 1500*. 3 vols. Dissertação de Doutoramento. Porto: Faculdade de Arquitectura da Universidade do Porto.

Ong, W. (1967) *The Presence of the Word*. Yale: Yale University Press.

Onians, J. (1990) *Bearers of Meaning. The Classical Orders in Antiquity, the Middle Ages and the Renaissance*. Princeton, New Jersey: Princeton University Press.

Orlandi, G. (1966) Tradução do *De Re Aedificatoria* com o título *L'Architettura*. Milão: Il Polifilio.

Orlandi, G. (1974) "Discussione" *in Convegno Internazionale Indetto nel V Centenario de Leon Battista Alberti*. Roma: Academia Nazionale dei Lincei, pp. 287-288.

Pacioli, L. (1497) "De Divina Proportione", *in* A. Bruschi *et alii*, 1978, *Scritti rinascimentali di architettura: Patente a Luciano Laurana, Luca Pacioli, Francesco Colonna, Leonardo Da Vinci, Donato Bramante, Francesco Di Giorgio, Cesare Cesarino, Lettera a Leone 10*. Milão: Edizioni Il Polifilo. Pp. 55-144.

Pacioli, L. (1509) *De Divina Proportione*. Ed. fac-símile do códice de 1509 do acervo da Biblioteca Ambrosiana, Milão, 2007. Valência: Ediciones Grial.

Padovan, R. (1999) *Proportion, Science, Philosophy, Architecture*. Londres: E & FN Spoon.

Palau y Dulcet, A. (1948) *Manual del librero hispano-americano*. Vol. I. Barcelona: Librería anticuaria de A. Palau.

Palladio, A. (1570) *I Quattro Libri dell'Archittectura*. Veneza. Trad. ingl. de A. K. Placzek, 1965. Nova Iorque: Dover Publications, Inc..

Palmieri, M. (1475) "De temporibus suis", *in* J. Tartinius ed., 1748, *Rerum Italicarum Scriptores I*. Florença, S. 237-277.

Panofsky, E. (1960), *Renaissance and renaissances in Western Art*. Nova Iorque: Haper & Collins Publishers.

Paoli, M. (2004) *Leon Battista Alberti. 1404-1472*. Besançon: Les Éditions de L'Imprimeur.

Paoli, M. (2006) "Fortune et infortune critique d'Alberti en France", *in* F. Choay - M. Paoli ed., *Alberti – humaniste, architecte*. Paris: École Nationale Supérieure des Beaux-Arts, Musée du Louvre Éditions, pp. 63-89.

Paoli, M. (2010) "Les Methamorphoses de L'Oeuvre Architecturale Albertienne: De Vasari à Ticozzi": *Albertiana*, Vol. XIII, pp. 235-256.

Patetta, L. (2004) "Alberti e il Disegno": Il Disegno di Architettura, 28, pp. 3-7.

Patetta, L. (2005) Teoria e Pratica. Appunti sul pensiero e sulle opere di Leon Battista Alberti. In "Leon Battista Architetto", org. de G. Grassi - L. Patetta, pp. 91-151. Florença: Banca CR.

Pedraza, P. (1981) El Sueño de Polifilo. Trad. esp. da obra atribuída a Francesco Colonna. Murcia: Galería-Librería Yerba.

Pereira, B. (1697) *Prosodia in vocabularium bilingue, Latinum, et Lusitanum digesta [...] Septima editio auctior, et locupletior ab Academia Eborensi*. Évora: Tipografia da Academia.

Pereira, B. (1697) *Thesouro da lingua portugueza*. Évora: Tipografia da Academia.

Pereira, M. H. da R. (2000) *Romana*. Coimbra: Universidade de Coimbra.

Pereira, N.T. (1944) "Engenharia e Estética": *Técnica*, 145, pp. 767-776.

Pereira, P. (1993) "A conjuntura artística e as mudanças de gosto" *in* J. Mattoso, dir., *História de Portugal*, vol. 3. Lisboa: Círculo de Leitores, pp. 423-467.

Pérez-Gómez, A. (2006) *Built upon Love. Architectural Longing After Ethics and Aesthetics*. Cambridge, Massachusetts: MIT Press.

Pessoa, F. (1916 ?) [*A Obra de Arte: Critérios a Que Obedece*], in *Fernando Pessoa, Obra em Prosa*. Org., introd. e notas de C. Berardinelli, 2005. Rio de Janeiro: Editora Nova Aguillar. pp. 217-8.

Pettas, W. (1996) "A Sixteenth-Century Spanish Bookstore: The Inventory of Juan de Junta": *Transactions of the American Philosophical Society*, vol. 85, 1, pp. 1-247.

Petrarca, F. (1993) *Il Canzoniere e I Trionfi*. Roma: Salerno.

Petrucci, A. (1984) "Lire au moyen age": Mélanges de L'École Française de Rome: Moyen âge-temps modernes, 96, pp. 603-16.

Petrucci, A. (1994) "L'Alberti e le scrituture", *in* J. Rykwert e A. Angel, org, *Leon Battista Alberti. Catallogo della mostra Palazzo Te*. Milão: Olivetti e Electa, pp. 276-281.

Pierrefeu, F. de – Le Corbusier (1942) *La Maison des Hommes*. Paris: Librairie Plon Editeur.

Pinilla, J. A. S., - Sánchez, M. M. F. (1998) *O Discurso Sobre a Tradução em Portugal*. Lisboa: Edições Colibri.

Poliziano, Â. (1553) "Miscellanea", *in* I. Maïer ed., *Opera omnia*, 1970-71. Turim: Bottega D'Erasmo.

Poliziano, Â. (1485) *Saudação a Lourenço de Medicis*. In *Da Arte Edificatória*, de L. B. Alberti. Trad. port. de A. M. do E. Santo, intr. e notas de M. J. T. Krüger. 2011. Lisboa: Fundação Calouste Gulbenkian, pp. 135-136.

Ponte, G. (1988) "Introduzione" *in* L. B. Alberti, *Profugiorum ab enumera libri*. Génova: Thilgher, pp. IV-LI.

Popper, K. (1972) *Objective Knowledge. An Evolutionary Approach*. Oxford: Claderon Press.

Portoghesi, P. (1966) "Introduzione", *in* L. B. Alberti, *L'Architettura*. Milão: Il Polifilio, pp. XII-XLVII.

Prato, G.G. da (2001) *Paradiso degli Alberti. Ritrovi e ragionamenti del 1389. Romanzo di Giovanni da Prato*. Org. de A. Wesselofsky, ed. fac-símile. Boston: Adamant Media Corporation.

Proust, M. (2003-5) *Em Busca do Tempo Perdido*. Vols. I a VII. Trad. de P. Tamen. Lisboa: Relógio d' Água.

Quintão, J. C. V. (2000) *Fachadas de Igrejas Portuguesas de Referente Clássico - uma sistematização classificativa*. Dissertação de Doutoramento. Porto: Faculdade de Arquitectura da Universidade do Porto.

Ramalho, A. da C. (1994) *Latim Renascentista em Portugal*. 2ª Edição. Lisboa: Fundação Calouste Gulbenkian e Junta Nacional de Investigação Científica e Tecnológica.

Ramalho, A. da C. (2000) *Para a História do Humanismo em Portugal*. Vol. IV. Lisboa: Imprensa Nacional - Casa da Moeda.

Rebortello, F. (1548) *Librum Aristoteles de Arte Poetica explicationes*. Ed. fac-símile de B. Fabian, 1968. Munique: W. Fink Verlag.

Reis, C. e Lopes, A. C. M. (2000) *Dicionário de Narratologia*. Coimbra: Livraria Almedina.

Resende, A. (1534) *Oratio pro rostris*. Trad. port. de M. P. de Meneses, introdução e notas de A. Moreira de Sá. 1956. Lisboa: Instituto de Alta Cultura.

Resende, A. (1567) *Carta a Bartolomeu de Quevedo*. Trad. port. e notas de V. S. Pereira, 1988. Coimbra: Centro de Estudos Clássicos e Humanísticos da Universidade de Coimbra.

Resende, A. (1783) "História da antiguidade da cidade de Évora" *in* A. Resende (1963), *Obras Portuguesas*. Lisboa: Livraria Sá da Costa Editora, pp. 1-69.

Resende, A. (1963) *Obras Portuguesas*. Prefácio e notas de J. P. Tavares. Lisboa: Livraria Sá da Costa Editora.

Resende, A. (1996) *As Antiguidades da Lusitânia*. Introdução, trad. e coment. de R. M. Rosado Fernandes. Lisboa: Fundação Calouste Gulbenkian.

Resende, G. (1973) *Crónica de D. João II e Miscelânea*. Fac-símile da ed. de 1798. Pref. de J. V. Serrão. Lisboa: Imprensa Nacional-Casa da Moeda.

Reycend, J. B. (1781) *Concílio de Trento, 1545-1563. O sacrosanto, e ecumenico Concilio de Trento em latim e portuguez / dedica e consagra, aos Excell., e Rev. Senhores Arcebispos e Bispos da Igreja Lusitana, João Baptista Reycend, 2º v.*. Lisboa: Off. de Francisco Luiz Ameno.

Richardson, B. (1999) *Printers, Writers and Readers in Renaissance Italy*. Cambridge: Cambridge University Press.

Richter, J. P. (1880) *The Notebooks of Leonardo da Vinci. Compiled and edited from the original manuscripts*. 2 vol.. Londres: Sampson Low, Marston, Searle A. Rivingston.

Richter, J. P. (1970) *The literary works of Leonardo da Vinci*. 2 Vols. Londres: Phaidon.

Rico, F. (2002) *Le Rêve de l'humanisme, de Pétrarque à Erasme*. Trad. fr. de J. Tellez, rev. de A.-Ph. Segonds. Paris: Les Belles lettres.

Rivera, J. (1991) Prólogo. *De re aedificatoria*. Trad. esp. de J. F. Núñez. Madrid: Ediciones Akal, S.A..

Rodrigues, A. A. S. (1997) *História Comparada. Portugal. Europa. Mundo. Uma Visão Cronológica*. Vol. 1. Lisboa:Temas e Debates.

Rodrigues, F. de A. (1875) *Diccionario Technico e Historico de Pintura, Esculptura, Architectura e Gravura*. Lisboa: Imprensa Nacional.

Rodrigues, G. A. (1980) *Breve História da Censura Literária em Portugal*. Lisboa: Instituto de Cultura Portuguesa.

Rodrigues, M. J. M., de Sousa, P.F. e Bonifácio, H.M.P. (1996) *Vocabulário Técnico e Crítico de Arquitectura*, 2ª ed.. Lisboa: Quimera.

Rondeau, G. (1984) *Introduction à la terminologie*. Quebec: Gaetan Marin Editeur.

Rogers, E. N. (1961) "Architettura assurda": *Casabella-continuità*, n.º 257, Novembro, p. 1.; *Editoriali di architettura*, 2009. Rovereto: Zandonai Editore.

Rowe, C. (1976) *The Mathematics of Ideal Villa and Other Essays*. Cambridge, Massachusetts: The MIT Press, pp. 1-28.

Ruão, C. (2006) *"O Eupalinos Moderno". Teoria e Prática da Arquitectura Religiosa em Portugal (1550-1640)*. 3 vols. Tese de Doutoramento. Coimbra: Faculdade de Letras da Universidade de Coimbra.

Rykwert, J., Leach, N. e Tavernor, R. (1988) *On the Art of Building*. Trad. ingl. do *De re aedificatoria*. Cambridge, Massachusetts: MIT Press.

Saalman, H. (1959) "Early Renaissance Architectural Theory": *The Art Bulletin*, vol. 41, pp. 89-99.

Sagredo, D. (1526) *Medidas del Romano: necessarías a los oficiales que quieren seguir las formaciones de las Basa, Colunas, Capiteles, y otras pieças de los edificios antiguos*. Toledo: Rémon de Pratas. Fac-símile publicado pela Asociación de Libreros y Amigos del Libro, Madrid, 1946.

Salutati, C. (1896) *Epistolario*. Roma: ed. F. Novati.

Salviati, G. (1552) *Regola di far perfettamente col compasso la voluta jonica et del capitello ionico et d'ogni altra sorte*. E. Balistreri, ed., 2000. Veneza: Cetid.

Santoro, M. (2008) *Storia del libro italiano*. Milão: Editrice Bibliografica.

Santos, L. R. dos (2003) *Linguagem, Retórica e Filosofia no Renascimento*. Lisboa: Edições Colibri.

Santo, A. M. do E. (2011) *Da Arte Edificatória*. Trad. port. do *De re aedificatoria*. Lisboa: Fundação Calouste Gulbenkian.

Santos, R. (1968-1970) *Oito Séculosa de Arte Portuguesa*. 3 vols. s/d. Lisboa: Empresa Nacional de Publicidade.

Sanzio, R. (1994) *Gli scritti. Lettere, firme, sonetti, saggi tecnici e teorici*. Org. de E. Camesasca - G. M. Piazza. Milão: Biblioteca Universale Rizzoli.

Sapir, E. (1929) "The Status of Linguistics as a Science". *In* E. Sapir, 1958: *Culture, Language and Personality*. Ed. por D. G. Mandelbaum. Berkeley, CA: University of California Press.

Saraiva, A. J. (2000) *História da Cultura em Portugal*. Vol. I, Renascimento e Contra-Reforma. Colaboradores: O. Lopes - L. Albuquerque. Lisboa: Gradiva.

Saraiva, A. J. - Lopes, Ó. (2000) *História da Literatura Portuguesa*. Porto: Porto Editora.

Scaglione, A. (1996) "The Periodization of the Renaissance and the Question of Mannerism", *in* L. Besserman ed., *Challenge of periodization: old paradigms and new perspectives*. Nova Iorque: Garland Pub, pp. 95-106.

Scalzo, M. (1999) "La Facciata Albertiana di Santa Maria Novella a Firenze", *in* C. Gallico *et alii, Leon Battista Alberti Architettura e Cultura*. Actas do Congresso Internacional. Mântua, 16-19 de Novembro de 1994. Florença: Leo S. Olschki, pp. 265-283.

Scamozzi, V. (1615) *L'idea dell'architettura universale*. 2 vols, fac-símile, 1982. Veneza: Arnaldo Forni Editore.

Scholes, R. (1991) *Protocolos de Leitura*. Trad. port. L. Guterres. Lisboa: Edições 70.

Schlosser, J. von (1912) *Lorenzo Ghiberti's Denkwürdigkeiten (I Commentarii)*, 2 vols. Berlin: Julius Bard.

Schön, D. (1985) *The Design Studio. An Exploration of its Traditions and Potentials*. Londres: RIBA Publications Limited.

Sebregondi, G. C. (2008) "La ricostruzione del Tempio. Il restauro post-bellico del Tempio Malatestiano di Rimini": Engramma, n° 61, Janeiro, pp. 1-17. Consultado em 12-12-2009: http://www.engramma.it/Joomla/index.php?view=article&catid=47%3Aok&id=183%3Sebregondi&option=com_content&Itemid=183.

Serbat, G. (1994) *Les Structures du Latin*. Paris: Picard Éditeur.

Sérlio, S. (1537) *Regole generali di architettura sopra le cinque maniere degli edifici (...) con gli esempi delle antichità che, per la magior parte, concordano con la dottrina di Vitruvio*. Veneza.

Sérlio, S. (1600) *Tutte L'Opere d'Architettura et Prospetiva*. Impresso pelos Herdeiros de Francesco de Franceschi. Veneza.

Serrão, J. V. (1993) *Figuras e Caminhos do Renascimento em Portugal*. Lisboa: Imprensa Nacional Casa da Moeda.

Sherer, D. (2004) "Le Corbusier's Discovery of Palladio in 1922 and the Modernist Transformation of the Classical Code": *Perspecta*, Vol. 35, *Building Codes*, pp. 20-39.

Shorey, P. (1968) *What Plato Said*. Chicago: The University of Chicago Press.

Siekiera, A. (2004) *Bibliografia Linguistica Albertiana (1941-2001)*. Florença: Edizioni Polistampa.

Silva Dias, J. S. da (1988) *Os Descobrimentos e a problemática cultural do século XVI*. Lisboa: Presença.

Silva Dias, J. S. da (1969) *A Política Cultural da Época de D. João III*. Vol. I. Coimbra: Instituto de Estudos Filosóficos. Universidade de Coimbra.

Silva Dias, J. S. da (2006) *Portugal e a Cultura Europeia (Séculos XVI a XVIII)*. Intr. e coord. de M. A. Rodrigues. Porto: Campo das Letras - Editores S.A..

Silva, J. H. P. da (1986) *Páginas de História da Arte*. 2 vols. Lisboa: Ed. Estampa.

Silva, J. H. Pais da, - Calado, M. (2005) *Dicionário de Termos de Arte e Arquitectura*. Lisboa: Editorial Presença.

Simonton, D. K. (2008) "Creativity from a Historiometric Perspective", *in* R. J. Sternberg ed., *Handbook of Creativity*. Cambridge: Cambridge University Press, pp. 116-133.

Siza, A. (2000a) *Imaginar a Evidência*. Lisboa: Edições 70.

Siza, A. (2000b) "Continuo a acreditar que a história não morreu": *Arquitectura e Vida*, Maio, pp. 32-39.

Slatka, D. (1975) "L'ordre du texte": *Etudes de linguistique appliquée*, 19, pp. 30-42.

Soromenho, M. (1995) "Classicismo, italianismo e 'estilo chão'. O ciclo Filipino". *In História da Arte Portuguesa*. Direcção de Paulo Pereira. Volume II. Lisboa: Círculo de Leitores. p 377- 403.

Soto, J. R. P. (1997) "La teoría de la arquitectura en España en el siglo XVI. Algunas consideraciones sobre las fuentes literarias": *Anales de Historia del Arte*, 7, Servicio Publicaciones, UCM, pp. 231-244.

Sousa, E. de (2000) "Introdução" *in* Arsitóteles, *Poética*. Lisboa: Imprensa Nacional-Casa da Moeda, pp. 13-101.

Spengler, O. (1982) *A Decadência do Ocidente: esboço de uma morfologia da historia universal, in* H. Werner, coord., trad. port. de H. Caro. Rio de Janeiro: Zahar.

Steinberg, L. (2001) *Leonardo's Incessant Last Supper*. Nova Iorque: Zone Books.

Sternberg, R. (1999) *Handbook of Creativity*. Cambridge: Cambridge University Press.

Sternberg, R. S, Grigorenko E. L., - Singer, J. L. (2004) *Creativity: From Potential to Realization*. Nova Iorque: American Psychological Association (APA).

Stierle, K. (1996) "Translatio Studii and Renaissance: From Vertical to Horizontal Translation" *in* S. Budick - W. Iser ed., *The Translatability of Cultures-Figurations of the Space Between*. Stanford: Stanford University Press, pp. 55-67.

Stierle, K. (2008) *Existe Uma Linguagem Poética? Seguido de Obra e Intertextualidade*. Apres. e trad. port. de R. Mesquita. Vila Nova de Famalicão: Edições Quasi.

Stiny, G. (2006) *Shape. Talking about Seeing and Doing*. Cambridge, Massachusetts: MIT Press.

Summerson, J. (1963) *Heavenly Mansions and other Essays*. Nova Iorque: W.W. Norton & Company, Ltd.

Tafuri, M. (1987) "'Machine et mémoire': The City in the Work of Le Corbusier". In *Le Corbusier*, ed. H. Allen Brooks, trad. ingl. de S. Startarelli. Princeton, New Jersey: Princeton University Press, pp. 203-218.

Tafuri, M. (1995) *Sobre el Renacimiento. Principios, Ciudades, Arquitectos*. Trad. do ital. para esp. de M. P. Bald. Madrid: Ediciones Cátedra, S.A..

Tateo, F. (1981) *Alberti, Leonardo e la crisi dell' Umanesimo. Letteratura Italiana*, vol. 12. Roma-Bari: Laterza.

Tavares, D. (2004) *Leon Baptista Alberti-teoria da arquitectura*. Porto: Dafne Editora.

Tavernor, R. (1985) *Concinnitas in the Architectural theory and Pratice of L. B. Alberti*. Tese de *PhD*. Cambridge: Universidade de Cambridge. Citado *in* L. March, 1996, p. 61.

Tavernor, R. (1998) *On Alberti and the art of building*. New Haven e Londres: Yale University Press.

Távora, F. (1993) *Teoria Geral da Organização do Espaço. Arquitectura e Urbanismo: a lição das constantes*. Porto: Edições da FAUP.

Teodoro, F. P. di (2005) *La Lettre à Léon X. Raphaël et Baldassar Castiglione*. Ed. de F. P. Di Teodoro, pref. de F. Choay e trad. fr. de F. Choay - M. Paoli. Paris: Les Éditions de l'Imprimeur.

Terzi, F. (1578) *Estudos sobre embadometria, estereometria e as ordens de arquitectura. Filippo Terzi architetto e ingegnere militare in Portogallo*. Manuscrito il., Cod. 12888-13292. Lisboa: Biblioteca Nacional.

Teyssier, P. (1997) *História da Língua Portuguesa*. Lisboa: Livraria Sá da Costa Editora.

Ticozzi, S. (1833) "Ai Lettori. Vita di Leon Battista Alberti", in S. Ticozzi ed., *Della Architettura Libri Dieci di Leon Battista Alberti. Traduzione di Cosimo Bartoli*. Milão: Vicenzo Ferrario. Fac-símile por Elibron Classics Replica Edition, 2006. Nova Iorque: Adamant Media Corporation, pp. VII-XIX.

Tigerstedt, E. N. (1968) "Observations on the Reception of the Aristotelian Poetics in the Latin West": *Studies in the Renaissance*, vol. 15, pp. 7-24.

Todorov, T. (1981) *M. Bakhtine: le principe dialogique. Suive de écrits du Cercle de Bakhtine*. Paris: Seuil.

Torrance, P. (1982) "Hemisphericity and creativity functioning": *The Journal of Research and Development in Education*, 15, 3, pp. 29-37.

Tosi, R. (1991) *Dizionario delle Sentenze Latine e Greche*. Milão: RCS Rizzoli Libri.

Trachtenberg, M. (2010) *Building-in-Time. From Giottoto Alberti and Modern Oblivion*. Yale, New Haven-London: Yale University Press.

Trenti, L. (1992) *Libri de Familia di Leon Battista Alberti. Letteratura italiana. Le Opere, I*. Turim: Einaudi.

Tristano, C. (2005) "Il modello e la regola: teoria e pratiche di scrittura di Leon Battista Alberti", *in* R. Cardini, *Leon Battista Alberti: La Biblioteca di un Humanista*. Florença: Mandrágora, pp. 39-49.

Turchini, A. (1998) *Il tempio distrutto. Distruzione, restauro, anastilosi del Tempio Malatestiano, Rimini 1943-1950*. Cesena: Il Ponte Vecchio.

Turchini, A. (2000) *Il Tempio malatestiano, Sigismondo Pandolfo Malatesta e Leon Battista Alberti*. Cesena: Il Ponte Vecchio.

Urbaneja, P. M. G. (2001) *Pitágoras. El Filósofo del Número*. Madrid: Nivola libros y ediciones.

Valla, L. (1406-1457) *De linguae latinae elegantia libri sex*. Impr. S. de Colines, 1520-1546. Paris. *Elegantiarum libri sex in Opera Omnia*, Basel, 1540. Turim, 1962.

Valturio, R. (c. 1450) *De re militari libri XII*. Manuscrito. Disponível no Archimedes Project - Database Machine Drawings, elaborado por W. Lefèvre – M. Popplow em 2006-2007, consulta na www em 12-06-2008: http://dmd.mpiwg-berlin.mpg.de/author/dmd/database/dmdlib?fn=permanent/ded/images/val071v2&id= val071v2.

Valturio, R. (1535) *De re militari libri XII*. Paris: Christian Wechel. Disponível na *Cornell University Library, Digital Publishing System, The Kinematic Models for Design Digital Library*, consulta na www em 15-06-2006: http://historical.library.cornell.edu/kmoddl/index.html.

Van der Linden, H. (2008-2009) "Alberti, *Quid Tum?*, And the Redemption of Terence in Early Renaissance Humanism": Albertiana, vol. XI-XII, pp. 83-104.

Van Eck, C. (1998) "Giannozzo Manetti on Architecture: The Oratio De Secularibus et Pontificalibus Pompis in Consecratione Basilicae Florentinae of 1436": Renaissance Studies, 12, 4, pp. 449-475.

Van Eck, C. (2000) "Architecture, Language and Rhetoric in Alberti's De re aedificatoria", in G. Clarke - P. Crossley, orgs., *Architecture and Language -Constructing Identity in European Architecture, c. 1000 - c.1650*. Cambridge: Cambridge University Press, pp. 72-81.

Vasari, G. (1550) *Le Vite de' piu eccellenti architetti, pittori, et scultori italiani, da Cimabue, insino a' tiempi nostri*. Florença. Org. de Jacopo Recupero, 1963, Roma: Editrice Italiana di Cultura. Trad. esp. de L. Bellosi - A. Rossi, *Las Vidas de los Más Excellentes Arquitectos, Pintores y Escultores Italianos desde Cimabue a Nuestros Tiempos*. 2002. Madrid: Ediciones Cátedra.

Vasari, G. (1906) *Le vite dei più eccellenti pittori, scultori e architettori*. Ed. G. Milanesi, vol. 2. Florença.

Vasconcelos, C. M. (1946) *Lições de Filologia Portuguesa: segundo as prelecções feitas aos cursos de 1911-1912 e de 1912-1913, seguidas das lições práticas de português arcaico*. Lisboa: Rev. de Portugal.

Vasconcelos, J. F. (1560) *Comedia Eufrosina*. I. de Barreyra, Impressor da Universidade, 2ª ed. Coimbra.

Vasconcelos, J. F. (1619) *Comedia Aulegrafia feita por Iorge Ferreira de Vasconcellos*. Lisboa: Pedro Craesbeeck.

Vasconcelos, J. F. (1968) *Comédia Aulegrafia*. Pref., notas e glossário de A. A. M. de Vilhena. Porto: Porto Editora.

Vasconcelos, J. F. (1998) *Comédia Eufrósina*. Adaptação de S. Pereira e estabelecimento do texto e pref. de R. L. Santos. Lisboa: Edições Colibri.

Veiga, C. M. (2005) *A Herança Filipina em Portugal*. Porto: Edição do Clube do Celeccionador dos Correios.

Venturi, R. (2002) *Complexity and Contradiction in Architecture*. Nova Iorque: The Museum of Modern Art; Chicago: The Graham Foundation for Advanced Studies in Fine Arts.

Vera, L. C. (1996) *Intervención de Juan de Herrera en Ediciones de Libros*. Madrid: Instituto de Valencia Don Juan.

Vickers, B. (2001) "The Idea of the Renaissance, Revisited": *SEDERI XII (Valladolid: Sociedad Española de Estúdios Renascentistas Ingleses), pp. 69-95*.

Victor, H. de São (1991) *The Didascalicon of Hugh of Saint Victor: A Medieval Guide to the Arts*. Trad. ingl. e notas de J. Taylor. Nova Iorque: Columbia University Press.

Vidler, A. (2008) *Histories of the Immediate Present. Inventing Architectural Modernism*. Cambridge, Massachusetts: MIT Press.

Vinhola, G. B. da (1562) *Regola delle cinque ordini d'architettura*. Roma. Reed. in *Pietro Cataneo - Giacomo Barozzi da Vignola. Con l'aggiunta di altri scritti di architettura del Cinquecento di Alvise Cornaro, Francesco Giorgi, Claudio Tolomei, Giangiorgio Trissino, Giorgio Vasari*. Org. de E. Bassi *et alii*, 1985. Milão: Edizione Il Polifilo.

Vinhola, J. B. da (1853) "O Vignola dos Proprietários, ou as Cinco Ordens de Architectura segundo J. Barrozio de Vignola. Por [Alexandre] Moisy, Pae. Seguido da Carpintaria, Marcenaria e Serralheiria por [François] Thiollet Filho. Obra escripta em francez e traduzida em portuguez". Trad. port. de J. da Fonseca. Paris: J. Langlumé, Livreiro-Editor.

Vinhola, J. B. da (1858) "Noções Theoricas de Architectura Civil, Seguidas de um Breve Tractado das Cinco Ordens de J. B. Vinhola, Traduzidas e Compiladas pelo Professor Substituto da Aula de Desenho de Architectura Civil da Academia das Belas Artes de Lisboa e Oferecidas aos Discipulos da Mesma Aula", elaboradas e trad. de J. da C. Sequeira. Lisboa: Tipografia José Baptista Morando.

Vilallonga, M. (2007) "Quid Tum. La Perviviencia Hispânica de Leon Battista Alberti en dos Traducciones Catalanas", *in* R. Cardini - M. Regoliosi, org., *Leon Battista Alberti Umanista e Scrittore. Filologia, Esegesi, Tradizione*. Florença: Edizioni Polistampa, pp. 755-776.

Vilela, J. S. (1982) *Francisco de Holanda - Vida, Pensamento e Obra*. Lisboa: Instituto de Cultura e Língua Portuguesa.

Viterbo, F. S. (1988) *Dicionário Histórico e Documental dos Arquitectos Engenheiros e Construtores Portugueses*, 2ª ed., 3 vols., Lisboa: Imprensa Nacional-Casa da Moeda.

Xavier, M. L. (2007) *Questões de Filosofia da Idade Média*. Lisboa: Edições Colibri.

Walter, H. (1994) *L'Aventure des langues en Occident*. Paris: Éditions Robert Laffont, S.A.. Trad. port. de M. Ramos, *A Aventura das Línguas do Ocidente, 1996*. Lisboa: Terramar.

Weitzmann, K. (1947) *Illustrations in Roll and Codex. A Study of tile Origin and Method of Text Illustration*. Princeton: Princeton University Press.

Wittkower, R. (1949) *Architectural Principles in the Age of Humanism*. Londres: Academy Editions.

Wittgenstein, L. (1987) *Tratado Lógico-Filosófico/ Investigações Filosóficas*. Trad. do ingl. de M. S. Lourenço. Lisboa: Fundação Calouste Gulbenkian.

Woodward, W. H. ed. (1912) *Vittorino da Feltre and other Humanist Educators*. Cambridge: Cambridge University Press, pp. 174-190.

Whorf, B. L. (1956) *Language, Thought and Reality*. Ed. por J. B. Carroll. Cambridge, MA: MIT Press.

Zanoncelli, L. (2007) "La musica e le sue Fonti nel Pensiero di Leon Battista Alberti", *in* A. Calzona, F. P. Fiore, A. Tenenti - C. Vasolini, org., *Leon Battista Alberti-Teorico delle Arti e Gli Impegni Civili del "De Re Aedificatoria"*. Mântua: Leo S. Olschki, pp. 85-116.

Zarlino, G. (1558) *Le Institutioni Harmoniche*. Veneza: Da Fino.

Zevi, B. (1958) "Leon Battista Alberti". In *AA.VV., Enciclopedia Universale dell'Arte, I. Veneza/ Roma:* Ist. Collaborazione Culturale, *pp. 191-218*.

Zubov, V. P. (2001) "La théorie architecturale d'Alberti. 3. La terminologie esthétique d'Alberti": *Albertiana,* vol. IV, pp. 87-98.

AS EDIÇÕES IMPRESSAS *DA ARTE EDIFICATÓRIA*

Leonis Baptistae Alberti de re aedificatoria incipit... Florentiae accuratissime impressum opera Magistri Nicolai Laurentii Alamani. Anno salutis millesimo octuagesimo quinto quarto calendis januarias, 1485.^(*)481

Leonis Baptistae Alberti,[...] *libri de re aedificatoria decem* [...] Paris: Berthold Rembolt, 1512. ^(*)

De Re aedificatoria libri decem Leonis Baptistae Alberti [...] *Recens summa diligentia capitibus distincti* [...] *per Eberhardum Tappium Lunensem*. Estrasburgo: Giacomo Cammerlander, 1541. ^(*)

I Dieci Libri de l'Architettura di Leon Battista degli Alberti,[...] *novamente de la latina ne la volgar lingua con molta diligenza tradotti* [da Pietro Lauro]. Veneza: Vicenzo Valgrisi, 1546. ^(*)

L'Architettura di Leon Batista Alberti, tradotta in lingua fiorentina da Cosimo Bartoli [...] con la aggiunta de disegni. Florença: Lorenzo Torrentino, 1550. ^(*)

L'Architecture et l'art de bien bastir du seigneur Leon Baptiste Albert,[...] *divisée en dix livres. Traduicts de latin en françois par deffunct Jean Martin, parisien*. Paris: Robert Masselin para Jacques Kerver, 1553. ^(*)

L'Architettura, trad. de *Cosimo Bartoli* e de *La pittura*, Trad. de L. Domenichi. Mondovia: Lionardo Torrentino, 1565.

L'Architettura di Leon Batista Alberti, tradotta in lingua fiorentina da Cosimo Bartoli [...] con la aggiunta de disegni. Veneza: Francesco Franceschi, 1565. (reimpressão da edição de 1550). ^(*)

Los Diez Libros de Architectura de Leon Baptista Alberto traduzidos de Latin en Romance. Tradução assistida por Francisco Lozano. Madrid: Alonso Gómez, 1582 (reimpressa em 1640). ^(*)

The architecture ... in Ten Books. Of Painting in Three Books. And of Statuary in One Book. Translated into Italian by Cosimo Bartoli. And Now First into English... by James Leoni, Venetian Architect. Londres: Thomas Edlin, 1726, 3 vols. (reimpresso em 1739 e 1955). ^(*)

Della Architettura, della Pittura e della Statua, di Leon Batista Alberti. Traduzione di Cosimo Bartoli. Bolonha: Instituto della Scienza, 1782.

I dieci libri di Architettura di Leon Batista Alberti, tradotti in italiano da Cosimo Bartoli. Nuova edizione diligentemente correta e confrontata coll'originale latino, ed arricchita di nuova rivacati dalle misure medesime assegnate dall'autore. Roma : Giovanni Zempel, 1784.

---

481 ^(*) Edição citada no corpo do texto.

Los diez libros de architectura. Segunda edicion en Castellano, corregida por D. R. B.. Madrid: Joseph Franganillo, 1797. (*)

I dieci libri d'Architettura, ossia dell' Arte di edificare ... scritti in compendio ed illustrati con note ... da B. Orsini. Perugia: Carlo Baduel, 1804, 2 vols.

Della architettura libri dieci. Traduzione di Cosimo Bartoli con note apologetiche di Stefano Ticozzi, e trenta tavole in rame disegnate ed incise da Constatino Gianni. Milão:1833, 2 vols. (*in Raccolta dei Classici Italiani di Architettura Civile da Leon Battista Alberti fino al secolo XIX*).

Dell'Arte Edificatoria. In Opere Volgari *di Leon Batt. Alberti, per la più parte inedite e tratte dagli autografi, annotate e illustrate dal dott. Anicio Bonucci* [...], *vol. 4.* Florença: Galileiana, 1847 pp. 187-371. (*)

Zehn Bücher über die Baukunst. In Deutsche übertragen, eingeleitet und mit Anmerkungen und Zeichnungen versehn von Max Theuer. Viena: H. Heller, 1912. (*)

Desat Knig'o Zodcestve, Perevodie V. P. Zoubov. Klassiki Teorii Architektury. Moscovo, 1935 (texto), 1937 (comentários).

Ten Books on Architecture by Leone Battista Alberti, ed. Joseph Rykwert. Londres: Alec Tiranti, 1955 (reprodução anotada da edição de 1726, reimpressa em 1755).

Deset Knih o Stavitelstvi, trad. e edição de Alois Otoupalik; prefácio de Vladimir Matousek. Praga, 1956. Státni Nakladetelství Krásné Literatury, Hudby a Umeni.

Ksiag Dziesiec o Stztuce Budowania, trad. de Kazimierz Dziewonski. Varsóvia: Paustwowe Wydawnictwo Naukowe, 1960.

L'Architettura. De Re aedificatoria, texto latino e trad. de Giovanni Orlandi. Intr. e notas de Paolo Portoghesi [...]. Milão: Edizioni Il Polifilo, 1966 - 2 vols. (*)

De re aedificatoria, fac-símile da *editio princeps,* publicada por H.-K. Lücke, como tomo IV do *Alberti Index, Leon Battista Alberti, De re aedificatoria,* Florença, 1485. *Index verborum,* elaborado por H.- K. Lücke, Munique, Prestel. 1975-1979. (*)

Kenchikuron, trad. para japonês de H. Aikawa, Tóquio, Chûôkôron bijutsu shuppan, 1982.

On the art of building in ten books, trad. de Joseph Rykwert, Neil Leach e Robert Tavernor e intr. de Joseph Rykwert. Cambridge (Mass.); Londres: MIT press, 1989. (*)

Leon Battista Alberti De Re Aedificatoria, trad. de Javier Fresnillo Núñez e Prólogo de Javier Rivera. Madrid: Ediciones Akal, S.A., 1991. (*)

L'Art D'Édifier, trad. apres. e notas de Pierre Caye - Françoise Choay. Paris: Seuil, 2004. (*)

L' Arte di Costruire, edição, notas e glossário de V. Giontella. Turim: Bollati Borighieri editore, 2010.

Da Arte Edificatória, trad. de A. M. do E. Santo, intr., notas e revisão disciplinar de M. J. T. Krüger. Lisboa: Fundação Calouste Gulbenkian, 2011.

Índice Onomástico

Aberasturi, A. C., 68, 88
Abreu, S. M., 80
Ackerman, J. S., 244, 259, 293
Adam, J. M., 165
Adriano (imperador), 51, 52, 57
Agostinho (santo), 21, 93, 113, 116
Aguiar e Silva, V. M., 150
Alamani, N., 16, 224
Alberti, B., 232
Alberti, G., 232, 273
Alberti, L., 232, 273
Alberto Magno, 21
Alcibíades, 173
Alexandre de Afrodísias, 265
Alexandre Magno, 138
Almazán, A., 75
Almeida, I., 138
Álvares, B., 82, 88
Amintas, 99
Anacreonte, 32
Andrade, F. de P., 65
Andrey, D., 253
Anninger, A., 63
Anstey, T., 37
António Prior do Crato (D.), 78
Apolo, 43, 47, 310, 311
Arcaute, A. R., 77, 78
Aricò, N., 327
Aristóteles, 21, 73, 116, 148, 156, 159, 171, 188, 258, 263, 264, 265, 266, 273, 277, 278, 280, 281, 286, 287, 288, 305
Árquias de Tarento, 328

Arquíloco, 32
Arquimedes, 216
Arquitas, 288
Assumpção, T. L. d', 199
Attavante (dos Attavanti), 18
Aulo Gélio, 148
Averróis, 265

Bakhtine, M., 126
Baldi, B., 16, 25, 29
Barata, J. da G. P., 89
Barbacci, A., 45
Barbaro, D., 244, 250, 257, 313
Barbosa, A., 66
Baron, H., 15, 102, 128
Barros, J. de, 87, 104, 144, 145, 146, 159
Barthes, R., 89
Bartoli, C., 11, 26, 70, 71, 72, 76, 77, 81, 129, 133, 181, 188, 207, 215, 219, 220, 221, 222, 231, 238, 239, 241, 242, 243, 244, 245, 249, 250, 251, 252, 253, 254, 255, 256, 257, 258, 259, 260, 261
Barzizza, G., 101, 105, 106, 155
Basini, B., 38
Battelli, G., 66
Baudelaire, C., 112, 136, 137
Begliomoni, L. A., 100
Bekker-Nielsen, T., 322
Bellosi, L., 99
Bembo, P., 104, 155
Benigni, P., 230
Benjamin, W., 171
Benveniste, E., 314, 316

Bertino, G. di, 310
Bertolini, L., 134, 264
Bierman, V., 257
Biffi, M., 184
Biondo, F., 102
Blondel, J.-F., 30
Bloom, H., 112, 128
Blunt, A., 226
Bluteau, R., 199
Boaventura (são), 94
Boccaccio, 102, 109, 153, 155
Bodenam, G., 77
Boécio, 21, 186, 289
Bonifácio, H. M. P., 183, 205, 327
Bonucci, A., 225
Borgo San Sepulcro, D. di, 142
Borsi, F., 119, 194, 218, 220, 231
Boschetto, L., 232
Bostock, J., 177, 246
Boyer, C. B., 253
Bracciali, S., 46, 48
Bracciolini, P., 106, 108
Bramante, D., 87
Brand, P., 128
Brown, B. L., 302
Brown, D. S., 236
Brownlee, D. B., 236
Brunelleschi, F., 32, 33, 42, 48, 100, 112, 301
Bruni, L., 27, 102, 126, 132, 147, 148, 149, 156, 170, 180, 238
Bryce, J., 220, 243
Buescu, A. I., 63
Buescu, M. L. C., 104
Burckhardt, J., 15, 92, 111, 317
Burgos, M. de, 29
Burns, H., 125, 215
Bussi, G. A., 327
Bustamante, A., 68, 78, 80
Bustamante, P., 78

Caeiro, A. C., 287, 288, 305
Calado, M., 183, 205
Caldwell, D., 174
Calisto III (papa), 233
Callebat, L., 183
Calvo, F., 175
Calvo, T., 265
Calzona, A., 40, 230, 296, 297
Cameron, H. F., 146
Camões, L. de, 141
Campos, J. A. S., 269, 274, 319
Canaletto, A., 52
Cancro, C., 271
Caracciolo, A., 50
Cardini, R., 21, 128, 264
Cardoso, J., 29
Carita, H., 228
Carpo, M., 35, 221, 223, 228, 240, 252, 258, 326
Carraud, C., 111, 164
Carreter, F. L., 154
Carrière, J.-C., 166
Carrilho, F., 322
Carrilho, M. M., 107
Carvalho, A. de, 182
Casotti, M. W., 250
Cassiodoro, 18
Casteleiro, J. M., 198, 212
Castiglione, B., 164
Castilho, A. de, 66
Castilho, D. de, 62
Castro, I., 142
Cataldo Sículo, 62, 88
Cataneo, P., 85
Catão, 198, 204
Caye, P., 199, 203, 321, 323, 324
Celso, 324
Cennini, B., 224, 228
Certau, M. de, 152

Cervantes, M. de, 75, 76
Cesare, M. A. di, 16, 354
Chambray, F. de, 11, 256, 258, 260
Charaudeau, P., 120, 121, 122
Chartier, R., 153
Chastel, A., 171
Choay, F., 10, 91, 119, 126, 134, 136, 165, 184, 199, 204, 218, 222, 241, 255, 260, 313, 321
Chrysoloras, M., 27
Churchill, W., 135
Ciaccheri, 42
Cícero, 19, 20, 23, 28, 83, 97, 105, 106, 107, 108, 109, 111, 115, 116, 143, 146, 154, 155, 156, 158, 162, 198, 237, 268, 272, 305, 318, 321, 322, 328
Cícero (pseudo), 240
Cintra, L., 163
Colonna, F., 225, 226, 227
Conceição, M. T., 81, 85
Coroleu, A., 76
Corominas, J., 73, 77
Correa, A. B., 85
Correia, J. E. H., 93
Cossutta, F., 129
Cunha, C., 163
Cusa, N. de, 191, 263, 269

D'Ooge, M. L., 278
D'Agostino, M. H. S., 89
Damásio, A., 171
Dante Alighieri, 35, 99, 101, 104, 109, 153, 155, 158, 187, 274
Dantzig, T., 253
Dati, L., 315
De Long, D. G., 236
Deleuze, G., 168
Delmas, B., 152
Demócrito, 186
Demóstenes, 143

Denina, C., 110
Derrida, J., 89
Descartes, R., 276
Deswarte, S., 67, 90
Dias, J. J. A., 84
Dinócrates, 138, 139
Diógenes, 266, 272
Drexler, A., 292
Duarte (D.), 28, 141
Duarte d'Armas, 228
Dulcet, P. y, 69
Durán, M. Á., 264
Düring, I., 288

Earle, T. F., 159
Eck, C. van, 42
Eco, U., 148
Eisenman, P., 50, 51
Erasmo, 76
Ernout, A., 198
Espinosa, J. F., 70, 140
Espinosa, P. de, 76
Ésquines, 143
Estaço, G., 64, 67, 77
Estaço, S., 64, 77
Ettlinger, L. D., 20
Euclides, 277
Eugénio IV (papa), 233

Fancelli, L., 40, 230
Fano, G. B. da, 38, 39, 247, 249
Febo, 43
Febvre, L., 234
Fedeli, P., 216
Feliciano, F., 234
Feo, M., 163
Fergusson, J., 317
Ferreira, F. L., 64

Ferreira, M. da C. R., 267

Fiaschi, S., 231, 233

Ficino, M., 99, 147, 149, 171, 173, 270, 271, 272, 287, 304

Fídias, 28, 32

Field, A., 27

Figino, Z. de, 230

Figueiredo, F., 66

Figueiredo, M. de, 66

Figueiredo, M. J., 286, 288

Filarete, 116, 215, 236

Filémon, 32

Filipe II de Espanha e I de Portugal (D.), 68, 74, 77, 79, 83, 87, 140

Filóstrato, 246

Fletcher, W., 272

Fleury, P., 183

Folena, G., 141

Fonseca, J. da, 182

Fontana, V., 175

Foucault, M., 199

Francesca, P. della, 250

Franceschi, F., 188, 215, 219

Franganillo, J., 72

Frankl, P., 317

Fresne, R. da, 129

Frontino, 77

Fuertes, A. M. G., 249

Furlan, F., 100

Gadamer, H. G., 242

Gaio, 322

Galileu Galilei, 276, 280, 327

Garcia, E. R., 249

Garin, E., 102, 130, 237, 311

Garyson, C., 192

Gennari, P. de', 44

Geymüller, H. von, 190

Ghiberti, L., 32

Ghirardini, L. V., 296, 297

Gillén, S. V., 289

Gilson, É., 94

Giocondo da Verona (*frei*), 221

Giorgi, F., 291

Giotto di Bondone, 33

Goethe, W. von, 171

Golzio, V., 196, 217

Gomes, C. H., 28, 328

Gomes, P. V., 255

Gomez, A., 68, 78

Gonzaga, F., 302

Gonzaga, G. F., 100

Gonzaga, L., 230, 301, 302

González, M. P., 156, 180, 238

Goodland, R., 56

Gorni, G., 99, 132

Gracián, J., 79

Grafton, A., 102, 108, 112, 120, 147, 148, 234, 315

Grassi, G., 100

Grayson, C., 29, 43, 100, 101, 131, 138, 162, 218, 231, 311, 315

Gregório XII (papa), 107

Grigorenko, E. L., 171

Gros, P., 52

Guarino de Verona, 27

Guattari, F., 168

Guerri, D., 102

Gullberg, J., 281

Günther, H., 236

Gutenberg, 224

Guzzon, M., 118, 183, 205, 257

Hatfield, R.., 311

Haupt, A., 84

Hegel, F., 91, 171

Heidegger, M., 58, 171, 238, 239, 260, 275, 276

Henrique (cardeal D.), 63, 64, 67, 75, 77, 86

Hera, 32

Hércules, 321

Herrera, J. de, 74, 75, 76, 77, 78, 79, 80, 81, 82, 83, 87, 88, 92, 95, 139

Heurgon, J., 123

Hiesinger, K. B., 236

Higuera, M. Á. A.-Z., 68, 88

Hind, A. M., 247

Holanda, F. de, 23, 66, 90

Homero, 273

Honeycutt, 162

Hope, C., 44

Hopkins, J., 263

Horácio, 240, 286, 287

Hórus, 98

Hosftadter, D. R., 142

Houaiss, A., 74, 145, 198, 204

Hoven, R., 183

Hubbell, H. M., 143

Huffman, C. A., 288

Hugo de Saint-Victor, 93

Ifrah, G., 280

Inocêncio VII (papa), 107

Iser, W., 142, 143

Isidoro de Sevilha (santo), 24

Iso, J. J., 108, 115, 162, 321

Jakobson, R., 150

Jarzombek, M., 130, 311, 317

Jauss, H. R., 88, 89, 90, 91, 92

Jeanneret, C. E., 310

Jeanneret, P., 306, 308, 309, 312

Jesus Cristo, 310, 311

João II (D.), 62, 65, 66, 88, 228

João III (D.), 61, 62, 63, 64, 65, 67, 77, 79, 80

Jorge, D., 62

Júlio César, 108, 111, 148, 154

Júpiter, 32, 43, 47, 97, 131, 222, 266, 305, 311, 317

Kant, I., 171, 173

Kgnith, S., 47

Klein, J., 276, 278

Knight, S., 186, 272, 305, 317, 325

Koselleck, R., 94, 107

Kostof, S., 32

Kraeling, C., 51, 52, 56

Krautheimer, R., 119

Kristeller, P. O., 110, 173, 304

Krüger, M. J. T., 7, 8, 91, 92, 95, 134, 140, 185, 187, 212, 303, 312

Kubler, G., 74, 84

Labacco, A., 230, 295, 296, 297, 298, 299, 300

Labrouste, H., 184

Lactâncio, 272

Landino, C., 91, 99, 102, 104, 237

Lang, S., 188

Langer, S., 171

Laugier, M.-A., 135

Laurens, P., 149, 270, 271

Lauro, P., 26, 184, 218, 220

Lavanha, J. B., 89

Le Corbusier, 91, 122, 306, 308, 309, 310, 311, 312, 352

Leach, N., 321

Leão X (papa), 49, 155, 195, 217

Lefaivre, L., 218, 225, 226, 227

Lemos, V. de, 85

Lenoir, R., 111, 164

Leoni, G., 221

Leoni, J., 220

Lepidus, 101, 138

Lionello d'Este, 86, 264

Lisi, F., 264

Llaguno y Amirola, 69
Lodoli, C., 29, 30, 133
Long, P. O., 246
Lopes, A. C. M., 313, 314
Lopes, Ó., 77, 84, 137, 138
Lot, F., 154
Lourenço, A. C., 88
Lozano, F., 68, 69, 70, 71, 72, 73, 74, 75, 76, 77, 78, 79, 81, 82, 86, 88, 92, 95, 139, 140, 142, 219, 225, 325, 326, 327, 352
Luciano, 239, 246
Lucílio, 274
Lücke, H.-K., 12, 91, 167, 168, 185, 226
Lucrécio, 105
Lugon-Moulin, S., 20
Luís, D., 67
Lusini, G., 34

Machado, A. M., 83
Maciel, J. M., 23, 176, 182, 205
MacKenna, S., 172, 270, 272
Magini, G., 253
Maingueneau, D., 129
Malatesta, S., 38, 44, 248, 249
Mallea, A., 22
Mancini, G., 16, 25, 131, 182, 185, 264, 327
Mandosio, J.-M., 163
Manetti, A., 32
Manetti, G., 42
Manuel I (D.), 228
Manuel II (imperador), 27
Manuzio, A., 101, 110
Maraschio, N., 110
March, D., 98
March, L., 151, 277, 279, 295
Mardersteig, G., 235
Marías, F., 68, 78, 80
Marques, A., 173
Marsh, D., 111, 113, 127, 319

Marsuppini, C., 132
Martin, A. von, 35
Martin, H. G., 152
Martin, H.-J., 234
Martin, J., 220, 221, 222
Martinez-Almoyna, J., 85
Martini, F. G., 236, 237
Martins, O., 83
Mateus (são), 24
Mateus do Couto-o-Velho, 82, 87, 89, 144, 327
Mauro, R., 178
McLaughlin, M. M., 108, 110, 128
Medeiros, W. de S., 61, 63, 65
Medicis, C. G. de, 132, 224
Medicis, C. I de, 220, 243
Medicis, L. de, 15, 16, 26, 62, 65, 70, 99, 102, 132, 152, 158, 225, 231, 232, 237
Medicis, P. de, 132
Medusa, 310, 311
Meillet, A., 198
Meiss, M., 234
Meliaduse (marquês d'Este), 86
Melo, F. de, 144
Memmo, A., 29, 30, 133
Mendes, F. S., 88
Mendes, J. M., 99, 277
Mendes, M., 66
Menéndez Pelayo, M., 74
Menéndez y Pelayo, M., 69
Meneses, M. P. de, 61, 64, 79
Meneses, S. de, 66
Mercúrio, 139, 222, 237, 242, 266
Michel, A., 263
Michel, P.-H., 286
Michelozzo, B., 48, 301
Miguel Ângelo, 65
Milizia, F., 29, 91
Minerva Médica, 301

Mirandola, P. della, 270
Mirko, G., 253
Moisés, 318
Momus, 47, 76, 111, 186, 305, 311
Monçon, F., 62
Monllor, R. M. G., 73
Montefeltro, F. de, 16
Monteiro, A., 278, 279
Mora, F. de, 78, 80
Morachiello, P., 175
Morais, C. A. de, 63
Morales, A. J., 68, 70
More, T., 128
Moreira de Sá, A., 144
Moreira, R., 62, 65, 67, 78, 81, 85, 87, 89, 93
Morolli, G., 118, 183, 205, 216, 242, 257
Morresi, M., 318
Moura, V. G., 187, 274
Mourão-Ferreira, D., 287
Moyle, D. da, 234
Murphy, J. J., 106, 158
Murtinho, V., 52
Myer, M., 107

Napier, J., 253
Nardi, L., 194
Nascimento, A. A., 128
Nauta, L., 174
Nebrija, A., 104
Nicolau V (papa), 9, 16, 17, 27, 42, 43, 58, 80, 86, 108, 233
Nicolini, S., 247
Nicómaco, 57, 186, 216, 278, 289
Nunes, P., 67, 79, 80, 92
Núñez, J. F., 72, 199, 204, 220
Núñez, S., 240
Nuovo, I., 227

Octaviano Augusto, 118, 121

Oddi, M., 215
Oechslin, W., 312
Oliveira, F., 97
Oliveira, F. de, 86, 144, 145
Oliveira, M. P. A. de, 24, 84
Oliveira, N. A., 113
Ong, W., 101
Onians, J., 318
Orlandi, G., 18, 21, 151, 152, 157, 199, 203, 220, 222, 231, 232, 233, 243, 244, 321
Osmanczic, U. S., 73
Ozenfant, A., 310

Pacioli, L., 203, 234, 235, 236, 240
Padovan, R., 291
Pageux, D.-H., 83
Palau y Dulcet, A., 69
Palladio, 309
Palladio, A., 24, 87, 181, 243, 244, 253, 257, 306
Palmieri, M., 17
Pandolfini, A., 170
Panofsky, E., 92, 234
Paoli, M., 67, 132, 149, 224, 249, 310
Parma, B. da, 39
Pasti, M. de', 35, 40, 41, 44, 193, 234, 247
Patetta, L., 100, 216, 219, 221, 222, 238
Paulo II (papa), 235
Pedraza, P., 225, 226
Pedro (infante D.), 28, 83
Pereira, B., 29, 145, 146, 191, 195, 198, 205
Pereira, M. H. da R., 28, 287
Pereira, N. T., 182
Pereira, P., 84
Pereira, V. S., 86
Pérez-Gómez, A., 226
Perrault, C., 23, 260
Perrin, B., 32
Pertile, L., 128

Pessoa, F., 265
Petrarca, F., 15, 102, 109, 113, 136, 142, 153, 155, 233
Petrucci, A., 153, 234
Pettas, W., 76
Philips, H., 56
Picart, B., 221
Piel, J. M., 28
Pierrefeu, F. de, 310, 311
Pieti, D., 184, 218, 231
Pinheiro, J., 273, 275
Pinilla, J. A. S., 144
Pio II (papa), 233
Pisano, A., 33, 34
Platão, 19, 24, 30, 47, 73, 97, 149, 167, 171, 173, 216, 245, 263, 264, 266, 270, 273, 277, 281, 286, 287, 288, 290, 324, 328
Plauto, 191
Plínio-o-Antigo, 65, 177, 216, 246
Plotino, 171, 172, 173, 270, 271, 272
Plutarco, 31, 231
Policleto, 32
Poliziano, Â., 12, 15, 16, 26, 65, 66, 70, 91, 99, 128, 147, 152, 158, 225, 232, 264
Ponte, G., 100
Pontedera, A. de, 33
Popper, K., 134, 135
Porfírio, 288, 289
Portoghesi, P., 18, 196, 221, 222, 243, 269
Potito (santo), 315
Prato, G. G. da, 102
Proust, M., 309
Ptolomeu, 223

Quevedo, B. de, 86
Quintão, J. C. V., 183
Quintiliano, 106, 107, 108, 109, 162, 188, 216

Rafael Sanzio, 49, 65, 195, 217, 244
Ramalho, A. da C., 62, 66

Rebock, M. D., 22
Reinon, P. M., 97
Reis, C., 313, 314
Resende, A. de, 9, 29, 61, 63, 65, 66, 67, 73, 75, 77, 78, 80, 86, 95, 128, 139, 141, 143, 144, 145, 146, 184
Resende, B. de, 66
Resende, G. de, 65
Reycend, J. B., 326
Richardson, B., 224
Richter, J. P., 196
Rico, F., 116
Riley, H. T., 177, 246
Riva, J., 220
Rivera, J., 74, 75, 86
Rodrigues, A., 84, 85
Rodrigues, A. A. S., 68
Rodrigues, F. de A., 183, 191, 199, 205
Rodrigues, M. J. M., 183, 205
Rodriguez, L., 83
Rogers, E. N., 309
Rohden, V., 173
Romero, J., 87
Rosselino, B., 40
Rossi, A., 99
Rowe, C., 306, 309
Ruão, C., 63, 67, 82, 88, 93
Ruão, J. de, 84
Rucellai (família), 234
Rucellai, G., 118, 310
Ruskin, J., 141
Rutílio, 121
Rykwert, J., 199, 203, 220, 222, 321

Sá, M. de, 87
Saalman, H., 244
Sagredo, D. de, 33, 83
Salor, E. S., 19, 155, 237
Salutati, C., 27, 113, 114

Salviatti, G., 253
Sánchez, M. M. F., 144
Sangalho, A., 295
Sangallo, G. da, 87, 236
Sansovino, A., 62
Santo, A. M. do E., 7, 12, 97, 185, 212, 283
Santoro, M., 224
Santos, L. R., 114, 148, 149
Santos. R. dos, 93
Sanzio, R., 175
Sapir, E., 173
Saraiva, A. J., 76, 77, 84, 137, 138
Saugnier, 91, 352
Scaglione, A., 93
Scalzo, M., 303
Scamozzi, V., 181, 253
Schlosser, J. von, 32
Schmarsow, A., 317
Scholes, R., 89
Schön, D., 267
Sciena, B., 87
Sebregondi, G. C., 45
Séneca, 268, 273, 274, 275, 319, 321
Sequeira, J. da C., 182
Serbat, G., 154, 158, 170
Sergini, J., 62
Sérlio, S., 85, 87, 90, 139, 176, 177, 221
Serrão, V., 62, 66
Sérvio, 224
Sherer, D., 309
Shorey, P., 30
Siekiera, A., 195, 200
Silva Dias, J. S. da, 61, 63, 67, 88
Silva, M., 191
Silva, P. da, 93, 183, 205
Simonton, D. K., 131
Singer, J. L., 171
Sixto IV (papa), 233

Siza, Á., 91, 133, 169
Slatka, D., 165
Soares, C. I. L., 324
Sócrates, 30, 47, 173
Soromenho, M., 67, 88, 92
Soto, J. R. P., 72, 74, 83
Sousa, E. de, 116, 160, 264, 265
Sousa, P. F., 183, 205
Spengler, O., 93
Speroni, S., 104
Spillan, D., 322, 323
Stegman, C., 190
Steinberg, L., 295
Sternberg, R., 171
Stierle, K., 142, 159
Stiny, G., 25, 188
Succi, C., 46, 48
Suetónio, 121
Summerson, J., 226

Tafuri, M., 309, 320
Tales, 272
Tateo, F., 109
Tavares, D., 106
Tavares, J. P., 73
Tavernor, R., 16, 36, 51, 236, 279, 294, 298, 301, 303, 321
Távora, F., 136
Tedesco, N., 224
Teixeira, J., 65
Teixeira. L., 65
Teodoro, F. P. di, 49, 196, 217
Teofrasto, 265
Terêncio, 129
Terzi, F., 11, 81, 87, 88, 245, 255, 256
Teyssier, P., 73
Theuer, M., 221, 243
Tibério Graco, 321
Ticozzi, S., 87, 129

Tigerstedt, E. N., 264
Timmermans, B., 107
Tinoco, P. N., 88
Tito Lívio, 65, 322, 323
Todorov, T., 126
Toledo, J. B. de, 83
Tomás de Aquino (santo), 21, 22, 265
Torralva, D. de, 84
Torrance, P., 171
Torrentino, L., 188, 221, 243
Tory, G., 151
Tosi, R., 274
Tovaglia, P. del, 301
Toynbee, P., 158
Trachtenberg, M., 35, 36, 112
Trenti, L., 109
Tristano, C., 233
Turchinni, A., 45, 46

Ulpiano, 324
Urbaneja, P. G. M., 281
Urrea, M., 79, 80

Valentiniano III (imperador), 323
Valério, 43
Valla, G., 264
Valla, L., 147
Valturio, R., 43, 246, 247, 248, 249
Van der Linden, H., 98
Van Eck, C., 167
Varchi, B., 104
Varea, C. L., 68
Varrão, 17, 123, 198
Vasari, G., 19, 20, 25, 62, 91, 99, 127, 215, 220, 221, 243
Vasconcelos, C. M., 28, 87
Vasconcelos, D. M. de, 65
Vasconcelos, F. M., 63
Vasconcelos, J. F. de, 137, 138, 139, 140

Veiga, C. M., 68, 82
Venturi, R., 91, 122, 179, 236
Vera, L. C., 77
Verdelho, T., 146
Vergerio-o-Velho, P. P., 106
Vespasiano da Bisticci, 224
Vickers, B., 108
Victor, H. de São, 32
Vidler, A., 317
Vilallonga, M., 76
Vilela, J. S., 67
Villar, M. de S., 74, 145, 198, 204
Vinagra, F., 86
Vinci, L. da, 49, 240, 295
Vinhola, J. B., 87, 181, 182, 183, 203, 207, 245, 249, 250, 251, 252, 253, 254, 255, 256, 258
Viollet-le-Duc, E.-E., 141
Virgílio, 97, 99, 116, 131, 154, 158, 199, 274, 277
Viterbo, S., 63, 87, 89
Vitrúvio, 23, 24, 25, 29, 67, 79, 80, 81, 83, 85, 90, 92, 104, 105, 115, 117, 118, 119, 120, 121, 122, 130, 133, 135, 138, 139, 144, 145, 148, 154, 166, 177, 179, 181, 182, 183, 184, 185, 190, 195, 196, 198, 201, 204, 205, 206, 207, 210, 219, 221, 236, 238, 249, 250, 252, 253, 256, 257, 260, 268, 281, 282, 285, 301, 313, 319, 331
Voto, A., 77

Walter, H., 153
Webb, M., 56
Weitzmann, K., 247
Whorf, B. L., 173
Wittgenstein, L., 171, 184
Wittkower, R., 179, 287, 292, 293, 303
Wölfflin, H., 317
Woodward, W. H., 106
Worringer, W., 317

Xavier, M. L., 17

Yermo, P. del, 78

Zamorano, R., 68, 70, 352
Zanoncelli, L., 292
Zarlino, G., 298
Zeus, 32
Zêuxis, 216, 237
Zevi, B., 59
Zubov, V. P., 127

www.ingramcontent.com/pod-product-compliance
Lightning Source LLC
Chambersburg PA
CBHW061422300426
44114CB00014B/1500